Marketing Research
Using Analytics to Develop Market Insights
(12th Edition)

当代市场调研

（原书第 12 版）

[美] 小卡尔·麦克丹尼尔（Carl McDaniel Jr.） 著
罗杰·盖茨（Roger Gates）

董伊人 李然 译

本书虽内容精简，但覆盖了所有市场调研新技术。在围绕市场调研问题与机会的识别、数据收集方法设计、数据收集和分析、形成研究报告这一传统调研过程的系统介绍中，本书不仅分析了一系列传统的市场调研方法，如焦点小组、个人深度访谈、询问调研、观察方法、实验法，还增加了移动媒体和社交媒体、神经营销的运用等内容。此外，本书还系统地介绍了基于大数据的营销分析，如预测和规范性分析、机器学习、深度学习、人工智能等。

本书满足了市场调研实践与市场调研课程教学不断发展的需要，不仅适合高校市场调研课程教学，也适合一线从业人员的知识更新。

Carl McDaniel Jr., Roger Gates. Marketing Research: Using Analytics to Develop Market Insights, 12th Edition

ISBN 978-1-119-71631-0

Copyright © 2021 by John Wiley & Sons, Inc.

This translation published under license. Authorized translation from the English language edition, Published by John Wiley & Sons. Simplified Chinese translation copyright © 2024 by China Machine Press.

No part of this book may be reproduced or transmitted in any form or by any means, electronic or mechanical, including photocopying, recording or any information storage and retrieval system, without permission, in writing, from the publisher. Copies of this book sold without a Wiley sticker on the cover are unauthorized and illegal.

All rights reserved.

本书中文简体字版由 John Wiley & Sons 公司授权机械工业出版社在全球独家出版发行。

未经出版者书面许可，不得以任何方式抄袭、复制或节录本书中的任何部分。

本书封底贴有 John Wiley & Sons 公司防伪标签，无标签者不得销售。

北京市版权局著作权合同登记　图字：01-2022-6977 号。

图书在版编目（CIP）数据

当代市场调研：原书第 12 版 /（美）小卡尔·麦克丹尼尔（Carl McDaniel Jr.），（美）罗杰·盖茨（Roger Gates）著；董伊人，李然译 . —北京：机械工业出版社，2024.2（2025.7 重印）

（营销教材译丛）

书名原文：Marketing Research: Using Analytics to Develop Market Insights (12th Edition)

ISBN 978-7-111-75283-7

Ⅰ. ①当…　Ⅱ. ①小…②罗…③董…④李…　Ⅲ. ①市场调研—教材　Ⅳ. ① F713.52

中国国家版本馆 CIP 数据核字（2024）第 050524 号

机械工业出版社（北京市百万庄大街 22 号　邮政编码 100037）

策划编辑：张有利　　　　　　　　责任编辑：张有利

责任校对：张勤思　张　征　　　　责任印制：郜　敏

北京中科印刷有限公司印刷

2025 年 7 月第 1 版第 2 次印刷

185mm×260mm・23.75 印张・558 千字

标准书号：ISBN 978-7-111-75283-7

定价：109.00 元

电话服务		网络服务	
客服电话：010-88361066		机 工 官 网：www.cmpbook.com	
010-88379833		机 工 官 博：weibo.com/cmp1952	
010-68326294		金 书 网：www.golden-book.com	
封底无防伪标均为盗版		机工教育服务网：www.cmpedu.com	

译者序

随着数字营销的增长以及客户数据的各种新形式的出现，传统的市场调研无论是实践还是教学都面临着挑战。如何变革市场调研方法以满足数字经济下市场营销的需要，如何调整市场调研课程教学的内容以缩小与调研实践的差距，是市场调研学科发展迫切需要解决的两个问题。《当代市场调研》（原书第12版）的两位作者小卡尔·麦克丹尼尔和罗杰·盖茨，一位来自著名高校，另一位来自营销调研实践一线，他们的合作很好地解决了上面的问题。第12版满足了市场调研实践与市场调研课程教学不断发展的需要，不仅适合高校市场调研课程教学，也适合一线从业人员的知识更新。

《当代市场调研》（原书第12版）紧扣时代前沿，让读者实时感触市场调研行业的脉搏。第12版与以往版本相比，虽然内容更加精简，但覆盖了所有市场调研新技术。在围绕市场调研问题与机会的识别、数据收集方法设计、数据收集和分析、形成研究报告这一传统调研过程的系统介绍中，本书不仅分析了一系列传统的市场调研方法，如焦点小组、个人深度访谈、询问调研、观察方法、实验法，还增加了移动媒体和社交媒体、神经营销的运用等内容。大数据的出现，使传统的市场调研过程并不总是得到遵循，通过考虑包括结构化和非结构化在内的所有数据，大数据使调研人员能够获得更广泛、更准确的市场洞察。第12版还系统地介绍了基于大数据的营销分析，如预测和规范性分析、机器学习、深度学习、人工智能。

市场调研既是一个行业，在该行业有很多职业机会，又是一项由营销经理购买的服务。本书可以为希望将来进入市场调研行业从事相关工作或有志于成为营销经理的学生提供所需的技能、思维和流程。

市场调研是随着商品生产和交换的发展而形成和发展起来的。改革开放以后，随着外资到我国投资的增加，市场调研活动逐步增加，市场调研成为外商改善投资环境的一个重要组成部分而逐步发展。20世纪80年代末，我国第一家专业市场调研公司诞生。随着市场经济在我国的迅速发展，企业被推向市场，市场经营问题越来越受到企业的重视。科学地研究消费者的需要，寻求市场机会，制定市场战略，提高市场营销管理水平，已成为企业谋求自身生存和发展的必要条件，这就更加促进了市场调研在我国的发展。20世纪90年代以后，市场调研行业逐渐在我国形成，与此同时，"市场调研"作为一门课程也逐步被引入我国高校。但本质上，市场调研是"实事求是""没有调查就没有发言权"思想在市场营销中的运用，获取市场数据并对数据进行研究分析，从而实现市场洞察。

南京大学是国内最早引入"市场调研"课程的高校之一，在近三十年的学科建设中，我们坚持吸收国内外学科最新发展成果，翻译教科书因此成为教学工作的一部分。本书的翻译是集体劳动的成果，整个翻译工作由南京大学市场营销与电子商务系董伊人、李然老师共同负责组织并审阅、定稿；南京大学商学院研究生杨思涵、孙铭萱、陆莹、张靖依，本科生张文卓、吴沂璘、宋瑾霏、蒋茜、杨嘉雯、张卿瑜参与了本书的初译。

  本书的出版得到了机械工业出版社的大力支持，我的研究生杨思涵、孙铭萱为书稿的最后排版整理做了大量工作，在此一并表示感谢。

  市场调研涉及许多学科知识，要真正做到信、达、雅，译者不仅需要具有丰富的知识储备，还需要用心打磨。鉴于译者水平所限，译作中难免还有不妥之处，希望广大读者不吝赐教。

董伊人

2023 年 11 月于南京大学安中楼

序言

几十年来，小卡尔·麦克丹尼尔和罗杰·盖茨一直致力于教授和撰写关于市场调研的文章。更重要的是，罗杰·盖茨在市场调研一线工作了四十多年。最近，他把自己的公司——DSS 调研公司卖给了一家大型私人股本公司。DSS 调研公司专门从事卫生保健分析和研究。该公司拥有超过 125 名全职员工和 200 名兼职员工。**这本书是近四十年来唯一一本由全职市场调研人员合著的市场调研图书**。它完全理解理论和实践之间的区别。

我们正处于市场调研领域的重大转型时期。新技术为高管们提供了前所未有的洞见。然而，传统的线上和线下定性与定量研究将继续在提供营销洞察方面发挥重要作用。在最近的一项研究中，市场调研人员认为，调研提供了一套独特的技能，使他们能够了解客户。他们声称，这让他们能够利用市场调研来解决商业问题。新技术只会提高调研人员的能力。

与以往版本相比，第 12 版具有的最深刻的变化

第 12 版采用了精简的格式，覆盖范围遍及所有新技术，从 20 章减到 15 章。从一开始，我们就解释了市场分析和大数据。在过去的版本中，测量直到第 10 章才被涵盖，现在我们将其提前至第 3 章。通过问卷调查获取数据是第 4 章的主题。然后，在第 5 章直接深入研究抽样问题。如你所见，整个版式已经得到清晰的更新。

市场营销分析

第 10 章介绍了正在威胁与颠覆部分传统市场调研行业的关键技术。我们将介绍数据挖掘，而你将了解罗杰·盖茨关于数据挖掘对市场调研影响的独特观点。第 10 章的其他主题包括大数据分析、预测性分析、规范性分析、机器学习、深度学习，当然还有人工智能。

虽然第 12 版有很多新的特点，但我们也充分解释了传统的调查研究、定性研究和观察研究。第 8 章探讨了移动媒体和社交媒体研究的发展情况。第 11 章到第 14 章介绍了定量方法。我们总结了在不断变化的研究环境中交流研究结果的重要性。

满足所有教学需求的优秀资源

经过课堂测试的教师手册 我们尽力通过一本全面的教师手册来促进市场调研的教学。每章内容如下。

- **学习目标**。重复列示了课本中的学习目标。
- **关键术语列表**。重复列示了课本中介绍的关键术语。
- **章节速览**。一个供快速浏览的概要，突出了每章的核心材料。
- **章节大纲**。主标题提供了所有内容的简要说明。
- **章节总结**。这部分充实了前面给出的章节大纲。

对章节材料如何满足学习目标的解释是教师手册总结的基础。

- **教学答案**。对批判性思维问题、互联网活动、案例、跨功能问题及伦理困境的建议答案和方法，在每章或每个部分的末尾提供。

教师可以访问教师手册网站（Instructor Companion Site）获取电子文件，网站地址：www.wiley.com/go/mcdaniel/marketingresearch12e。

图片库 书中所有插图和图形的集合。你可以定制视觉演示文稿，以涵盖你选择在课堂上所涉及的材料。通过这个图片库，你可以使用章节材料中具有强烈视觉效果的材料来创建自己的幻灯片。保持学生的参与度，激发课堂讨论！所有的幻灯片都可以从我们的网站（www.wiley.com/go/mcdaniel/marketingresearch12e）下载。

经过课堂测试的综合测试库 我们的测试库经过了全面和彻底的课堂测试。问题包括关键术语的定义、基本解决问题和创造性思考问题。这个新改进的测试库每章包括大约60个问题，由多项选择题、判断题和论述题组成。无论你希望测试的是何种类型和水平的知识，都有适合你学生的问题。这个新创建的测试库的计算机版本也可以在本书的配套网站上找到，这样你就可以自定义测验和考试。你可以访问教师手册网站获取使用说明的电子文件，网站地址：www.wiley.com/go/mcdaniel/marketingresearch12e。

致谢

我们要感谢几个人，他们的帮助使这本书成为现实。首先，我们要感谢Wiley的朱迪·豪沃思指导了这一版的编写和更新。我们一如既往地感谢你的出色工作。同样，来自Wiley的利斯·约翰逊为这一版提供了更新策略，并在这个过程中回答了战略问题。特别感谢薇娜利雅·费尔南多为编辑这一版做出的杰出而及时的工作。

小卡尔·麦克丹尼尔对帕姆·里默尔表示非常感谢，帕姆的手稿总是做得很好。帕姆还担任麦克丹尼尔的非正式编辑，帮助他的作品成为学生阅读和理解的乐趣所在。罗杰·盖茨需要特别感谢简·施耐德，简耐心、高效地帮助盖茨完成了在第12版中所做的所有修改。如果没有简的努力，盖茨负责的部分就无法完成。

目录

译者序

序 言

第1章 创建市场洞察的步骤和营销分析日益增长的作用 ……… 1

1.1 市场调研与发展中的市场洞察 ……… 1
1.2 调研过程 ……… 4
1.3 市场调研过程 ……… 10
1.4 管理调研过程 ……… 13
本章小结 ……… 17
关键词 ……… 18
复习思考题 ……… 19
网络作业 ……… 20
调研实例1.1 任何人都能成为市场调研者吗 ……… 20
附录1-A 市场调研提案 ……… 20

第2章 二手资料：一种潜在的大数据输入 ……… 23

2.1 二手资料的实质 ……… 23
2.2 内部数据库 ……… 27
2.3 大数据 ……… 28
2.4 美国联邦贸易委员会 ……… 32

本章小结 ……… 33
关键词 ……… 33
复习思考题 ……… 34
网络作业 ……… 34
调研实例2.1 《通用数据保护条例》与美国的小型企业 ……… 34

第3章 建立营销洞察力的测量 ……… 36

3.1 测量过程 ……… 36
3.2 第一步：确定调研所关心的概念 ……… 37
3.3 第二步：开发构念 ……… 37
3.4 第三步：在组成性上定义概念 ……… 37
3.5 第四步：在操作性上定义概念 ……… 38
3.6 第五步：制作测量量表 ……… 39
3.7 第六步：评估测量的信度和效度 ……… 42
3.8 态度的测量量表 ……… 49
3.9 选择量表时须考虑的因素 ……… 63
本章小结 ……… 64
关键词 ……… 66
复习思考题 ……… 66
网络作业 ……… 67
调研实例3.1 PNC银行考虑改变它的顾客满意度测量量表 ……… 67

第 4 章 通过问卷获取数据 …… 71

4.1 问卷的作用 …… 71
4.2 一份好问卷的标准 …… 72
4.3 问卷是否以无偏见的方式获取信息:问卷设计过程 …… 73
4.4 智能进入问卷的编码 …… 86
4.5 在智能手机和平板电脑上进行调查 …… 87
4.6 快速增长的自己动手调研 …… 88
本章小结 …… 89
关键词 …… 90
复习思考题 …… 90
网络作业 …… 91
调研实例 4.1 Arrow 洗衣店 …… 91

第 5 章 抽样设计 …… 95

5.1 抽样的概念 …… 95
5.2 设计抽样方案 …… 97
5.3 抽样误差和非抽样误差 …… 101
5.4 概率抽样方法 …… 101
5.5 非概率抽样方法 …… 104
5.6 互联网抽样 …… 105
5.7 确定样本容量 …… 106
5.8 正态分布 …… 108
5.9 基于单个样本的推断 …… 110
5.10 样本容量的确定 …… 112
5.11 确定分层样本和整群样本的容量 …… 114
本章小结 …… 115
关键词 …… 117
复习思考题 …… 117

网络作业 …… 118
调研实例 5.1 洞察研究小组 …… 119

第 6 章 传统的询问调研法 …… 120

6.1 为什么决策者喜欢询问调研法 …… 120
6.2 询问调研过程中误差的类型 …… 121
6.3 询问调研的类型 …… 125
6.4 询问调研方法的确定 …… 129
本章小结 …… 132
关键词 …… 133
复习思考题 …… 133
调研实例 6.1 客户喜欢聊天机器人吗 …… 134

第 7 章 定性调研 …… 135

7.1 定性调研的本质 …… 135
7.2 焦点小组 …… 137
7.3 其他定性调研方法 …… 147
本章小结 …… 154
关键词 …… 155
复习思考题 …… 155
网络作业 …… 155
调研实例 7.1 为普吉特海湾提供合理方法 …… 156

第 8 章 网络市场调研:移动端和社交媒体调研的发展 …… 159

8.1 利用互联网收集二手资料 …… 159
8.2 在线定性调研 …… 160
8.3 网络摄像头和流媒体技术焦点小组 …… 161
8.4 在线问卷调研 …… 162

8.5	商业在线样本库	165
8.6	移动的网络调研：现在就是未来	168
8.7	社交媒体上的市场调研	169
本章小结		169
关键词		170
复习思考题		170
网络作业		170
调研实例 8.1	消费者在实体店的花费多于线上	171

第9章 原始资料收集：观察法 … 172

9.1	观察调研法的本质	172
9.2	真人观察	175
9.3	机器观察	180
9.4	追踪观察	187
9.5	虚拟现实和增强现实市场调研法	190
本章小结		191
关键词		191
复习思考题		192
网络作业		193
调研实例 9.1	博士伦微调细节	193

第10章 市场营销分析 … 195

10.1	什么是市场营销分析	196
10.2	市场营销分析过程	197
10.3	分析数据：描述性、预测性和规范性分析	200
10.4	高级分析方法	202
10.5	数据可视化	209
10.6	隐私问题：隐私与定制	211
本章小结		213
关键词		214
复习思考题		214
网络作业		215
调研实例 10.1	附属停车系统寻找新的定价方法	215

第11章 原始数据：实验法和测试市场 … 217

11.1	什么是实验法	217
11.2	证明因果关系	218
11.3	实验环境	219
11.4	实验的效度	220
11.5	实验符号	220
11.6	外生变量	221
11.7	实验设计、处理变量与实验影响	223
11.8	实验调研的局限性	223
11.9	选择实验设计	225
11.10	测试市场	229
本章小结		236
关键词		237
复习思考题		237
网络作业		238
调研实例 11.1	洛斯罗伯斯啤酒	239

第12章 数据处理与基础数据分析 … 240

12.1	调研的数据分析过程概述	240

12.2	第一步：纸质调研的核实与编辑	241
12.3	第二步：编码	248
12.4	第三步：纸质调研的数据录入	251
12.5	第四步：数据的逻辑或机器清洗	252
12.6	第五步：制表与统计分析	253
12.7	数据的图示化	256
12.8	描述性统计	259

本章小结 …… 262
关键词 …… 263
复习思考题 …… 263
网络作业 …… 264

调研实例 12.1　Buzzy 餐厅的墨西哥玉米薄饼卷 …… 265

第 13 章　差异和关系的统计检验 …… 266

13.1	评估差异和变化	266
13.2	统计显著性	267
13.3	假设检验	268
13.4	常用的统计假设检验	274
13.5	拟合优度：卡方检验	275
13.6	关于一个平均值的假设	278
13.7	关于比例的假设	280
13.8	方差分析	282
13.9	p 值和显著性检验	285

本章小结 …… 286
关键词 …… 286
复习思考题 …… 287
网络作业 …… 289

调研实例 13.1　分析 William D. Scott 的细分结果 …… 289

第 14 章　更强大的统计方法 …… 291

14.1	数据科学家：新兴热门职业	291
14.2	二元统计分析	291
14.3	二元关系分析	292
14.4	二元回归	292
14.5	计量数据的相关性：皮尔逊积矩相关	298
14.6	多变量分析程序	299
14.7	多变量软件	300
14.8	多元回归分析	300
14.9	多元判别分析及其应用	304
14.10	聚类分析	305
14.11	因子分析	306
14.12	联合分析	309
14.13	神经网络	310
14.14	预测分析	312

本章小结 …… 314
关键词 …… 316
复习思考题 …… 316
网络作业 …… 318

调研实例 14.1　比萨快客的满意度调研 …… 318

第 15 章　沟通分析和市场调研洞察 …… 320

15.1	调研报告	320
15.2	组织调研报告	321
15.3	汇报	328

本章小结	330	附录	338
关键词	330	附录 A 统计表	338
复习思考题	331	附录 B 名词解释汇总	346
网络作业	331	注释	357
调研实例 15.1 TouchWell 店铺概念和命名调研	331		

第 1 章

创建市场洞察的步骤和营销分析日益增长的作用

□ 学习目标

1. 了解管理者必须做决策时所处的营销环境。
2. 检查营销分析日益增长的影响。
3. 分析问题界定的过程。
4. 学习市场调研过程涉及的步骤。
5. 了解调研申请的组成部分。
6. 了解市场调研提案的重要性。
7. 了解营销分析、大数据的影响以及无监督学习的增长。
8. 检查是什么促使决策者应用市场调研信息。

1.1 市场调研与发展中的市场洞察

市场调研在营销系统中扮演两个关键角色。首先,作为营销情报反馈过程的一部分,市场调研向决策者提供有关当前营销组合有效性的数据,并对必要的改变提供洞察。其次,市场调研是探索市场中新机会的工具。市场细分调研和新产品调研帮助管理者识别公司最有利可图的机会。从海量数据中搜集信息的新分析工具正为管理者提供前所未有的市场洞察。

1.1.1 市场调研的定义

美国市场营销协会(AMA)对市场调研的定义如下:

市场调研是这样的职能,即通过信息将消费者、顾客和公众与营销者连接起来。这些信息被用于识别和确定营销机会与问题,产生、改善和评估营销活动,监测营销绩效,提高人们对营销作为一个过程的理解。市场调研具体说明解决这些问题所需的信息,设计收集信息的方法,管理并实施数据收集过程,分析结果,并沟通所得结论及其含义。

我们更喜欢另一种定义:**市场调研**(marketing research)是计划、收集和分析与营销决策制定相关的数据,并向管理层沟通洞察。

1.1.2　市场调研对管理的重要性

市场调研可以被认为发挥了三种功能：描述、诊断和预测。它的**描述功能**（descriptive function）包括收集与展示基于事实的陈述。行业中的历史销售趋势是什么？消费者对于产品的态度和信念是什么？打开一包熏肉是一件麻烦事，熏肉爱好者不得不将手伸进包装内，并且如果他们只是取出其中的几片，没有什么简单的方法来存放剩余部分。奥斯卡麦尔公司（Oscar Mayer）的市场调研人员从消费者那里，听到了许多关于他们不喜欢从前的熏肉包装的信息。于是，营销人员认为最好的解决办法是包装创新，以此来减少将已打开的包装放入可密封的塑料袋或用塑料或箔纸打包的麻烦。完成这项多余的任务，是为了使最后一片熏肉和第一片一样新鲜。

奥斯卡麦尔切片熏肉引进了一种新的"保鲜封口盘"。翻盖的设计便于消费者拿取里面的熏肉。顶部啪的一声关闭，使它容易重新密封。扁平的托盘方便产品在冰箱的储存。

调研的第二个作用是**诊断功能**（diagnostic function），即对数据和活动做出解释。例如，奥斯卡麦尔改变包装设计对销量有什么影响？如何改变产品或服务供应来更好地服务顾客和潜在消费者？由于孩子们每年食用超过50亿盎司的番茄酱，亨氏（Heinz）认为，重度使用者（孩子们）应该有很多关于如何让番茄酱变得有趣的话要说（通过市场调研）。亨氏倾听孩子们的建议并观察孩子们食用番茄酱的习惯，由此研发了新的瓶子设计与名称选择。真正的番茄酱行家帮助创造了亨氏 EZ Squirt 番茄酱！

调研的最后一个作用是**预测功能**（predictive function）。公司如何能够在不断变化的市场中更好地抓住出现的机会？博马努瓦（BONOBO）是美国有史以来最大的网络服装品牌，它认为是客户对话（市场调研）帮助它创造出更合身的男裤标志线。它的调研将客户带入设计的过程，以创造成功的产品。市场调研为博马努瓦识别了不同的目标市场，如"运动者""隔壁的人"和"穿红裤子的人"。

留住现有顾客具有至关重要的作用　顾客满意度和顾客忠诚度之间存在密不可分的联系。长期的企业-客户关系不是一下子就发生的，它根植于服务和价值的传递。客户保留为企业带来丰厚的收益，重复购买和顾客推荐推动企业收入与市场份额的提高。企业的成本下降是因为在试图用新顾客取代叛离企业的顾客方面，企业花费的资金和精力更少。稳定的顾客更容易服务，因为他们了解企业的工作方法，需要员工花的时间更少。企业留住顾客的能力也促进员工的工作满意度和自豪感的提升，从而提高员工保留率。反过来，长期员工可以积累更多知识，进而提高生产效率。

留住顾客的能力基于对顾客需求的深入了解，而这些知识主要来自市场调研。著名的意大利咖啡品牌意利咖啡（Illycaffe）主要通过传统零售商销售其咖啡。不断变化的市场促使管理层在开线下咖啡馆的同时，也建立了一个线上商店（https://www.illy.com/en-us/home）。意利咖啡现在在美国拥有约20家咖啡馆，用来打造品牌。如果一个人在咖啡馆发现该品牌，他可以立即购买，也可以在上网或光顾杂货店购物时选购。[1]

1.1.3　了解持续变化的市场

市场调研有助于管理者了解市场趋势以及利用市场机会。市场调研从营销产生时就开始被应用了。早期的腓尼基人在地中海沿岸各港口进行交易时，就开展了市场需求调研。马可波罗日记表明，马可波罗当时前往中国，正是履行市场调研的职能。有证据表明，西班牙人在探索新大陆时，曾系统地进行过市场调研；另外，也有很多文艺复兴时期人们进行市场调研的例子。

1.1.4　社交媒体和用户生成内容

在过去的十年中，促销的世界已经发生了天翻地覆的变化。以前，营销人员需要先创建一条消息，然后通过一个或一系列的传统媒体，如电视、报刊、广播、广告牌等，把信息传递给目标市场。现在，比以往更多的人会参与博客、论坛、虚拟社区、产品或服务评论（思考一下猫途鹰）以及创建用户生成内容（UGC）的社交媒体网站。在上述场合表达的观点是自发的，通常是诚实的、坦率的、激昂的，并且可能是极其深思熟虑的。社交媒体比如推特（Twitter）、脸书（Facebook）、领英（LinkedIn），一天之内会产生数百万条有关产品和服务的评论。脸书拥有超过 20 亿的活跃用户。在使用社交媒体作为广告平台的广告商中，有 97%声称脸书是最常用且最有用的媒体网站。[2]

市场调研人员正在挖掘这些庞大的数据流，以此来确定人们对他们及竞争对手的产品和服务的看法。调研人员正在网上建立人们的个人档案，并用这些数据有针对性地开展促销活动。其他调研人员利用虚拟社区来创建新的产品和服务。

智能手机正在使媒体的使用方式和购买决策方式发生重大变化。包括平板电脑、传统电脑和电视在内，人们发现消费者可能会同时看四个或者更多不同的屏幕！调研人员现在必须测量消费者的内容消费，以及在所有屏幕上广告对消费者的曝光度。体育网络 ESPN 正在从五个平台收集数据，分别是广播、电视、电脑、智能手机和平板电脑。为了更多地了解观众和他们的感受，ESPN 推出了一款面向广告商的产品 LiveConnect，用于研究粉丝的情绪状态，以确定哪些广告在体育直播环境中最能引起共鸣。ESPN 正在与其广告商合作创建各种品牌信息，然后根据现场比赛的结果和球迷的感受来投放广告。不在家观看赛事的 ESPN 粉丝往往更年轻、更女性化、更多元化且更专注。[3]

1.1.5　市场调研的主动性

了解营销系统的性质是成功实现营销导向的必要条件。通过全面了解影响目标市场和营销组合的因素，管理可以是主动的而不是被动的。主动的管理通过调整营销组合来适应新的经济、社会、科技和竞争环境，而被动的管理则是等到对公司有重大影响的变化出现时才决定采取什么行动。这是将剧烈变化的营销环境视为威胁（被动态度），还是将其视为机会（主动态度）的差别。美国传统汽车制造商，如福特和通用汽车，正意识到自动驾驶汽车的重要性。Waymo 于 2018 年 12 月率先在凤凰城地区推出自动驾驶机器人出租车服务。到 2026 年，自动驾驶汽车市场预计将增长到 5 560 亿美元以上。[4]

1.1.6　市场营销分析走向最前线

在本书的 12 个版本中，我们观察到市场调研实践的许多变化。在这些版本中，我们已经在文字内容上反映了这些变化——在线数据收集,互联网受访样本库,电话访谈的衰落,互联网、社交媒体的日益重要,以及分析技术的日益普及。

对于这一版,一切已经就绪,我们到达了一个转折点,重点更多地放在了营销分析上。**市场营销分析**(marketing analytics)是发现、解释和沟通数据中有意义的模式。这些洞察使营销经理能够了解市场,并创建正确的营销组合来促进顾客满意度提升和顾客保留。从本质上讲,市场营销分析是对市场调研者工具箱的有力补充。

1.2 调研过程

正确定义问题是市场调研过程中至关重要的第一步。如果错误定义了调研问题,那么调研目标也会是错误的,并且整个市场调研过程都将是浪费时间和金钱的。一家大型的包装消费品企业想要在品牌的重度消费者中进行一次调研,以了解品牌资产。更明确地说,它想要将品牌资产扩展到新产品中。由于品牌渗透率非常低,因此企业需要新产品来实现下一会计年度两位数的增长目标。请注意,这里没有将调研学习(理解品牌资产)与企业目标联系起来。

该品牌的增长基数很小,所以仅在其最忠诚的用户中调查品牌资产,并不能帮助决策者实现两位数的增长。经再三考虑,企业目标集中于确定能够提高品牌渗透的营销手段,从而实现增长。因此,调研目标转化成了解现有品牌购买的屏障,并且确定能够激励类别消费者购买品牌的桥梁。

调研结果表明,该品牌主要存在知名度不高的问题。品牌和类别消费者都喜欢这个产品,但却不如使用同品类其他产品那么频繁,因为他们只是忘记了这个品牌。以社交媒体广告、博客、激励措施和新产品为形式的提醒,成为能够提高品牌渗透率和帮助品牌成长的工具。在重度用户中间开展品牌资产的调研,显然不会捕捉到这些信息。

图 1-1 中显示了定义问题的过程。注意,最终的目标是制定清晰、简明并且有意义的市场调研目标。对这些问题进行调研将会为管理者提供确切的决策信息。

1.2.1 识别问题或机会

市场调研过程从识别营销问题或机会开始。随着企业外部环境发生变化,营销经理面临这些问题:我们是否应该改变现有的营销组合?如果应该改变,怎么去改变?市场调研可能用于评估产品与服务、促销、分销及定价策略。此外,市场调研也可以用于寻找和评估新机会,这个过程被称为**机会识别**(opportunity identification)。

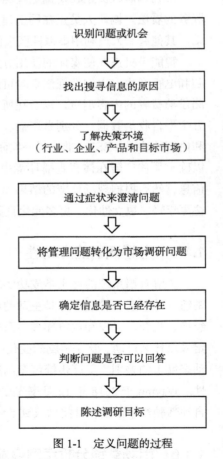

图 1-1 定义问题的过程

让我们看一个机会识别的例子。美国萨尔萨辣酱的年销售额约为 15 亿美元，是鹰嘴豆泥的两倍多。鹰嘴豆泥是由蒸鹰嘴豆和脱皮芝麻酱混合制成，通常搭配橄榄油、柠檬汁和大蒜来调味。推出的新口味（比如黑橄榄味和烤红辣椒味）帮助拉动了需求增长，但是美国只有 18% 的家庭购买过鹰嘴豆泥。西部各州比如加利福尼亚州和亚利桑那州的消费者，通常能很快接受新上市的非肉类食品。然而，西部每家商店每周的鹰嘴豆泥平均销售额却是最低的（382 美元），紧随其后的是美国南部（406 美元）、美国中部（493 美元）、美国东部（762 美元）。看起来鹰嘴豆泥市场似乎存在大量机会，毕竟鹰嘴豆泥只是另一种蘸酱，就像萨尔萨辣酱和酸奶油蘸酱一样。为了促进鹰嘴豆泥的市场增长，以追平或超过萨尔萨辣酱的市场需求，需要创新市场营销策略。该策略的一方面是增加试用该产品的顾客数量，另一关键方面是增加美国西部和南部地区对鹰嘴豆泥的消费。[5]

当然，市场调研并不总是讨论机会。管理者可能想知道"为什么我们会失去市场占有率？"或者"阿贾克斯制造商将自己的价格下调了 10%，我们应该怎么办？"在这些例子中，市场调研人员能够帮助管理者解决这些问题。

1.2.2 找出搜寻信息的原因

如果对市场调研信息的要求没有被清晰地表达或者被误解，会浪费大量的金钱、精力和时间。例如，管理者可能并不十分清楚他们想要什么，或者不能恰当地表达他们的问题。因此，市场调研人员通常会发现以下活动很有帮助。

- 讨论这些信息将被用来做什么，以及研究结果可能会导致做出什么样的决策。通过详尽的例子来帮助澄清问题。
- 尽量让客户或管理者将他们的问题按轻重缓急排列，这有助于从那些无关紧要的问题中找出核心问题。
- 用一些稍微不同的方式重新表达问题并讨论不同之处。
- 制作样本数据并且询问这些数据是否能帮助回答问题。模拟决策过程。
- 请记住，你认为问题越清晰，就越能很快地感觉到问题简单，你就越应该怀疑自己是否理解了真正的需求。

1.2.3 通过探索性调研了解决策环境

通常调研人员了解了开展调研的动机后，还需要额外的背景信息来全面理解问题。这可能意味着他们要与品牌经理或新产品经理进行简单的探讨，做一些线上调研，阅读企业报告，参观生产设备和零售店铺，与供应商讨论，等等。如果行业有贸易协会，那么调研人员可能会仔细查阅协会网站，了解协会所发布的信息。市场调研人员对包括行业、企业、产品或服务和目标市场在内的决策环境了解得越深入，问题就越有可能被正确地定义。这一步可以看作是在进行**情况分析**（situation analysis）。

有时与经理和供应商进行预约讨论和网络会见并不够，开展**探索性调研**（exploratory research）可用来获取更多对概念的理解，有助于明确问题的定义。它也被用来识别要研究的重要**变量**（variable）。探索性调研是初步性调研，而不是被用于决定行动方案的决定性调研。

1. 探索性调研的形式

探索性调研可以采取以下形式：前导性研究、经验调研、二手资料分析、个案分析和焦点小组。

（1）前导性研究。**前导性研究**（pilot studies）是使用有限数量的受访者的调研，通常使用不太严格的抽样技术，而不是像大型的定量调研那样。随着探索性调研的展开，市场调研人员应列出调研问题和子问题，然后应识别与问题领域似乎相关的所有因素，因为这些因素是可能的调研主题。界定问题阶段要求采用头脑风暴法，但是应以先前阶段的研究发现为指导，列出所有的可能性，而不要去考虑通过调研解决它们的可行性。

例如，尼克公司（Nickelodeon）已经注意到了新的生育高峰，想了解这对于网络意味着什么。探索性调研显示，人们长期以来持有的对儿童态度的假定是不正确的——电视节目中的女性形象受女孩喜欢，但男孩不喜欢。这项探索性研究由一项互联网上的小规模试点研究以及让孩子们聚在一起讨论他们对电视态度的焦点小组组成。像尼克公司的研究一样，许多探索性调研都具有高度的灵活性，只要时间和费用允许，调研人员就会跟踪想法、线索和预感。通常，想法是从该领域的专家那里获得的。例如，尼克公司可以与儿童心理学家交谈。

（2）经验调研。探索性调研的第二种形式就是**经验调研**（experience surveys）。经验调研包括与组织内外知识渊博的人进行交谈，他们能提供对问题的见解。经验调研很少涉及正式的问卷，相反，调研人员可能只是有一个待讨论的主题列表。因此，经验调研很像非正式讨论。例如，如果捷蓝航空（Jet Blue）要重新设计机舱的内部，它可能会使用经验调研来与内部设计者、飞行常客、飞机服务人员和飞行员交谈。

（3）二手资料分析。**二手资料分析**（secondary data analysis）是另一种形式的探索性调研。因为二手资料分析会在第2章展开介绍，所以在此只是简略地介绍。二手资料是为手头以外的其他目的已经获得的资料。市场调研人员通常使用互联网以最低的成本快速地获取无数的二手资料。几乎很少主题没有被分析过。如果幸运的话，市场调研人员可以利用二手资料精确定义问题。

（4）个案分析。**个案分析**（case analysis）是探索性调研的第四种形式。个案分析的目的是从一些与现在研究问题类似的情境中评审信息。例如，美国各地的电子设备公司都在争先恐后地变得更加以顾客为导向，它们正实施市场细分研究、顾客满意度研究和顾客忠诚度调查。为更好地理解电子设备行业的解除管制，调研人员正在开展关于航空业解除管制的个案研究。然而，调研人员必须始终注意确定每个个案与现有研究问题的相关性。

（5）焦点小组。**焦点小组**（focus groups）是深度的讨论，通常包括8~12名成员，由一个主持人领导并且通常聚焦于一个特定的概念、想法或主题。总的想法是，让一个人说的话引发其他人的思考和评论，从而创造群体动力。群体动力是指相比于单独采访等量的受访者，受访者回答的相互作用会产生更多的信息。焦点小组是第5章的主要主题，所以这里只做简单介绍。这里提到焦点小组，是因为它是探索性调研的一种常见形式。

焦点小组可以也确实涵盖了任何能想到的话题。与其他市场调研教材的作者不同，我们已经举行了4 000多次焦点小组会议。当使用探索性调研时，焦点小组有助于澄清并理解所涉及的问题和争论点。我们所涉及的一些主题包括：什么创造了哈雷－戴维森奥秘？当你在孩子头上发现虱子时会发生什么？喝美国产的龙舌兰酒是否是问题？哪件厨房用品最难打扫？这样的例子不胜枚举。

2. 使用内部网进行探索性调研

数字信息可以成为进行探索性调研的一个有力工具。在拥有内部网络的大型组织中，调研人员能够确定组织内部某处是否可以获得所需或相关的信息。例如，德州仪器公司（Texas Instruments）的企业市场调研部门已经开发出了一个强有力的内部网络程序，允许全世界的德州仪器公司管理者在关键字的基础之上搜索过去的研究和正在进行的研究。他们可以立即在网上获得每项研究的简要描述，并可以发送电子邮件请求许可查看旧项目报告的全文。报告所有者可以通过邮件给予电子许可，并且可在网上查阅全文。

越来越多的组织正在开发相似的系统，以便将信息更加有效地应用到管理中。在大型组织内部，一个部门进行的调研项目对另一个部门的经理有非常大的价值，这是很常见的。很多时候，一个部门无法知道其他部门做过什么项目。像德州仪器公司这样的内部网络系统，将帮助组织最大限度地利用研究经费。

3. 创建并使用在线调研社区

在线调研社区（marketing research online community，MROC）是一个在线私人社区，由公司感兴趣的人组成，比如客户和潜在客户，他们同意在很长一段时间内参与市场调研人员感兴趣的主题。这些团体也被称为"洞察力社区"。调研人员可以通过参与者的自发贡献，实时收集有关问题或机会的信息。

在线调研社区可以帮助调研人员从客户的角度更好地理解调研问题的本质。宠物食品制造商注意到，消费者为其宠物烹制的新鲜食品比以往任何时候都多。天然和有机食品的增长似乎也开始在宠物食品市场扎根。所以宠物食品制造商的营销经理可能会问："这对我们来说是一个机会吗？"第一步是确定问题的性质。一个在线调研社区可能会被问："你经常为你的宠物准备人类食物吗？"或者"如果我们提供冻干的人类品质级宠物食品，您会有什么反应？"或"用全天然原料风干/脱水的宠物食品怎么样？"其他问题可能与食品防腐剂、价格和包装有关。

4. 完成探索性调研

当市场调研人员确信他们已经找到了问题的主要方面时，探索性调研就结束了。他们可能已经定义了一系列的问题，可作为详细的调研设计的具体指导；可能已经就某个对管理很重要的特定问题的可能原因，提出了许多潜在想法；也可能已经确定其他某些因素的可能性是极小的，以至于在进一步的调研中可以安全地忽视这些因素。最后，调研人员可能结束探索，因为他们认为进一步的调研是不必要的，或者他们认为由于时间、资金或其他条件的限制，进一步的调研在当前是不可行的。

1.2.4 通过症状来澄清问题

市场调研人员必须仔细区别症状与真正的问题。症状是由于其他事物的存在而出现的一种现象。例如，管理者经常谈论销路不佳、利润下滑、消费者投诉增加、消费者背叛等问题。每个问题只是更深层次问题的一个症状。也就是说，某一因素正在导致公司的消费者流失，是竞争者提供了更低的价格吗？或者是竞争者提供了更好的服务吗？关注症状而非真正的问题通常被称为"冰山原则"。一座冰山约10%是露出海面的，剩下的90%在海面以下。仅仅全神贯注于能够看见的障碍，管理者可能无法理解和正视被隐藏的深层次问题。

确保已经界定了真正的问题并不总是那么容易。管理者和市场调研人员必须有创造力和良好的判断力。深入一个问题的核心有一点像剥洋葱，你必须一次剥掉一层。排除症状的一种方法是问："这是什么引起的？"当调研人员无法再回答这一问题时，真正的问题就在眼前了。例如，圣路易斯一家水泵制造商的销售额比上一年下降了7%，管理者会问："这是什么引起的？"纵观整个产品线的销售额，除了重型潜水泵的销售额下降近60%以外，所有产品的销售额均有所上升或大体没变。然后他们会接着问："这是什么引起的？"与上年度相比，该泵在东部与中部的销售额基本未变。然而，在西部地区的销售额却为0！他们会再次问："这是什么引起的？"进一步的调研显示，一家日本厂商正以圣路易斯厂商售价的50%左右在西部市场倾销类似的重型潜水泵。这才是真正的问题。于是圣路易斯厂商游说司法部门对日本厂商进行罚款，并发布终止这一行为的命令。

1.2.5 将管理问题转化为市场调研问题

一旦识别了真正的管理决策问题，就必须将其转化为市场调研问题。**市场调研问题**（marketing research problem）详细规定了解决问题所需的信息，以及如何有效率、有效果地获得这些信息。**市场调研目标**（marketing research objective）就是目标陈述，它界定了解决市场调研问题所需要的具体信息。管理者必须将这些信息与他们自身的经验和其他相关信息结合起来，以做出恰当的决策。

相比市场调研问题，**管理决策问题**（management decision problem）是以行动为导向的。管理决策问题往往比市场调研问题范围更广，也更普遍。要想调研成功的话，就必须仔细地界定市场调研问题并使其具体化。有时需要开展几项调研才能解决一个宽泛的管理决策问题。

1.2.6 确定信息是否已经存在

相比通过查阅原有报告与数据文件来确定所需要的信息是否已经存在，开发新信息似乎更容易也更有趣。调研人员倾向于假设现有数据优于以前收集的数据，因为最新数据似乎最能反映"当下情况"。而且由于调研人员对新数据的格式和全面性有更多的控制，因此操作起来更容易。然而，如果已存在的数据可以回答市场调研问题，那么使用已存在的数据可以为管理者节省时间和金钱。

调研目标必须尽可能具体和明确。切记，整个调研工作（在时间和金钱方面）都是为了实现目标。当市场调研人员与委员会会面，来了解特定项目的目标时，委员会成员可能对需要什么的意见不完全一致。经验告诉我们，调研人员与委员会（或负责人）接触时，应准备好一份书面的调研目标清单。然后，调研人员应该问管理者："如果我们完成了清单上的目标，你是否就有足够的信息对这一问题做出有根据的决策？"如果回答是肯定的，则应要求管理者在目标清单上签字。之后，调研人员应给管理者一份复印件，保留一份作为调研文件。以书面形式保留协商一致的目标，防止管理者事后说："嗨，这不是我想要的信息。"在繁忙复杂的公司环境中，此类误解发生的频率比人们想象中的要高。

避免"想知道更多"综合征。即使在开展探索性调研之后，管理者也常倾向于从广泛的未知领域来讨论调研目标。他们常说；"这里有一些我不知道的事情。"一位星巴克的主管可能会说："你知道，我们已经在店里销售新鲜烘焙的食物……我想知道人们是否会在超市购买冷冻的星巴克酥皮糕点和面包卷。"可能我会在关于户外广告媒介的研究中问这个问题。遗憾的是，这种情形通常会带来失望。有趣的调研结果本身并没有错，但它们必须也是"可行的"。也就是说，调研结果必须提供决策所需的信息。完成调研目标并不仅仅在于降低管理者的未知程度，除非整个调研是探索性的，否则它就应该助力某一决策的产生。也许确保调研可行的最好方法是确定如何实施调研结果。仅问对杂货店中星巴克冷冻烘焙食物是否有购买意向的问题，是不可行的，还需要知道更多的内容，如食物类型、零售价、包装设计等，另外，还需要进行许多的口味测试。

1.2.7 确定问题是否能被回答

当市场调研人员做出的承诺超出他们的能力范围时，就会损害市场调研的可信度。对于调研人员来说，避免被强迫去做一件他们知道成功概率有限的事情是极其重要的，无论是被过分渴望取悦还是被管理上的威权所驱使。在大多数情况下，可以通过识别以下情况提前了解成功的可能性。

- 你确切地知道所需类型的信息存在或可以很容易地获得。
- 基于以往相似的经验，你颇有把握能收集到信息。
- 你知道自己正在探索相当新的问题，且存在无功而返的风险。

1.2.8 陈述调研目标

问题定义过程的高潮是对调研目标的陈述。这些目标是根据解决市场调研问题或机会所必需的精确信息来陈述的。精心制定的目标可以作为实施调研项目的路线图，也可以作为一个标准，使管理者能够通过询问"目标实现了吗？"以及"建议是否是从目标与调研结果中符合逻辑地推出的？"来评估调研工作的质量与价值。

1.2.9 将调研目标作为假设

假设（hypothesis）是指调研人员或管理者对被调研的总体的某些特征做出的假定或理论（猜想）。假设必须对经过实际检验的数据敏感，所以"一根针头上有 1 000 个天使"的说法不是假设，它无法印证现实世界的数据。

假设往往具有预测性。例如，汽车经销商可能会假设，所有新本田汽车的购买者，如果他们收到一封保证他们刚刚购买了市场上最好的汽车的信，会比那些没有收到信的人对他们的购买更满意。

假设往往以等于零的形式表示，即"____和____没有区别"。也就是说，"收到形象强化信件的本田车购买者与没有收到该信件的购买者在满意度上没有区别"。研究者最终的结论将基于数据保留零假设或拒绝零假设。

学术研究几乎总是在假设下进行。在实践中，学术界之外的市场调研研究很少正式陈述假设。但是，它们是通过统计检验推断的。我们将在第13章具体探究这个主题。

1.3 市场调研过程

我们刚刚讨论过市场调研的第一步：识别问题或机会并陈述调研目标。调研过程的其他步骤是：生成调研设计，选择调研方法，选择抽样程序，收集数据，分析数据，撰写并展示报告，跟踪报告提出的建议（见**图 1-2**）。这些过程的综述形成了本书的基础。

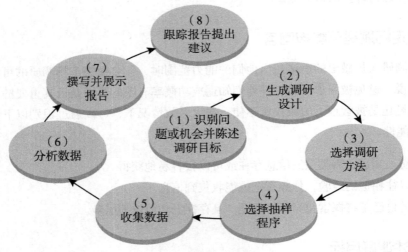

图 1-2　市场调研过程

1.3.1　生成调研设计

调研设计（research design）是一种为实现调研目标或检验调研假设的计划。本质上，调研人员需要建立一个回答具体调研问题或机会的框架结构。不存在单一的最好的调研设计，相反，不同的调研设计提供一系列的选择，每个都有一定的优点和缺点，需要进行权衡。一种常见的权衡发生在调研成本和提供的决策信息质量之间。通常，所获得的信息越准确、错误越少，成本就越高。另一常见的权衡发生在时间限制和选择的调研设计类型之间。总之，调研人员必须在各种条件的约束下，向管理者提供尽可能好的信息。

1.3.2 选择调研的基本方法

无论是描述性还是因果性的调研设计,都是根据调研项目的目标来选择的。描述性调研研究谁、什么、何时何地以及如何。因果性调研试图确定一个变量的变化,是否会导致另一个变量发生能被观察到的变化。下一步是选择收集数据的方法,有三种基本方法:询问调研法、观察调研法、实验法。询问调研法通常是描述性的,但也有因果性的。观察调研法以往都是描述性的,而实验法几乎总是因果性的。

1. 询问调研法

询问调研法(survey research)是使用问卷来确保以一种有序的结构化的方法获取数据。询问调研法通常在互联网、智能手机上完成,或者可能与访问员一起完成。

2. 观察调研法

观察调研法(observation research)是观察消费者的行为模式,而不是询问他们为什么要这么做。这可能涉及人观察消费者,或者使用各种机器。过去,保洁、高露洁棕榄等消费品公司会建立实体店面布局,并要求人们"在商店里推着篮子购物"。研究人员可以测试定价备选方案、货架放置、包装和其他变量。今天,这个过程通过使用虚拟现实可以更有效、更便宜地完成。

3. 实验法

实验法(experiments)是调研人员用来收集数据的第三种方法。实验法通过调研人员改变一个或多个自变量,如价格、包装、设计、货架空间、移动广告主题或广告支出,观测这些变化对因变量(通常是销售额)的影响。实验法的目的是检测因果关系。最好的实验法是,除了那些操纵的变量外,其他所有因素保持不变。这样调研人员可以有把握地推断,例如销售额的变化是由广告投入的变化引起的。

在外部环境中,保持所有其他因素不变是一项非常艰巨且花费高昂的任务。诸如竞争者的行动、气候和各个市场的经济状况等因素均超出了调研人员的控制范围。控制那些可能影响因变量的因素的一种方法,是采用实验室实验,也就是说,在实验室的测试设备中而不是在自然环境中进行实验。实验法将在第11章详细讨论。

1.3.3 选择抽样程序

样本是较大总体中的一个子集。虽然在研究设计中明确了样本的基本性质,但抽样程序的选择是研究过程中一个单独的步骤。在制订抽样计划前,必须先回答几个问题。首先,必须界定目标总体,也就是将要从中抽取样本的群体,它应该包括观点、行为、偏好、态度等能够产生有助于回答调研问题的信息的所有人。例如,所有每60天至少吃一次墨西哥食物的人。

总体界定后,下一个需要回答的问题是,是用概率抽样还是非概率抽样。**概率抽样**

（probability sample）是指总体中的每个元素都有已知的非零概率被选中的抽样。采用这种抽样，调研人员可以估计研究中的抽样误差。所有不能被视为概率抽样的抽样都是非概率抽样。**非概率抽样**（nonprobability samples）是指总体中不同元素被选中机会未知的抽样。调研人员无法用统计的方法计算非随机样本的置信水平，即无法确定预计的误差大小。抽样问题将在第 5 章讨论。

1.3.4 收集数据

大多数基于询问的数据是从互联网或移动设备上收集的。基于访问员的数据收集通常是由市场调研现场服务公司完成的。遍布全国的现场服务公司根据分包合同，专门从事通过面对面或电话访谈来收集数据的工作。一项典型的基于访问员的调研项目往往涉及在几个城市收集数据，并需要与许多现场服务公司合作。为了确保所有分包商的做法完全一致，应为每项工作制定详细的现场指导。任何事情都不能靠运气，特别是对访问程序的解释权不应留给分包商。

除了访谈外，现场服务公司还提供小组调研设施、购物中心拦截位置、测试产品储存以及准备测试食品的厨房设施。

1.3.5 分析数据

数据收集完成后，调研过程的下一步就是进行数据分析。分析的目的是解释所收集的大量数据并做出结论。市场调研人员可能使用多种技术，从简单的频次分析开始，到复杂的多变量技术。数据分析将在第 12 章中详细讨论。

1.3.6 展示报告

数据分析完成后，调研人员还必须准备报告，并向管理层沟通结论和建议，这是整个过程的关键环节。因为想让结论发挥作用的市场调研人员必须使经理相信，依据所收集的数据得出的结论是可信和公正的。

在当今快节奏的市场调研领域，冗长、详尽撰写的报告几乎已成为过去。今天的决策者通常希望将总结数据传送到包含统计工具的在线门户网站，供客户以不同的方式检查调研结果。

判断报告质量 由于进入营销领域的大多数人将成为调研的使用者而不是调研的供给者，因此知道在调研报告中要寻找什么是很重要的。评价调研报告的能力是非常重要的。与我们购买其他产品类似，调研报告的质量并不总是显而易见的，高价格也不一定意味着高质量。评价调研质量的基础在于最初的调研计划书。调研报告是否实现了调研计划书中所确立的目标？是否采用了计划书中规定的方法？结论是否是基于数据分析所做的逻辑推理？结合所得出的结论、建议是否审慎？

1.3.7 跟踪

在公司花费了大量精力和资金开展市场调研并准备报告后，重要的是将调研结果付诸实施。管理者应该决定是否实施所提出的建议，如果不实施，应指出不实施的原因。正如第 2 章将要了解到的那样，提高公司营销部所开展的调研被使用可能性的一种方法是，尽量减少该部门和其他部门之间的冲突。

1.4 管理调研过程

1.4.1 调研申请

在开展调研项目前，像福特或乐事这样的公司可能需要审批正式的调研申请。中型和大型零售商、制造商和非营利性组织经常将**调研申请**（research request）作为决定资助哪些项目的基础。通常在大型组织中，管理者对市场调研信息的申请需求远远多于可以用于这些调研的资金供给，要求调研申请是分配稀缺研究经费的一种正式的方式。

对品牌经理、新产品专家，或者其他任何有调研信息需求的人而言，在正式调研申请中清楚地说明为什么所希望得到的信息对组织至关重要，非常关键。否则，审批的人可能看不到为什么某项调研支出是必要的。

在较小的组织中，品牌经理和市场调研人员之间的沟通联系更加紧密，他们的日常接触常常取代了正式的调研申请。相反，资助调研项目的决策由营销经理或市场调研主管根据需要做出。

申请的完成和批准是识别调研问题并获取资金来解决它们的规范方法。在调研过程中，这一阶段的努力程度将反映在提供给决策者的信息的质量上，因为一个精心构思的调研申请将引导调研设计、数据收集、分析和报告过程高度聚焦于目标。一份正式的调研申请应包括以下内容。

（1）行动。决策者必须描述依据调研将采取的行动。这将帮助决策者专注于应该获得哪些信息，并引导调研人员生成调研设计和分析结果。

（2）起因。决策者应陈述导致决策需求的事件，这将有助于调研人员更加深入地了解管理决策问题的性质。

（3）信息。决策者必须列出采取行动所需回答的问题，仔细思考这些问题有助于提高调研的效率。

（4）应用。这部分应解释每条信息将如何用于帮助制定实际决策。通过为调研的每个部分提供合乎逻辑的理由，它将确保问题在要采取的行动中是有意义的。

（5）目标群体和子群体。通过描述必须从哪些人那里收集信息来解决调研问题，这部分将帮助调研人员为调研项目设计抽样程序。

（6）后勤保障。时间和预算的限制常常影响项目调研技术的选择，正因为如此，在调研申请中必须包括对可用资金的估算，以及在要求结果之前的剩余时间。

（7）评论。任何与调研项目相关的其他评论都必须说明，以便研究人员再次充分了解问题的性质。

1.4.2 征求建议书

调研申请是经理使用的内部文件，用以决定哪些项目需要资助。**征求建议书**（request for proposal，RFP）是向市场调研供应商发出的邀请，邀请它们提交一份正式的包括标书的建议书来进行调研。征求建议书是调研供应商的命脉，获得它是获得新业务和收入的第一步。

一份典型的征求建议书提供为什么进行调研的背景资料，概述调研目标，描述采用的调研方法，并建议时间安排。在一些征求建议书中，供应商被要求推荐一种方法，甚至帮助制定调研目标。绝大多数的征求建议书还要求提供：①一份详细的成本明细；②供应商在相关领域的经验；③参考资料。通常，要指定建议书的截止日期。

供应商必须谨慎准备响应征求建议书的提案。不止一位客户提出这一观点："计划书的质量好坏体现公司产品的优劣。"因此，没有足够的时间来充分准备提案的调研供应商，就不应该投标。

1.4.3 市场调研提案

当市场调研供应商收到征求建议书时，它们会向潜在客户提供一个调研提案。**调研提案**（research proposal）是一份展示调研目标、调研设计、时间安排以及项目费用的文件。在附录 1-A 中有来自决策分析师调研公司（Decision Analyst，一家国际性调研公司）的两名项目经理的真实提案。如今绝大多数调研提案的篇幅都比较短小（3~5 页），以邮件附件形式寄回给潜在客户。联邦政府所做的调研提案可达 50 页或更长，联邦提案包括政府规定的一些标准格式。

大多数提案包含以下要素。

1. 标题页

此项包括征求建议书中项目的标题、提案准备人的姓名、联系方式、提案是为谁而准备的，以及制定日期。

2. 调研目标的陈述

调研目标通常在征求建议书中提到，若没有，则必须按照本章前面所说的加以确定。

3. 调研设计

此项说明如何收集数据、对谁采样以及样本容量。

4. 问题的范围

此项并非所有提案都有，但根据我们的经验，它非常有用。它是基于调研目标所列出的一个暂定的调研主题清单。

5. 数据分析

此项说明应使用哪些技术来分析数据。

6. 相关人员

此项列出参与此项目的所有监督和分析人员以及他们每个人的个人简历，每个人的责任也要列出。如果潜在客户和供应商已经建立持续的业务关系，则此项通常省去。在大多数政府性工作中，此项是强制性的。

7. 明细和假设

大多数征求建议书相对简短，未涉及所有细节。为确保供应商和潜在客户意见一致，在制作提案时列出要做的明细和假设是一个好主意（见附录1-A）。

8. 服务

这部分清楚地说明调研供应商将做什么（见附录1-A）。例如，谁设计问卷？是客户、供应商还是两者共同完成？同样，其目的是确保客户和调研供应商在抱有相同期望的背景下工作。

9. 费用

这部分详细说明费用和支付计划。

10. 时间安排

此部分说明项目不同阶段的完成日期，并提供项目最终完成的日期。

因为调研提案及其接受与否决定公司的收入情况，所以准备调研提案也许是调研供应商执行的最重要的职能。若某个调研公司的提案得不到采纳，那么这个公司就会缺少资金，最终走向倒闭。除此之外，如果报价太低，调研人员可能拿到项目但会赔钱。如果价格太高，即使提案优秀，但调研人员的工作仍会被竞争对手抢走。

1.4.4 市场调研供应商在追求什么

市场方向（Market Directions，堪萨斯的市场调研公司）曾要求全美市场调研的客户对关于调研公司和调研部门的几项陈述的重要性进行打分。答复来自各行各业，从中得出一个理想的市场调研人员最重要的10个品质要求如下。

（1）保守客户秘密。

（2）诚实。

（3）准时。

（4）灵活变通。

（5）履行项目规范。

（6）提供高质量产品。

（7）响应客户需求。

（8）坚持高标准的质量监控。

(9)与客户互动的过程中始终以客户为导向。

(10)整个项目过程中保持客户知晓。[6]

保密和诚信这两个最重要的品质要求是道德问题,其他因素则关系到实现调研功能和维持良好沟通。

良好的沟通是十分必要的。上述 10 个品质要求中的 4 个——灵活变通、响应客户需求、以客户为导向、保持客户知晓,与良好沟通有关。一个成功的市场调研机构既需要在调研公司内部,也需要在与客户的交往中保持良好的沟通。

1.4.5　调整调研过程:市场营销分析、大数据和无监督学习

前面定义的营销分析日益流行,加上大数据的流行,意味着传统的调研过程并不总能被遵循。**大数据**(big data)是海量信息的积累和分析,这些信息尤其但不唯一与人类行为和互动相关。不是看诸如城市或农村这样的分类;也不是群体被划分为诸如收入低于 70 001 美元,70 001 美元 ~ 120 000 美元或 120 000 美元以上;大数据使调研人员能够通过检查所有个人、所有产品、所有服务、所有部件、所有事件和所有交易来获得更深入的见解。更重要的是,通过考虑包括结构化和非结构化的所有数据,大数据使调研人员获得更广泛的见解,获得对复杂的、不断发展的、相互关联的条件的理解,从而产生更准确的见解。

虽然公司多年来一直在收集结构化数据,比如年龄、购买交易、收入等,但数据获取的真正增长是非结构化数据,如社交媒体帖子、YouTube 视频、推特、店内过道摄像头以及传感器。据估计,80% ~ 90% 的可用业务信息来自非结构化形式,其中大约 68% 是由消费者生成的。[7] **结构化数据**(structured data)是在数字字段中找到的被明确定义的数据类型。**非结构化数据**(unstructured data)没有预定义的数据模式,或者没有以预定义的方式组织。

1.4.6　一种范式转变

上述研究过程依赖于**监督学习**(supervised learning)。在这里,调研人员遵循定义问题、具体说明调研方法等过程,结果是通过调研过程确定的标记数据集。然后,算法从标记的数据集中学习,希望能够为指定的问题提供见解和答案。**算法**(algorithm)是计算中,特别是在计算机中,要遵循的一个过程或一组规则。因此,如果星巴克想知道去年 10 月在亚利桑那州凤凰城有多少人购买了南瓜香料拿铁,以及今年有多少人计划购买,那么这个目标将通过监督学习来实现。

无监督学习(unsupervised learning)让算法检查数据,并尝试通过自身提取特征和模式来理解数据。像亚马逊、联邦快递、沃尔玛、美国运通和爱彼迎等公司,都有数十亿个关于买家和非买家的数据点,这些数据点可以作为无监督学习的输入。

传统的监督学习过程将探索限制在大脑可以想象的范围内。现在,大数据使调研人员能够看到它告诉我们什么。因此,市场营销分析可能会与大数据相结合,来告诉调研人员更多关于"什么"和"为什么"的信息。很多情况下,"为什么"是一种奢侈,"什么"就足够了。例如,当亚马逊对销售数据使用市场营销分析来找出经常被一起购买的书籍时,管理者不需

要知道为什么许多购买《战争与和平》的用户也购买了《白痴》。亚马逊可能并不关心为什么这两本书会联系在一起，但它可以向《白痴》的买家推销《战争与和平》，反之亦然。

有时在揭示"什么"之后，可能需要通过传统调研来回答"为什么"。比如，如果大数据告诉医疗保健调研人员，步行的人更少肥胖，那么从逻辑上讲，下一个重要的问题是"为什么步行的人这么少？"以及"如果我们为超重的人提供苹果手表之类的可穿戴设备来帮助他们跟踪身体活动，会发生什么？"这些问题通常是传统市场调研的工作。

1.4.7 是什么促使决策者使用调研信息

当调研管理者能够有效地沟通、生成高质量数据、控制成本并及时传递信息时，就提高了决策者使用他们提供的调研信息的可能性。然而学术研究显示，政治因素和先入为主的成见也会影响调研信息是否会被使用。具体而言，管理者是否使用调研数据的决定因素是：①符合事先的愿望；②表述的清晰性；③调研质量；④在公司内部的政治可接受性；⑤缺乏对现状的挑战。[8] 管理者和调研人员都赞同技术质量是调研应用的最重要的决定因素。然而，管理者不太可能使用不符合先入为主的观念或政治上不可接受的调研。当然，这并不意味着调研人员应该改变他们的调研结果去迎合管理者的先入为主的观念。

相比于消费品组织同行，在工业公司中，营销经理更倾向于使用调研结果。[9] 存在于工业营销经理中的这种倾向，被归因于信息收集中探索性目标更大、组织结构正规化程度更高以及收集的信息中意外程度更低。

本章小结

市场调研在向管理者提供制定营销组合所需信息方面发挥关键作用。由于管理层关注顾客满意度和顾客保留，市场调研的重要性不断提高。同时，它也是进行主动管理的重要工具。只有当预期收益大于成本时，才应该进行市场调研。

市场营销分析已经成为市场调研的主要力量，强大的分析工具使管理人员能够做出更快、更好的决策。随着市场调研采用许多新工具，全球管理层现在将调研部门重新命名为"市场洞察"或"客户洞察"。

定义调研问题的过程包括：①识别问题或机会；②找出搜寻信息的原因；③通过探索性调研了解决策环境；④通过症状来澄清问题；⑤将管理问题转化为市场调研问题；⑥确定信息是否已经存在；⑦确定问题是否能被回答；⑧陈述调研目标。如果问题没有被正确定义，调研项目的其余部分将会浪费时间和金钱。

以下是市场调研步骤：

（1）识别问题或机会并陈述调研目标；

（2）生成调研设计；

（3）选择调研方法；

（4）选择抽样程序；

（5）收集数据；

（6）分析数据；

（7）撰写并展示报告；

（8）跟踪报告提出的建议

3种基本的研究方法是询问调研法、观察调研法、实验法。询问调研法涉及使用问卷来确保以有序的结构化方法收集数据，它通常通过互联网、智能手机或与访问员一起完成。相比之下，观察调研法监测调研对象的行为，不依赖与人的直接互动。实验法的特点在于调研人员改变一个或多个变量，并观测这些变化对另一个变量（通常是销售额）的影响；大多数实验法的目的是检测因果关系。

样本是更大总体的一个子集。概率抽样是总体中的每个元素都有一个已知的非零概率被抽中。所有不能被认为是概率抽样的抽样都是非概率抽样。总体中的不同元素被抽中的机会未知的抽样，可以被视为非概率抽样。

在较大的组织中，在陈述调研目标后准备一份调研申请是很常见的。调研申请通常描述根据调研将采取的行动、需要信息的原因、管理层希望回答的问题、将如何使用信息、从哪些目标群体中收集信息、完成调研项目需要的时间和资金、与申请有关的其他任何信息。征求建议书是客户用来从市场调研供应商那里寻求建议的文件。

市场调研提案是为回应征求建议书而制定的。有些情况下，提案是基于非正式请求生成的，比如在客户和调研供应商之间的电话谈话中。这些调研提案给出了调研目的、调研设计、时间安排和成本费用。调研提案是为调研公司创造收入的工具。

大数据是海量信息的积累和分析，这些信息尤其但不唯一与人类行为和行动相关。结构化数据存在于数字字段中，非结构化数据没有预定义的数据模型，也没有以预定义的方式组织。传统的调研过程依赖于监督学习，从而产生由调研过程确定的标记数据集。今天，研究人员通常依靠无监督学习，使用大数据，即让强大的算法检查数据并尝试通过自身提取特征和模式来理解它。

传统的调研过程基于监督学习，它将对数据的探索限制在大脑可以想象的范围。强大的新定量算法允许无监督学习。

良好的沟通是调研管理和使决策者使用调研信息的基础。传递给决策者的信息依赖于调研的类型。

关键词

算法	描述功能	实验法
大数据	诊断功能	探索性调研
个案分析	经验调研	假设
管理决策问题	观察调研法	调研申请
市场营销分析	机会识别	情况分析
市场调研	前导性研究	结构化数据
市场调研目标	预测功能	监督学习
在线调研社区（MROC）	概率抽样	询问调研法

市场调研问题	征求建议书	非结构化数据
非概率抽样	调研设计	无监督学习
	调研提案	变量

复习思考题

1. 营销的作用是创造交易。市场调研在促进交易过程中发挥了什么作用？

2. 市场调研传统上与消费品制造商有关。如今越来越多的营利性和非营利性组织都在使用市场调研。你认为为什么会有这种趋势？请举出一些例子。

3. 请评论市区一名餐厅老板的以下陈述："我每天都见到顾客，我可以直呼其名，我了解他们的喜恶。如果我列在菜单上的食品卖不出去，我就知道他们不喜欢。我也通过阅读《现代餐厅》(*Modern Restaurants*) 来紧跟行业的发展趋势，这就是我需要做的所有市场调研。"

4. 为什么市场调研对于营销主管很重要呢？请给出一些原因。

5. 为以下不同对象进行市场调研时，你会注意到可能有哪些不同：①零售商；②消费品制造商；③工业品制造商；④慈善组织。

6. 评论以下内容：拉尔夫·莫兰正计划投资 150 万美元在圣路易斯开一家新餐厅。当他申请建设融资贷款的时候，银行的工作人员问他是否进行过调研。拉尔夫回答："我了解了一下市场调研行情，一家市场调研公司想要 2 万美元来做这项工作。考虑到运营一项新业务的所有其他费用，我认为调研是一种我可以不做的奢侈品。"

7. 为什么你认为营销分析对企业变得如此重要？

8. 什么是结构化数据？什么是非结构化数据？请分别为它们举个例子。

9. 解释大数据的概念。

10. 界定调研问题是调研过程中关键的步骤之一。为什么这么说？谁参与了这个过程？

11. 探索性调研在市场调研过程中扮演什么角色？探索性调研与其他形式的市场调研有何区别？

12. 给一些问题的症状的例子，然后针对一些潜在的实际问题提出建议。

13. 评价下述方法，并提出更合适的替代方案。

（1）超市对确定自身形象很感兴趣。收银员在装袋之前将一份简短的问卷放进每位顾客的购物袋中。

（2）为评估贸易区域的范围，一家购物中心每周一和周五的晚上在停车场安排调研人员。人们停好车后，调研人员上前询问他们的邮政编码。

（3）为评估由外星机器人主演的新恐怖电影的潜力，一家大型电影厂邀请人们拨打 900 电话。若他们想看这样的电影，就投赞成票；若不想看，则投反对票。每位拨打电话的人可得 2 美元。

14. 你负责决定如何吸引更多商科专业的学生来你的学校，请概述为完成该项任务你将采取的步骤，包括抽样程序。

15. 调研人员能做些什么来增加决策者使用他们提供的市场调研信息的机会？

16. 解释调研提案的关键作用。

网络作业

1. 到互联网上搜索"市场分析",向全班报告你的发现。
2. 研究人员可以做些什么来使调研报告在客户的组织内实现"病毒式传播"?
3. 打开搜索引擎,输入"编写征求建议书(RFPs)",解释可获得什么类型的帮助来准备征求建议书。

调研实例 1.1

任何人都能成为市场调研者吗

最近,谷歌宣布向任何想做市场调研的人提供谷歌消费者调研(https://marketingplatform.google.com/about/surveys/how-it-works/)。谷歌宣布这项服务面向从《财富》500强公司到"当地自行车店"的所有人,它被宣传为是传统市场调研的快速、准确、低成本的替代方案。谷歌调研网页标注:"用谷歌消费者调研,你选择你的目标受众,输入你的问题,几小时内就能查看结果,只需几天而不是几周就能查看完整的结果。"谷歌指出,使用者可以测试产品概念、监测品牌、测量消费者满意度等。

问题:

1. 打开谷歌的消费者调研网页,在浏览了它的工作原理和示例之后,你是否感觉有能力创建一个网络调研?为什么行?为什么不行?
2. 你认为市场调研行业需要担心谷歌消费者调研吗?为什么?

附录 1-A

市场调研提案

决策分析师调研公司(Decision Analyst,Inc.)进行品牌资产调研的提案

机密

提供给:博彩娱乐城公司(Fun City Gaming,Inc.)

制作者:凯西·麦肯齐(Kathi McKenzie)和萨莉·丹弗斯(Sally Danforth),2021年1月

背景

博彩娱乐城公司近期经营了一个多层码头河船赌场和带有三家餐厅、一家酒店的陆上楼阁,这些都位于阿伦河边。这个赌场提供1 500个老虎机和70种桌游,这是娱乐城特许经营的王牌产品。目前娱乐城赌场(Fun City Casino)在该地区有4个主要竞争者,它们都位于娱乐城大约30英里⊖半径范围内。在所有竞争者中,娱乐城赌场在收入上排名第二,但利润居首位。除了这些竞争者,计划中的"野河"赌场将来也会参与竞争,它很可能在大约一年内开始建设,这个赌场将坐落在圣乔治市,距离娱乐城赌场只有几分钟的车程。

娱乐城近期正在进行大规模的再开发,包括建造一艘全新的博彩船、对楼阁进行重大升级,

⊖ 1英里=1609.344米。——编辑注

增加新餐厅和一个新的停车场。这艘博彩船将以 2 500 个老虎机、84 种桌游、高限额博彩区和高档的装饰为特色。这个新娱乐城将会提供比现有产品和主要竞争者产品更优越的特色。

为了在经济上可行，这个项目必须增加来自现有顾客的生意，并从竞争赌场那里吸引顾客，其中一些顾客可能不得不路经有竞争力的赌场才能到达娱乐城。另外，这个新项目必须对优质的赌场玩家特别有吸引力。

调研目标

这次调研的总目标是帮助管理层定位新的娱乐城项目。需要解决以下关键问题。

- 新赌场的定位应该是什么？
- 应该使用娱乐城这个名称还是更名？
- 如果更改名称，应该使用什么名称？

调研设计

本次调研将在娱乐城赌场位置 100 英里半径范围内，对 800 个赌博者进行有针对性的电话调研。具体来说，会在阿伦谷地区调研 400 人，在东部地区调研 400 人，因为这是目前以及将来的大部分竞争的所在地。我们将根据过去 12 个月的赌场使用情况来筛选受访者。

问题范围

决策分析师应当与博彩娱乐城密切合作开发问卷。假设我们有三四个潜在定位将要测试，暂定的调研主题如下。

- 现有赌场的使用情况和博彩行为。
- 娱乐城名称的知名度和整体评级，以及主要竞争对手的名称和博彩娱乐城公司拥有的可能用于新赌场的其他名称的知名度和整体评级。
- 娱乐城及其主要竞争对手在若干（8~10 个）品牌形象属性上的评级。
- 告知受访者"新"（重建）赌博项目的简要描述。每个受访者都将接触到一种潜在定位的描述，这样每个定位都将产生一个可识别的样本容量。
- "新"赌场的整体评级和其关键形象属性的评级。
- 根据整体吸引力和符合描述的情况对娱乐城名称和其他潜在名称进行评级。
- 新赌场的预期使用，对赌博习惯和对赌博访客份额的影响。

数据将会按居住区域和赌博价值（高/中/低价值参赌者）进行分析。

数据分析

采用因子分析，并识别出与赌场的整体评级最相关的因子。根据这些因子，制作一幅感知图，从视觉上来展示现在的娱乐城和竞争品牌在品牌形象上的关系。新赌场的品牌形象同样会显示在图上，并进行差距分析来突出三四个定位中的每一个定位在品牌形象上的差别。

参与人员

这个项目将由凯西·麦肯齐和萨莉·丹斯管理，凯西将担任总主管，萨莉将负责数据分析和展示。（注：每个参与者的个人简介通常也会附上）

明细说明或假设

成本估算依据以下假设：

- 完成的访谈数量 =800 人（次）
- 平均访谈时间 =20 分钟
- 平均完成率 =0.62 人（次）/小时
- 每小时完成假定发生率 =25%
- 没有开放型题目
- 抽样类型：针对性的随机数字
- 最多两个 Word 格式的统计表横幅
- 因子分析，两幅感知图（全部样本和高价值的参赌者）和差距分析
- 如果需要，报告个人陈述

服务

决策分析师调研公司将：

- 与博彩娱乐城管理者一起开发问卷；
- 在目标区域内实施抽样；
- 制订询问调研计划；
- 管理该调研项目；
- 管理和监督所有电话调研；
- 处理数据，确定交叉表格，编制统计表；
- 分析数据，如果需要，准备演示式报告。

成本

像已经描述的，实施该调研的成本应是 61 900 美元，加上至少 10% 的应急费用，应急费用只会在博彩娱乐城事先批准的情况下使用。这个成本预算并不包括达拉斯－福特沃斯地区以外的差旅费用。所有隔夜交付或差旅费用将在调研结束后按成本结账。

决策分析师调研公司将严格监管数据收集过程。如果实际数据收集经历不同于所述的明细说明或假设，将立即通知你并讨论可行的方法。

时间

最终问卷获批后，完成该项目大约需要 5~6 周，具体如下：

询问调研规划与质量控制	3~4 天
数据收集	3 周
最终数据表格化	3 天
最终报告	1~2 天

第 2 章

二手资料：
一种潜在的大数据输入

□ 学习目标

1. 理解二手资料的优缺点。
2. 理解行为定向。
3. 了解大数据的增长。
4. 理解政府在消费者隐私方面的举措。

什么是二手资料？使用二手资料的优点和缺点是什么？大数据是如何颠覆市场调研的？隐私相关的法律如何影响数据的收集？本章将告诉你以上问题的答案。

2.1 二手资料的实质

二手资料（secondary data）是指先前已收集的、可能与当前问题有关的信息资料。相比之下，**原始资料**（primary data）是指为了解决特定问题，通过询问、观察、实验收集的资料。任何一种洞察消费者的调研问题都不太可能是完全独一无二或者从未发生过的。其他人可能已经调研过同样或类似的问题。因此，对决策者而言，二手资料是一种经济而高效的收集信息的方法。二手资料有两个基本来源：一是公司内部（内部数据库）；二是其他组织（外部数据库），如安客诚（Acxiom）。

二手资料的内部来源包括年度报表、股东报告、销售数据、客户档案、购买模式、产品测试结果（也许可向新闻媒介透露）、对客户的网络和移动终端追踪、公司网站追踪，以及由公司员工制作并用于与员工、客户和其他人员进行交流的公司刊物等，上述资料通常都被整合到了公司的内部数据库中。

二手资料的外部来源包括编制并发布商业数据总结的不计其数的政府（联邦、州和地方）部门和机构、贸易和行业协会、商业期刊以及定期发布关于经济、特定行业，甚至是个别公司研究和论文的新闻媒体。安客诚使用其大部分计算机服务器来收集、整理和分析消费者数据。该公司创造了世界最大的消费者数据库，帮助企业在不触犯消费者隐私的情况下购买、出售、共享数据。安客诚识别客户的数据需求，并确保信息是干净、准确、最新的。随后，它通过数据分析来发掘新的洞察并帮助企业吸引新的受众。[1]数据创建的步伐正在加快,社交媒体上每天都会产生数十亿个数据点,由恒温控制器、可穿戴设备、安全系统、来自谷歌和苹果等公司的家庭系统、智能电视等组成的物联网,已经使这些设备通过互联网的相互连接实现了数据的接收与发送。这些都是数据渠道。

2.1.1 二手资料的优点

市场调研人员使用二手资料是因为收集二手资料的成本、时间以及不便程度只有收集原始资料的几分之一。使用二手资料的其他优点包括以下几个方面。

1. 二手资料有助于在探索性调研过程中明确或重新定义问题(见第3章)

我们来看一家本土基督教青年会的经历。由于担心会员人数停滞不前,以及传统基督教青年会项目缺乏参与性,该组织决定调查会员和非会员。二手资料显示,有大量单身青年涌入目标市场,而"传统家庭"的数量则保持稳定。因此,调研问题被重新定义为研究基督教青年会该如何在保持以传统家庭为基础的同时,大量占据单身青年市场的份额。

2. 二手资料可以切实提供解决问题的方案

独一无二的调研问题是极少的。很可能其他人已经解决了相同或非常相似的问题。因此,也许有人已经收集了调研所需的精确资料,只不过是出于不同目的。

许多州发布了一个制造商名录(通常可在网络上获取),名录包含地址、市场、产品线、工厂数量、关键人员的姓名、员工数量以及销售水平等公司信息。当一家专门为半导体行业企业进行长期战略规划的咨询公司需要一份潜在客户的区域概况时,这家咨询公司可以使用各州公布的名录来编制这份概况,而不需要收集原始资料。

3. 二手资料可以提供收集原始资料的备选方法

所有使用原始资料的调研都是为当前调研问题量身定制的。因此,市场调研人员应该始终广泛接纳那些提供不同收集方法的信息源。例如,当我们开始为西南部一个大城市的会议和游客办公室进行调研时,我们得到了一份由《会议计划者》(*Meeting and Convention Planners*)杂志编写的调研报告。在设计问卷时,我们使用了该调研报告中问卷所用的一系列量表。该杂志的调研报告不仅量表设计得很好,而且其数据可以与我们的研究数据进行对比。

4. 二手资料可以提醒市场调研人员潜在的问题和困难

除了作为备选方法外,二手资料可能会暴露潜在的风险。二手资料的收集过程可能会发现不受欢迎的收集方法、样本选择的困难、应答者的敌意。例如,一名调研人员在调查麻醉师对某些药物的满意度时,发现电话询问的拒绝率很高。于是,这位调研人员将原计划中的电话调查改为给予奖励的移动端问卷调查。

5. 二手资料可以为调研报告提供必要的背景资料并建立可信性

二手资料通常能为调研项目的设计带来丰富的背景资料。它能够提供潜在顾客和非顾客的画像、行业数据、理想的新产品功能、顾客描述该产业所使用的语言，以及现有产品的优缺点。了解目标消费者的语言有助于问题的措辞，这对问卷的回答者很有意义。有时，背景资料就可以满足一些调研目标，从而减少了某些问题的必要性。一般来说，问卷越短，完成率就越高。最后，二手资料可以对调研数据的含义提供另外的见解或证实当前的发现，从而丰富调研结果。此外，二手资料可以成为后续调研项目的参照基础。

6. 二手资料可以提供样本框

如果像联合快递（UPS）这样的公司想要跟踪每个季度的顾客满意度，那么顾客的名字必须来自它的数据库。因此，顾客列表就成了样本框，而样本框就是从中抽取样本的列表或装置。

2.1.2 二手资料的局限性

虽然二手资料有很多优点，但是它也存在着一些风险。二手资料主要的缺点是缺乏可得性、缺乏相关性、不准确性、不充分性。

1. 缺乏可得性

某些调研问题根本没有可用的二手资料。假设卡夫通用食品公司（Kraft General Foods）想要评估三种全新且美味的布朗尼混合配方的味道、口感和颜色。没有二手资料能够回答这些问题。消费者必须亲自品尝每一种混合配方后，才能做出评价。如果麦当劳（McDonald's）想评估其在亚利桑那州菲尼克斯市的形象，那么就必须收集原始资料；如果宝马汽车（BMW）想了解大学生对于新款双座跑车设计的反应，那么就必须向学生们展示跑车原型并评估他们的意见。当然，二手资料可能在工程师设计汽车时发挥了重要作用。

2. 缺乏相关性

二手资料可能由于其呈现的单位和测量方法而不能为调研人员所用，这种情况并不罕见。例如，琼·德莫特（Joan Dermott）是一个出售东方地毯的零售商，她认定地毯的主要顾客是家庭总收入在 80 000 美元至 120 000 美元之间的家庭。而更高收入的消费者倾向于购买比德莫特家更贵的地毯。当她在考虑是否在佛罗里达州的另一个城市开店时，她找不到适用的收入数据。其中一个二手资料来源提供的阶层划分是 40 000 美元至 90 000 美元、90 000 美元至 110 000 美元、110 000 美元至 150 000 美元，依此类推。另一个二手资料来源将收入划分为低于 50 000 美元、50 000 美元至 70 000 美元、70 000 美元以上。即使收入等级符合琼·德莫特的需要，她也会面对另一个问题：这些信息过时了。一项是 1995 年的调研，另一项是 2001 年的调研。由于佛罗里达州市场的变化迅速，这些比例可能不再有意义了。美国人口普查数据往往就是如此，将近一年后数据才可用。

3. 不准确性

调研人员在使用二手资料时应该评估其准确性。在调研人员收集、编码、分析和呈现数据的过程中，存在许多潜在的错误来源。任何一个没有注明可能的误差来源和误差范围的报告都值得怀疑。

使用二手资料并不意味着调研人员不用评估资料的准确性。以下准则有助于判断二手资料的准确性。

（1）资料的收集者是谁？二手资料的来源是准确性的关键。我们能够指望联邦机构、大多数的州政府机构和大型商业性市场调研机构尽可能专业地进行调研。在查阅可能存在隐秘动机的资料时，调研人员应该始终保持谨慎。例如，一个商会总是要展示它最好的一面。同样，行业协会经常主张一种立场而不是另一种立场。

（2）调研的目的是什么？资料总是为了某种目的而收集的。了解调研的动机可以为资料的质量评估提供线索。例如，商会的调研所提供的数据可能被用于吸引新产业入驻该地区，我们应当非常谨慎地仔细审查。曾经有客户聘请了其广告代理商来评估广告方案的影响力。换句话说，广告代理商评价了自己为客户所做工作的质量！

（3）收集的是什么信息？调研人员应该始终准确地判定所收集的是哪些信息以及这些信息从何而来。例如，在一项狗粮调研中，调研人员是对罐头、脱水和半脱水狗粮的购买者都进行了访谈，还是只对一两种狗粮的购买者进行了询问？在选民调查中，是否只与民主党人或是共和党人进行了访谈？是否所有的受访者都是注册登记的选民？是否曾尝试确定受访者在下次投票选举中的倾向？是否使用了受访者的自述数据来推断实际行为？

（4）资料是何时收集的？如果一项购物中心的调研项目仅在周末调查顾客，那么该调研无法反映"典型"顾客的想法。上午9点至下午5点之间进行的电话调查将使得上班族的代表性大大不足。在夏季对佛罗里达的游客做的调查可能反映出与冬季游客不同的动机和兴趣。

（5）资料是如何收集的？资料是通过邮件、电话、移动设备、互联网还是个人访谈的方法收集的？每种收集方法各有优缺点。拒答率是多少？是否与决策者或者他们的代表进行了访谈？简而言之，调研人员必须努力辨明信息收集过程所注入的数据偏差量。一项回收率为1%的邮寄调查（即收到调查问卷的人中只有1%寄回了问卷）可能包含很多自我选择偏差。

（6）所得资料是否与其他资料一致？调研人员应当对缺乏一致性的二手数据集保持谨慎。调研人员应当深入探究可能产生这种差异的原因。样本、时间范围、抽样方法、问卷结构和其他因素的差异，均会导致调研的差异。如果可能的话，调研人员应评估不同调研的效度，从而决定将哪项调研的结果（如果有的话）作为决策的基础。

4. 不充分性

调研人员也许能确保资料是可获得的、相关的、准确的，但这不足以使他们做出决策或解决问题。例如，沃尔玛（Walmart）的一名经理决定要从艾奥瓦州的五个城市中选择一个城市开设新店，他可能拥有足够的收入、家庭规模、竞争对手数量、增长潜力相关的二手资料。但是，如果没有所选城市的交通统计，那么他就必须收集原始资料才能为新店选择特定的地址。

2.2 内部数据库

对于众多公司来说，包含现有顾客和潜在顾客信息的数据库已经成为必不可少的营销工具。内部数据库（internal database）就是由组织内部数据发展而来的相关信息的集合。

2.2.1 创建一个内部数据库

公司的销售活动是创建内部数据库的极佳信息来源。创建内部数据库的一个传统起点是公司的销售系统、询价处理系统以及跟踪系统。这类系统通常以销售人员的致电情况报告为基础。致电情况报告能够反映销售人员日常工作情况。报告详细说明了致电的次数、所拜访公司的特点、致电产生的销售活动，以及从客户处获取的竞争对手信息，例如价格的变化、新产品或服务、信用条款的修改以及新产品或服务的特征等。建立在销售情况、客户偏好、互联网、移动终端和社会数据基础上的内部营销数据库，可以成为强大的营销工具。

2.2.2 第一方数据、第二方数据、第三方数据 [2]

第一方数据（first party data）是指公司的内部数据库。换句话说，第一方数据可能是主动收集的公司数据，如通过调查问卷等方式。第一方数据也有可能是被动收集的，在被动式数据收集中，参与者没有意识到正在参与调研而且没有被要求做任何事情，例如，面部识别软件可以识别进入商店的顾客以及他们的购物模式。人们扫描品牌会员卡以获取免费旅行或产品折扣，这也是一种被动式收集数据的形式。

第二方数据（second party data）是指两家或多家公司决定在"保证私密"的基础上共享各自的第一方数据。这意味着没有其他人可以访问或查看它。第二方数据有助于调研人员了解客户如何与合作伙伴进行品牌互动，从而更深入地了解客户的需求、偏好和行为。

第三方数据（third party data）是有关你的组织所不知道的人的数据。第三方数据与其他公司的客户有关，而不是第一方公司的客户。

公司使用第二方数据的例子比比皆是。一家全球连锁的酒店与一家领先的航空公司达成合作，以促进酒店的销售情况。如果顾客经常预订航班却鲜少预订该酒店，那么该酒店就可以根据飞行历史向他们提供特别的优惠。这表明第二方数据是一个有力的工具，能够为目标客群提供合适的优惠价格，从而提高顾客的终身价值和忠诚度。[3]

一家大型超市正在与一家以清洁生活与烘焙著称的杂志合作，该杂志高度重视新鲜的时令食材。得益于这种第二方数据合作关系，超市可以在杂志读者进入商店购物时发送配方食材的相关报价。例如，如果顾客在该电子杂志上的甜品食谱处做了标记，那么有针对性的广告可以引导顾客在超市购买这一甜品食谱所需要的时令李子。顾客最喜欢的食谱被编入索引，从而顾客能够轻松找到所需之物，顾客在超市的支出增加。还有证据表明，这些顾客会从超市购买更多的食品，而不仅仅是杂志食谱中的配料。[4]

2.2.3 行为定向

行为定向（behavioral targeting）是指利用大数据来了解消费者习惯、人口特征和社交网络，以提高在线广告的有效性。例如，安客诚集团旗下的 Personicx 公司就致力于行为定向。随着互联网越发成熟，非定向广告的效果大打折扣。Double-Click 的一项调研报告显示，广告的平均点击率只有 0.1%。这意味着，每一千人中只有一个人实际点击了投放的广告。于是，行为定向旨在帮助广告商来改善这一困境。事实上，最近的研究证实，定向广告的点击率和转化率明显高于非定向广告。良好的点击率为 2%。[5]

eXelate Media 是一家收集、出售网络数据的调研公司，被美国最大的市场调研公司尼尔森控股有限公司（Nielsen Holdings）收购。这一收购行为将 eXelate Media 拥有的超过 1.5 亿个互联网用户的数据与尼尔森公司包含 1.15 亿个美国家庭数据的数据库结合起来，以提供更细致的消费者画像。

eXelate Media 通过与数百个网站的交易来收集在线消费者的数据。该公司从网站注册信息中获得消费者的年龄、性别、种族、婚姻状况以及职业。例如，该公司可以根据用户的网络搜索记录和经常浏览的网站，明确判断出市场上哪些即将购车的消费者是健身爱好者。当用户访问站点时，它会在用户的计算机硬盘上存放具有追踪功能的 cookie 或者小数据串来收集和存储信息。第 9 章会更详细地讨论这一追踪过程。

例如，一家汽车制造商可以利用 eXelate Media 和尼尔森的数据库，将跑车广告精准投放给那些访问汽车博客、在线搜索跑车信息，并属于尼尔森公司所定义的"青年数码英才"群体的人。这个群体由精通科技、生活富足的消费者构成。他们住在高级公寓，年龄分布在 25 岁至 44 岁之间，年薪约为 88 000 美元，通常是《经济学人》杂志的读者。

Lotame、33Across 等公司致力于为广告商挖掘社交网络数据。Lotame 尝试使用社交数据来发现有影响的人。Lotame 会为那些已经创造了特定话题内容的用户监控社交网站、博客以及留言板，随后它通过添加消费用户生成内容的人来扩大这个圈子。最后，它添加那些看起来像内容创造者和消费者的人。

33Across 建立了一个名为 AttentionX 的数据系统。针对手机用户和笔记本电脑用户，该系统使用了新的注意力技术，从而产生更加令人惊叹的在线广告效果、更长的浏览时间以及更深入的消费者互动。AttentionX 有 1 500 家在线发行商作为广告投放的合作伙伴，例如天气预报（WeatherBug）、哥伦比亚广播集团（CBS Interactive）、美国今日体育（USA Today Sports）。该系统每月触及的用户达到了 14 亿。[6]

2.3 大数据

回想一下，大数据分析是指对海量信息的积累和分析，这些信息与人类行为和互动尤其相关，但不完全是这样。一家调研咨询公司曾表示，如果一个组织拥有 5TB 商业数据，该组织就可以被视为一个拥有大数据的组织。1TB 多达十亿个字节，所以拥有超过 5TB 活跃商业数据的公司称得上和大数据打交道的公司。据预测，"数据宇宙"（每年创建和复制的数据）

将在 2025 年 7 月达到 180ZB[7]，即 180 后有 21 个零。如今，包含更多非结构化数据（在第 1 章中给出了定义）的数据库更受重视。此外，社交媒体上的照片流、评论流、视频流以及可穿戴设备和物联网产生的数据都会被实时分析。

Cardlytics 公司收集了有关人们如何使用借记卡和信用卡的数据。该公司帮助美国一些最大的银行挖掘客户购物数据，并加以市场营销分析，从而促使客户使用它们的银行卡购买更多的东西。银行将信息发送给 Cardlytics 时不会透露客户的姓名或其他个人信息。该公司分析了来自 2 000 家金融机构的银行卡交易记录，总价值超过 1.5 万亿美元。[8] 零售商会购买这类大数据输出，并由此将定制的优惠券和其他优惠信息投放在银行的手机应用程序上。市场营销分析能够识别出最有可能对这类定制优惠做出反应的客户。当然，零售商不知晓目标人群的身份。因此，市场营销分析可以基于酒店和机票支出识别活跃的旅客。于是，像爱彼迎（Airbnb）这样的公司就可以向这些旅客发送优惠信息。[9] 摩根大通（JP Morgan Chase）和富国银行（Wells Fargo）等银行已与 Cardlytics 签署了协议。每当优惠信息为零售商（例如爱彼迎）带来一笔订单，银行都会收取少量费用。然而对于银行来说，主要的好处是增加了客户使用银行卡的频率。Cardlytics 预估这一增益约为 9%。[10]

网飞公司（Netflix）使用大数据来调查用户的观看习惯，从而预测何种内容在未来会吸引用户增加观看时间。[11] 优步公司（Uber）使用大数据来最大限度地提高司机效率和用户满意度。大数据的使用者希望利用**数据网络效应**（data-network-effect）这一强大经济引擎。这意味着公司通过数据吸引了更多用户[12]，随后用户生成了更多数据，这又有助于改善商品和服务，从而吸引更多的用户。这样反过来又带来更大的利润。

大数据有多少价值？凯撒娱乐公司（Caesars Entertainment）曾拥有一家赌场，但在 2015 年申请破产。该公司庞大的数据库在破产程序中被认定为最有价值的资产，该数据库包含了 4 500 万赌客的信息，并且这些赌客在过去的 17 年中加入了其客户忠诚度计划。该数据库的价值为 10 亿美元。[13]

2.3.1 大数据的突破

不久前，大数据分析这个概念还只是一个梦想。传统数据库通常使用 SQL（发音为 sequel）语言进行编写，它将数据存储在表格、行以及列中，但在存储如在电子邮件和短信中发现的字符串时会受到限制。此外，传统数据库也无法处理图像或视频。

2009 年年末开始涌现的新型数据库（如 MongoDB、Cassandra 和 SimpleDB）则突破了这些限制，并允许分析师对所有类型的数据创建查询。

这类数据库统称为 NoSQL（"not only SQL"）。对于分析庞大数据集的公司来说，即使这些公司是相当传统的，这类数据库也会发挥巨大的作用。例如，风险咨询公司 Verisk Analyticsco 的咨询师将各种不同的模型和分析方法运用于对数十亿顾客的记录，以帮助识别欺诈性的保险索赔。[14]

Cerisk 公司的副总裁兼首席信息官佩里·罗泰拉（Perry Rotella）表示，使用 IBM 公司传统的 DB2 数据库将是一项耗时六小时的工作，需要彻夜运行。分析师要仔细地注意结果，并创建需要再次运行的查询项。他说，分析师每次都需要花费数周的时间来创建一个新的统计模型。最近，该公司改用一个 NoSQL 数据库，这使得分析师能在 30 秒内运行同类型的查询。[15]

最近开发的程序以自然语言处理和机器学习著称，它们依靠计算机程序本身来寻找模式，甚至能根据语境来阐明歧义词的意思。通过自然语言处理，计算机程序可以识别出"炸弹（bomb）"这样的术语到底是一个形容百老汇戏剧的词汇还是恐怖分子使用的物品。

迄今，复杂的计算机程序仍需要在昂贵的硬件上运行，比如在大型计算机主机上。如今，一个名为 Hadoop 的开源软件框架允许程序分割查询，它由雅虎公司（Yahoo）研发，由谷歌公司（Google）提供技术支持，并以儿童的大象玩具命名。

不同的分析任务分布在许多平价的服务器中，每个服务器解决一部分问题，然后在工作完成后重新组合查询。当人们面对含有大量变量的复杂问题时，将复杂的查询分配到大量平价计算机的能力有助于获取非常快速的响应。

在线汽车市场 Edmunds.com 可以帮助汽车经销商预测一辆汽车在停车场的停留时间，方法是将汽车制造商、车型和其他功能与经销商所在地区的停车场上汽车库存在该价格点的平均天数进行比较。Edmunds.com 的首席信息官菲利普·波特洛夫（Philip Potloff）表示，这些预测有助于将汽车未售出的天数最小化——"这是经销商最重要的销售指标之一"。[16]

2.3.2 让大数据在传统市场调研环境中具有可操作性

过于复杂的输出会让人不知所措，甚至失去信任。我们需要的是能够协助日常决策的直观工具。在传统的市场调研领域，产品经理或其他市场经理需要去市场调研部门（或发送一份调研计划书）描述问题。然后，调研人员通过访谈他人来执行调研，再进行数据分析。下一步是幻灯片展示。最后，经理可能会采取行动，也可能不采取行动。传统的市场调研旨在了解人们对产品、公司或广告的感受。调研人员希望更好地理解人们在进行购买决策（买或者不买）时的想法。为了这一期望，市场调研人员更好地洞察个人的感受和想法，从而更好地理解"为什么"。

大数据及市场营销分析则采取不同的策略。如果这些新工具能够准确预测人们的行为，那么"为什么"也就不再那么重要了。可以想象，这将在一些组织中引发冲突，冲突来自传统市场调研人员与使用大数据进行市场营销分析的人员之间。通常而言，公司会将这两种不同派系的人员安排在不同的办公地点和部门。很多时候，这两个群体中没有一个高管能促进协调和创造可操作的营销见解。公司比以往任何时候都更频繁地运用市场营销分析。但目前为止，公司高管们认为这一工具对公司绩效的贡献并不突出。[17]

显而易见的解决方案是整合传统的市场调研和市场营销分析。促进整合的一种方法是询问决策者是否可以通过态度、行为和客户数据来增强他们的决策过程。这个问题几乎都得到了肯定的回答。然后就可以指出态度源于市场调研、态度源于大数据和市场营销分析、客户数据源于两者的结合。因此，传统调研人员和使用大数据的调研人员都可以发挥各自的作用，有望为双方创造一个合作的环境。合作联盟一旦成立，他们就可以开始集思广益，为启动试点项目而努力。一个试点项目应该满足决策者的一个关键需求。初步的胜利有望为未来的合作项目奠定基础。[18]

2.3.3 隐私之战

大数据的巨大增长引发了一系列的数据隐私问题和议题。最近的一项调查发现，67%的美国消费者准备好迎接更严格的数据隐私法规。此外，73%的消费者表示他们对个人数据隐私的担忧正在上升。[19]许多人（66%）正在采取措施，以更好地保护自己的信息。正在采取的措施包括：更改隐私设置、更改或不接受cookie文件、拒绝协议条款、删除移动应用程序、注销社交媒体账号。

并非只有消费者担心隐私问题。首席营销官年度调查发现，营销人员也愈发担心消费者隐私的保护问题。表示"非常担心"的高管人数在2016年至2019年间增加了一倍[20]，而同期表示"完全不担心"的高管人数比例则从26%下降到16%。

政府在保护数据隐私方面的举措 为了保护消费者的数据隐私，政府已经出台了四项重要的联邦法律。它们具体如下。

格雷姆 - 里奇 - 比利雷法案（《金融服务现代化法案》）：该法案针对的是金融公司。该法案要求金融公司告知客户他们的个人信息是如何被公司使用的，并且制定了防止欺诈性访问这些信息的政策。自2001年起，金融公司已被要求遵守部分法案。

《健康保险可携性与责任法案》：该法案针对的是医疗保健行业。该法案限制个人医疗信息的披露，并且对违反隐私条款的组织实施处罚。自2003年起，大型公司被要求遵守该法案。

《公平信用报告法案》（简称"FCRA法案"）：该法案由美国联邦贸易委员会执行，旨在提高消费者报告中的准确性，并意味着确保其中信息的隐私性。

《儿童在线隐私保护法案》（简称"COPPA法案"）：该法案旨在让家长控制孩子上网的什么信息被收集以及这些信息可能被怎样使用。

《儿童在线隐私保护法案》适用于：

- 针对13岁以下儿童收集个人信息的商业网站和在线服务的运营商；
- 故意收集13岁以下儿童个人信息的一般受众网站的运营商；
- 设有单独儿童区域并收集13岁以下儿童个人信息的一般受众网站的运营商。

《儿童在线隐私保护法案》要求运营商：

- 在网站主页上发布隐私政策，并且在每个收集个人信息的页面上设置隐私政策的链接；
- 在收集儿童的个人信息之前，通知家长有关网站的信息收集行为，并获得家长的可验证同意；
- 让家长选择是否将孩子的个人信息披露给第三方；
- 允许家长访问孩子的个人信息，并且家长可以选择删除孩子的个人信息，以及选择信息不再被收集或使用；
- 不以儿童参与游戏、比赛或其他活动为条件，让儿童披露超出活动合理要求的个人信息；
- 确保儿童个人信息的机密性、安全性和完整性。

2.4 美国联邦贸易委员会

美国联邦贸易委员会（FTC）是上述四项联邦法律的主要执行者。没有关于数据隐私的通用联邦法律。当一家公司声称会保护消费者的数据隐私而实际没有这样做时，美国联邦贸易委员会就会根据《联邦贸易委员会法案》的第5节起诉该公司，该条款禁止商业活动中的或影响商业活动的不公平、欺骗性行为及做法。2019年，谷歌违反了COPPA法案规定的儿童隐私相关条例，因此被美国联邦贸易委员会处以1.7亿美元的罚款。据称，YouTube非法收集了13岁以下未成年人的数据，并让他们接触危险的、成人主题的内容。[21] 此外，在2019年，美国联邦贸易委员会以侵犯隐私为由，对脸谱网（Facebook）处以迄今为止最高的罚款，高达50亿美元。[22] 第一方数据、第二方数据和第三方数据为脸谱网年入700亿美元的定向广告业务提供了基础。只要用户同意，美国联邦贸易委员会就不限制脸谱网可以收集和分析多少数据。一旦脸谱网在未经用户明确同意的情况下将500名以上用户的个人信息共享给第三方，脸谱网就须承担法律责任。

2.4.1 州数据隐私法

许多州都在考虑制定数据隐私法。但迄今为止，仅有加利福尼亚州和佛蒙特州颁布了相关法律。《2018年加利福尼亚州消费者隐私法案》于2020年1月1日起生效。该法案影响了美国各地与加州居民有业务往来的公司。佛蒙特州也于2018年颁布了一项法案，要求数据经纪商（收集、出售个人信息或许可给第三方的公司）向个人消费者披露正在收集的数据，并且给予他们选择退出的机会。

2.4.2 通用数据保护条例

《通用数据保护条例》（GDPR）是世界上最严格的数据隐私法。它由欧盟通过并于2018年生效。任何收集和处理欧盟公民和居民数据的公司都必须遵守《通用数据保护条例》，即使公司不在欧盟境内。消费者的同意必须是自由的、具体的、知情的、明确的。公司征求同意时，必须做到语言清晰明了。消费者可以随时撤回同意。13岁以下的儿童只有得到家长的允许才能选择同意。此外，公司必须将同意的记录存档。[23] 公司还必须使其收集的数据及使用方式更加透明。

根据《通用数据保护条例》，公司必须：①指定专人负责保护数据；②保证流程对隐私权影响的最小化；③只收集当前需要的数据，而不能存储数据以供日后未明确的用途；④如果发生数据泄露事件，公司必须在72小时内通知数据主体（因数据丢失或被盗而受到影响的人）。[24]

《通用数据保护条例》一直非常积极地开具巨额罚单。在万豪集团（Marriott）收购喜达屋（Starwood）酒店集团之前，喜达屋经历了3.39亿客人数据被泄露的风波。由于万豪集团六个月后才根据《通用数据保护条例》报告了喜达屋数据泄露的问题，万豪集团被罚款1.24

亿美元。而喜达屋实际的违规行为发生于四年前，早于万豪集团对喜达屋的收购！[25]

由于英国航空约 50 万名客户的详细信息（例如登录信息、支付卡信息和旅行预订信息）被黑客窃取，《通用数据保护条例》对该公司处以 2.3 亿美元的罚款。万豪集团和英国航空公司都计划对罚款进行申诉。如果想要推翻判决，需要 2/3 的数据监管机构同意原判决是不正确的。数据监管机构以欧洲数据保护委员会（EDPB）为代表，该委员会负责审查并指导如何在欧盟应用《通用数据保护条例》。[26]

本章小结

二手资料是先前收集的、可能与当前问题相关的信息。二手资料可能来源于组织内部或者组织外部。原始资料是指为了解决特定问题而通过询问、观察、实验专门收集的资料。

使用二手资料具有若干优点：①有助于在探索性调研过程中明确或重新定义问题；②切实提供解决问题的方法；③提供收集原始资料的备选方法；④提醒市场调研人员潜在的问题和困难；⑤为调研报告提供必要的背景资料并建立可信性；⑥提供样本框。使用二手资料的缺点包括缺乏可得性、缺乏相关性、不准确性、不充分性。

内部数据库是由组织内部数据发展而成的相关信息的集合。内部数据库是第一方数据。第二方数据是指两家或多家公司决定在"保证私密"的基础上共享各自的第一方数据。第三方数据是有关你的组织不知道的人的数据。

大数据使管理者能够更加广泛而深入地洞察他们的客户、市场、竞争环境和业务趋势。大数据可以发现数据中容易被忽略的模式。大数据分析可以告诉管理者这里有什么。当数据科学家开发了算法来分析非结构化数据（例如 YouTube 视频）时，我们在理解大数据方面迎来了重大突破。

传统的市场调研更关注消费者对产品或服务的态度和感受。调研人员想了解消费者的想法，以及他们随后是否会购买的决策。传统市场调研的重点在于"为什么"。而大数据和市场营销分析的目标是预测行为。因此，如果分析能够预测实际行为，那么"为什么"就无关紧要了。这些不同的价值观有时会引起传统营销研究和市场营销分析的冲突。两个群体之间的沟通可以化解冲突。

大数据的激增引发了消费者和政府对于隐私的担忧。政府已经通过了数项法案来保护人们的隐私，包括《金融服务现代化法案》《健康保险可携性与责任法案》《公平信用报告法案》《儿童在线隐私保护法案》《2018 年加利福尼亚州消费者隐私法案》以及佛蒙特州处理数据经纪商的法律。美国联邦贸易委员会是联邦隐私法案的执行机关。

欧盟的《通用数据保护条例》是世界上最严格的数据隐私法。它适用于任何公司、任何地点，只要涉及在欧盟居住的人。违反该条例的行为会被处以巨额罚款。

关键词

行为定向	被动式数据收集	第二方数据
第一方数据	原始资料	第三方数据
内部数据库	二手资料	

复习思考题

1. 为什么企业应该考虑创建一个大数据库？列举一些可能在大数据库找到的信息类型及其来源。
2. 为什么市场营销分析在美国联合航空、美国运通、福特汽车等企业如此流行？
3. 有人说市场营销分析颠覆了科学方法。这句话的意思是什么？
4. 为什么二手资料往往比原始资料更受青睐？
5. 调研人员在使用二手资料时可能会碰到哪些陷阱？
6. 为什么行为定向如此受到营销人员的欢迎？为什么行为定向会引发争议？
7. 当公司没有遇到问题时，是否还有必要进行市场调研或者应用市场营销分析？
8. 你认为《通用数据保护条例》对非欧盟公司的监管过分吗？罚款金额是否太高了？
9. 将班级分为四人组或五人组，每组上网搜索市场营销分析。然后，每组在班级内汇报某家公司是如何利用大数据来提高营销效率的。

网络作业

1. 访问 www.Ayasdi.com 并了解该公司是做什么的。为什么它的服务对很多公司有价值？
2. 访问美国国家民意调查研究中心 www.norc.org，描述可供调研人员使用的新报告。
3. 访问 www.tableau.com，观看该网站的视频并向班级同学介绍该公司提供的服务。
4. Cardlytics 表示它使营销更具相关性和可测量性，继而使客户能够做出更明智的业务决策和更有意义的顾客联系。访问 Cardlytics.com，并解释 Cardlytics 这一说法的原因。
5. 访问 https://gdpr-info.eu/，并解释为什么学者们声称这是世界上最有力的隐私法规。最近对违反《通用数据保护条例》的公司采取了什么措施？你认为《通用数据保护条例》对小公司是否公平？为什么？

调研实例 2.1

《通用数据保护条例》与美国的小型企业

美国小型企业通常不太考虑数据的隐私和保护。然而，我们生活在一个以数字化为导向、由数据所驱动、以广告为支撑的经济体中。互联网上之所以有那么多"免费"的东西，是因为公司能够向你提供有意义且有针对性的广告。一直保持联系的消费者现在希望品牌能够通过每一个接触点来了解他们，并在此过程中能够传递相关的信息。此外，数据在固有领域以及几乎所有其他领域都推动了创新。

里昂比恩（L.L. Bean）和梅西百货（Macy's）等大型零售商在网上进行销售已经有很多年了。如今，从机床到桌面厨房用具的各类小型制造商都开始在全球市场上销售产品。正如全球市场上的大型企业那样，这些小型企业逐渐认识到数据能够成为它们最有价值的资产之一。

任何在全球线上市场销售产品的企业，不论规模大小，都有可能拥有一些来自欧盟成员国之一的客户。而且，如果企业向任一成员国的公民或永久居民出售产品，那么企业就必须遵守《通用数据保护条例》。

对于美国小型企业来说，首要的问题是它们是否免于《通用数据保护条例》的约束。只有员工人数少于250人的企业才不用遵守该条例。但是，如果这类小型企业定期处理欧盟公民的个人数据或敏感数据，那么它们将不再被豁免。因此，对于收集了大量客户数据并获取了第二方数据或第三方数据的小型企业而言，它们必须遵守《通用数据保护条例》。这通常始于委任一位数据保护专员（DPO）。此人应精通数据保护相关的法律和司法程序。

小型企业在雇用或任命数据保护专员后，应当彻底审查数据。审查应该涵盖数据收集的时间、地点以及方法。企业必须进行必要的改变，使之符合《通用数据保护条例》的标准。一份底部带有"接受"字样的冗长的法律文书将不再有效。走向清晰的趋势是必然的。此外，只有欧盟公民"选择同意"后，企业才能合法地获取在线或离线数据。欧盟公民也有"被遗忘的权利"。也就是说，欧盟公民可以要求企业删除个人相关的所有数据。

显然，我们必须构建一个框架来满足《通用数据保护条例》的要求。该框架包括明确的数据管理目标。小型企业必须确定将数据存放在何处、如何汇集数据以及如何处理、分析、使用数据。对于企业来说，最重要的是如何保护数据。单层保护（例如杀毒软件）可能不足够，甚至连规模更小的公司也正在为数据创建多层保护。[27]

问题：

1. 根据《通用数据保护条例》，在未经某人直接同意的情况下，小型企业从名片或领英联系人资料中获取个人联系方式，并将这类信息添加到企业数据库，这是违法的。企业收到个人的联系方式并不意味着个人的同意。你如何看待这一规定？

2. 美国没有类似《通用数据保护条例》的联邦法律。你认为美国应该制定这样的法律吗？为什么应该，或者为什么不应该？

3. 那些在美国以外没有办事处的美国企业，它们是否应该被《通用数据保护条例》豁免，即使它们在欧盟有客户？

4. 一家小型企业拥有欧盟的客户，也在50个州开展业务。如果这家企业发生数据泄露的问题，根据《通用数据保护条例》，它必须在72小时内通知每个州。你如何看待这一规定？

5. 一些小型企业已经改用"渗透测试"来确定其数据的安全性。这意味着需要雇用一名"白帽黑客（white-hat hacker）"，看他们能否闯入企业的数据库。你认为这是一个测试数据安全性的好方法吗？

第 3 章

建立营销洞察力的测量

□ 学习目标

1. 分析测量的概念。
2. 定义什么是概念。
3. 了解构念的本质。
4. 写出组成性上的概念。
5. 定义操作性上的概念。
6. 理解怎样建立一个测量量表。
7. 评估测量的信度和效度。
8. 比较不同类型的态度量表。
9. 在选择量表类型时,检查一些基本的考虑因素。

3.1 测量过程

测量(measurement)是指按照特定的规则将代表其特性的数量或质量的数字或符号分配给每一个人、目标或事件的过程。它是一个分配数字的过程,这些数字反映了事件、个人或物体所具有的特性。注意,要测量的不是事件、个人或物体本身,而是它们的特性。例如,调研人员不是去测量某个消费者,而是测量消费者的态度、收入、品牌忠诚度、年龄和其他相关因素。

规则的概念是测量的关键。**规则**(rule)是一种指南、方法或指令,它告诉调研人员应该做什么。例如,一项测量的规则也许会这样陈述:"将数字 1 到 5 根据人们做家务的倾向分配给他们。如果他们非常愿意做所有的家务,分配给他们 1,如果他们不愿意做任何家务,分配给他们 5。"数字 2、3、4 将根据他们做家务的意愿的程度进行分配,因为它与绝对终点 1 和 5 有关。

经常会碰到的难题是规则缺乏具体性或清晰性。一些事件容易测量,是因为调研人员很容易制定出规则并按其进行操作。对车辆所有权的测量十分简单。调研人员可以应用具体的标准,用 1 表示"是",2 表示"不是"。不幸的是,许多市场调研人员感兴趣的特征——如品牌忠诚度、购买意图和更换品牌的倾向——很难衡量,因为很难制定规则来评估这些消费者特性的真实价值。调研人员测量一个现象的步骤如**图 3-1** 所示。

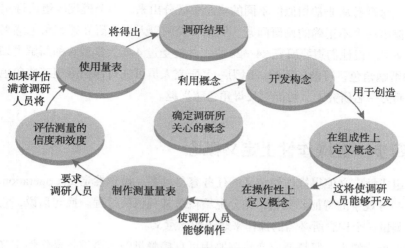

图 3-1 测量过程

3.2 第一步：确定调研所关心的概念

测量过程从确定调研人员所关心的概念开始，概念是从特定事实中提炼出来的抽象的想法。概念是一种将感觉到"好像它们都是相同的"数据组合在一起的思想类别。例如：所有关于南大街和主干道交叉口的红绿灯的感知一起形成了一种思维类别，尽管这种思维相对狭窄；对所有红绿灯的感知，不管在什么地方，都是一个更广泛的概念，或是一种思维类别。

3.3 第二步：开发构念

构念（constructs）是存在于比日常概念更高抽象级别上的特定类型的概念，构念是为理论用途而创造的，因此很可能跨越各种先前存在的思维类别。具体构念的价值取决于它们在解释、预测和控制现象时的可用性有多大，正如日常概念的价值取决于它们对我们日常事件有多少帮助一样。通常来说，构念不是直接可观察到的，而是通过一些间接的方式从如问卷调查的发现这类结果中推断出来的。这些营销构念的例子包括品牌忠诚度、高介入度购买、社会阶层、个性和渠道权力等，营销构念通过简化和整合营销环境中发现的复杂现象来帮助调研人员。

3.4 第三步：在组成性上定义概念

调研过程的第三步是在组成性上定义概念。**组成性定义**（constitutive definition）（可以是理论性的或概念性的）是对正在研究的中心思想或概念的意义的陈述，以建立其边界。科学理论的构念是组成性定义。因此，为了能够在理论中使用，所有构念都必须具有组成性意义。类似于字典里的定义，一个组成性定义应该将调研的概念从所有的其他概念中完全区分出来，使得研究的概念容易从非常相似但不同的概念中区分出来。一个模糊的组成性定义可能导致调研人员去提出一个不正确的调研问题。例如，说调研人员对研究婚姻角色感兴趣，就太笼统而毫无意义了。说他们想要研究 24~28 岁，并接受过 4 年大学教育的新婚夫妇（结婚不到 12 个月）的婚姻角色，可能还不够。因为一名研究人员可能对伴侣承担某些角色时的沟通模式感兴趣，而另一名研究人员可能对父母角色感兴趣。

3.5 第四步：在操作性上定义概念

精确的组成性定义使得操作性定义的任务容易得多。**操作性定义**（operational definition）是指确定哪些可观察的特征要测量，并分配给概念某一值的过程。换句话说，它根据在任何具体情况下测量一个构念所必需的操作来赋予构念意义。

由于在市场营销中，坚持所有变量都要用可直接测量的术语进行操作性定义，是一种过度的限制，因此许多变量都是基于对其本质的理论假设，以更抽象的术语陈述和间接测量的。例如，我们不可能直接测量态度，因为态度是一个抽象的概念，是指一个人头脑中的东西。尽管如此，我们仍可能给态度一个清楚的理论性定义，即态度是关于环境的某些方面的动机、情绪、知觉和认知过程的持久组织。以这一定义为基础，我们已经开发出了通过询问一个人的感觉、信念和行为意向等问题来间接测量态度的工具。

总之，操作性定义充当了理论概念和现实世界中事件和因素的桥梁。像"态度"和"高介入度购买"这样的构念是不可观察的抽象概念。操作性定义将这样的构念转换成可观察的事件。换句话说，它们通过阐述为了测量一个构念调研人员必须做什么，来定义或赋予构念意义。无论组成性定义有多么精确，任意一个单一概念都有许多不同的潜在的操作性定义。研究人员必须选择最符合调研目标的操作性定义。

表 3-1 给出了一个有关组成性定义、相应的操作性定义和合成的测量量表的例子。两位营销专家将开发出的角色模糊的操作性定义用于分析销售人员和顾客服务人员。该理论认为，角色模糊将导致工作压力、阻碍员工提高绩效和获取基于工作奖励的能力，从而导致工作不满。

构念的等价性涉及人们如何看待、理解和开发对某一特定现象的测量。全世界的市场调研人员都面临的一个问题是，由于社会文化、经济和政治上的差异，对构念的看法既不相同也不等价。

在英国、德国、斯堪的纳维亚半岛，啤酒普遍被视为一种酒精饮料，然而，在地中海地区（Mediterranean lands），啤酒被认为类似于软饮料。因此，关于啤酒在北欧竞争状况的研究，必须建立在红酒和烈酒的问题上。在意大利、西班牙、希腊，啤酒则应该与软饮料相比较。

在意大利，儿童在两片面包中夹一块条状巧克力作为零食是很普遍的。在法国，条状巧克力通常被用来烹饪。但是在德国，家庭主妇不会喜欢这两种做法。在法国，香味用一个冷热连续的统一体来测量。在美国或英国，热和冷不会被分配给香味。

表 3-1　角色模糊的组成性定义、相应的操作性定义及合成的测量量表

组成性定义	角色模糊是个人获得的信息与充分履行角色所需要的信息之间的差异直接引起的，这是一个人的实际知识状态与能够充分满足其个人需求和价值观的知识之间的差异
操作性定义	角色模糊是个人从其他员工和顾客那里感受到的对工作角色的责任和期望的总的不确定性程度（范围是从非常不确定到非常确定的五级量表）
测量量表	测量量表由45个项目组成，每个项目由五级量表加以评价，其分类标记是：1=非常确定；2=确定；3=中等；4=不确定；5=非常不确定。部分项目如下： ● 期望自己有多大的行动自由 ● 希望我如何处理工作上的非常规活动 ● 我要做的大量工作 ● 老板在多大程度上会倾听我的看法 ● 老板对我的满意度是多少 ● 其他部门的经理希望我怎样与他们共事 ● 其他部门的经理会如何看待我所从事的工作 ● 公司期望我如何与顾客打交道 ● 在工作中我应该如何行动（与顾客） ● 公司是否希望我撒点谎来赢得客户的信任 ● 公司是否希望我向顾客隐瞒公司的失误 ● 家人认为我应在工作上花多少时间 ● 我的家人希望我在多大程度上分享与工作有关的问题 ● 同事们希望我在工作中如何表现 ● 同事们期望我将多少信息传递给老板

资料来源：Adapted from Jagdip Singh and Gary K. Rhoads, Boundary Role Ambiguity in Marketing-Oriented Positions: A Multidimensional Multifaceted Operationalization, Journal of Marketing Research 28（August 1991）, pp. 328-338. Reprinted by permission of the American Marketing Association.

3.6　第五步：制作测量量表

我们注意到，在**表 3-1** 中有一个从"非常确定"到"非常不确定"跨度的量表。**量表**（scale）是一系列结构化的符号和数字，其结构使这些符号和数字可以按照一定的规则分配给适用于量表的个人（或他们的行动、态度）。量表上的分配是由个人所拥有的该量表所要测量的东西来表示的。因此，一位自认为他懂得如何与顾客打交道的销售人员会在**表 3-1** 的量表上标注"非常确定"。

量表的制作始于确定渴望或可能的测量水平。**表 3-2** 描述了四种基本的测量水平，即类别的、顺序的、等距的和等比的。

表 3-2　四种基本的测量水平

测量水平	基本经验描述[①]	操作	一般描述性/一般使用	统计
类别	用数字来识别对象、个体、事件或小组	测定相等或不等	归类（男/女/购买者/非购买者）	频数、百分比/众数
顺序	除识别外，还提供有关事件、对象等所具有的某些特征的相对数量的信息	测定更大或更小	排序/打分（对旅馆和银行等的偏爱、社会阶层、基于脂肪含量和胆固醇对食品口味的打分）	中位数（均值和方差度量）
等距	拥有类别与顺序量表所有的特性，加上相邻点的间距是相等的	测定间距的相等性	复杂概念/构念的首选量表（温度、空气压力，有关品牌的认知水平）	均值/方差

（续）

测量水平	基本经验描述	操作	一般描述性/一般使用	统计
等比	综合了上面三种量表的所有特性，加上绝对零点	测定等比的相等性	精确工具可获得时的首选量表（销量、按时到达者数量、年龄）	几何平均数/调和平均数

① 因为高水平的测量包括了所有低水平测量的特性，因此我们可以将高水平的量表转换成低水平的量表（例如，等比量表可以转换为类别量表、顺序量表、等距量表；或者等距量表可以转换为类别量表、顺序量表；或者顺序量表可以转换为类别量表）。

资料来源：S. S. Stevens, "On the Theory of Scales of Measurement," Science 103（June 7, 1946）, pp. 667-680.

3.6.1 测量的类别水平

类别量表（nominal scales）是市场调研中最普通的量表之一。它将数据分成互相排斥且全面无遗的类别，这意味着每一位数据都将归入一个且仅限于一个类别，并且所有数据都将归入量表上的某个位置。类别是指"与名字类似的"，表示分配给客体或现象的数字正在被用来命名或分类它们，但没有真正的数字价值。这些数字不能排序或加减乘除，它们只是一种标签或识别数字，别无他意。类别量表的例子如下：

拥有电动自行车 　　（1）是　　　（2）否
地理区域　　　　　（1）城市　　（2）农村　　（3）郊区

类别量表中唯一的量化是对每一类别的客体进行频次和百分比计算。例如，50位有电动自行车的人（48.5%）和53位没有电动自行车的人（51.5%）。计算平均数（如对地理区域求平均数为2.4）是毫无意义的，只有计算众数，即出现频次最多的数才比较适当。

3.6.2 测量的顺序水平

顺序量表（ordinal scales）不仅有类别量表的分类的特征，还能够对数据进行排序。当传递性假设可以应用时，顺序测量是可能的（这个假设是为了执行一个操作或思路的必要前提条件的假定）。**传递性假设**（transitivity postulate）可以这样加以描述："如果 a 比 b 大，b 比 c 大，那么 a 比 c 大。"可以用"更喜欢、更强烈和领先于"等词汇来代替"更大"。以下是顺序量表的一个例子：

请对下列网络拍卖服务按从1到5进行排序：1表示最喜欢的；5表示最不喜欢的

　　　　　　　eBid　　＿＿＿＿＿
　　　　　　　eBay　　＿＿＿＿＿
　　　　　　　Bonanza　＿＿＿＿＿
　　　　　　　Webstore　＿＿＿＿＿
　　　　　　　eCrater　＿＿＿＿＿

顺序数字严格地用于表示等级的顺序，数字既不表明绝对数量，也不表明两个数字之间的差距是相等的。例如，对打印机进行排序的应答者也许认为惠普比佳能略好些，而兄弟打印机（Brothers）则是完全不可接受的。但这样的信息不可能从一个顺序量表中获得。

因为顺序量表的目的是排序，所以任何规定一系列保持有序关系的数字的规则都可以接受。换句话说，eBid 可以被指定为 30 分，eBay 为 40 分，Bonanza 为 27 分，Webstore 为 32 分，eCrater 为 42 分。也可以用其他的一组数字，只要基本顺序不改变即可。如在上述例子中，eCrater 是 1，eBay 是 2，Webstore 是 3，eBid 是 4，Bonanza 是 5。普通的算术运算如加、减、乘、除都不能用于顺序量表，对中心趋势的适当量度是众数、中位数，百分位数或四分位数可以用来测量离散程度。

使用顺序量表有一个争议点（但相当普遍的）是评价各种特征。在这种情况下，调研人员分配数字来反映一系列陈述的相对评分，然后用这些数字来解释相对距离。回忆一下市场调研人员在测量角色模糊时所使用的从非常确定到非常不确定的量表。注意，下列的值是这样进行分配的：

（1）	（2）	（3）	（4）	（5）
非常确定	确定	中性	不确定	非常不确定

如果调研人员能证明在量表范围内间距是相等的这个假设，那么就可以应用更强大的参数统计检验（参数统计检验将在第 13 章、第 14 章加以讨论）。事实上，一些测量学者认为通常应该假定间隔相等。

最好是将顺序测量看作等距测量，但要时刻警惕间隔之间可能存在的严重不相等，因此应当尽可能多地了解有关测量工具的特性。随着心理学、社会学和教育的进步，可以从中获取大量有用的信息。总之，如果调研人员小心地应用它，他们就不太可能因听从这一建议而严重误入歧途。[1]

3.6.3 测量的等距水平

等距量表（interval scales）除包含顺序量表的所有特征之外，还增加了量表中各点之间的间距相等这一维度。温度的概念就是基于相同的间距。相对顺序量表而言，市场调研人员更喜欢用等距量表，因为它能表示某一消费者所具有的特性超过（或不超过）另一消费者多少。使用等距量表，调研人员能够研究两个目标对象之间的差距。这一量表具有顺序和差距的特性，但是零点是任意的。以温度表示法为例，温度表示法有华氏和摄氏两种，因此水的结冰点华氏法表示为 32 ℉，而在摄氏表示法中是 0℃。

等距量表中的任意零点限定了调研人员对量表值的表述。你可以说 80 ℉ 比 32 ℉ 温度高，或者 64 ℉ 比 80 ℉ 低 16 ℉。然而，你不能说 64 ℉ 比 32 ℉ 温度高一倍。为什么呢？因为在华氏量表中零点是任意设定的。为了证明我们的观点，让我们用公式 C（摄氏温度）$=5/9(F-32)$ 对两种温度表示法进行换算，这样，32 ℉ $=0$℃，64 ℉ $=17.8$℃。很明显，我们根据华氏量表所做的陈述（64 ℉ 是 32 ℉ 的两倍），对摄氏量表并不成立。用等距量表来测量在线网络约会服务同样如此。如果给 Match 20 分，而给 Zoosk 10 分，我们也不能认为 Match 受喜欢程度是 Zoosk 的两倍，这是因为一个定义不喜欢的点没有被确定，并在量表上被赋值为零。

使用等距量表得到的数据可以求算术平均值、标准差和相关系数，也可以利用 t 检验、F 检验等强有力的参数统计分析法。此外，如果调研人员担心"相等间距"的假设，则可以采取更为保守的方法并使用非参数检验。

3.6.4 测量的等比水平

等比量表(ratio scales)除了具有前面讨论过的三种量表所有的特征外,还加上绝对零点或原点。因为对于零点的位置有普遍的共识,所以可以接受等比量表值的大小之间的比较。因此,等比量表反映了变量的实际数量。应答者的物理特征,诸如体重、年龄、高度之类都是等比量表的例子。其他的等比量表有面积、距离、货币价值、回报率、人口统计、时间间隔等数据。

因为一些事物不具备要测量的特性,所以等比量表源自具有绝对实证意义的零点。例如,一项投资(比较差)可能没有回报,或者新墨西哥州某个地区的人口为零。绝对零点的存在意味着可以进行所有的算术运算,包括乘除都可以使用。量表上的数值表明了被测事物特性的实际值。例如,麦当劳的一大包法式薯条重8盎司⊖而汉堡王的一包普通薯条重4盎司,因此一大包麦当劳法式薯条的重量是一包汉堡王普通薯条的两倍。

3.7 第六步:评估测量的信度和效度

理想的市场调研要能够提供准确、精确、清晰、及时的数据。准确的数据来自准确的测量。我们以 M 表示测量值,A 表示实际值,则可以表述为 $M=A$,但是,在市场调研工作中,这种理想很少实现。相反,在市场调研中碰到的是:

$$M=A+E$$

式中 E——误差。

正如第6章所提到的,误差可以分为随机误差和系统误差。系统误差会导致测量中产生持续偏差,这主要是测量设备和测量过程存在缺陷造成的。例如,如果使用一把刻度不准的尺子(1英寸⊜的实际长度为1.5英寸)在品食乐公司(Pillsbury)的测试厨房测量替代配方烘焙的巧克力蛋糕的高度,那么测量的所有蛋糕的高度都比实际的矮。随机误差也会影响测量结果,但不是系统性的,因此随机误差的影响方式在本质上讲是短暂的。一个人没有真实地回答问题可能是因为那天正好心情不好。

测量量表中的两个得分不同可能是多种原因引起的。[2] 以下所列8个原因中,只有第一种原因不存在误差问题,其余都存在误差问题。调研人员必须确定其余7种导致测量差异的原因是系统误差还是随机误差。

(1)被测量的特征存在真正的差异。完美的测量差异应只是由实际差异引起的。例如,约翰先生给麦当劳的服务打1分(非常好),而桑迪则给麦当劳的服务打4分(一般化),这种差异仅是由实际态度差别所造成的。

(2)应答者稳定的特征导致的差异,如个性、价值观、智力等。桑迪是一个非常喜欢挑剔的激进派人士,从来不会轻易相信任何事物或人。虽然她内心对麦当劳的服务感到非常满意,但她期待这样的服务,因此只打了个平均分。

⊖ 1盎司=28.349 5克。——编辑注
⊜ 1英寸=0.025 4米。——编辑注

（3）短期的个人因素引起的差异，如暂时的情绪波动、健康状况、时间限制或疲劳程度。在研究当天的早些时候，约翰中了 400 美元的彩票。他在取回钱后，去麦当劳吃了一顿，如果他在前一天接受采访的话，他对服务质量问卷的回答与研究当天的回答可能会大不相同。

（4）情境因素导致的差异，例如，接受访问时应答者是否分心，是否有其他人在旁边。金姆一边回答，一边看着她 4 岁的侄子在麦当劳的操场上乱跑；约翰接受采访时带着他的新未婚妻。如果两人在家接受采访时没有其他朋友或亲戚在场，他们的回答可能会有所不同。

（5）主持访问的调查人员不同，也会使测量产生差异。采访者用不同的语调来提问，应答者的反应可能会有所不同。采访者友善性、穿着方式、性别、种族等因素也会使应答者的回答有所不同。采访者的偏差可能像点头一样微妙。采访者不自觉的点头动作会误导应答者，他们以为采访者同意他们的观点，而实际上采访者只是想表达："好吧，我录下了你说的话，再告诉我一些。"在智能手机上进行的调查可能与通过电话进行的调查不同。

（6）差异源于问卷中所采用的条款。调研人员试图测量麦当劳的服务质量，所采用的量表和其他问题表达方式只是所有可能采用条款的一部分。调研设计者所制定的量表，反映了他们对有关构念（服务质量）的解释和所采用的测量方法。如果调研人员使用不同用词或增加或减少条款，那么应答者报告的量表值就可能会不同。

（7）测量工具不清晰产生的测量差异。问题模糊不清、过于复杂或不正确的解释，都是导致差异的根源。例如，在一项调查中采访者问应答者："你住的地方离麦当劳多远？"，同时，给出"①少于 5 分钟；② 5～10 分钟"等答案。毫无疑问的是，步行的人会比开车或骑车的人所花时间多。

（8）器械等设备导致的差异。由于连接不良导致手机上问卷消失、缺乏完整记录答案的空间、问卷缺页，或者在移动设备上按错了按钮，都会导致答案的差异。

3.7.1 信度

如果测量量表可以在不同时间均得出一致的结果，则量表具有信度。如果用一把尺子测量一个巧克力蛋糕的高度始终是 9 英寸，那么可以说这把尺子是可靠的。调研人员可以放心地使用可靠的量表、量器和其他测量工具。短暂性因素和环境因素不会对测量过程产生干扰，具有信度的量表能够在不同环境、不同时刻提供稳定的测量结果。在考虑信度时的一个关键问题是："如果重复多次使用同一测量工具对同一现象进行测量，所得到的结果是否相同或高度相似。"如果回答是肯定的，则测量工具是可靠的。

因此，我们将**信度**（reliability）定义为：信度是指在测量中可以避免随机误差，从而提供前后一致的数据的程度。误差越小，观测结果越可靠，所以没有误差的测量就是正确的测量。这样，如果在被测概念的值保持稳定的情况下，测量结果没有变化，那么这个测量量表就是可靠的。并且当被测概念的值发生了变化，可靠的测量应该能揭示出这一变化。那么，究竟什么样的测量工具是不可靠的呢？如果你的体重一直保持在 150 磅⊖，但在浴室的秤上通

⊖ 1 磅 =0.453 592 37 千克。——编辑注

过反复测量,显示你的体重出现了波动,那么秤不可靠可能是因为弹簧不可靠。

有三种主要方法可以用来评估信度:测试-再测试、等价形式、内在一致性。

1. 测试-再测试信度

测试-再测试信度(test–retest reliability)是通过用同一工具,在尽可能接近初始条件下重复测量而获得的。测试-再测试的理论依据是,如果随机变化存在,那么这种情况可以通过两次测试中分数的差异显示出来。**稳定性**(stability)意味着在第一次和第二次测试时,分数上的差异非常小,此时测量工具可以说是稳定的。例如,假设在两个不同的时间对同一组购物者进行了有30项条款的百货商店形象测量,如果两个测量值之间的相关性是高的,则可认为测试的信度较高。

有关测试-再测试信度存在几个关键性问题:第一,安排和取得与应答者第二次测试的合作非常困难;第二,第一次测试也许会使应答者在第二次测试中改变行为;第三,环境和个人因素会改变,从而使第二次测试结果会有所变动。

2. 等价形式信度

测试-再测试方法中遇到的困难可以通过创造测量工具的**等价形式**避免。例如,假设调研人员想识别内在导向型和外在导向型的生活方式,他可以设计包括内在导向型行为(见**表3-3**)和外在导向型行为测试的两份问卷,每份问卷应当有同样的重点。因此,尽管每份问卷中用来确定生活类型的问题不一样,但是用来测试每种类型生活方式的问题数量应该相等。虽然有时两个问卷调查是前后进行或同时进行,但建议二次等价形式问卷调查的间隔最好是两周。两套问卷测试得分的相关系数决定了**等价形式信度**(equivalent form reliability)。

表 3-3 用来测试内在导向型行为的陈述

但常常得不到应有的赞扬	我与朋友们保持紧密的联系
不管别人怎样,我都试着走自己的路	我花了很多时间来决定我对事物的感觉
我最大的成就就是超越自己	我经常想我能感觉到可以通过自己的方式进入另一个人的内心深处
我有很多想法,有一天我会把它们写进一本书中	
我能很快地接受新观点	我感觉,理想是强有力的激励力量
我常想我是怎样的人,以及我在他人心中的印象如何	我认为不信上帝的人也可以是好人
我是一个富有竞争力的人	我对我的生活感到满意
当别人批评或责骂我时,我感到很不自在	我喜欢进入新的、不寻常的状况
我想成为一个名人	总之,我得说我是快乐的
从做危险的事情中我得到真正的刺激	我觉得我明白我的生活将走向何方
我感到在生活中没有什么能代替伟大的成就	我总想使自己与众不同
对我来说受人关注是重要的	对待生活,我保持平常的心态

有关等价形式信度有两个问题值得重视:第一,制定两份完全等价的问卷相当困难,甚至可以说不可能;第二,即使我们可以得到两份等价的问卷,但从它的难度、时间和投入的费用方面考虑也许是不值得的。等价形式信度的理论依据与测试-再测试信度的理论依据一

样，两者之间的主要区别在于测量工具本身。测试－再测试方法使用同一工具，而等价形式方法使用一个高度相似但不同的测量工具。

3. 内在一致性信度

内在一致性信度（internal consistency reliability）评估在同一时间段内使用不同样本测量一种现象时产生类似结果的能力。内在一致性的理论在于"等价"概念。**等价性**（equivalence）关注的是，用条款的不同的样本来测试同一现象会引起多少误差，它关注在某一时间点条款样本之间的变化。调研人员可以通过评估一系列条款的同质性来测试条款的等价性。被用来衡量一种现象如内在导向的生活方式的全部条款通常被分为两部分；然后对这两部分的总分计算相关性。使用这种**折半技术**（split-half technique）通常需要将量表的条款随机地分配给两部分中的一个或另一个。这种方法存在的一个问题是，信度系数的评估完全依靠条款项目如何被分为两半。不同的分法会得到不同的相关关系，但在理想情况下，这是不应当的。

为了克服折半技术中的难题，许多调研人员现在都使用**克朗巴哈阿尔法技术**（Cronbach alpha technique）。这种技术需要计算一组条款分成两半的所有可能方法的信度系数的平均值，如果量表中某一条款与其他条款缺乏相关性，说明这一条款并不属于该量表，该条款应该删去。克朗巴哈阿尔法技术的一个局限性是量表各条款的间距应相等，如果不能满足这一准则，则可以使用"KR-20"技术。"KR-20"技术适用于所有二分量表或者类别量表项目。

3.7.2 效度

回忆一下，一个优良的测量工具应具备的第二个特性是效度。**效度**所解决的是，我们试图测量的事物是否是我们真正想要测量的东西。几乎所有的民调都预测，英国将投票留在欧盟。同样，大多数民调预测，希拉里·克林顿（Hillary Clinton）将轻松击败唐纳德·特朗普（Donald Trump）。不幸的是，他们的测量工具不具备效度。测量的效度是指测量工具和程序能够避免系统误差和随机误差的程度。因此，如果测量得到的分数上的差异只反映了我们所测量的特征上的真正差异，而不是系统或随机误差，则测量是有效的。我们应该认识到效度的先决条件是测量工具是可靠的。当在不同时间测量同一个现象时，不可靠的工具不会产生一致的结果。

对调研人员来讲，量表或其他测量工具如果缺乏效度，它们基本上就毫无意义，因为它们不是测量本应该测量的东西。从表面上看，这似乎是一个非常简单的问题，但是效度经常是建立在微妙差别的基础上。假设老师设计了一次测验，来检查学生对市场调研知识的掌握情况，测试内容仅限于将一些公式应用到简单的案例问题上。某位同学考试成绩很低，就对老师抗议说："我真的理解市场调研。"从本质上来说，以她的立场来看，这场考试是无效的。她坚持认为，这场考试测试的不是市场调研的知识，而是对公式的记忆和使用简单数学找到解决方案的能力。如果老师再进行类似的测验，那将发现，学生成绩的优劣大抵与这一次相同。这是不是说那位不服气的学生的抗辩是错误的？并不一定。因为老师可能在系统地测试学生的记忆力，而不是测试他们对市场调研知识的真正理解。

与这位老师试图测量市场调研知识不同，品牌经理感兴趣的是成功地预测市场。例如，经理想通过一个购买意向量表成功地预测新产品的试用情况。因此，我们可以从不同的角度来检查效度，包括表面效度、内容效度、相关准则效度和构念效度（见表 3-4）。

表 3-4 评估量表的效度

表面效度	测量似乎测量了它应该测量的东西的程度
内容效度	测量工具内容的代表性或抽样充分性
相关准则效度	测量工具预测已确定的准则变量的能力
	a. 预测效度：准则变量的未来值可以通过量表当前的测量来预测的程度
	b. 同时效度：预测变量和准则变量之间的关系，两者在同一时点上得到评估
构念效度	测量工具对基于所研究概念的理论提出的假设的确认程度
	a. 收敛效度：用来测量同一构念的不同测量工具之间的关联程度
	b. 区别效度：揭示了本应不同的构念之间缺乏相关性或低相关

1. 表面效度

表面效度（face validity）是效度的最低级形式，它是指测量似乎测量了它应该测量的东西的程度。它由调研设计人员在问题设计时所做出的判断决定。当我们详细检查每个问题时，存在着对它表面效度的隐含评估。问卷被不断修订，直至通过调研设计者的主观判断。此外，表面效度可能反映了调研人员、专家或熟悉市场、商品或行业的人士，就量表逻辑上似乎准确反映了要测试的内容达成了主观上的一致。例如："你的年龄多大？"后面紧接着一系列答案，这样一个直截了当的问题一般被认为是表面有效的。但市场调研中使用的大部分量表都是试图测量那些非常难以捉摸的态度和行为倾向。

2. 内容效度

内容效度（content validity）是指测量工具内容的代表性或抽样充分性。换言之，量表是否完全覆盖了要研究的主题？例如，麦当劳委托你测量年龄在 18～30 岁，每月至少吃一次麦当劳汉堡的成年人对公司的印象。你设计下面的量表并要求顾客对其打分：

现代化的建筑	1 2 3 4 5	老式的建筑
景观漂亮	1 2 3 4 5	景观差
停车场清洁	1 2 3 4 5	停车场肮脏
标志有吸引力	1 2 3 4 5	标志没有吸引力

一位麦当劳的执行经理可能很快就提到有关量表的问题：从来不吃麦当劳汉堡的人也能够用这份量表评估麦当劳。实际上，人们仅仅驱车经过麦当劳就能完成评估。该经理可能进一步辩称，这份量表不具备内容效度，因为许多重要的形象要素，如食品质量、休息室和进餐室的清洁卫生以及服务的快速程度和礼貌程度等，都没有被测量。

判断测量是否具有内容效度并不总是一件简单的事。要想识别麦当劳形象的所有方面非常困难，也许是不可能的。内容效度最终成为一个判断性问题。人们首先可以通过仔细地、精确地定义要测量的东西来接近内容效度；其次，可以进行详尽的文献检索以及举行焦点小组访谈，以确定所有可能列入量表的条款；再次，可以就是否应列入某一条款向专家小组征求意见；最后，对量表进行预先测试，也可以通过开放式提问来了解可能包括在内的其他条款。例如，你可以在测量麦当劳形象的量表后面，附带提这样的问题："你对麦当劳有什么其他想法吗？"对这类预测试问题的回答，可能会为你提供先前没有涉及的其他形象维度的线索。

3. 相关准则效度

相关准则效度（criterion-related validity）是检查测量工具预测已确定的准则变量的能力。假设我们希望设计一个测试，来确定哪些市场调研人员在主持焦点小组方面表现出色。我们首先让公正的市场调研专家从调研人员的名录中选出他们认为最擅长主持焦点小组的人。其次，构建一个拥有300多项条款内容的问题询问各主持人，请他们回答"是"或"否"。例如，"我相信促使小组中害羞的参与者大声说出自己的想法是很重要的""我喜欢和一小群人互动"。再次，我们通过这些回答，选出那些"最好的"焦点小组主持人的回答作为一种方式的条款，而其余主持人的回答作为另一种方式的条款。假设这一过程产生了84项条款，将这些条款组合在一起就形成了我们所说的小组主持人有效性测试（TEFGM）。我们会发现，这个测试能够确定优秀的小组主持人，这里感兴趣的准则是实施好的焦点小组访谈的能力。我们可以通过对另外一组主持人的测试来对TEFGM的相关准则效度进行进一步的探讨。这组新主持人中的每个人已经被认定为"最好的"或者"不太好的"主持人中的一种。然后，我们可以确定测试如何很好地识别出每个市场调研人员所认定部分的程度。这样，相关准则效度与检测与是否存在一个或多个被认为代表研究构念的标准有关。

相关准则效度的两个子类是预测效度和同时效度。**预测效度**（predictive validity）是指一个准则变量的未来值可以通过量表当前的测量来预测的程度。例如，投票人动机量表被用于预测某人在下一次竞选投票的可能性。精明的政治家对整个社区认为什么是重要的问题不感兴趣，而只对可能投票的人认为什么是重要的问题感兴趣。这些也是政治家在演讲和广告宣传时注重的问题。另一个预测效度的例子是Pepperidge农场采用新型糕点的购买意向量表来预测产品实际试用情况。

同时效度（concurrent validity）关注的是预测变量和准则变量之间的关系，两者在同一时点上得到评估。例如，家庭妊娠测试具备能够准确确定妇女现在是否已怀孕的能力。这样一种测试如果效度低的话，可能会造成很多不必要的压力。

4. 构念效度

虽然构念效度日常上并不经常被调研人员有意识地提起，但是对于市场营销研究人员却是十分重要的。评估构念效度涉及对于现在已有的测量背后的理论基础的理解。如果测量的行为符合预测背后的理论，那么测量就具有**构念效度**（construct validity）。购买行为可以被直接观察到，有人要么买产品A，要么不买。然而，营销研究人员已经开发出了一些构念，如生活方式、参与度、态度和个性等，这些构念有助于我们理解消费者为什么购买某些产品或者为什么不买。这些构念在很大程度上是不可观测的。研究人员能够观测的是与构念有关的行为，也就是购买一种产品，而不是构念本身（如态度）。构念有助于营销研究人员利用或建立学说来解释现象。

你可能会认为构念效度是一个标签问题。当你衡量一个叫作"高参与度"的概念（构念）时，你真正衡量的是这个吗？从稍微不同的角度来看，当研究人员声称构念效度时，他或她本质上有一个关于现象、人和测量如何相互关联的理论（以及其他理论术语）。换句话说，研究人员为我们提供了一个理论模式。当研究人员声称构念效度时，他或她声称在研究项目中观察到的模式与理论模式相符。在这种情况下，研究人员认为世界是如何运作的，它就是如何运作的。

尽管构念效度在这里与其他各种类型的效度一起呈现，但它确实高于所有其他类型的效度。为什么？这是因为构念效度与你试图测量的东西的本质相关。如果你的研究缺乏构念效度，那么其他的就无关紧要了。[3]

构念效度的两个统计测量是收敛效度和区别效度。**收敛效度**（convergent validity）是指用来测量同一构念的不同测量工具之间的相关程度；**区别效度**（discriminant validity）揭示了本应不同的构念之间缺乏相关性或低相关。假设我们开发了一个多条款量表来测量人们在亚马逊商店购物的倾向。我们的理论认为，这种购买倾向由四种个性变量引起：高水平的自信，低水平的地位需求，低水平的独特性需求，高水平的适应性。而且，该理论还认为，在亚马逊商店的购物倾向与品牌忠诚度或高水平的争强好胜不存在相关性。

如果量表符合以下几点，那么构念效度的证据就存在：

- 与亚马逊商店购物倾向的其他测量结果高度相关，例如，报道的商店光顾和社会阶层（收敛效度）；
- 与不相关的品牌忠诚度构念和高水平的争强好胜构念之间存在低度相关性（区别效度）。

这里所讨论的各种类型的效度在理论与实践方面都有一定的相关性。很明显，在制定预测某人是否会在折扣商店购物的量表中，预测效度是非常重要的。调研人员制定折扣商店光顾量表时，首先要考虑提供预测基础的构念，提出有关折扣商店光顾的理论，这是构念效度的基础；其次，研究人员将关注折扣店光顾量表中应包括哪些具体条款，这些条款是否与整个构念相关。因此，调研人员要确认内容效度的程度。标准相关效度的问题可以通过前测中在亚马逊光顾量表上的测量分值和实际光顾情况来解决。

3.7.3 信度和效度：总结性评论

信度和效度的概念见**图 3-2**。情形 1 显示的是靶子上到处都是洞，这可能是由于使用的是弦松动的旧弓，是一种糟糕的射击，或者还有许多其他因素引起。这完全缺乏一致性意味着没有信度。由于该设备缺乏信度，从而产生巨大的误差，因此不可能有效。测量信度是效度的必要条件。

情形 2 表示一个非常紧密的模式（一致性），但该模式与靶心相去甚远。这说明一个设备可能有高水平的信度（没有偏差），但缺乏效度。虽然测量是一致的，但所测量的并不是我们所想要的。射手有沉着的眼力，但瞄准没有调整好。情形 3 显示了研究人员在测量设备中努力要实现的信度和效度，在靶心上的正是调研人员试图测量的。

量表化的定义 量表化（scaling）是指试图确定主观的、有时是抽象的概念的定量化测量的程序。它被定义为以数字（或其他符号）代表客体的某一特性，从而对所研究客体的不同特性以多个数字来代表的过程。事实上，我们指定数字代表客体的属性。玻璃管中水银的升降就代表了温度变化的情况。

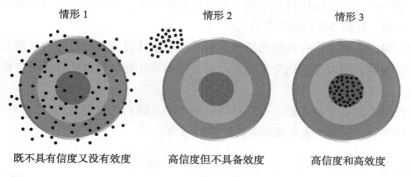

图 3-2 信度和效度的概念

量表是一种测量工具。态度量表有单维和多维之分。**单维量表**（unidimensional scales）用于测量一个概念、应答者或客体的单一特性。这样，一个测量消费者价格敏感性的单维度量表可能包括几个条款来测量价格敏感性，但合并成一个单一的测量后，所有受访者的态度被放置在一个线性连续体上，这个线性连续体被称为价格敏感性程度。**多维量表**（multidimensional scales）是基于这样一个前提，即概念、应答者或对象客体可以使用多个维度来更好地描述。例如，捷豹汽车的目标客户可以从三个维度来定义：财富水平、对价格的敏感程度、对高档汽车的欣赏程度。

3.8 态度的测量量表

态度的测量所依赖的量表不像物理科学中那样精确，因此要困难得多。态度是存在于消费者头脑中的一种构念，它不像物理学中的重量那样可以直接观测到。在许多情况下，测量态度的量表属于类别或顺序水平，一些更精细的量表使研究人员可以在等距水平上测量。不过人们应当注意，不要把等距量表的一些更强大的特性用到低水平的类别量表或顺序量表中。

3.8.1 图示评比量表

图示评比量表（graphic rating scales）提供给受访者一个有两个固定端点的图示连续体。**图 3-3** 展示了四种可以用来评估 Amerisleep 床垫的图示评比量表形式。量表 A 是最简单的形式，受访者被指示在连续体上标记他们的反应。在受访者这样做之后，通过将这条线划分成尽可能多的类别来确定分数，并根据该标记所处的类别分配一个分数。例如，如果连续线是 6 英寸长，那么每一英寸就代表一个类别。量表 B 通过在量表上安排数字，为受访者提供了稍微多一些的结构。

如量表 C 所示，图示评比量表并不限于简单地在连续线上做一个标记。许多调研人员成功地运用量表 C 来加快访问的过程。受访者被要求触摸屏幕或移动设备上最能描述他们感觉的温度计。

当在线调研和使用移动终端调研时，图示评比量表有时也称为"滑动条"，应答者只是用自己的手指沿着一个连续体滑动量表。在有些滑动条上，数字会随着滑动条在量表上的移动在其上方弹出（见图3-3中的量表D）。

图示评比量表容易制作并且使用简便，如果我们承认打分者有足够的分辨能力，那么调研人员利用这种量表可以分辨出微小差别。通过图示评比量表获得的数据通常作为等距数字使用。

图示评比量表的一个缺点是，过于极端的两个端点倾向于迫使受访者选择中间答案。此外，一些研究表明，这种量表不如列举评比量表可靠。

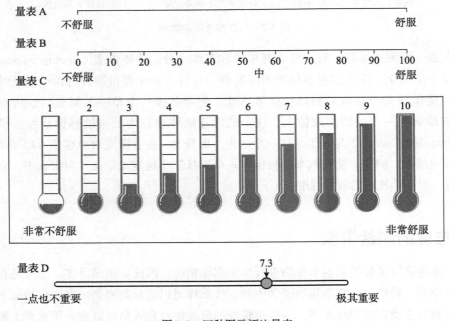

图 3-3　四种图示评比量表

3.8.2　列举评比量表

列举评比量表（itemized rating scales）与图示评比量表非常相似，只不过应答者在列举评比量表上必须在有限的类别中做出选择，而不像图示评比量表是在连续体上做记号（纯粹主义者会认为图3-3中的量表C是一个列举评比量表）。**表3-5**是从全国性市场调查研究中提取出来的列举评比量表的例子。每份问卷的开始项都是轮流的，以消除每次从同一项开始时可能产生的顺序偏差。

在**表3-5**中，量表A帮助一家网络公司调研其网站上应该增加哪些特色和服务；量表B

帮助一家网上旅游公司调研用户满意度；量表 C 也是一项互联网调查，由客户关系管理软件开发商进行。**表 3-6** 为其他列举评比量表的例子。

表 3-5　用于网络和购物中心调研的列举评比量表

如果网站提供以下区域，您会在多大程度上选择使用这些区域？

				量表 A				
a. 拍卖								
不可能会使用	01	02	03	04	05	06	07	非常有可能使用
b. 付费教育工具								
不可能会使用	01	02	03	04	05	06	07	非常有可能使用
c. 事件登记								
不可能会使用	01	02	03	04	05	06	07	非常有可能使用
d. 厨具								
不可能会使用	01	02	03	04	05	06	07	非常有可能使用
e. 招聘								
不可能会使用	01	02	03	04	05	06	07	非常有可能使用
f. 订阅研究报告								
不可能会使用	01	02	03	04	05	06	07	非常有可能使用
g. 贸易社区								
不可能会使用	01	02	03	04	05	06	07	非常有可能使用
h. 培训 / 研讨会								
不可能会使用	01	02	03	04	05	06	07	非常有可能使用

量表 B

提交酒店预订申请

我们希望得到您关于今天在我们的网站上提交酒店预订的经验反馈。请根据您此次访问的经验，对 fastthotels.com 的以下各方面打分：

	非常满意				非常不满意
	1	2	3	4	5
能够进入报价页面	○	○	○	○	○
能够定位酒店信息	○	○	○	○	○
能够定位城市信息	○	○	○	○	○
奖励项目如何运作的清晰度	○	○	○	○	○
购买协议清晰度	○	○	○	○	○

请评价您对 fastthotels.com 在访问期间向您传达以下信息的满意程度：

	非常满意				非常不满意
	1	2	3	4	5
您的酒店预订是不可更改的	○	○	○	○	○
您的酒店预订是不可退款的	○	○	○	○	○

您认为您对这次访问 fasthotels.com 的满意程度是
○非常满意
○满意
○比较满意
○一般
○不太满意
○不满意
○非常不满意

（续）

量表 C

什么因素会影响您对音乐网站的选择（评估每项的重要性）

	非常不重要				非常重要
	1	2	3	4	5
顾客利益或购物奖励	○	○	○	○	○
客户服务或交付选项	○	○	○	○	○
网站使用便利性	○	○	○	○	○
低价	○	○	○	○	○
实时更新 CD 音频样本	○	○	○	○	○
评论和艺术家信息	○	○	○	○	○

量表 D

对于为您企业获取更多关于顾客关系管理解决方案信息，您有多大的兴趣？

极其感兴趣	非常感兴趣	有点感兴趣	不是很感兴趣	不感兴趣

在未来的 12 个月里，您的企业投资这类顾客关系管理解决方案的可能性是

极有可能	非常有可能	有点可能	不是很可能	不可能

表 3-6 其他列举评比量表的例子

感兴趣的特征	评估选择				
购买意愿	肯定会买	可能会买	可能不会买	肯定不买	
同意程度	非常同意	有些同意	无所谓	有些不同意	完全不同意
质量	非常好	好	无所谓	一般	差
可靠性	完全可靠	有些可靠	不是非常可靠	完全不可靠	
式样	非常时尚	有些时尚	不是很时尚	一点都不时尚	
满意度	非常满意	有些满意	无所谓	不太满意	非常不满意
价格	非常昂贵	贵	一般	不太贵	完全不贵
使用简便性	极易使用	比较容易使用	较难使用	很难用	
色彩亮度	极其亮	非常亮	有些亮	微亮	一点也不亮
现代性	非常现代	有些现代	一般	有些过时	非常过时

虽然列举评比量表没有像图示评比表那样很好地表现微小差别，但是列举评比量表很容易构造和管理。在列举评比量表中确定的类别通常使评定更加可靠。

出于某些原因，有时调研人员会对最极端的观点感兴趣，这时他们就可能使用两阶段格式的量表。研究表明，两阶段格式量表比单阶段列举评比量表在探察极端观点时能够提供更高质量的数据。以下是两阶段格式量表的应用。[4]

3.8.3 传统的单阶段格式量表

"你认为福霍恩参议员用纳税人的钱改善社区能取得多大的效果？"

非常有效	比较有效	效果不明显	完全没有效果	不知道
4	3	2	1	0

3.8.4 两阶段格式量表

"你认为福霍恩参议员用纳税人的钱改善社区能取得多大的效果?"

有效果吗?	效果显著还是一般?
□有效果	□显著
□没有效果	□一般
□不知道	

3.8.5 等级顺序量表

列举评比量表和图示评比量表都是**非比较性量表**（noncomparative scales），因为应答者在没有其他客体、概念或人作参照的情况下做出判断。相比之下，**等级顺序量表**（rank-order scales）则是**比较性量表**（comparative scales），因为应答者被要求比较两个或多个项目，并对每个项目进行排序。等级顺序量表在市场调研中被广泛应用有几个原因：它们易于使用，并给出评估项目的顺序测量；指令易于理解，而且这个过程通常以稳定的速度进行；一些研究人员声称，等级顺序量表迫使受访者以现实的方式评估概念。**表 3-7** 展示了从一项有关眼影的调查中抽选出来的等级顺序量表和汽车的转售价值百分比的在线量表。

表 3-7　用于评价眼影和汽车转售价值的一系列等级顺序量表

A 眼影量表

请对以下眼影进行排序，1 为最符合被评价特征的品牌，6 为被评价特征上最差的品牌。下面列出了这六个品牌。让我们从拥有高质量的小粉盒或眼影盒的想法开始（Q11）。点击你认为质量最好的小粉盒或眼影盒的品牌。当被调查者做出选择后，会弹出一个问题即"哪个是第二个?"，这一过程贯穿于所有六个品牌。然后显示下一个眼影属性问题（Q12），即"哪个品牌有最高质量的上涂装置?"，然后被调查者再次对这些品牌进行从 1 到 6 的排名。最后一个问题（Q13）是"哪款眼影质量最好?"。以下是模拟被调查者对第 13 题的排名。

问题 13. 高品质眼影
1 丝芙兰
2 倩碧
3 汤姆·福特
4 欧莱雅
5 香奈儿
6 雅诗兰黛

B 汽车转售价值量表

根据您的个人经验或您所看到、听到或读到的内容，按照转售价值百分比，即您所能够收回的原购车价格中的最大金额（百分比），对以下汽车品牌进行排序。

在转售价值百分比最高的品牌旁边放一个"1"，在转售价值百分比第二高的品牌旁边放一个"2"，以此类推。记住，没有两辆车可以有相同的排名。

_____ 雪佛兰
_____ 丰田
_____ 宝马
_____ 福特

等级量表有几个缺点：一是如果在所有的被选项中没有包含应答者的考虑项，那么结果就会产生误导。例如，应答者在有关眼影所有维度中的第一选择是蜡质，而被选项中却没有这一项。二是被排名的概念可能完全超出一个人的选择集，从而产生无意义的数据。或许某一应答者从不使用眼影而且认为这种产品不适合任何女性。三是这种量表仅为调研人员提供了顺序信息。我们无法得知项目之间的距离有多远，也无法得知受访者对项目排名的感受有多强烈，因此我们也就不清楚为什么项目按此序排列。

3.8.6 配对比较量表

配对比较量表（paired comparison scales）要求应答者按照一些既定的标准，从一组的两个客体中选出一个。因此，应答者在多个客体之间进行一系列的成对比较判断。**表 3-8** 说明了一个防晒产品的全国性调查中使用的配对比较量表。表 3-8 中只显示了量表的一部分，数据收集过程一般需要应答者比较所有可能的搭配组。

表 3-8　防晒产品的配对比较量表

这里有一些一般用来描述防晒产品的特性。请告诉我您在选择防晒产品时，每对产品特性中的哪一个对您更重要。

a. 晒黑均匀	b. 晒黑但没有晒伤
a. 防止晒伤	b. 防止晒伤和晒黑
a. 物有所值	b. 平均进行
a. 不油腻	b. 不会弄脏衣服
a. 晒黑但没有晒伤	b. 防止晒伤
a. 防止晒伤和晒黑	b. 物有所值
a. 平均进行	b. 晒黑均匀
a. 防止晒伤	b. 不油腻

配对比较量表克服了传统等级排序量表存在的几个问题。第一，对人们来说，从两组中选出一个项目要比对一大组项目进行排序更容易。第二，顺序误差的问题得以克服，也就是不存在项目或问题的排序形式可能导致的偏差。不利的方面是，因为对所有配对都要进行评估，因此，当客体的数量以算术级增加时，配对比较的数量却是以几何级增加。这样，被测客体的数量就应尽可能少，以免受访者疲劳。

3.8.7 固定总数量表

为了避免成对项目的次数繁多的配对，营销研究人员更多地使用**固定总数量表**（constant sum scales）而不是配对比较量表。固定总数量表要求应答者根据各个特性的重要程度将一个给定分数（通常是100分）在两个或多个特性间进行分配。受访者必须对每个项目相对于所有其他项目做出评估。分配给每个选项的分数代表了受访者分配给它的等级排序，以及受访者所感知到的每个选项的相对重要性。**表 3-9** 中列出了一个在网球运动装的美国全国调查中使用的固定总数量表。固定总数量表优于等级顺序法和配对比较法的是，当两种特性被认为具有相同价值时，可以被如实地表示出来。

固定总数量表的一个主要的缺点是，如果有很多特征或项目，被调查者在分配总分100分时可能会有困难。大多数研究人员认为，10个项目是一个固定总数量表的上限。

表 3-9　用于网球运动装调查的固定总数量表

以下是女子网球运动装的七个特点。请在这些特征中分配 100 分，分配的分数就代表了每个特征对你的重要性。你给一个特征分配的分数越多，它就越重要。如果特征是完全不重要的，你不应该分配任何分给它。当你完成后，请再次检查，以确保你的总数加起来是 100 分。

网球运动装的特点	分数
穿起来舒服	_____
耐用	_____
由知名品牌或者体育用品制造商制造	_____
美国制造的	_____
有最新的样式	_____
给予行动自由	_____
物有所值	_____
	100 分

3.8.8　语意差别量表

语意差别量表是由查尔斯·奥斯古德（Charles Osgood）、乔治·苏西（George Suci）和珀西·坦南鲍姆（Percy Tannenbaum）等人研发的。[5] 最初研究的焦点是测量某一客体对人们的意义。目标可以是某一个储蓄和贷款协会及其形象在某一特定人群中的含义。

语意差别量表（semantic differential scales）的构建始于确定要评分的概念，如公司形象、品牌形象或商店形象。调研人员挑选一些能够用来形容这一概念的一系列对立（相反）的配对形容词或短语。然后，由应答者在量表上（通常是从 1～7）对测量的概念打分。调研人员计算出应答者对每一配对形容词评分的平均值，并以这些数据为基础，绘制出"轮廓"或"形象"图。

表 3-10 是亚利桑那储蓄和贷款协会被家庭收入为 80 000 美元以上的非顾客认知时的真实形象。快速浏览一下就可以发现，虽然这家公司被看作有些过时而且设施简单，但同时它也被视为根基稳固的、可靠的和成功的，而且很好打交道。不过，它存在停车困难的问题，而且出入可能也有困难；另外，它的广告不怎么样。

语意差别量表是一种快速、高效地检查产品或公司形象与竞争对手相比所具有的优势与劣势的方法，更重要的是，语义差别量表已被证明在市场营销和行为科学的决策和预测中是足够可靠和有效的。[6] 此外，当应用于企业形象研究时，语义差别量表在统计学上是稳健的（从一组受试者可推广到另一组受试者）。[7] 这使得测量和比较不同背景的受访者所持有的形象成为可能。

尽管基于这些优点，许多研究者把语意差别量表用作形象测量的工具，但它也不是没有缺点。第一，语义差别量表缺乏标准化。作为一种高度通用的技术，它必须适用于每个研究问题。由于没有一套单一的标准量表，因此，定制量表的开发成为研究的一个组成部分。

第二，语意差别量表上的评分点数目也是一个问题。如果评分点数太少，量表就显得粗糙，缺乏现实意义；评分点数太多，又可能超出了大多数人的分辨能力。研究表明，"7 点评分"量表的测量效果最令人满意。

第三，语意差别量表的另一大弱点是"晕轮效应"。对一个特定形象的组成要素的评分可能受到受访者对测试概念总体形象的印象制约，如果受访者头脑中的印象是模糊的，可能产生明显的偏差。为了能部分地消除"晕轮效应"，调研设计者应随机地将相对的形容词分布在两端，不要将褒义词集中在一边，贬义词集中在另一边。这样做可以迫使应答者在回答前仔细考虑。收集数据后，可以把所有褒义词放在一边，贬义词放在另一边，以便进行分析。

表 3-10 亚利桑那储蓄和贷款协会的语意差别量表

形容词 1	每组形容词的均值							形容词 2
	1	2	3	4	5	6	7	
现代的	*	*	*	*	*	*	*	老式的
积极进取	*	*	*	*	*	*	*	保守
友爱的	*	*	*	*	*	*	*	不友好的
久负盛名	*	*	*	*	*	*	*	不完善的
迷人的外表	*	*	*	*	*	*	*	没有吸引力的外观
可信赖的	*	*	*	*	*	*	*	不可靠的
吸引小公司	*	*	*	*	*	*	*	吸引大公司
让你有宾至如归的感觉	*	*	*	*	*	*	*	对顾客漠不关心
有益的服务	*	*	*	*	*	*	*	让你感到不安
很好相处	*	*	*	*	*	*	*	很难处理
没有停车或交通问题	*	*	*	*	*	*	*	有停车或交通问题
我喜欢的类型	*	*	*	*	*	*	*	不是我喜欢的类型
成功的广告	*	*	*	*	*	*	*	不成功的广告
吸引了很多注意力	*	*	*	*	*	*	*	没有注意到广告
有趣的广告	*	*	*	*	*	*	*	无趣的广告
大量广告	*	*	*	*	*	*	*	没有影响

3.8.9 斯塔普量表

斯塔普量表（Stapel scale）是语意差别量表的一种改进。它将单独一个形容词放在量表的中间，通常被设计成一个 +5 ～ -5 的 10 点刻度，该技术旨在同时测量态度的方向和强度。（相比之下，语义差别量表反映了描述性形容词与被评估概念的匹配程度）。表 3-11 说明了斯塔普量表的一个例子。

斯塔普量表的最大优点在于，它能使研究人员免去设计双向形容词的繁重工作，该量表还允许在测量态度方面有更细微的区别。其缺点是，描述形容词可以用积极的、中性的或消极的方式来表达，而表达方式的选择已被证明会影响量表结果和人们的反应能力。[8] 斯塔普量表在商业研究中从来没有流行过，它的使用频率也不如语义差别量表。

表 3-11 用于测量零售商网站的斯塔普量表

+5	+5
+4	+4
+3	+3
+2	+2
+1	+1
价格便宜	易于浏览
-5	-5

(续)

−4	−4
−3	−3
−2	−2
−1	−1

为你认为准确描述网站的词语选择一个"正数"。你认为这个词描述的网站越准确,你应该选择的"正数"就越大。为你认为不能准确描述网站的词语选择一个"负数"。你认为这个词描述的网站越不准确,你应该选择的"负数"就越大。你可以从 +5 ~ −5 中选择一个数字,评估这个词描述网站的准确性。

3.8.10 李克特量表

李克特量表(Likert scale)是另一种避免了设计成对双向形容词问题的量表。该量表由一系列对研究中的概念表示赞成或反对态度的陈述组成,受访者被要求通过一个数字分数来表明自己同意或不同意每个陈述的程度,然后,调研人员通过将这些分数相加,来测量受访者的态度。

表 3-12 是游戏网站对青少年的调研所使用的两个李克特量表,其中量表 A 是对注册过程态度的调研,量表 B 是对网站上广告态度的调研。

表 3-12 用于游戏网站的李克特量表

量表 A					
当你成为一个新用户时,你对注册过程感觉怎么样?					
	非常同意	有点同意	中性	有点不同意	非常不同意
注册很简单。	○	○	○	○	○
注册问题是"没有威胁性的"。	○	○	○	○	○
在这里注册会保护我的隐私。	○	○	○	○	○
注册花的时间并不长。	○	○	○	○	○
注册信息让我了解了这个网站。	○	○	○	○	○
量表 B					
你觉得下面这句话怎么样?					
	非常同意	有点同意	中性	有点不同意	非常不同意
允许公司在互联网上做广告可以让我获得免费的服务。	○	○	○	○	○
我不支持这个网站上的广告,即使它为我提供了免费的娱乐。	○	○	○	○	○
互联网上的广告太多了。	○	○	○	○	○
这个网站上的广告太多了。	○	○	○	○	○
我很容易忽略这个网站上的广告,只是玩游戏。	○	○	○	○	○

在李克特量表中,受访者每次只需要考虑一项陈述,量表从一个极端走向另一个极端。一系列陈述可以被检查,然而,只有一套统一的回答供受访者选择。

伦西斯·李克特(Rensis Likert)设计该量表的目的是测量个人对概念(工会)、活动(如游泳)等的态度。李克特量表的建立步骤如下:

(1)调研人员确定所要测量的概念或活动。

(2)调研人员收集大量(如 75 ~ 100 条)有关公众对概念或活动看法的陈述。

（3）调研人员依据被测态度将每个测量项目大致划分为"有利"或"不利"。不必对项目进行测量，不过，需要实施一次包括全部陈述和有限个受访者的预先测试。

（4）在预先测试中，受访者指出对每个项目"同意"或"不同意"，然后在后面的方向-强度描述语中打钩：

  a. 完全同意

  b. 同意

  c. 无所谓（不确定）

  d. 不同意

  e. 完全不同意

（5）给每个回答赋予一个数值权重（如5、4、3、2、1）。

（6）个人的总态度得分是由与被钩项目相关的加权代数和表示的。在评分过程中，权重被分配，以便态度的方向——从"有利"到"不利"——在项目上保持一致。例如，如果"有利"项目中的"完全同意"为5分，那么"不利"项目中的"完全不同意"也应是5分。

（7）在看过预先测试结果之后，调研人员只选择那些似乎能很好地区分高总分和低总分的项目。这可以通过首先在总分的基础上找到最高和最低四分位数的受试者，然后比较这些高和低组在每个具体项目上的平均差异（不包括中间的50%的受试者）来完成。

（8）最后选出的20至25个项目，指那些在预先测试中高总分者和低总分者之间区分得"最好"（即在平均值上表现出最大差异）的项目。

（9）在正式研究中重复步骤（3）~（5）。

利用李克特设计的这种量表，研究人员能够得到一个总计分数，并且识别出某个人对于特定概念的态度到底是正面的还是负面的。例如，在一个有20个项目的量表中，最高的"有利"总分是100分。这样，若某人打分92分，就可以被认定持有"有利"的态度。当然，两个都打92分的人也可能对各种陈述有不同的评价，因此他们各自对自己整体态度中各要素的态度就可能极为不同。例如，受访者A可能完全同意（5分）"银行要有一个好的停车场"的观点，而完全不同意（1分）"此银行的贷款计划在镇上是最好的"。受访者B可能持完全相反的态度，但他们总分都为6分。

在市场调研行业中，李克特量表非常流行。它们制作快捷、简便，并且可以通过电话、互联网样本库、网络社区或移动设备实施。但是，商业研究人员很少遵循上面概括的教科书式的过程来设计量表。相反，量表通常是由客户项目经理和调研人员共同设计的。许多时候，量表是在召开焦点小组访谈会后创制的。

3.8.11　购买意向量表

也许在市场调研中最常用的单一量表是**购买意向量表**（purchase-intent scale）。对于营销经理来说，终极问题就是，顾客会不会买产品？如果买，我能期望获得多少市场份额？制造商、零售商甚至非营利组织在推出新产品和新服务、进行产品更新或服务调整时，都会开展购买意向调查。[9]

在新产品开发期间，经理在概念测试阶段首先会询问购买意向问题，以对需求获得大致了解。经理希望迅速淘汰潜在的失败产品，仔细研究那些购买意向适中的产品，并推动那些似乎具有明星潜力的产品。这一阶段投资量较少，产品调整和重新定位产品概念都比较容易。

随着产品的发展，产品本身、促销策略、价格水平和分销渠道变得更加具体和更受关注。在开发的每一个阶段都要评估购买意向，需求评估也要不断修正。有关全国性或地区性推广活动"进行还是停止"的关键决定，一般也是在市场测试之后做出的。

接近市场测试时，商业研究人员还有另一个关键的评估阶段。在这里，最终或接近最终版本的产品被放置在全国各地测试城市的消费者家中，在经过一段入户使用后（通常是2~6周），在参与者中进行一次跟踪调查，以便发现他们喜欢或不喜欢什么，这些产品与他们现在所使用的相比如何，他们会为它付多少钱。问卷末尾的关键问题是购买意向。

表3-13中的问题21，是对入户放置驱蚊器后进行的跟踪调查中抽取出来的购买意向问题。驱蚊器由两个3英寸的圆盘组成，由三根塑料柱支撑，间距约为1/4英寸，看起来有些像一个大的、薄的溜溜球，驱蚊器里面含有一种可以吸引蚊蝇的刺激素和能够保持6个月黏度的胶液。可以想象，蚊蝇飞进去就无法出来！在其中一个圆盘背面的中心有一个胶粘片，这样盘子就能贴在厨房的窗上。其创意是不依靠杀虫剂而消除厨房的蚊蝇。表3-13中的问题22是帮助产品定位的。问题23（类似于后文讨论的净推荐量表）一般是生产商用于对购买意向进行双向核查的，即如果60%的受访者声称他们肯定会购买产品，而90%的人声明他们肯定不会将产品推荐给朋友时，调研人员将质询购买意向的有效性。

表3-13　为驱蚊器产品入户放置设计的购买意向量表及相关问题

21. 如果一套三个驱蚊器的售价约为8美元，并且在你通常购物的商店里有售，你会：

		(51)
肯定会买	1	
可能会买	2	
可能不会买	3	
绝对不会买	4	

22. 你会使用驱蚊器作为现有产品的替代产品还是补充产品？

		(52)
替代产品	1	
补充产品	2	

23. 你会把这款产品推荐给你的朋友吗？

		(53)
肯定会	1	
可能会	2	
可能不会	3	
绝对不会	4	

研究表明，购买意向量表能很好地预测顾客对经常性购买产品和耐用消费品的选择情况。[10]这种量表很容易制作而且只要求应答者对他们购买一件新产品的可能性做一个主观判断。从以往产品品类的经验看，营销经理可以把消费者在量表上的回答转换成对购买可能性的估计。很显然，每位声称肯定会购买产品的人并不一定会这样做，事实上，有些声称肯定

不会购买的人反而购买了产品。驱蚊器的制造商同时也是杀虫剂和非剂型害虫控制产品的主要生产者。假设以历史追踪调查为基础，制造商便可得到几条有关非剂型家用害虫控制产品的信息：

- 回答"肯定会买"的人中有 63% 在 12 个月内实际购买了产品；
- 回答"可能会买"的人中有 28% 在 12 个月内实际购买了产品；
- 回答"可能不会买"的人中有 12% 在 12 个月内实际购买了产品；
- 回答"肯定不会购买"的人中有 3% 在几个月内实际购买了产品。

假设驱蚊器调查的结果如下：

- 40%——肯定会买；
- 20%——可能会买；
- 30%——可能不会买；
- 10%——肯定不会买。

假设该样本在目标市场上具有代表性，研究人员将表示肯定会购买的受访者的 40% 乘以历史追踪调查的受访者的 63%，并继续进行如下计算：

$$0.4 \times 63\% + 0.2 \times 28\% + 0.3 \times 12\% + 0.1 \times 3\% = 34.7\% （市场份额）$$

大多数营销经理都会为一种新产品有如此高的预测市场份额而欣喜若狂。不幸的是，虽然驱蚊器的预测市场份额这么高，但由于消费者的混淆，这种产品在入户试用之后便夭折了。

在没有客户历史数据作为衡量结果的基础的情况下，市场调研公司进行包含购买意向量表的研究并不罕见。对实际购买人数一个合理但保守的估计为："肯定会买"的 70%，"可能会买"的 35%，"可能不会买"的 10%，"肯定不会买"的 0%。[11] 工业品市场上，一般比例会更高些。

在没有市场份额的参考的情况下，一些公司使用购买意图量表来进行是否进行产品开发的决策。通常情况下，经理们只是简单地加上"肯定会买"和"可能会买"的百分比，然后将这个总数与预先确定的是否进入市场的阈值进行比较。"肯定"和"可能"的结合被称为前两名箱式得分。例如，一家消费品制造商可能要求在概念测试阶段前两名的得分达到 80% 或更高；在家庭试用阶段，这一百分比达到 65% 可能才考虑试销。

3.8.12　量表转换[12]

许多的顾客洞察研究都基于顾客洞察跟踪研究，跟踪研究只是跟踪消费者态度和购买行为随时间的变化情况。例如，洞察调研可能是每季度或每 6 个月进行一次。有时，公司会出现需要改变顾客洞察调研方法的情况，如政策变更。这样的变化导致从一种量表（比如 5 分制）变为另一种量表（比如 10 分制）。产生变动的原因有很多，但是有一个很明显的问题：用两种分制收集的数据如何比较呢？

客观性是为了帮助调研人员比较不同方式得出的数据，并做出明智的决策。这里的基本假设是量表的措辞具有足够的可比性，可以尝试进行量表转换。尽管有几种方法可以对量表进行转换，在这里我们只研究一种最简单直接的方法。

在量表转换方法中，调研人员没有试图以任何方式修改数据；相反，重点是确定适当的报告方式，使分数具有可比性。这种方法并不适用于所有情况，主要适用于"装箱"分数（前两位、前三位等）的形式报告结果的情况。

在市场调查中普遍应用四种量表（根据量表分制）：5分制量表、7分制量表、10分制量表、11分制量表，这些量表的调查结果经常以"装箱"分数的形式来报告。接下来的问题是，如果一项研究使用的是5分制量表，并报告"前两位"的箱式分数，那么当新的量表为7分制时，该研究如何转换。在量表转换的方法中，我们观察一个量表的每个点所占的比例。

例如，5分制量表中的每一点占20%的比例，也就是说，如果我们完全随机地产生一个数来对应这个量表，那么预期前20%为1，另外20%为2，以此类推。所以，一个前两位的箱式分数在5分制量表中将占40%。同样地，对于一个7分制量表，每个量表点大约占14%，前两位箱式分数大约占28%。表3-14显示了四种量表中箱式分数的分布情况。

表3-14 四种量表中箱式分数的分布情况

量表	前一位	前两位	前三位	前四位	前五位
5分制量表	20%	40%			
7分制量表	14%	28%	42%		
10分制量表	10%	20%	30%	40%	
11分制量表	9%	18%	27%	36%	45%

装箱分数表明，5分制量表中的前两位箱式分数所占百分比大约等于7分制量表中的前三位箱式分数所占的百分比，或是10分制量表中前四位箱式分数所占的百分比（大约是40%）。

因此，在比较使用这些量表的数据时，可以使用对应的前几位箱式分数。一般来说，表3-15提供了四个量表中箱式分数的（近似）转换。问号（？）表示无法进行简单转换。

表3-15 四个量表中箱式分数的（近似）转换

11分制量表	10分制量表	7分制量表	5分制量表
？	前四位	前三位	前两位
前三位	前三位	前两位	？
前两位	前两位	？	前一位

3.8.13 净推荐值法

避免量表使用过程中量表分数的不同数字带来的困惑的一种方法就是使用净推荐值法来作为满意度测量的方法。净推荐值的概念首次出现在2003年《哈佛商业评论》的一篇文章中。[13] 文中认为，净推荐值的吸引力在于它只涉及一个简单的问题："你会向朋友推荐这家公司（或品牌）吗？"评级范围从0到10。**净推荐值法**（net promoter score，NPS）是指推荐者（那些评级9或10的）所占的百分比减去诋毁者（那些评级0~6的）所占的百分比。那些评级 7 或 8 的被认为是被动的或良性的。大小公司都普遍接受这一方法，这一方法意味着不再有一堆问题的问卷和令人困惑的模型需要理解。关键策略是最大化高分，消除或最小化低分。

马萨诸塞州瓦班市特姆金（Temkin）集团的调研人员发现，81% 的推荐者很有可能在未来再次购买该公司产品，64% 的推荐者在该公司出现失误时愿意原谅它。对于诋毁者来说，这两个数字分别是 16% 和 24%。[14] 高净推荐值和推荐有很强的相关关系。[15]

净推荐值法有几个优点。简单，只有一个问题；结果易于理解。例如，如果一个研究人员告诉管理层公司的顾客忠诚度指数为 4.3，这意味着什么呢？但如果研究人员告诉管理层 70% 的顾客都是推荐者，这就更容易理解了。而且净推荐值可以作为基准，因为这个过程是标准化的。可以在网上搜索并获得同行业其他公司的得分，从而了解一家公司相对于其竞争对手的地位。

并不是所有人都强烈支持净推荐值法，例如，图 3-4 展现了净推荐值为 20%（推荐者减诋毁者）的三种不同的情况。公司 A 没有诋毁者，但 80% 是被动者；公司 B 的推荐者和被动者一样多，同时有 20% 的诋毁者；公司 C 没有被动者，但有多达 40% 的诋毁者。因此，尽管三家公司的净推荐值相同，但分别需要不同的市场营销和顾客关系策略。

同样地，随时间变化，净推荐值的增加意味着更多的推荐者、更少的诋毁者，或者同时分别增加和减少。针对净推荐值增加原因的不同，应采用不同的策略。

另一个问题是那些被标记的被动者，一些人认为被动者实际上不是被

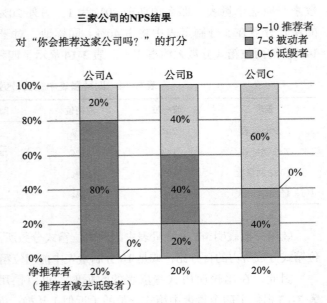

图 3-4 三家公司的净推荐值结果

资料来源：兰迪·汉森，《NPS 后的生活》，《市场研究》（2011 年夏季），第 10 页。

动的。如前所述，被动者是那些在"你会推荐吗？"的问题上评级 7 或 8 分的人。弗吉尼亚阿灵顿的 TARP Worldwide 发现，被动者的顾客忠诚度明显比较低，并容易传播负面口碑。[16] TARP 的副总约翰·古德曼（John Goodman）说："想象一下，如果有个人走过来跟你说'我刚刚去了这家饭店，我绝对要给它打 7 分'，这时候你会做何反应？你听到的是他在说'还凑合吧'或者'它没有做得很差'，那么你能马上赶去那家饭店吗？我们认为你不会。"[17] TARP 还发现被动者对价格更加敏感。

虽然净推荐值被认为是"美国最受欢迎的指标"，但批评它的人却在不断增加。《华尔街日报》（The Wall Street Journal）发现，近年来，50 家标准普尔 500 指数（S&P500）成分股公司在财报电话会议上超过 150 次提到"净推手"或"NPS"。在《华尔街日报》追踪到的所有被提及的公司中，没有一家公司说它的净推荐值下降了。[18] 一些公司表示，它们只会提醒

满意的顾客接受调查。

其他批评人士指出，净推荐值并没有解释为什么顾客会推荐该公司。此外，该量表测量的是意向而非行为。很多时候，我们打算做某事，但没有付诸行动。

3.9 选择量表时须考虑的因素

在选择量表时会出现许多问题。考虑因素包括被测构念的性质、量表的类型、平衡与非平衡量表、量表层级的数量以及强迫与非强迫选择。被测构念的性质对量表适当性的一个基本检查是确认它直接来自研究的总体目标。研究目标的范围对量表用于调查测量的方式有着根本性的影响。

3.9.1 量表类型

大多数商业研究人员倾向于通过互联网（如网络社区）或移动设备管理量表，以节省访问费用。易于管理和制作也是重要的考虑因素。例如，等级顺序量表制作很快，而语意差别量表（评比量表）的开发过程却是冗长的。客户的决策需求始终至关重要。是否可以利用顺序数据就做出决定，还是必须具备等距类数据？调研人员还必须考虑应答者，他们通常更喜欢那些类别量表和顺序量表，因为这两类量表较简单。最终，使用哪种量表的选择将取决于调研人员手头的问题和必须回答的问题。在一次市场调研中使用多种量表也是常见的。例如，对一家杂货连锁店的形象研究可能会有一个竞争连锁店的等级顺序量表，一个语意差别量表来检查连锁店形象的组成部分，还有净推荐值量表。

调研人员有时也会从网络上或其他调研组直接借用量表。许多在线调研网站都有可用的量表（比如 surveymonkey.com、researchrockstar.com、marketingscales.com 以及 questionpro.com）。此外，还存在着几本量表手册，这些手册有助于我们采取合适的测量，并鼓励研究人员对以前开发和验证的测量进行标准化。[19] 这使得调研成果不断积累，市场调研人员经常发现，这些借来的量表效果很好。然而，有时它们也可能并不是很有效。

市场调研人员在借用量表之前，应该充分理解被测量的构念的性质、要测量的范围，以及与新调查总体相关的量表项目的内容和措辞。总之，告诫就是"借用要谨慎"。[20]

3.9.2 平衡量表与非平衡量表

平衡量表（balanced scale）具有相同数量的正面和负面的层级；**非平衡量表**（nonbalanced scale）偏重一端或另一端。如果调研人员期待广泛的意见，那么一个平衡的量表可能是合理的。如果过去的研究或初步研究已经确定大多数意见是正面的，那么使用一个具有更多正面层级的量表，而不是更多负面层级的量表，将使调研人员能够确定对正在研究的概念的正面程度。作者从已进行过的一系列基督教青年会（YMCA）调查中得知该机构的整体形象是正面的。在调查基督教青年会的形象时，使用了以下几个层级：①非常好；②很好；③好；④一般；⑤差。

3.9.3 量表层级数量

市场调查人员要解决的另一个问题是一个量表中应包含的层级个数。如果层级个数太少，如只有"好""一般"和"差"，那么量表过于粗略而不够丰富。比起一个10级量表来说，一个3级量表无法反映出感觉的强度。然而，10级量表可能超出了人们的分辨能力。研究表明，评比量表基本上以5级或7级最可靠。[21]

偶数个层级的量表意味着没有中间答案。一方面，如果没有中间答案，受访者被迫对某个问题表示某种程度的积极或消极感觉，但那些确实持有中立意见的人就无法表达他们的观点。另一方面，一些市场调研人员认为，给受访者设立一个中间点，事实上如同给受访者提供了一个简单的出路，允许没有强烈意见的人避免专注于自己的真实感受。当然，对于任何人来说，对一种新口味的沙拉酱、一种包装设计或皮卡的测试广告高度情绪化都是非常罕见的！

3.9.4 强迫性与非强迫性量表的选择

正如在语意差别量表的讨论中所提到的，如果包含一个中立的类别，它通常会吸引那些中立和缺乏足够知识的人来回答这个问题。一些研究人员已通过加入"不知道"这个答案作为附加分类来解决这一问题。例如，一个语意差别量表可能按如下方式构成：

友好的	1	2	3	4	5	6	7	不友好	不知道
令人沮丧的	1	2	3	4	5	6	7	兴奋	不知道

然而，对于懒惰的受访者来说，"不知道"选项可能是一个容易的选择。

如果量表有一个中立点而且没有"不知道"的选项，那么它不会强迫受访者给出正面或负面的意见，而一个既没有"中间意见"也没有"不知道"的量表，甚至强迫那些对所测目标一无所知的人也给出一种意见。支持强迫选择的理由是受访者必须专注于自己的感觉。反对强迫选择的理由是，记录的数据不准确，一些受访者可能拒绝回答这个问题。如果问卷调查继续要求受访者提供意见，而事实上，他们缺乏必要的信息来提供意见，可能会产生恶意，并导致访谈提前终止。

本章小结

测量是指按照特定的规则将数字或符号分配给目标，以表示属性的数量或质量的过程。测量的规则是一种指南、方法或指令，它告诉调研人员该做什么。准确的测量要求规则清晰和具体。

测量的程序如下：①确定调研所关心的概念；②开发构念；③在组成性上定义概念；④在操作性上定义概念；⑤制作测量量表；⑥评估量表的信度和效度。组成性定义是指对所研究的中心概念的意义的陈述，以确立其边界；操作性定义规定了将测量哪些可观察特征，并分配给概念某一数值的过程。

有四种基本的测量水平：类别、顺序、等距和等比。类别量表将数据分成互相排斥、完全穷尽的各种类别，分配给目标或现象的数字只是一些简单的数字标签，没有真正的数字意义；顺序量表除了具有类别量表用数字代表特征的特点之外，还增加了对数据排序的能力；等距量表除包含顺序量表的所有特征之外，还增加了量表中各点的间距相等这一维度，使用等距量表，调研人员能够研究两个目标对象之间的差距，得到的数据可以用来求算术平均值、标准差和相关系数；等比量表除综合了以上所讨论的三种量表的特性之外，还加上了有意义的绝对零或原点，因此可以对等比量表除的数值进行比较，同时反映了变量的实际数量。

　　测量数据包含准确的信息和误差。系统误差导致测量中产生持续偏差。随机误差也会影响测量的结果，但不是系统性的。随机误差的影响方式从本质上讲是短暂的。信度是指在测量中可以避免随机误差，从而提供前后一致的数据的程度。有三种主要方法可用来评估信度：测试-再测试、等价形式和内在一致性。效度是指试图进行的测量是否是成功的。测量的效度涉及测量工具和过程能够避免系统误差和随机误差的程度。效度概念包括表面效度、内容效度、相关准则效度和构念效度。

　　量表化是指试图确定主观（有时是抽象的）概念的定量化测量的程序，它是以数字（或其他的符号）代表目标的特性，以便将某些数值特性赋给所讨论的属性的过程。量表有一维和多维之分。一维量表用于测量概念、应答者或目标的单一特性；多维量表是基于这样一个前提，使用多个维度可以更好地描述即概念、应答者或对象。其中一种类型被称为图示评比量表。它提供给应答者一个有两个固定端点的图示连续体。列举评比量表与图示评比量表十分相似，只不过应答者在列举评比量表上必须在有限的类别中做出选择，而不像图示评比量表是在连续体上做记号。等级顺序量表是具有可比较性的，因为应答者被要求比较两个或两个以上的项目。配对比较量表要求受访者根据一些规定的标准从一组对象中选择两个对象中的一个。固定总数量表要求应答者根据各个特性的重要程度，将一个给定分数（通常是100分）在两个或多个特性间进行分配。受访者必须相对于所有其他项目来评估每个项目。分配给每个项目的分数表示受访者分配给它的排名。语意差别量表是由测量某一客体对人们的意义而发展起来的。语意差别量表的第一步是确定要进行评分的概念，如品牌形象；然后，调研人员挑选一些能够用来形容这一概念的一系列对立（相反）的形容词或短语；接着，由应答者在一个（通常是1~7）量表上对测量的概念打分。应答者对每对形容词评分的平均值被计算出来，并以此构造出"轮廓"或"形象图"。斯塔普量表是将单独一个形容词放在量表的中间，通常这种量表可以同时测量态度的方向和强度。李克特量表是另外一种避免设计对立形容词的难题的量表，这种量表由一系列表达了对所研究概念的"有利"或"不利"态度的陈述组成，应答者被要求通过给每个陈述打分来表明自己同意或不同意的程度，然后将这些分数加总起来以测定应答者的态度。

　　对调研人员来说，非常重要的量表是购买意向量表，这种量表用来测量应答者买或不买某一产品的意向。购买意向问题通常要求一个人说明他是否肯定会购买、可能会购买、可能不会购买，或者肯定不会购买正在研究的产品。购买意向量表是一个很好的关于消费者对经常购买的耐用消费品的选择的预测指标。

　　另一个非常受欢迎但有争议的量表是净推荐值法，就"你在多大程度上愿意向朋友推荐这家公司"这一问题用0~10打分，最后得分是推荐者所占百分比减去诋毁者所占百分比。

调研人员发现，推荐者可能重复购买并且原谅公司的失误。这一方法的缺点是得分太宽泛，并且被动者经常被忽视，此外还很有可能传播负面口碑。它也解释不了为什么顾客会推荐一家公司，净推荐值法测量的是意图而不是行为。

有时，随着时间的推移，当量表上的点数发生变化时，有必要在追踪研究中进行量表转换。当箱式分数被用作评估测量时，可以创建量表等效性。

在为研究选择特殊量表时，应考虑几个因素：第一，要考虑使用的量表类型：评级、顺序、分类或购买意向；第二，要考虑平衡量表与非平衡量表的选择；第三，量级层级的个数必须确定，一个相关因素是使用奇数还是偶数个层级；第四，研究人员必须考虑是使用强迫性还是非强迫性量表。

关键词

平衡量表	区分效度	净推荐值
比较量表	等价形式信度	类别量表
同时效度	表面效度	非平衡量表
固定总数量表	图示评比量表	非比较量表
组成性定义	内在一致性信度	操作性定义
构念	等距量表	顺序量表
构念效度	列举评比量表	配对比较量表
内容效度	李克特量表	预测效度
收敛效度	测量	购买意向量表
相关准则效度	多维量表	等级顺序量表
等比量表	量表化	斯塔普量表
信度	语意差别量表	测试-再测试信度
规则	折半二分法技术	一维量表
量表	稳定性	效度

复习思考题

1. 什么是测量？
2. 四种类型的测量量表之间有什么区别？讨论每种量表所包含的信息类型。
3. 信度与效度有何不同？请各举一例。
4. 举一例具有信度但不具有效度的量表，再举一例具有效度但不具有信度的量表。
5. 评估信度有哪三种方法？
6. 评估效度有哪三种方法？
7. 将班级分成4组或5组，到网上查找带有数据的调查结果，随后每组确定研究的表面效度和内容效度。每组应该再提出一个评估调查信度的方法。（团队练习）
8. 讨论在选择评比、等级顺序或购买意向量表时应考虑的主要因素。
9. 支持和反对在量表上设立中间点的论点各有哪些？

10. 比较和对比语意差别量表、斯塔普量表和李克特量表，说明研究人员应各在什么条件下使用每一种量表。

11. 设计一个用来评估你所在城市的公园和休闲区的李克特量表。

12. 为在学校自助餐厅就餐的大学生设计一个购买意向量表。如何衡量这一量表的信度和效度？你认为购买意向量表能在商业市场调研中如此流行的原因是什么？

13. 在什么情况下调研人员会使用图示评比量表而不使用列举评比量表？

14. 评比和等级顺序量表之间的不同有哪些？哪一个最适合态度测量？为什么？

15. 为喜欢喝苏打饮料的大学生设计一个等级顺序量表。这种量表的优缺点是什么？

16. 解释量表转换概念。

17. 为什么净推荐值法受欢迎也有争议？

18. 把全班分成小组，每个小组应创建五对形容词短语，这些短语可用于语意差异，以衡量你的学院或大学的形象；然后，教师将这些建议综合到一个单独的语意差别量表中；之后，每个组员都要对班级外的学生进行5次访问。最后，在本学期晚些时候学习过统计分析之后，对这些数据进行分析。（团队练习）

网络作业

1. 进入网络搜索引擎，查找"信度和效度"，向全班同学描述你了解到的这些重要概念的新见解。

2. 上网查看尼尔森的收视率。尼尔森到底在测量什么？如何测量这个构念？如何确定信度和效度？

3. SBI（战略商业观察）是斯坦福研究院（Stanford Research Institute）的一个分支。其最受欢迎的产品之一是VALS（价值观和生活方式调查）。SBI根据驱动消费者行为的个性特征，使用VALS对市场进行细分。VALS用于营销组合的所有阶段，调查将消费者分为八种性格类型。GEOVALS通过确定居住在特定街区或邮政编码内的VALS消费群体的集中度，将VALS的力量应用于当地营销工作。

请访问www.strategicbusinessinsights.com/VALS/preservey.shtml，然后"进行VAL调查"。

（1）解释创建VALS背后的理论。

（2）你同意你所属的VALS分类吗？通过"VALS类型"链接了解更多信息。

（3）调查中使用了什么样的量表？是否可以使用其他类型的量表？

调研实例 3.1

PNC银行考虑改变它的顾客满意度测量量表

总部位于匹兹堡的PNC银行是美国最大的地区性银行之一，以客户为中心一直是其核心价值观之一。为了实现这一价值观，PNC对客户满意度有着强有力的承诺。这一承诺的一个关键组成部分是使用追踪调查来评估一系列PNC银行产品、服务和互动的客户体验。

几年来，作为这种客户服务体验的一部分，PNC银行定期对与其分行或客户服务中心代表有业务往来的客户进行调研，以评估他们对各自体验的满意度。当客户在分行或客户服务中心与银行员工有互动时，他们会收到一封后续电子邮件，邀请他们参与一个简短的调查。

这些调查通常是用时为三到四分钟的问卷，涵盖了整体体验和许多确定客户满意度驱动因素的可测量的属性，或与分公司或呼叫中心员工相关的工作。这些可测量的属性探索客户对PNC银行员工如何处理他们的互动的经验和感知的反应。此外，还有一项客户倡议措施，包括一个后续的、开放式的问题，以理解在分支机构或服务中心的体验对客户推荐PNC银行的可能性的影响。

PNC银行进行的大多数调查，尤其是这些后续客户体验调查，都使用7分制来评估一系列属性的绩效。这项分行和服务中心调查早于PNC银行内部标准化调查设计的努力，它采用的是5分制量表。因此，分支机构和服务中心事务性调查中使用的量表评估正在从当前的5分制量表过渡到7分制量表。

存在的担忧

然而，由于这些调查的结果可以直接和间接地影响分行和服务中心员工的内部评价，员工对量表转换有一些（高度合理的）担忧。特别是，他们表达了对过去状态和未来状态量表是否具有可比性的担忧，以及是否会对与员工相关的客户推荐分数产生影响的担忧。

这些调查的结果对被评估的员工最终意味着什么，这取决于PNG研究团队提供的证据——转换量表不会造成任何明显的混乱。为了测试转换量表的任何潜在影响，研究人员选择使用我们内部的社区洞察研究样本库进行分样实验，社区洞察研究样本库由我们的外部研究合作伙伴摩尔佩斯公司（Morpace Inc.）管理。该调查样本库由PNC银行约12 000名客户组成，他们同意偶尔参与PNC银行的各种研究活动。PNC研究人员与样本库成员合作进行各种类型的定性和定量研究，如评估营销沟通，获取网站用户体验的反馈，小企业银行客户需求，以及测试产品或服务的新名称。它是一种有价值的资源，对整个业务都有影响。该样本库为我们的客户提供了有价值的反馈途径，并确保PNC银行的产品、服务和信息与真正的客户需求和期望保持一致。

开发两个版本

为了了解将分行和客户服务中心的调查属性从5分制量表改变为7分制量表的潜在影响，公司研究人员针对客户样本库，开发了两个版本的客户体验调查。最初的版本，使用5分制量表来评估总体满意度和属性评估，而作为对比版的修订版中使用的是7分制量表。客户样本库的所有成员都收到了邀请，最后完成了2 600多份调查。

这里列出了调查中使用的量表。注意，两者都不包含中点。

非常不同意						非常同意	不适用
1	2	3	4	5	6	7	

非常不同意				非常同意	不适用
1	2	3	4	5	

根据他们最近的自我报告的经验，样本库成员被引导至分行版本的调查或客户服务中心版本的调查。在分行或客户服务中心的调查对象中，有一半的人采用了5分制属性的调查，另一半采用了7分制属性的调查；同样，服务中心的受访者中有一半人得到了5分制版本，另一半得到了

7 分制版本。每个单元的最终样本规模如表 3-16 所示。

表 3-16　分行和客服中心的最终样本规模

	5 分制量表	7 分制量表	共计
分行调查	686	674	1 360
客服中心调查	661	646	1 307
共计	1 347	1 320	2 667

真是个惊喜

使用 SPSS 进行结果分析，相当令人惊讶的是，在 5 点量化属性的箱式得分和 7 点量化属性的箱式得分之间存在近乎完美的接近（见图 3-5）。

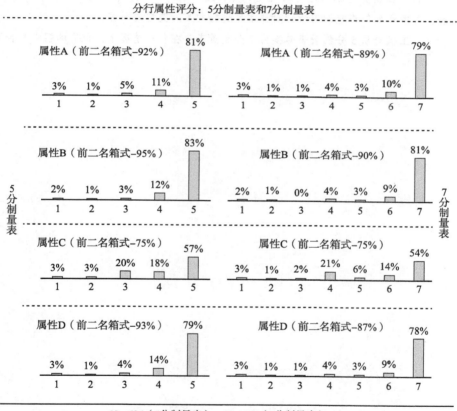

$N = 686$（5 分制量表）；$N = 674$（7 分制量表）

图 3-5　5 分制量表和 7 分制量表的分行属性评分

注：考虑到帮助你的银行工作人员，请具体说明你对以下陈述的同意或不同意程度。

图 3-5 提供了分行调查中使用的四个属性的结果。在任何情况下，5 分制的箱式得分结果和 7 分制的箱式得分结果之间的差异都不会超过 3 个百分点。中间箱式得分之间甚至也有高度的对应关系。事实上，主要的区别似乎是，5 分制中的 4 分倾向于在 7 分制中分为 5 分和 6 分。这些结果进一步得到了客户服务中心调查结果的支持，其中一组相似的属性显示了两个版本之间类似的

高度一致。实验结果被呈现给内部股东，并建议他们将目前的 5 分制量表调查转换为 7 分制量表。这样就可以将分行和客户服务中心的评估结果与 PNC 其他单位的结果进行比较，因为它们都将使用相同的 7 分制量表。[22]

问题：

1. 这个研究中的构念是什么？
2. 他们使用的是什么水平的测量？他们可以用不同的水平吗？为什么可以或为什么不可以？
3. 研究人员可能如何进行效度测量？
4. 研究人员假设，测试结果将显示，5 分制中的箱式得分将分散在 7 分制中的前两名箱式得分。他们为什么要做这样的假设？测试的结果是什么？这意味着什么？
5. 回顾社区洞察研究样本库进行的研究类型。接下来，回顾本章讨论的各种类型的量表。选择两种量表，并解释如何将它们用于针对样本库进行的某一类型的研究。
6. 为什么员工担心从 5 分制量表转换为 7 分制量表？在什么情况下，他们的担心是合理的？

第 4 章

通过问卷获取数据

□ 学习目标

1. 理解问卷在获取数据过程中的作用。
2. 熟悉一份好问卷的标准。
3. 学习问卷设计的过程。
4. 了解软件、互联网和移动设备正如何影响问卷设计。
5. 了解问卷对于数据收集成本的影响。

从高层面来讲，问卷或数据获取形式既是艺术也是科学。在处理问卷具体细节方面，例如如何提某些类型的问题，存在着许多科学性，这些存在于由学者和市场调研专业人士进行的方法论研究中。在本章，我们将提供问卷设计的全面指导，并基于调研方法研究的成果，提供处理具体问题的最佳实践。

4.1 问卷的作用

根据定义，询问调研法依赖于问题的使用。问卷（或数据获取表）是为了生成达到调研目标所需的数据而设计的一组问题，它是一份正式的从受访者那里收集信息的一览表。你最近很有可能看到甚至填写过一份问卷。制作一份好问卷既需要努力工作又需要想象力。

问卷使问题的措辞和顺序标准化，并使数据收集过程具有统一性。每个受访者看到或听到相同的词，每个访问员问相同的问题。如果没有这样的标准化，访问员可以问任何他们想问的问题，调研人员将会疑惑受访者的回答是否是访问员影响或解读的结果，比较不同受访者回答的有效依据就不存在。从制表统计的角度来看，一大堆混乱的数据也难以处理。因此从非常实际的意义上来讲，问卷是一种控制工具。

问卷在数据收集的过程中起着至关重要的作用。如果问卷设计得不好，那么详尽的抽样计划、训练有素的访问员和适当的统计分析技术都将无法发挥作用。不恰当的问卷设计将导致不完全的信息、不准确的数据，当然还有更高的成本。问卷是生成基础产品（受访者信息）的工具。

图 4-1 说明了问卷的关键作用，它被定位在调研目标（来源于管理者的问题）和受访者

信息两者之间。处于这种位置，它必须将目标转化为具体的问题，以从受访者那里获取所需信息。

问卷（数据获取表）必须将询问调查目标转化为受访者能理解的形式，并从他们那里"拉"出必要的信息。同时，它必须以一种易于总结的形式还原受访者的回答，并将其转化为满足管理者信息要求的调查结果和建议。问卷在确定调查成本方面也能发挥作用，本章也将对此进行讨论。

4.2 一份好问卷的标准

要设计一份好的问卷，调研人员必须考虑若干问题：它是否为管理层提供了必要的决策信息？它是否考虑到受访者？它是否以无偏见的方式征求回答？它是否满足编辑、编码和数据分析的要求？

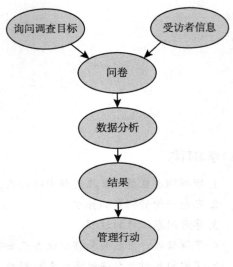

图 4-1 问卷在调研过程中的关键作用

4.2.1 问卷能否提供必要的决策信息

任何问卷的一个主要作用就是提供管理决策所需的信息，任何不能为管理或决策信息提供重要见解的问卷都应被放弃或者加以修改。因此，问卷应该始终获得将要利用数据的管理人员的批准。通过在问卷上签字，管理人员就是在说："是的，这种工具将为我提供做决策所需的数据。"如果管理者拒绝在问卷上签字，那么市场调研人员必须继续修改问卷。

4.2.2 问卷是否考虑到受访者

随着公司对市场信息的需求不断增长，每年进行的调研数量迅速增加。但是设计糟糕、令人困惑和过于冗长的调研确实使成千上万的潜在受访者失去了兴趣。

设计问卷的调研人员必须不仅要考虑主题和受访者的类型，还要考虑访谈环境和问卷的长度。当受访者对主题感兴趣，以及当他们感到回答问题几乎没有困难时，他们会回答稍微更长的问卷。针对智能手机的调研设计给问卷设计带来了新的挑战，因为更多人想通过这种方式完成调研。让受访者参与问卷的一种有前景的新方法是游戏化，即我们根据体验创造某种类型的游戏。一份问卷应该明确地为预期的受访者而设计。例如，虽然父母通常是冷麦片的购买者，但孩子经常直接或间接地制定购买哪种品牌的决策。因此，一方面，一份关于冷麦片的口味测试问卷，应当用儿童的语言表述；另一方面，关于购买冷麦片的调研应当使用适合成人的语言。问卷设计最重要的任务之一，是使问题适合潜在的受访者。问卷设计者必须去除任何可能被受访者误解的营销术语和商业术语。事实上，最好是使用简单的日常语言，只要结果没有侮辱或贬低受访者。

4.2.3 问卷能否满足编辑的需要

编辑（editing）是指创建符合逻辑的跳问模式，并包含所需的问题。如今，编辑通常由调研软件在受访者回答问题时处理。

跳问模式（skip pattern）是根据受访者的回答而提问题的顺序。对于在问题 4a 上回答"否"的受访者，表 4-1 展示了一个被清晰定义的从问题 4a 到问题 5a 的跳问模式。

表 4-1　问卷的跳问模式

4a. 您常给您孩子的头发使用护发素吗？
　（1）否（跳至 5a）　　　　（2）是（跳至 4b）
4b. 您使用的护发素是倾倒式还是喷洒式？
　（1）（　）倾倒式护发素
　（2）（　）喷洒式护发素
4c. 您大约多久给您孩子的头发使用护发素？是一周少于 1 次、一周 1 次，还是一周多于 1 次？
　（1）（　）一周少于 1 次
　（2）（　）一周 1 次
　（3）（　）一周多于 1 次
5a. 您的孩子的发质如何？
　（1）（　）很好　　　　（2）（　）粗糙　　　　（3）（　）正常
5b. 您的孩子的头发长度如何？
　（1）（　）长　　　　　（2）（　）中　　　　　（3）（　）短

大多数市场调研数据分析软件会自动捕捉一些编码错误。计算机辅助电话访谈（CATI）和软件程序会自动维护好跳问模式。以下两种方式可以保持问卷编写的灵活性。

- 跳问模式（分支）根据前一个问题的答案，把受访者带到不同的问题集。这可能是一个"简单跳问"，在这个跳问里，问题因为与受访者无关而被跳过；或者可能是"动态分支"，在这个动态分支里，根据受访者回答一个问题的方式，将许多组可能的问题集中成一组呈现给受访者。
- 管道将一个问题的回答整合到下一个问题中。一个参与者可能被要求输入一个开放性问题的答案（例如，他们最常驾驶的车的年份、制造商和型号），该答案的文本将被纳入下个问题的措辞中（例如，整体来说你怎样评价你的 2021 汉兰达）。

开放式问题的数据处理适用于所有类型的调查，我们将在第 15 章中详细讨论。

总之，一份问卷服务于许多主人。首先，它必须在足够的深度和广度上，考虑到所有的调研目标，来满足管理者的信息需求。其次，它必须以可理解的语言和适当的智力水平与受访者"对话"。此外，它必须方便受访者完成它。

4.3　问卷是否以无偏见的方式获取信息：问卷设计过程

设计一份问卷包括一系列的逻辑步骤，如图 4-2 所示。这些步骤在不同的调研人员执行时可能略有差别，但所有的调研人员倾向于遵循一个相同的一般顺序。因为委员会和职权系统会使问卷设计的过程复杂化，所以明智的做法是与拥有项目最终权力的人明确设计过程的每一步。这对于第一步——确定调研目标、资源和限制因素——尤为如此。许多工作时间都被浪费了，因为调研人员开发了一份问卷来回答某一类的问题，而真正的决策者却想要完全不同的东西。同时值得注意的是设计过程本身——特别是问题的措辞和格式——可能会引发额外的问题或无法回答的问题。反过来，这会使研究者回到第一步，以更清晰地描述所寻求的信息。

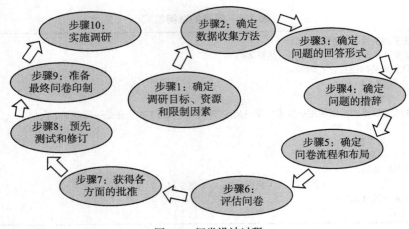

图 4-2　问卷设计过程

4.3.1　步骤 1：确定调研目标、资源和限制因素

当管理者需要决策信息，而这些信息在公司内部或二手资料中无法获得时，调研过程通常就开始了。在这时，管理者最有可能带着自己的需求联系调研部门。

例如，一个品牌经理可能提出调研申请，但受这个项目影响的每个人，包括品牌经理助理、集团产品经理，甚至是市场营销经理，都应当有机会提出确切的数据需要。调研目标（survey objectives）（概述所需的决策信息）应当尽可能清晰和准确地被阐明。如果认真彻底地完成这一步，剩下的过程将会更顺利和有效，管理者将更有可能得到所需信息。

4.3.2　步骤 2：确定数据收集方法

调研数据可以通过多种方式收集（如智能手机、网络社区、互联网小组、电话、邮件、购物中心或自我管理），而且调研方法影响问卷设计。购物中心里的面对面访谈会有智能手机问卷所没有的限制（如时间限制）。一份自我管理问卷，比如在医生的办公室里，必须明确清晰，而且通常比较短，几乎没有跳问模式。网络社区访谈可能需要对概念进行丰富和广泛的口头描述，以确保受访者理解正在讨论的概念。显然，口味测试不能通过电话或网络进行，至少那样做不容易。在网络或智能手机调查中，可以向受访者展示图片或视频来解释一个概念。为了完成调研目标而需要获得的信息类型，决定了你收集数据的选择。

我们依赖的数据收集方式一直随着社会和科技的时代变化在不断演进。直到 20 世纪 50 年代，入户访谈都是调研数据收集的主要模式，受访者在家中接受访问。紧随其后的是对电话访谈的严重依赖和购物中心拦截访谈的出现,后者是针对那些需要面对面接触、让人们品尝产品、评估广告等的调查。邮件调查一直被使用,直到今天继续发挥着一定的作用。

20 世纪 90 年代,出现了使用台式电脑或笔记本电脑的互联网访谈。如今,大约 81% 的美国人拥有智能手机,[1] 来自手机受访者的访谈次数也已经大幅增加。

4.3.3　步骤 3:确定问题的回答形式

一旦确定了数据收集方法,就必须就调查中使用的问题类型做出决定。在市场调研中主要使用三种类型的问题:开放式问题、封闭式问题、量表应答式问题。

1. 开放式问题

开放式问题(open-ended questions)是受访者用自己的话来回答的问题类型。也就是说,调研人员没有限制回答的选择。

开放式问题提供给调研人员几个优势,它们使受访者能够对以下类似问题给出他们的大致反应。

(1)如果存在优势,您认为从线上零售商订货与从当地零售店订货相比有什么优势?(追问:还有什么?)

(2)为什么您请专业人士来清洗您的一张或更多张地毯,而不是自己或家人清洗?

(3)您认为机场最需要改进的是什么?

(4)＿＿(产品)的什么颜色让您最喜欢它?

(5)您为什么认为某种品牌(您最常用的)更好?

以上的每个问题都来自不同的全国性询问调研,涵盖五种产品和服务。请注意,开放式问题(2)和(4)是跳问模式的一部分。在被询问问题(2)之前,受访者已经表示他们使用专业地毯清洁服务而不依赖家庭成员。

同样,开放式问题可能会建议未在封闭式回答格式中列出的其他替代选项。例如,以前没有认识到的使用线上零售商的优点,可能在回答问题(1)时被发现;关于同一主题的封闭式问题不会有这种优势。

作者咨询的一家制造商对植入式广告问卷总是以如下问题为结尾:"关于过去 3 周中您试用的产品,您还有什么其他想要告诉我们的吗?"这项探查搜寻任何可能为研究人员提供额外洞察的最后一点信息。

开放式问题不是没有缺点,如果手工完成编辑和编码,会耗费大量时间和金钱。如前所述,这些任务通常由软件来处理。

2. 封闭式问题

封闭式问题(closed-ended question)要求受访者从一系列应答中进行选择。封闭式问题的主要优点是避免了开放式问题的缺点。阅读回答选项可能会唤醒一个人的记忆,并产生一个更现实的答案。访谈者偏差被最小化,因为访谈者仅仅只是点击一个方框,圈出一个类别,记录一个数字，或者输入一个键。因为没有给予受访者阐述某个话题的选项，所以没有对善于表达的人的偏见。最后，编码可以由问卷软件程序自动完成。

3. 二项式问题

在二项式问题中，两个回答类别有时是隐含的。例如，对以下问题"上星期您为汽车购买汽油了吗？"隐含的回答选项是"是"和"否"。即使受访者说："上星期我租了辆车，他们替我加满了油，那算不算？"，这类问题仍被归类为二项式问题。下面是几个二项式问题的例子。

（1）您在享用丹麦面包卷前会加热吗？

　　是　　1
　　否　　2

（2）联邦政府并不关心像我这样的人怎么想。

　　同意　　1
　　不同意　2

（3）您认为通货膨胀会比去年更严重，还是有所缓解？

　　更严重　1
　　缓解　　2

因为受访者被限于两个固定的选项，所以二项式问题容易管理，而且通常引起快速回答。很多时候，在二项式问题中会加上中性的回答选项，即"不知道"或"无回应"。

4. 多项式选择题

在多项式选择题中，受访者给出一个正确表达自己意见的选项，或者在某些情况下，指出所有适用的选项。下面是一些多项式选择题的例子。

（1）请您回想一下您最近一次购买的任何一种鞋子，我将给你读一份描述列表，并希望您告诉我它属于哪一类？

礼服和/或正式服装配的皮鞋	1	运动专用鞋	4
休闲服配的鞋	2	靴子	5
体操训练帆布鞋	3		

（2）请选出您所属的年龄组。

A. 17 岁以下	1	D. 35～49 岁	4
B. 17～24 岁	2	E. 50～64 岁	5
C. 25～34 岁	3	F. 65 岁及以上	6

（3）在过去的 3 个月中，您用过 Noxzema 护肤霜吗？（选出所有适用的选项）

用于洗面	1	用于护理干燥皮肤	5
用于润肤	2	用于柔软皮肤	6
用于祛斑	3	用于防晒	7
用于清洁皮肤	4	使面部皮肤更光滑	8

问题（1）来自商场拦截采访，可能没有涵盖所有可能的选项，因此可能捕捉不到真实的回答。例如，访问员会在哪儿记录工作鞋？同样的问题也适用于问题（3）。不仅所有可能的选项没有被包括在内，而且受访者无法详细说明或限定他们的答案，通过给这个问题增加一个"任何其他用途？"的选项，并要求受访者详细说明鞋子的类型，这个问题可以被轻松地解决。如果某一类型比如工作鞋经常出现，那么或许可以将这一类型的鞋添加到列表中。

多项式选择题还有两个缺点。首先，调研人员可能需要花时间来生成可能的选项列表。这个阶段可能需要头脑风暴，或深入分析焦点小组座谈的录音或二手资料。如果在以前的研究中已经提出了该特定问题，并且选项是众所周知的，那么这可能不是一个问题。其次，调研人员必须确定一系列可能的答案。如果选项列表太长，受访者可能会感到困惑或失去兴趣。与任何列表相关的一个问题是位置偏差。在其他条件相同的情况下，受访者通常会选择第一个或最后一个选项。然而，当使用互联网或智能手机问卷软件和计算机辅助电话调查系统时，位置偏差通过自动轮换列表中的项目而消除。

5. 量表应答式问题

最后要考虑的应答形式是量表应答式问题（scaled-response questions），它是封闭式问题，其中的应答选择是为了捕捉情感的强度。考虑以下问题。

（1）既然您使用过该产品，那么您是否会购买？（选一个）
  是，会购买
  否，不会购买
（2）既然您已经使用过该产品，那么您_____。（选一个）
  肯定购买
  可能购买
  也许会，也许不会
  可能不会购买
  肯定不会购买

第一个问题没有抓住强度，它决定了方向（是或否），但在回答的完整性或敏感性方面无法与第二个问题相比。后者在本质上也具有度量的优势。从技术上讲，这个问题会生成顺序数据，但它通常被作为度量性数据处理。

使用量表应答式问题的一个主要优点是，量表可以测量受访者回答的强度。另外，对一些量表应答式问题，市场调研人员还可以采用更强大的统计工具（参见第 13 章和第 14 章）。

4.3.4 步骤 4：确定问题的措辞

一旦市场调研人员确定了问题的具体类型和回答形式，下一个任务就是实际编写问题。措辞明确特定的问题可能需要调研人员投入大量的时间，除非使用问卷软件，或使用像 SurveyMonkey 或 GoogleSurveys 这样的调查网站。问题的措辞对调研公司来说可能不是一个大问题，因为正如问卷的整个部分和一般提问方法被用于多种类型的调查一样，许多问题同样能被用于多种类型的调查。

请记住对问题措辞有用的四条一般准则：①确保措辞清晰；②避免使受访者产生偏见；③考虑受访者回答问题的能力；④考虑受访者回答问题的意愿。

1. 确保措辞清晰

一旦调研人员确定一个问题是绝对必要的，那么这个问题必须说清楚，以便它对所有受访者都意味着相同的事情。应当避免模棱两可的术语，例如"您住在离这里5分钟之内吗？"或者"您通常在哪里购买衣服？"。受访者对第一个问题的回答将取决于诸如交通方式（受访者可能是步行）、行驶速度和对消逝时间的感知等因素。（更好的做法是展示一张地图，上面标出一些区域，然后询问受访者是否住在所描绘的区域内。）第二个问题取决于所购买的服装类型，以及"在哪里"这个词的含义。

明晰（clarity）还要求使用合理的术语，问卷不是词汇测试，应当避免专业术语，并且措辞应该针对目标受众。"您最常用的洗碗剂的功效水平如何？"的问题可能会让受访者很茫然。更简单的问法是："您对现有品牌的洗碗剂：①非常满意；②有些满意；③不满意。"应该选择含义准确、用法普遍、内涵混乱最小的措辞。当受访者不确定一个问题的含义时，"没有回应"或"不知道"回答的发生率会增加。

措辞问题的另一个复杂之处是，需要根据目标受访者群体来调整语言，要考虑是在调研律师还是建筑工人。这一建议可能看起来很明显，但在某些情况下，未能与受访者参考框架联系起来会造成灾难性的后果。一个很好的例子就是瓶（或罐）这个词在以下问题中的用法："您一般每周喝几瓶啤酒？"因为在南方的一些州，啤酒装在32、12、8、7、6甚至4盎司的瓶子里出售，所以一名"适度"饮酒者（定义为每周喝8瓶啤酒的人）可能只喝了32盎司啤酒，而一名"少量"饮酒者（定义为每周最多喝3瓶的人）可能实际上喝了多达96盎司啤酒。

在访谈的开始陈述调研的总体目标，可以提高调研的清晰度。为了从正确的角度理解问题，受访者需要了解调研的总体主题以及在非常一般的意义上对自己的期望。这不包括识别调研的发起者，这可能会使受访者产生偏见。

有时提问的类别并不是互斥的，比如：

您家庭税前年总收入是多少？

（1）少于40 000美元

（2）40 000~60 000美元

（3）60 000~80 000美元

（4）超过80 000美元

这里有一个意义相互矛盾的问题：

请指出您最常使用的产品，可以多选：

（1）手机

（2）烤面包机

（3）微波炉

（4）吸尘器

在这个问题中，"最常使用"和"可以多选"是相互矛盾的指令。当允许多选时，调研人员必须认真决定。下面网络调研的问题只允许选一项，但是应该"可以多选"。

您喜欢在一天中什么时候查看电子邮件？
（1）早上
（2）中午
（3）傍晚
（4）夜间
（5）一周查看一次电子邮件或更少
（6）不用电子邮件

调研人员必须允许所有有效的回答。下面的例子很明显，但是在一些情况下，回答类别要微妙得多。

您最喜欢什么颜色？
（1）红色
（2）绿色
（3）蓝色

为了使措辞清晰，调研人员应当避免在一个问题中提出两个问题，有时又称为"双向式问题"。例如："您认为咖啡蛋糕的味道和质地如何？"此问题应分为两个问题：一个有关味道，另一个有关质地。每个问题应该只涉及评价的一个方面。

2. 避免使受访者产生偏见

像"您常在像 Super Shop 这种低档商店购物吗？"和"您曾在过去的 6 个月中购买过任何高质量的百得（Black & Decker）工具吗？"这样的问题，显示出明显的偏见。引导性问题如"您对昨晚在假日酒店得到的优质服务不满意吗？"，也很明显是有偏见的。然而，偏见可能比这些例子中所显示的要微妙得多。

人们在访问过程的早期如果识别出调研发起者则可能会扭曲回答。应该避免像"我们正在为东北国家银行进行一项关于银行业质量的研究，想问您几个问题"这样的开场白。同样，如果在第三个问题之后，每个问题都与米勒啤酒相关，那么不需要很长时间，人们就会意识到这个调查是为米勒啤酒进行的。这个问题可以通过混入有关其他品牌的问题来避免。

3. 考虑受访者回答问题的能力

在某些情况下，受访者从未获得回答问题所需的信息。例如，丈夫可能不知道妻子更喜欢哪个品牌的缝纫线，受访者对他们从未见过的品牌或商店一无所知。一个措辞暗示着受访者应该能够回答的问题，往往会得到一个只不过是胡乱猜测的回答。这就产生了测量误差，因为不知情的意见正在被记录下来。

另一个问题是遗忘。例如，受访者可能不记得以下所有问题的答案："您最近在电影院里看的一部电影名是什么？""谁是主角？""您吃了爆米花吗？""容器中有多少盎司？""您买爆米花花了多少钱？""您还买了其他零食吗？""为什么买了或没买？"这对于典型的受访者来说也是如此。然而，玛氏有限公司的品牌经理想知道受访者最近一次购买的糖果品牌，考虑过什么替代品牌，以及什么因素导致受访者选择了该品牌。因为品牌经理想要这些问题的答案，所以市场调研人员会询问受访者，这反过来会产生测量误差。通常，受访者会给出一个知名品牌的名字，如星河（Milkyway）或好时（Hershey）。在其他情况下，受访者会提到一个他经常购买的品牌，但这可能不是最近一次购买的品牌。

为了避免受访者无法回忆的问题，调研人员应该让参考时间相对较短。例如，如果受访者对"在过去的7天里，您购买过糖果吗？"的回答为"是"，那么可以提关于品牌和购买动机的问题。对于迪什网络公司（Dish Network）的客户来说，一个糟糕的问题可能是"过去一年中，您在Dish Network上租了多少部电影？"，该问题可以用如下问题替代。

（1）在过去一个月里，您在迪什网络公司租了多少部电影？

（2）在过去一个月里，您租了更多、更少还是每个月的平均数量的电影看？（如果是"更多"或"更少"，再问下面的问题。）

（3）您每个月通常租几部电影？

下面有两个来自实际市场调研的问题：第一个是来自邮寄调研，第二个是来自电话询问调查。问题（1）：在过去的三个月里，您花了多少钱看在网上做过广告的电影？大多数人都不知道在过去三个月里他们在电影上花了多少钱，除非"什么都没花"。而且他们当然也不记得哪些电影在哪里做过广告。另外，如果受访者是为全家买票又怎么办？问题（2）：在您最近喝的10次苏格兰威士忌中，有多少次是在家里喝的？又有几次在朋友家里？几次在饭馆里？几次在酒吧或者酒馆里？一位轻度苏格兰威士忌的饮用者喝完10杯酒可能至少要两年的时间！也许，他或她会随身携带苏格兰威士忌的饮酒日志，但这是值得怀疑的。

尽管上述问题很糟糕，但下面这份来自一个真实邮件小组调研的问题，要么是由一个粗心的问卷设计者设计的，要么是由一个生活方式与我们大多数人截然不同的人撰写的。

- 问题：您平均每天会用多少次您常用的腋下产品？一天一到两次？一天三到四次？一天五到六次？一天六次以上？
- 问题：您一天洗几次澡？一天一次？一天两次？一天三次？一天四次？一天五次或更多？

良好的仪容仪表固然重要，但这些问题已经超过底线了。

4. 考虑受访者回答问题的意愿

受访者可能有很好的记忆力，但不愿给出真实的回答。如果一个事件被认为是尴尬的、敏感的、有威胁的或与受访者自我形象不符，那么问题要么根本得不到回答，要么朝社会认可的方向扭曲。

为了减少测量误差，必须小心措辞有关贷款、个人卫生、性行为以及犯罪记录等尴尬问题。一种处理技术是用第三人称方式提问，例如："您认为大多数人用信用卡的花费比他们本应花费的要多吗？"如果回答为"是"，接着问"他们为什么这么做？"通过泛化到"大多数人"上，调研人员也许能够更多地了解到对有关信贷和债务问题的受访者的个人态度。

另一种获取尴尬信息的方法是，在提问之前，在问卷中声明该行为或态度并不罕见，如"数百万美国人都患有痔疮，您或您的家庭成员有这方面的问题吗？"。这种技术被称为"反偏见陈述"，可以让应答者讨论尴尬的话题时不那么害怕。

4.3.5 步骤5：确定问卷流程和布局

在问题被恰当地制定出来之后，下一步就是对其进行排序并形成问卷的布局。调查问卷不是随意编制的；每一部分的位置安排都具有一定的逻辑性（见**表4-2**）。有经验的市场调研人员知道，良好的问卷开发是获得完整访谈的关键。一份组织良好的问卷通常可以引出更深思熟虑和详细的答案。研究人员的智慧形成了以下关于问卷流程的一般性指导方针。

表4-2　如何组织问卷

位置	类型	例子	原理阐述
过滤性问题	资格性问题	"过去12个月中您曾滑过雪吗？""您拥有一套雪橇吗？"	目的是识别目标受访者
最初的几个问题	热身性问题	"您拥有何种品牌的滑雪板？""您拥有它们几年了？"	易于回答，向受访者表明调查很简单
前1/3的问题	过渡性问题	"您最喜欢滑雪板的哪些特性？"	与调研目的有关，需稍费些力气回答
中间1/3的问题	困难和复杂的问题	以下是滑雪板的10个特性。请用以下量表对滑雪板的各个特性进行评分	受访者已保证完成问卷
最后1/3的问题	分类和人口统计问题	"您的最高学历是什么？"	有些"私人"问题受访者可能会留空白，但这些问题位于调查的结尾

1. 运用过滤性问题以识别合格的受访者

这些问题是基于目标总体的。只有合格受访者被访问，并且可以寻求到各类合格受访者具体最低数量（配额）。例如，食品研究一般有特定品牌的用户配额，而化妆品研究则对品牌知名度进行筛选。

过滤器（过滤性问题）可能出现在问卷上，或者每个受访者都要填写一份过滤性问卷。这样，获得的任何人口统计资料都为对符合全部研究要求的人进行对比提供了基础。一份长的过滤性问卷可能会增加研究成本，因为必须从每一个受访者的接触中获得更多的信息。但它可提供关于非用者、未试用者或对正在调查的产品或服务不了解的人的重要信息。短过滤性问卷，如**表4-3**中的问卷，可以迅速从样本中排除不合格人员。

表4-3　寻找使用手动剃须刀一周至少刮三次脸的15岁以上的男性的过滤性问卷

您好！我是数据事实调研公司（Data Facts Research）的人员。我们正在对男性进行一次调查，想问您几个问题。
1. 您或您的家庭成员在广告公司、市场调研公司或制造、销售剃须产品的生产厂家工作吗？
　　（软件终止） 　　　　　　　　　　　　　　　　　　　　　　　　　　　是（　　）
　　（继续至问题2） 　　　　　　　　　　　　　　　　　　　　　　　　　否（　　）
2. 您多大年龄？（软件提供列表）
　　（结束） 　　　　　　　　　　　　　　　　　　　　　　　　　15岁以下？（　　）

（续）

（软件检查配额控制形式，如果配额的合格受访者不足则继续，如果配额的合格受访者已够则调查终止）	15~34 岁？（　　） 34 岁以上？（　　）
3. 您上次修面用的是电动剃须刀还是手动剃须刀？ 　（采访结束） 　（继续问题 4）	电动剃须刀（　　） 手动剃须刀（　　）
4. 在过去一周您刮了几次脸？ 　（如果少于三次，程序终止；如果多于三次，将继续进行主问卷调查采访）	

2. 以一个能引起受访者兴趣的问题开始访谈

在完成调查的介绍性解释和通过过滤性问题发现合格的访问人员后，最初提出的问题应当是简单、有趣且无威胁性的。以一个收入或年龄问题作为问卷开始很可能是灾难性的。这些问题经常被认为具有威胁性，并往往立即使受访者处于防卫状态。初始问题应易于回答，且无须事先考虑。

3. 先问一般性问题

一旦访谈进程超出开始的热身性问题，问卷应该按一种逻辑形式进行。首先，询问一般性问题，让人们思考某个概念、公司或产品类型；其次，问卷应转向具体细节，例如，关于洗发水的问卷可能会这样开头："在过去的 6 个星期里，您购买过发胶、护发素或洗发水吗？"；再次，询问洗发的频率、在过去 3 个月里购买过的品牌、对所购品牌的满意程度、回购意向、"理想"洗发水的特点、受访者头发的特点，最后是人口统计特征。

4. 需要"思考"的问题放在问卷中间

起初，受访者只会对调查的性质有模糊的兴趣和理解，随着培养兴趣的问题出现，他们对访谈的动力和承诺将会建立起来。当访谈转到量表应答式问题时，受访者必须受到鼓励去理解应答类别和选项。另一种情况是，问题可能需要受访者进行回忆或形成意见。已建立起来的兴趣、承诺必须支持受访者对这部分的访问的回答。

5. 将敏感的、有威胁性的和人口统计的问题放在最后

如前所述，研究的目标有时会需要问一些让受访者感到不舒服的话题。这些话题应当在问卷最后部分被提及，以确保大多数问题在受访者变成防御状态或中断访问前得到回答。另一个支持该行为的论点是，将敏感性问题放在最后，当这些问题被问到时，受访者已经习惯了回答。换句话说，受访者进入了一种回答模式，看见或听见问题就回答。

6. 提示使用大写字母

为了避免混淆并分清什么是问题、什么是提示，所有智能手机、平板电脑和互联网调查的说明都应该用大写字母，比如"本问卷应用时少于 5 分钟（大写字母）"。大写有助于让提示引起受访者的注意。

7. 使用合适的引言和结束语

每份问卷必须有引言和结束语。好的引言和结束语包含以下关键点：

- 用一般术语解释研究主题/课题的性质；
- 应告知受访者调查的大致长度；
- 强调受访者的时间是宝贵的/值得珍惜；
- 在调查结束时，感谢受访者抽出时间应答；
- 声明预期的目的是希望受访者有一段正面的调查经历；
- 提示受访者他或她的意见是重要的。

4.3.6　步骤 6：评估问卷

一旦问卷草稿设计好了，营销调研人员应再回过头来，对该问卷做批评性评估。鉴于每个问题都经过深思熟虑，这一阶段似乎是多余的。但回想一下问卷所起的关键作用，这一步仍是必不可少的。在编制问卷上，应考虑以下问题：①对于所有问题来说，这个问题是否必要？②问卷是否过长？③问卷是否提供了完成调研目标所需的信息？

1. 问题是否必要

可能问卷开发阶段最重要的标准是给定问题的必要性。有时调研人员和品牌经理想问问题，因为"在上次的调查中，我们就是这样做的"，或因为"要是能知道就太好了"，过多的人口统计问题是很普遍的。根据许多调研的性质，询问教育数据、各年龄层次儿童的人数和有关配偶的广泛的人口统计数据是不必要的。

每个问题必须为某个目的服务，要么它是过滤器，要么是兴趣"生成器"，要么是必要的过渡，它必须直接和明确地与特定目标相关。任何不能满足以上条件之一的问题都应该被删掉。

2. 问卷是否过长

在这一点上，研究人员应该让志愿者作为受访者，对该调查进行角色扮演。尽管这项互动没有规定最佳次数，但完成问卷所需要的时间长度应该在至少 5 次试验中取平均值。任何在购物中心或电话上进行的问卷调查，如果平均时间超过 20 分钟，应当考虑删减；有时，如果对受访者提供激励，商场拦截访谈的时间可能会稍长一些。通过互联网、智能手机或其他移动设备和电话进行问卷调查的时间不应超过 15 分钟。

礼品卡（如预付 Visa 卡）可能是现在最常用的激励物了。使用激励物实际上可以降低调查成本，因为回答率会增加，访问期间的中止率会减少。

一种可以缩短问卷长度的技术被称为拆分问卷设计。当问卷过长或样本量大时可使用。问卷被分为一个主体问卷（如人口统计特征、使用方式、心理统计特征）和一系列子问卷。受访者必须回答主体问卷和一份随机分配的子问卷。

3. 问卷是否提供了完成调研目标所需的信息

调研人员必须确保问卷包含足够数量和类型的问题，以满足管理的决策需求。一个建议的程序是，先仔细回顾一下写好的询问调查目标；接着，调研人员检查一下问卷，在特定问题所完成的调研目标旁写下该问题的题号。例如，问题1用于目标3，问题2用于目标2，等等。如果某一问题没有与某一目标相联系，调研人员应当确定列出的目标是否都完成了，如果都完成了，问题应当删去。如果调研人员发现一个目标旁边没有列出问题，就应该添加适当的问题。

4.3.7 步骤7：获得各方面的批准

问卷的初稿完成后，应将其分发给直接管理这个项目的各个部门。实际上，经理可能在设计过程中的任何时候带着新信息、要求或关注点介入。当这种情况发生时，经常需要修改问卷。即使经理已经介入了设计过程，获得对初稿的最终批准仍然是重要的。

管理审批要求管理层通过特定工具（数据获取表）获取信息主体。如果没有问到这个问题，那么将收集不到相关数据。因此，问卷的批准默认了哪些决策信息是需要的以及如何获得这些信息。例如，假设一份新产品的问卷询问了产品的形状、材料以及最终用途和包装。通过批准表，新产品开发经理是在暗示"我知道产品将是什么颜色"或"此时确定颜色并不重要"。

4.3.8 步骤8：预先测试和修订

当获得管理层的最终认可后，问卷必须进行预先测试，没有预先测试不能进行调查。此外，预先测试并不意味着一个调研人员将问卷发给另一个调研人员。在理想情况下，应对研究的目标受访者进行预先测试。在预先测试中，调研人员会寻找受访者的误解和困惑、不连贯的地方、不正确的跳过模式、封闭式问题的额外选择，以及受访者对访谈的一般反应。预先测试也应当以与最终访谈相同的模式进行，即如果调研是网上调查，那么预先测试也应采取网上的形式。

4.3.9 步骤9：准备最终问卷印制

即使是最后的印制阶段，调研人员仍不应松懈。在邮件调查中，一份看起来很专业的问卷可能会对依从性和随后的回复率产生积极的影响；对于电话访谈来说，调研问卷通常是从计算机屏幕读取的。在线访谈软件通常让设计者选择背景、格式等。

4.3.10 步骤10：实施调研

问卷的完成为从市场获得所需决策信息奠定基础。大多数购物中心和电话调研访谈都是由实地服务公司进行。它们的工作是完成访谈，并将原始结果返还给调研人员。从本质上说，实地服务就是亲自访谈。一系列格式和程序都必须与问卷一起发布，以确保实地服务公司以合理的成本正确、有效地收集信息。根据数据收集的方法,这些可能包括主管说明、访问人员说明、过滤性问题、电话记录表和视觉辅助材料。

4.3.11 现场管理公司

像田野调查网（fieldwork.com）、罗吉集团（the Logit Group）和意见有限公司（Opinion LTD）等现场管理公司（field management companies）可以提供以下所有或组合的服务：问卷格式、购物中心拦截、焦点小组设施、过滤性问题撰写、教学和辅导材料的开发、运输服务、现场审计，以及项目所需所有数据收集的协调。这些公司一般依靠员工提供顾客所需服务，而不试图与提供全方位服务的公司和广告公司调研人员的设计和分析能力竞争。

很多提供全面服务的公司和专业定性分析人员也已发现,使用现场管理公司具有成本效益;它可以通过允许其公司用更少的内部资源来接受更多的项目,以提高生产力。一些从事定性研究的调研人员已与现场管理公司建立了持续关系,这些公司的工作人员作为顾问人员的延伸,设立项目,并让调研人员有时间组织小组、撰写报告以及与客户协商。

当然,像调研行业的其他部门一样,现场管理公司也有其自身的局限。顾名思义,现场管理公司一般不具备设计和分析能力。这就意味着它们的客户有时可能需要寻求其他供应商来满足其全面服务的需求。此外,不同公司的经验、服务和标准也有很大差异。尽管存在这些局限性,但现场管理公司在保持公司决策和承诺所依据的信息质量的同时,为研究人员提供了一种以成本效益高的方式提高生产力的方法。

4.3.12 避免受访者疲劳

除了样本库调查和网络社区之外,询问调查的回复率几十年来一直在下降。当然,回复率因询问调查的类型和从中抽取样本的总体而异。公司内部调查的回复率可以高达100%,而公司外部的一次性邮件调查的回复率可能只有1%或2%。目前对所有类型的外部调查回复率的估计值是10%到15%[2]。

回复率低的一个原因是应答疲劳（respondent fatigue）。当受访者感到无聊、疲惫或对调查不感兴趣时,就会出现这种情况。任何调查超过45分钟都容易导致受访者疲劳。如果设计不当,短得多的调查也会发生这种情况。例如,重复的问题很容易让受访者精疲力竭。一个量表中包含的特性太多也会导致疲劳。

减少疲劳的几种关键方法是：在屏幕顶部添加进度条,让受访者可以估算剩余时间；尽量缩短调查时间,最好不要超过20分钟；让问题的类型和结构有变化；事先就访问的时长给出一个真实的估计；如果合适的话,提供一份酬金或礼物作为完成调查的感谢[3]。

《华尔街日报》的一位作者建议调查应该更加有趣[4]。她说BuzzFeed的调查让她知道自己是哪种蛋糕,是《老友记》里的哪个角色,或者哪个维多利亚时代的鬼魂在她家作祟。这个小插曲使调查更有趣,不那么枯燥。她建议让她选择一个表情符号来表达她的感受,而不是在7分制量表中选一个点。一些精心挑选的乐趣可以提高调查的完成率。

4.4 智能进入问卷的编码

开放式问题的编码从职员逐字写下对可能有 50 个或以上问卷的开放式问题的回答演变而来。相同反应的频次被记录下来，这构成了"编码本"的基础。然后用编码本对示例中开放式问题的所有回答进行编码。这是一个漫长而乏味的过程。接下来是机器阅读开放式问题并由此产生的频次表。

语义技术是一种较新的编码方法。它在进行任何类型的聚合前，先对开放式数据进行预处理，使用人工或计算机时间来识别概念。语义法认为一连串的词汇的各个部分的总和更重要。

就像上面讨论的手工编码活动，大多数市场调研人员都熟悉这种方法。然而，现在使用计算机辅助或完全自动化的机器学习方法也可以得到同样的结果，并且节省了大量的时间和精力。无论哪种情况，答案都会被分类。这组类别通常被称为码本或码框，这些类别可以被分组（也称为"网"），从而产生分层的码框。

由于该方法的最终结果易于进行定量分析，因此它成为处理开放式文本的主要手段，主导了市场调研。然而，这种量化也限制了可能的分析种类。新的软件驱动方法与底层文本数据保持了更紧密的关系，使得其能进行更细致的分析和洞察生成。

语义法的输出有两大类：概念提取和情感提取。概念是广义的想法。大多数码框执行识别和分离概念的任务。概念提取本质上是创建代码框架，而**情感提取**（sentiment extraction）是指对主观信息的识别。

例如，某网站的逐字评论"我喜欢当前的网站，有漂亮的图形，没有歧义"，可能产生网站、图形和歧义等概念，而整体情感是积极的亲和力。情感提取考虑形容词和其他修饰语（例如，"漂亮的图形""没有歧义"）来得出一个分数。这可以用极化量表来表示（例如，从 -2 到 +2，0 代表中性反应）。特别有用的是，这些分数和分类可以应用到数据中，并在常规分析中与其他数据一起使用。

通过将情感短语分解为情感主题（情感的主体）和情感提取（对情感的感受），可以进一步推进情感分析。在当前的例子中，这意味着情感短语"我喜欢当前的网站"将被分解为情感主题 = 网站，情感提取 = 喜欢，与此相对，情感主题 = 图形，情感提取 = 良好。目前，只有一部分文本分析工具能够在概念层面提取情感。

最终，这些信息只有在能够清晰地呈现出来的情况下才有用，并且专门的图表比表格或直方图更能传达这些关系。图 4-3 中的示例在相关的对应情绪的背景下展示了情绪主题。从这张静态图像中看不到的是图表的交互部分，其作为一种分析工具和呈现设备，让用户深入了解并探索概念和情感之间的关系。

对原始文本应答进行统计处理具有快速、简单的优点。然而，词频数据只能表达有限的概念和情感信息，这使得其很难被研究者解释。通过创建应答、概念与情绪的类别，用语义法处理开放式回答，然后用统计法处理这些内容，并以图形化和交互式的方式呈现它们，为调查研究者提供更多相关的信息[5]。

Caplena 是一家利用智能分段来分析开放式问题的软件公司。增强智力（augmented intelligence）是人工智能的另一种概念，其专注于人工智能的辅助作用，旨在增强而非取代人类智力。

网站	喜欢	我通常喜欢 β 站点，但我确实觉得……（1）
		我喜欢现在的网站（1）
	容易	这个网站更好，更容易浏览（1）
		这个网站整体上很容易使用（1）
		总的来说，一个容易获得所需信息的网站……（1）
	不喜欢	我不喜欢这个新网站（2）
		我不喜欢这个网站（1）
	困难	这个新网站在视觉上是复杂和困难的……（1）
	更好	它比旧网站好多了，因为这是……（1）

图 4-3 使用图表表达观点

Caplena 能提供编码本模板，或者可以从数据中自动生成编码本。情感分析是针对开放式问题中的每个回答逐字逐句分析。调研人员从笔记本电脑、台式机或平板电脑登录并上传数据。数据可以从研究人员的浏览器上的 Excel、SPSS、CSV 和 TXT 文件上传。该 Caplena 软件共支持 36 种语言[6]。

4.5 在智能手机和平板电脑上进行调查

与以往任何时候相比，现在更多的调查在智能手机和表格上完成。当然，受访者可以自己决定何时何地完成调查以及是否干脆删除调查。他们可能正在乘坐通勤列车或拼车，在机场等待或只是坐在家里。以下是关于设计智能手机或平板电脑问卷的几点建议。

（1）**牢记现实的状况**。智能手机屏幕的尺寸只是个人电脑屏幕的一小部分，平板电脑屏幕虽然更大，但仍然只有台式电脑屏幕的一半甚至更小。

（2）**设计纵向（垂直）和横向（水平）两种视图**。你的受访者将选择他们喜欢的视图，所以问卷必须在两个方向起作用。

- 项目列表应该足够短，使得列表在横向视图中完整可见。
- 量表应该足够窄，使其在纵向视图中完整可见。
- 为了安全起见，在问题文本中应提及刻度的大小（例如，以下使用 5 分制量表），以防止他们只能看到部分刻度。同时，考虑使用顶端在左边的量表，因为一个量表以 3 结尾不太合逻辑，但如果你从 1 开始，他们可能没有意识到这个量表一直到 10，因为他们没有向右滑动屏幕，可能只看到了 7 或 8。

（3）**减少问题中的字数**。人们在智能手机上用更少的语言交流。调研人员可能需要用简短的问题代替较长的问题，这些问题要保留相同的意思，并仍然具备良好的解释性。

（4）**先设计功能性元素**。人们必须触摸的任何东西，如"下一步"按钮、单选按钮或复选框，都应该尽可能大，并在它们周围留出尽可能多的空间。传统调查问卷的设计者专注于文本，然后在其周围添加功能性元素。在智能手机的世界里，调研人员需要逆转这一过程。

（5）**在多个设备上进行测试**。同样，也要彻底测试纵向和横向两个视图。

（6）**避免滚动设计**。可以减少列表或网格中的项目数量，而不是要求人们滚动或缩放来展开问卷。在智能手机上滚动要快得多（所以用户可能只看到列表的开头和结尾，而忽略了中间的项目）。

（7）**使文本框尽可能大**。研究表明，在开放式应答中，方框越大，键入的单词就越多[7]。

4.6 快速增长的自己动手调研

近年来，自己动手调研（DIY research，Do-It-Yourself research）的增长以及复杂性急剧增加。在传统调研中，客户（制造商、零售商、政府机构或非营利组织）会雇用一个供应商（市场调研供应商）来执行项目。大约 20 年前，当调查猴（SurveyMonkey）这样的公司首次出现时，人们可以创建自己的调查，抽取样本，并获得定量结果，这让客户和供应商都感到震惊。客户们觉得它们的内部客户很快就会自己进行非常糟糕的研究，供应商则担心 DIY 调研会毁了它们的生计。

如今，DIY 调研已经成为客户和供应方调研人员的一项选择，正蓬勃发展。新的软件、增强智力和其他技术为调研人员创造了许多新的选择。客户预算仍然有限，这意味着公司必须用有限的资金尽可能多地洞察市场。客户也开始雇用更多在市场调研教育方面受过高级培训的人。反过来，软件即服务（SaaS，Software as a service）使得 DIY 服务更容易在内部实现。SaaS 不是购买并安装在个人计算机上而是通过订阅实现在线访问的。如今，人们可以访问问卷设计软件（通常带有可以使用的问题列表，或者可以创建自己问题的列表）。

由于 DIY 调研的发展，一个被称为 DIT（do-it-together）的新术语被创造出来，意思是一起做。调研供应商现在成为合作伙伴，在项目的不同阶段帮助客户。因此，随着越来越多的客户选择 DIY 调研，供应商正成为值得信赖的顾问。本质上，供应商和客户是 DIT。此外，供应商正在使用 DIY 调研来降低成本并更快地完成工作。

今天定义 DIY 调研的一些因素是：

- 客户使用样本招募，但只是用来方便自己的定性研究；
- 客户使用样本供应商，但自己进行询问调查；
- 客户付钱进行全面实地调查，但自己处理分析；
- 客户使用 SaaS 工具进行定性或定量调研，但在利用结果进行战略营销推荐方面获得帮助；
- 客户利用开放式调查结果和/或其他非结构化数据进行的文本分析工作是由像 Caplena 公司这样的调研伙伴进行的；
- 客户利用文本分析 SaaS 方法来分析自己的非结构化数据；

- 在上述任何一种情况下，调研合作伙伴可能会使用一个或多个其他合作伙伴和/或 SaaS 工具来帮助它们有效地协助客户[8]。

许多小公司通常在没有与研究供应商合作的情况下使用 DIY 调研。来自纽约的电子商务初创公司 Helix Sleep 在拥挤的在线床垫销售领域展开了竞争。该公司考虑在其产品线中增加枕头。然而，"睡眠""柔软"和"坚硬"的概念对个人来说都是非常主观和独特的。这家小公司使用 DIY 在线调查，并通过其网站和社交媒体与消费者交谈。这项研究将他们引向了一个意想不到的方向：人们想要不同厚度的枕头，所以该公司创造了一种可以添加或移除填充物的枕头。该公司还根据消费者的反馈，为枕头开发了一种枕套，并为成品找到了合适的价格点。Helix Sleep 首席执行官杰瑞·林（Jerry Lin）说，利用快速、DIY 的市场调研方法，Helix Sleep 能够迅速进入市场，推出"我们所能推出的最好的产品"，"并且事实上，我们的产品在上市的第一个月就卖光了[9]。"

本章小结

问卷在数据收集的过程中起到了至关重要的作用。一份优秀问卷的标准可以分为以下几类：①提供必要的决策信息；②问卷适合于受访者；③满足编辑要求。编制问卷是一个循序渐进的过程：

步骤 1：确定调研目标、资源和限制因素；
步骤 2：确定数据收集方法；
步骤 3：确定问题的回答形式；
步骤 4：确定问题的措辞；
步骤 5：确定问卷流程和布局；
步骤 6：评估问卷；
步骤 7：获得各方面的批准；
步骤 8：预先测试和修订；
步骤 9：准备最终问卷印制；
步骤 10：实施调研。

三种不同类型的问题——开放式、封闭式和量表应答式问题——各有利弊。在确定问卷中问题的措辞和定位时，研究者必须尽量确保措辞清晰，不使受访者产生偏见，并确保受访者能够并愿意回答问题。

在询问调研的实施过程中，必须遵循程序，确保以正确、有效和合理的成本收集数据。许多调研机构现在正转向由现场管理公司来实际进行访问。

除了几个例外，调查应答率已经下降了相当长一段时间。应答率下降的一个原因是受访者疲劳。简短、有趣、易于操作并提供酬金有助于减少不完整的调查。

编码以往一直是一项乏味、耗时的任务。如今，使用增强智力和情感分析的 SaaS 公司极大地改进了开放式问题的分析，并减少了时间和成本。

在智能手机和平板电脑上进行的调查比以往任何时候都多。受访者可以控制其何时何地完成调查，或者是否干脆删除调查。问卷的格式必须适合小屏幕，有足够的空间来回答开放式和量表式问题。量表的大小应该使其在智能手机屏幕上完全可见，且受访者接触的任何东西都应该尽可能大。

近年来，自己动手（DIY）调研的质量和复杂性显著提高。如今，调研供应商和客户一起使用 DIY 工具，供应商在调研过程的各个方面帮助客户。此外，供应商正在使用 DIY 的 SaaS 工具来降低成本和节省时间。

关键词

增强智力	预先测试
清晰度	问卷或数据采集表
封闭式问题	受访者疲劳
二项式问题	量表应答式问题
自己动手调研	过滤性问题
一起做	情感提取
编辑	跳问模式
现场管理公司	软件即服务
多项式选择题	调研目标
开放式问题	

复习思考题

1. 解释问卷在调研过程中的作用。

受访者是如何影响问卷设计的？举几个例子（比如分别针对工程师、棒球手、军队将军、移民农场主的问卷）。

2. 讨论开放式问题和封闭式问题的优缺点。

3. 假设你正为麦当劳的一种新三明治设计问卷，概述设计问卷的过程。

举几个措辞不佳的例子，并且解释每个问题错误所在。

4. 为什么预先测试问卷很重要？是否存在预先测试是不必要的情况？

5. 设计三个开放式问题和三个封闭式问题来测量顾客对宝马汽车的态度。

6. 以下问题有何不足：

（1）您认为这种高质量的麦斯威尔咖啡的口味怎么样？

（2）您认为这种莎莉（Sara Lee）咖啡蛋糕的口味和口感如何？

（3）我们正在进行一项针对苹果手表的研究，您认为苹果手表的质量如何？

7. 你认为利用现场管理公司的主要优点是什么？缺点是什么？

8. 讨论四种减少受访者疲劳的方法。

9. 在编码中，增强智力扮演什么角色？

10. 在智能手机调查设计时，有哪些要点需要考虑？

11. 为什么 DIY 调研变得如此流行？DIY 和 DIT 有什么区别？

12. 将一个班的同学分为四人一组或五人一组，然后将所有组平均分为供应商组与客户组。随后教师将供应商组与客户组配对。每个客户组挑选大学的某个方面，如学生住宿问题、学生交通问题、体育、女生联谊会、男生联谊会、校园餐饮或学生生活的其他方面。接着，客户组需要为他们选择的话题制定四个管理目标，并且编制问卷以满足管理目标。此外，问卷需要包括以下人口统计资料：性别、专业和老师要求的其他信息。客户组批准问卷后，客户组和供应商组都要完成10次访谈。访谈结果向全班同学公布。注意：这些数据可编排为SPSS格式或其他软件格式，以便在后面的文本中进行更详细分析。（团队练习）

网络作业

1. 登录 surveymonkey.com，仔细阅读它提供的产品。点击"了解更多"获得用户、SurveyMonkey、CX 和 GDPR 信息。向班级解释它们的服务。

2. 搜索"问卷模板"，跳转到四个网站。解释它们的不同之处。如果可以的话，你会选择哪一家对你学校附近的一家新开的休闲快餐餐厅进行调查？

调研实例 4.1

Arrow 洗衣店

S.T.Arrow 在中西部有一家连锁干洗店。在 One-Hour Martinizing 和一家地区连锁店的竞争下，Arrow 的市场份额从 14% 降至 12%。另外，Arrow 的总利润比前一年下降了 11%。Arrow 先生决定采取积极的营销策略。在制定这样的战略之前，他认为有必要对干洗市场进行彻底的调研。下面的问卷是由 Arrow 先生制作的，并在每位顾客离开其商店时分发给他们。

干洗问卷

姓名＿＿＿＿＿＿＿＿＿＿＿＿＿＿＿＿＿＿＿＿＿＿＿＿＿＿＿＿＿＿＿＿＿＿＿＿＿＿
地址＿＿＿＿＿＿＿＿＿＿＿＿＿＿＿＿＿＿＿＿＿＿＿＿＿＿＿＿＿＿＿＿＿＿＿＿＿＿
电话号码＿＿＿＿＿＿＿＿＿＿＿＿＿＿＿＿＿＿＿＿＿＿＿＿＿＿＿＿＿＿＿＿＿＿＿
您将要干洗的衣服送到哪里去洗？＿＿
您在干洗上花了多少钱？＿＿＿＿＿＿＿＿＿＿＿＿＿＿＿＿＿＿＿＿＿＿＿＿
性别：男性＿＿＿＿＿＿＿女性＿＿＿＿＿＿＿
年龄组别：30 岁以下＿＿＿＿＿＿30～40 岁＿＿＿＿＿＿40～50 岁＿＿＿＿＿＿50～60 岁＿＿＿＿＿＿超过 60 岁＿＿＿＿＿＿
婚姻状况：单身＿＿＿＿＿＿＿已婚＿＿＿＿＿＿＿
收入：20 000 美元以下＿＿＿＿＿＿20 000～40 000 美元＿＿＿＿＿＿40 000～100 000 美元＿＿＿＿＿＿超过 100 000 美元＿＿＿＿＿＿
家庭人口：1 人＿＿＿＿＿＿2 人＿＿＿＿＿＿3 人＿＿＿＿＿＿4 人＿＿＿＿＿＿5 人或 5 人以上＿＿＿＿＿＿
房屋所有权：租赁＿＿＿＿＿＿自有＿＿＿＿＿＿房屋类型：＿＿＿＿＿＿＿＿＿＿＿＿＿＿＿＿＿＿

教育状况：高中毕业_____ 专科毕业_____ 大学毕业_____ 硕士毕业_____ 硕士以上_____

1. 您用干洗店多久了？ _____

2. 您如何评价它？
极好的_____ 良好的_____ 好的_____ 不太好_____ 不好_____

3. 干洗设施便利性	我现在正在使用该服务	我想使用该服务
所有服务都在现场完成	_____	_____
清洗/穿戴清洁服务	_____	_____
"当你等待时"熨烫	_____	_____
"当你等待时"清洗	_____	_____
一个驾车通过的窗口	_____	_____
计算机化的收据和组织	_____	_____
衬衫洗衣服务	_____	_____
下车/上车的出口	_____	_____
店铺下班后可取/接收衣服的机器	_____	_____
为新搬入人群准备的一项特别服务——洗衣店会为新家挑选、清洁和运送地毯和窗帘	_____	_____

4. 服务

	我现在正在使用该服务	我想使用该服务
修鞋	_____	_____
擦鞋	_____	_____
修补	_____	_____
修正和裁剪	_____	_____
手工熨烫	_____	_____
染色	_____	_____
夏季/冬季服装存储	_____	_____
手洗	_____	_____
擦拭和熨烫	_____	_____
存储	_____	_____

5. 出售

	我现在正在使用该服务	我想使用该服务
领带和其他配件	_____	_____
去污剂和毛刷等	_____	_____
纽扣、线和拉链等	_____	_____
羊毛内衣	_____	_____

6. 您家里谁来送/取干洗的衣服？
妻子/母亲/自己 _____ _____

丈夫/父亲/自己

均取决于谁的衣服准备好了要洗

7. 您家里谁决定衣服需要干洗？

妻子/母亲/自己

丈夫/父亲/自己

取决于谁的衣服准备好了

其他家庭成员/自己

8. 请为每个主题选中一个　　　　　　　　　我就是这种人　　　　我想保持这种类型

"我讨厌做家务，我只是讨厌不得不做家务。"

"我宁愿付出更多来享受更多。花钱雇人打扫房间和洗衣服更容易，所以我可以自由地做我想做的事。"

"我喜欢待在家里。我从小就认为女人应该待在家里，且家是让我快乐的地方。"

"我喜欢打扫我的家。这让我感觉很好。"

"自从我有了小孩，如果我在家，我就自己打扫，但如果我在工作，请人打扫会更容易些。"

"我觉得让别人在我之后打扫不太好。我发现自己会在他们来之前和离开之后都打扫。他们和我打扫的方法不一样。"

9. 选择每组中最适合描述的短语（每一栏　你现在的干洗店　　　　你希望你的干洗店
选择一个）　　　　　　　　　　　　　　　　　　　　　　　　变为或保持的样子

A）让我感觉像个不速之客

让我一直等

有效率的

B）让我觉得他太忙了

在人很多的时候忘了我的名字

即使在他们很忙的时候也会打招呼

不管怎样都要花时间单独招待我

C）有股化学气味，海报过时了且末端卷曲

无论好坏，这家商店没有什么值得注意的地方

商店闻起来很干净，衣服是经过科学整理的，海报也很有用

D）标准化的服务

有效但偏远　　　　　　　　　　　　　　　_____　　_____

对个人需求感兴趣　　　　　　　　　　　_____　　_____

竭尽所能地让人感到愉悦　　　　　　　_____　　_____

E）这家商店给人留下不整洁的印象

整洁但杂乱的商店　　　　　　　　　　_____　　_____

有活动的空间　　　　　　　　　　　　_____　　_____

这家商店有温馨、精心照料的外观　　　_____　　_____

F）商店需要彻底清洁一下

这家商店干净程度可以接受　　　　　　_____　　_____

确实卫生的商店　　　　　　　　　　　_____　　_____

G）问题是没有答案的　　　　　　　　_____　　_____

我必须指出污点，皮带，松了的扣子　　_____　　_____

我们讨论它是否可以被清洗　　　　　　_____　　_____

干洗店解释特殊的工艺和新的化学药品　_____　　_____

下次送干洗衣服的时候请填好并带回。

问题：

1. Arrow 先生能否通过这个问卷夺回市场份额？为什么能或为什么不能？
2. 评判问卷中的每个问题。
3. 为了使 Arrow 先生达到他的目标，问卷还应该包括哪些主题？
4. 你认为 Arrow 先生的调查问卷科学吗？为什么科学或为什么不科学？
5. 讨论店铺取样程序。

第 5 章

抽样设计

□ **学习目标**

1. 掌握抽样的概念。
2. 学习制订抽样计划的步骤。
3. 理解抽样误差和非抽样误差的概念。
4. 明确随机样本和非随机样本的区别。
5. 理解正态分布。
6. 掌握如何确定样本容量。

正如文中其他地方所提到的,营销研究人员所处的环境在过去 30 年中发生了巨大的变化。个人计算机(PC)、平板电脑、移动设备,以及互联网和社交媒体都是这些变化背后的主要原因。它们带来了新的挑战和机遇。然而,生成具有总体代表性的样本这个基本问题的过程没有改变。许多人认为真正大量的样本,即大数据,可以作为代表性样本的替代品。但样本必须具有代表性,必须是总体的一个缩影的基本规则仍然适用。如果我们有一个合适的样本,就可以确定抽样误差的水平。本章将详细讨论所有这些概念。

5.1 抽样的概念

抽样(sampling),作为市场调研中使用的术语,是指从一个较大的群组(范围或总体)的一个子集(样本)获得信息的过程。然后我们将样本的结果推广到更大的群体中。进行抽样的目的是可以比使用其他方法更快、更低成本地对总体进行估计。事实一再证明,从总体中抽取一小部分可以对整个总体做出非常准确的估计。一个大家熟知的例子就是与政治运动和选举有关的民意调查。全国选举大多数主要的民意调查使用 1 000~1 500 个范围内的样本来预测数千万选民的投票行为,直到 2016 年总统大选前,它们的预测都被证明是相当准确的。但是 2016 年的选举出现了一些特殊情况。首先,各种数据表明,主要的民意调查没有捕捉到最后一个阶段的波动。其次,存在抽样问题。因为投票中使用的样本设计没有合理地产生随机样本。本章后面将讨论为什么这会成为一个大问题。再次,当一些早期的主要民意调查报告了希拉里·克林顿的领先,其他民意调查机构调整其权重方案以产生类似结果时,存在所谓"羊群效应"的疑问。最后,存在"样本期望偏差"形式的测量误差。人们在无意投票的情况下说他们会投票，并且当投票给特朗普受到许多人质疑的时候，他们误导了民意调查员他们将票投给特朗普的事实。[1]民意调查机构推测，定于2019年12月12日的英国脱欧公投会发生类似问题。[2]

根据相对较小的样本对较大总体的特征和行为进行准确估计的关键在于以怎样的方式选择个体组成样本。以科学的方式选择样本是至关重要的，这样可以确保样本的代表性，确保样本是总体的真实缩影。所有构成目标总体的主要类型在样本中的比例应与它们在较大总体中的比例相同，这也是我们在利用网络和社交媒体等新兴方式获取数据时应该秉持的要求。而样本容量不能代替保证样本的代表性的选择方法。这听起来很简单，作为一个概念来讲也很简单，然而正如您所看到的那样，从人群中取样并实现这一目标并非易事。

5.1.1 总体

在讨论抽样时，"总体"（population）和"范围"（universe）这两个术语通常是可以互换的。[3]在本书中，我们会使用"总体"。总体或目标总体，是指调研人员需要从中获取相关信息的全部人群。抽样过程的首要步骤就是定义目标总体，通常包括确定有关产品或服务的目标市场。

我们可以设想一个为康泰克这种缓解感冒症状的非处方药物进行的产品概念实验，你可以认为目标总体包括了所有人，因为所有人都时不时会感冒。尽管这是正确的，但并不是每个感冒的人都会去买缓解感冒症状的非处方药物。在这个例子里，筛选过程中的第一项任务就是确认在一段时间里，人们是否购买或使用了竞争品牌中的一种或多种药物，只有购买或使用了这些品牌药物之一的人才会被包含在目标总体之中。此处的思维逻辑为，除非新产品在某种意义上确实具有创新性，能够吸引新的消费者，否则它的销量还要依赖该产品类别的老顾客。

抽样过程的关键步骤之一就是定义目标总体。这不需要遵守特定的准则，调研人员所需要做的就是运用逻辑和判断来回答一个基本问题：为了达到调研的目的，需要谁的观点？通常，定义总体是根据现有顾客群或目标顾客群的特征来进行的。

5.1.2 抽样和普查

在**普查**（census）中，数据完全或几乎是从目标总体的每个个体处收集到的。市场调研行业一般不会进行普查，因为营销人员面对的目标总体通常包括成千甚至数百万个体。从这样大规模的总体中获得数据花费的时间和金钱巨大，以至于普查几乎不在考虑范围内。事实已经反复证明，一个较小但是精心选取的样本，可以很好地反映从中选取样本的总体的特点。**样本**（sample）是总体的一个子集。信息是从样本中获取或有关样本的，然后被用来推测总体的各种特征。理想的情况是，从中获取相关信息的样本是总体的代表性横截面。

请注意，人们普遍认为，普查比抽样能提供更准确的结果，其实这不一定是正确的。在人口普查中，实际上从总体的各个成员处获得信息会遇到很多阻碍。调研人员不一定可以获得总体所有成员完整准确的名单，或者是总体的部分成员难以寻找或拒绝提供信息。因为这些障碍，即使只是对很小的总体，理想的普查很少可以实现。你也许听说过与2000年和2010年美国人口普查相关的这类问题[4]，2020年普查的潜在问题正在讨论中。

5.2 设计抽样方案

设计一个可操作的抽样计划的过程可以总结为图 5-1 中的 7 个步骤。它们是定义总体、选择数据收集方法、确定抽样框、选择抽样方法、确定样本容量、制定选择样本单位的操作程序和实施抽样计划。

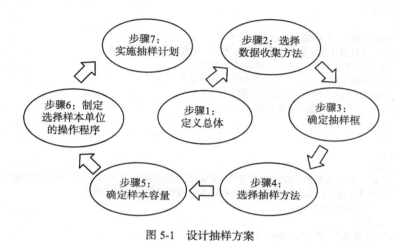

图 5-1 设计抽样方案

5.2.1 步骤 1：定义总体

制定抽样计划的第一个事项是详细说明可提供信息或与所需信息有关的个体或实体（如顾客、公司、商店等）所具有的特性。目标总体可以从以下几个方面进行描述：地域特征、人口统计学特征、产品或服务使用情况、品牌认知程度或其他因素（见表 5-1）。在调查中，某个个体是否属于目标总体这一问题通常通过第四章中讨论的过滤性问题来处理。即使有总体和样本清单，仍有必要使用过滤性问题识别潜在的合格的受访者。表 5-2 给出了一系列过滤性问题示例。

表 5-1 定义目标总体的基础

基础	详述
地域因素	要抽样的地理区域是哪里？这通常是指顾客活动的范围，可能是一个城市、一个县、大城市地区、一个州、几个州、全美国或多个国家
人口统计学因素	考虑到调查目标和产品目标市场，哪些人的观点、反应是至关重要的？例如：18 岁以上的女性，18~34 岁的女性，还是 18~34 岁的有工作和学龄前孩子、家庭年收入超过 35 000 美元的女性，哪个才是我们抽样计划需要的信息来源？
使用情况	除了地理因素和人口统计学因素之外，目标总体通常根据产品和服务的需求状况来定义，通常通过某段特定时间内消费者是否使用一定数量的产品和服务的情况来描述。以下使用过滤性问题的示例说明了这一点： ● 在一周内，你是否会喝 5 瓶（杯、罐）或以上的软饮料？ ● 近两年内，你曾经去欧洲度假或进行商业活动吗？ ● 近两年内，你或你的直系亲属是否曾在医院过了一夜或待了更久？
品牌认知程度	调研人员可能有兴趣研究那些注意到公司广告的个体，以探究广告所传达的产品或服务信息

表 5-2　为确定总体成员的过滤性问题示例

您好。我是_____调研机构的_____，我们正在实施一项关于家庭使用产品情况的调研，可以问您几个问题吗？

1. 在过去的三个月，您接受过关于任何产品或广告的采访吗？
    是　　　　（终止调查并登记）
    否　　　　（继续）
2. 过去一个月中您使用过下列哪些洗护发产品？（向受访者展示产品卡片，勾出所有提及的产品）
    （1）普通洗发水
    （2）去头屑洗发水
    （3）护发素
   （如果提到护发素则继续，否则终止调查并登记）
3. 您说在过去的一个月里用过护发素。那么在过去的一周您用过护发素吗？
    是（在过去的一周使用过）　　　　（继续执行配额）
    否（在过去的一周没用过）　　　　（终止调查并登记）
4. 您属于哪一年龄组？（读出选项，勾出年龄组）
    （1）18 岁以下　　　　（检查年龄配额）
    （2）18～24 岁
    （3）25～34 岁
    （4）35～44 岁
    （5）45 岁及以上
5. 以前的调研显示，某些从事相关职业的人对某一产品的反应可能与其他人不同。您或您的家庭成员现在有为广告代理商、市场调研公司、公关公司或制造和销售个人护理产品的公司工作的吗？
    是　　　　（终止调查并登记）
    否　　　　（继续）
   （如果受访者符合资格，邀请他或她参与并在下面签名）

另外，除了确定目标总体包括哪些人，研究人员还应该确定那些应排除在外的人的特征。例如，大部分商业市场调研就因为一些所谓的安全性问题而排除某些个体。通常，问卷调查表上的首要问题之一就是询问受访者或其家庭成员是否从事市场调查、广告或者在调查中涉及的产品及服务领域工作（如表 5-2 中第 5 个问题）。如果采访对象对这个问题回答"是"，那么就不必要去采访他了。这种类型的问题就是所谓的安全性问题，因为从事上述问题中行业的受访者被认为是有安全性风险的。他们也许是竞争对手或者为竞争对手工作的。所以，经理不想向他们透露任何公司计划做什么的线索。

此外，还有其他原因会排除某些个体。例如，胡椒斯奈普博士公司就想要采访一些典型的一周内喝 5 瓶或 5 瓶以上各种包装饮料而不喝胡椒博士的人。因为公司想加深对这些不喝胡椒博士产品的软饮料重度饮用者的了解，因此就会排除那些过去一周内喝过一罐（瓶、杯）以上胡椒博士产品的人。

5.2.2　步骤 2：选择数据收集方法

数据收集方法的选择对抽样过程有很大的影响。我们需要考虑以下几点。

（1）邮寄调研由于低回复率可能会使结果有所偏差（本章后面将详细介绍）。

（2）由第 6 章中给出的原因可知，电话调查在几年前是调研人员的重要手段，尽管它仍然占有重要地位，但受到两大因素的影响，电话调查的使用率大幅下降。首先，潜在受访者使用电话屏蔽手段来拒接他们不知道或不想接听的电话；其次，拥有固定电话的家庭比例下降，大约一半的美国家庭没有固定电话，而年轻群体的家庭中这一比例更高。[5]

（3）互联网调查会受到专业受访者的影响（第8章将讨论），同时样本库或电子邮件列表提供的受访者名单有时不能正确地代表目标总体。在使用脸谱网、推特以及其他社交媒体平台作为样本来源时，存在同样的问题。

（4）大数据的"巨大"可能诱人，但也常使人们不去质疑数据的代表性。某些情况下，数据由于来源有限而不能代表总体。"大"不能保证其代表性。

越来越多的研究人员正在转向混合样本的方法，这些访谈样本是通过不同的方法收集的，比如邮件－电话－互联网样本库、互联网样本库－短信、互联网样本库－社交媒体等。旧的方法已经很难得到回应，我们需要提供简便有趣的方法来获得反馈，在这个过程中，我们还要保证样本仍然具有代表性和结果依旧准确。[6]

5.2.3　步骤3：确定抽样框

在整个过程中的第三步就是确定抽样框。**抽样框**（sampling frame）即为总体的成员或元素的名单，从中可以抽出样本单位。确定抽样框可能仅仅意味着制定、生成此类列表的程序。理想的情况是，名单是完整和准确的。遗憾的是，通常这样的名单是不存在的。例如，一项研究的总体可以定义为在过去的一个星期里花两个或两个小时以上时间上网的人，但是没有这些人完整的名单。在这个例子里，抽样框详细说明了一个可以产生具有预期特征的代表性样本的过程。

5.2.4　步骤4：选择抽样方法

制订抽样计划的第四步是选择抽样方法。选择哪种抽样方法取决于研究目的、经济实力、时间限制、调查问题的性质。可供选择的主要抽样方法可以分为两大类：概率抽样和非概率抽样（见图5-2）。

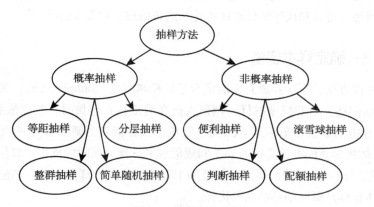

图5-2　抽样方法分类

1. 概率抽样

概率抽样（probability samples）是指在总体中的每个元素都具有已知的、非零的可能性被选中。[7] 简单随机抽样是一种众所周知并被广为使用的概率抽样方法。在概率抽样法中，调研人员必须严格遵守正确的选择程序，即要求避免不合理地或有偏见地选择抽样单位。当严格遵守这些程序时，概率论中的定律都是有效的，可以计算样本值与总体的实际值的预期差异程度，这个差异被称作抽样误差。有关在线样本库产生的是总体上的代表性样本还是只是来自样本库的代表样本的争论仍在继续。分析表明，每个样本库均有不同程度上的偏差，并且没有普遍接受的解决该问题的方法。[8]

在选择在线样本库提供商时，有一些问题需要询问。例如，它们采用什么样的招募方式？它们使用的方法是否具有广泛性或能够系统地排除某些特定群体？它们是否有一个有效的选择过程？换句话说，它们能否确认人们真的想成为样本库成员？它们使用哪些来源？这是一个主动管理型样本库还是数据驱动型样本库？主动管理型样本库由自愿选择参与的成员组成，而在人们尚未同意参与的情况下，数据驱动型样本库仅依赖于大型邮件地址的数据库。[9]

2. 非概率抽样

非概率抽样（nonprobability samples）是指以非随机方式从总体中选择特定元素。当以方便为基础来选择总体元素时——因为获得它们容易或不贵，就会产生非随机性。有目的的非随机调查可能系统地排除或过分强调总体的某些部分。例如，一项要调查所有 18 岁以上的女性意见的调查若在周一至周五的白天通过电话进行，就显然会系统地排除了职业女性。

概率抽样与非概率抽样相比有以下几个优点。

（1）调研人员可获得被抽取总体的不同年龄、不同层次的人们的信息。

（2）能估计出抽样误差。

（3）调查结果可以用来推断总体。例如，在一项使用概率抽样法的调查中，如果概率样本中 5% 的受访者给出了某种特定的回答，那么调研人员就可以以此百分比再加减抽样误差，推及总体情况。

概率抽样也有一些弊病，其中最重要的是，同样规模的概率抽样的费用要比非概率抽样高。挑选规则增加了设计和执行抽样程序所花费的访谈成本和专业时间。[10]

5.2.5 步骤 5：确定样本容量

一旦选定抽样方法，下一步就是要确定合适的**样本容量**（sample size）。关于这个问题将在本章后面详细阐述。对非概率抽样，调研人员在确定样本容量时，往往依靠可支配预算、经验法则、要分析的子集量等因素。然而，就概率抽样而言，需要在允许误差的目标水平（抽样结果和总体指标之间可接受的差异）和置信水平（置信区间的概率，置信区间是样本结果加减允许误差形成一个涵盖总体真值的范围）下使用公式计算样本量。如前所述，基于样本指标推测总体指标是概率抽样的主要优势。

5.2.6 步骤 6：制定选择样本单位的操作程序

无论使用概率抽样还是非概率抽样，在一个项目的资料收集阶段必须指定和明确选择样本单位的操作程序。[11] 对于成功的概率抽样来说，这个程序更为重要，必须详细清晰以及明确，并消除访谈员在选择特定样本元素方面的主观判断干扰。若不能制定合适的选择样本单位的操作程序，则整个抽样程序都会受到影响。

5.2.7 步骤 7：实施抽样计划

抽样过程的最后一步是实施抽样计划，需要进行充分的检查确保遵循指定的程序。

5.3 抽样误差和非抽样误差

请考虑这样一种情景：我们的目标是估计智能手机用户群体每天使用智能手机的平均分钟数，如果调研人员可以获得总体中每个人的确切信息，我们就可以简单地计算出总体参数——每天平均使用智能手机的分钟数。**总体参数**（population parameter）是定义总体真实特征的数值。假定 R（总体参数，平均每天使用智能手机的分钟数）是 65.4。正如已经讨论的那样，要调查总体中的每个人几乎是不可能的（正如进行普查），但是研究人员会抽取样本，并根据样本的调查结果对总体参数进行推测。本例中，研究人员可能会从几百万名智能手机用户的总体中抽出 400 份样本，根据样本数值得到总体平均每天使用智能手机的分钟数的估计值 Q。假设该样本的平均数值是 64.7 分钟/天。第二份 400 个随机样本从同一个总体中抽出，得出的平均值是 66.1 分钟/天。可能会有更多样本参与计算，并且可以算出所有样本数值的平均数，我们会发现，大多数情况下不同的样本的平均数与真实的总体数值很接近，但并不完全一样。

样本结果的准确性受到两种误差的影响：一种是抽样误差，另一种是非抽样误差（测量误差）。下列公式描述了这两种误差对估计总体平均数的影响。

$$\bar{X} = \mu \pm \varepsilon_s \pm \varepsilon_{ns}$$

式中　$\bar{X}$——样本平均数；
　　　μ——真正的总体平均数；
　　　ε_s——抽样误差；
　　　ε_{ns}——非抽样误差或测量误差。

抽样误差（sampling error）是指所选样本的结果不能完全代表总体而导致的误差。有两类抽样误差：随机误差和管理性误差。管理性抽样误差涉及抽样计划的执行问题，即样本的设计和执行中有缺陷导致样本不能代表总体。这类误差能通过样本设计和执行中小心谨慎来避免或者最小化。随机抽样误差是由偶然因素引起的，是无法避免的。这类误差只能依赖增加样本量来减少，但不能完全消除。**非抽样误差**（nonsampling error）或**测量误差**（measurement error）包括除抽样误差以外，所有可能导致调研结果不准确和有偏差的因素。

5.4 概率抽样方法

如前面提到的，随机抽样中总体中的每一个要素都有已知的、相同的可能性被选中。概率抽样方法有四种：简单随机抽样、等距抽样、分层抽样和整群抽样。

5.4.1 简单随机抽样

简单随机抽样是概率抽样最纯粹的形式。对于一个简单随机样本,抽样概率公式为

$$抽样概率 = \frac{样本单位数}{总体单位数}$$

例如,如果总体单位数是 10 000,样本单位数是 400,那么抽样概率为 4%,计算过程为

$$0.04 = \frac{400}{10\,000}$$

如果一个抽样框(列出了总体的所有单位)是可以得到的,那么调查人员可以选择**简单随机抽样**(simple random sample)方式,步骤如下。

(1)对总体的每个单位进行编号,总体单位数为 10 000 的总体编号为 1~10 000。

(2)在随机数表中(见附录 A 中表一"统计表")从任意的一个编号开始向上数或者向下数或者跳跃数选编号。在 1~10 000 中选出 400 个(样本单位数),从明确了具体的总体元素的表格中选出的数字将包括在样本中。

简单随机抽样的优越性在于,它看起来简单,并且满足概率抽样一切必要的要求,保证每个总体单位在抽选时都有已知的相等的被抽中机会。简单随机抽样以当前一个完整的总体清单为依据,但是这样的清单即使不是不可能,也是很难获取的。在电话调研中,通过使用随机拨号,可以获得简单的随机样本。样本也可以从顾客名单等计算机文件中获得,选择随机样本的软件程序也容易获得或编写,能够满足所有必要的要求。

5.4.2 等距抽样

等距抽样(systematic sampling)由于其简单性,常被用来代替简单随机抽样。等距抽样得到的样本几乎与简单随机抽样得到的样本相同。等距抽样是一种折中妥协的方式,并不严格满足随机抽样的规则,产生不具代表性样本的风险非常小。

为了产生等距抽样的样本,调研人员必须首先对总体进行编号,这一点与简单随机抽样一样。调研人员必须确定一个样本距离,并在此基础上选择样本。样本距离可通过下面公式确定:

$$样本距离 = \frac{总体单位数}{样本单位数}$$

例如,假设你使用本地电话簿并确定样本距离为 100,那么从每 100 个中抽取一个组成样本。使用这个公式可以保证覆盖总体。

等距抽样起点的选取也应是随机的。例如,如果你正在使用一本电话簿,必须随机选择一个号码决定从该页开始翻阅,假设从第 53 页开始,在该页上再随机选另外一个数来确定在该页上开始的列数。假设选择从第三列开始,最后在该列选一个数,这就决定了实际开始的位置。假设从第 17 个数开始,那么以此为起点,结合样本距离抽选样本,直到达到所需的样本容量。

等距抽样相对于简单随机抽样最主要的优势就是经济性。等距抽样比简单随机抽样更为

简单，耗时更少，并且执行成本更低。使用等距抽样最大的危险在于总体单位排列中隐藏的模式可能会无意中被拉入样本。然而，这种情况很少发生。

5.4.3 分层抽样

分层抽样（stratified samples）是通过以下程序步骤区分的概率抽样方法。
（1）把最初的总体分成两个或两个以上的相互独立的完备的组（如男性和女性）。
（2）从两个或两个以上的组中简单随机抽样，样本相互独立。

尽管分层抽样的要求没有指明将初始总体划分为子集的基础，但是根据常识的判断，分组的基础与我们关注的总体特征相关。例如，如果你正在进行一次政治民意调查，要预测选举结果。结果表明，男性和女性的投票方式大不相同，那么性别是划分层次的恰当基础。如果不以这种方式进行分层抽样，分层抽样就得不到什么效果，花再多时间、精力和物资也是白费。在前面的例子中，将性别作为分层抽样的基础，我们得到男、女两组，各组都完全独立且互斥。因为在一组中（男性组或女性组）保证每个总体单位都有被选的机会，所以没有哪些单位是不能被分配的。分层抽样的第二步就是在每个组中独立进行简单随机抽样。

与简单随机抽样相比，调研人员往往更倾向于选择分层抽样，一方面，因为它有更显著的潜在统计效果。[12] 也就是说，如果我们从相同的总体中抽选两个样本，一个是适当分层过的样本，另一个是简单随机样本，那么分层样本的抽样误差相对来说更小些。另一方面，更小的分层样本可以将抽样误差降低到某一确定水平。由于排除了一种误差的来源，所以分层抽样在统计上更有效率。

如果分层抽样在统计方面更有效，为什么不一直使用这种方式呢？有两个原因。首先，将样本适当划分层次所需的信息通常是得不到的。例如，几乎没有人会找到某种特定产品的消费者的人口统计特征。为了对样本进行适当分层并得到分层的好处，必须选择使得各层次间在目标测量方面存在明显差异的因素作为分层基础。如果不能识别出明显差异，样本就不能被适当地分层。其次，即使可以得到必要的信息，但是从所得信息的潜在价值看，分层所需时间和费用并不划算。

对于简单随机抽样，调研人员完全依照概率法则抽取总体中有代表性的样本；对于分层抽样，调研人员在某种程度上，通过确保总体的重要维度以其真实比例在样本中呈现，从而强制使样本具有代表性。例如，调研人员可能了解到，尽管男性和女性有可能成为某种特定产品的使用者，但是女性更有可能成为该产品的重度使用者。在设计一个方案分析产品消费模式时，抽取的样本中如果女性没有被合理地代表会导致片面的消费模式认识，假设女性占感兴趣总体的60%，男性占总体的40%，即使每个步骤都做得完全正确，由于抽样的波动，简单随机抽样的程序可能会抽到女性占总体55%、男性占总体45%的样本。当我们将一枚硬币掷10次的时候也会有这种误差。理想的结果是5次正面和5次背面，但是大部分时间我们得到的结果不是这样。同样，即使设计正确和操作简单的随机抽样，也不太可能从女性占60%和男性占40%的总体中恰好抽取到一个含60%女性和40%男性的样本。然而对于分层抽样，调研人员可以控制样本含60%的女性、40%的男性。

5.4.4 整群抽样

迄今为止,我们讨论的抽样类型全部是按单个单位抽取,即按样本单位数,分别一个一个地抽取。在**整群抽样**(cluster samples)中,样本是一组单位一组单位地抽取。[13] 这里有两个步骤。

(1)被关注的总体被分为相互独立且完全穷尽的较小子集,如地理区域。

(2)随机抽选子集(例如地理区域)构成样本。

如果样本由所选子集的全部单位组成,我们就有了一级整群样本。如果在抽中的子集中再以概率方式抽取部分单位构成样本,我们就有了二级整群样本。分层和整群抽样都要将总体单位分为相互独立和穷尽的子集。它们的区别是,分层抽样的样本是从每个子集中抽取,而整群抽样则是抽取部分子集,然后从子集的全部单位(一级整群样本)或者抽取的部分单位(二级整群样本)中收集数据。

到目前为止讨论的所有概率抽样法都需要抽样框,来列举或提供一些已经组织好的目标总体的所有单位。在整群抽样中,研究人员开发出了不须列举所有单位而只须列举子集的抽样框。抽取子集后,再列举其内部单位统计表,最后从其中取得样本。

地理区域抽样是最常见的整群抽样方式。其中的子集便是地理单位(例如城市街区)。整群抽样被认为是概率抽样技术,因为它随机抽出群和在选中的群里随机抽出样本单位。

由于现在面对面访谈很少使用,因此以成本效率为主的整群抽样也受到人们的冷落。

5.5 非概率抽样方法

一般而言,任何不满足概率抽样要求的抽样都被归为**非概率抽样**(nonprobability sample)。我们已经注意到非概率抽样的一个主要缺点是,不能计算其抽样误差,这意味着评估非概率抽样的总体质量更加困难。它们偏离概率抽样所必需的标准有多远?非概率样本数据的使用者必须对非概率抽样进行评估。这应该建立在对非概率抽样方法仔细评估的基础上。那么使用的方法是否能够从总体样本中生成一个合理的样本截面?或者样本是否在某些特定的方面有极端的偏向?这些是仔细评估时必须考虑的。经常使用的有四类非概率抽样:便利抽样、判断抽样、配额抽样和滚雪球抽样。

5.5.1 便利抽样

顾名思义,使用**便利抽样**(convenience samples)主要是因为便利。非多利(Frito-Lay)等公司经常让员工对研发部门开发的新产品配方进行初步测试。起初,这种方法看上去会有很大的偏差,然而它们不要求员工评估现有的产品或将其与竞争对手的产品进行比较。它们只要求员工对新产品配方(如咸度、脆度、油腻度等)进行总体感官评价。在这种情况下,便利抽样是获取必要信息的有效而实用的方法。在进行探索性调研时尤其如此,因为它迫切地需要低成本地获取真实数据的近似值。

有人认为,与概率抽样相比,便利抽样应用比率增长得更快[14],其原因,正如所猜想的,是在低发生率和难以分类情形下消费者数据库的可获得性不断增加。例如,一家公司开发出一种新型脚癣治疗仪，并且需要在受疾病困扰的人中做一次调研。它发现这些人仅占总人口的4%，这表明在电话调研中，调研人员为了找到一个患有脚癣的人，不得不与25个人交谈。购买一份患者名单可以显著降低调研成本和所需时间。尽管一份名单中也许会包括那些购买产品时使用优惠券的人，以及为了商家回扣而寄送的人，公司仍甘愿以低成本快速获得低质量的样本。

5.5.2 判断抽样

判断抽样（judgment sample）适用于任何样本，它的抽选标准是基于调研人员对代表性样本的判断。购物中心进行的大部分市场或产品测试调研都属于判断抽样。就市场测试而言，选择一个或几个市场需要判断它们能否代表总体。选择商场进行产品口味测试是基于研究人员的判断——特定商场吸引了属于测试产品目标群体的合理消费者。

5.5.3 配额抽样

配额抽样（quota sample）的抽选方式通常是，调研人员感兴趣的人口统计学特征在样本中以特定比例呈现。因此，很多人会混淆配额抽样与分层抽样。不过，两者有两点重要的区别：首先，配额抽样的受访者不是随机抽取出来的，而分层抽样必须是随机抽取出来的；其次，在分层抽样中，用于分类因素的选择是基于该因素和目标行为之间是否存在相关性，而配额抽样无此要求。配额样本中感兴趣的人口统计或分类因素是根据研究人员的判断选择的。

5.5.4 滚雪球抽样

滚雪球抽样（snowball sample）是指通过使用初始受访者的推荐来挑选另外的受访者的程序。这种方法主要用于在低发生率或稀有群体（即占全部总体比例很小的群体）中进行抽样。[15] 要找到这些稀有群体中的个体成本很高，以至于调研人员不得不使用诸如滚雪球抽样那样的技术。例如，某保险公司可能想得到过去6个月从医疗保险的赔偿形式转入康复维护组织（HMO）的全国范围内的个体样本，为了找到符合条件的1 000个样本，可能需要在全国范围内进行大量的调研。然而，若先取得特征总体中200个最初样本单位，平均由每个最初受访者提供另外4个人的名单，以此来完成这1 000个样本单位就划算多了。

滚雪球抽样的主要优点是调查费用的大大减少，然而这种成本的节约是以调研质量的降低为代价的。整个样本很可能有偏差，因为那些个体的名单来源于那些最初调研过的人，而他们之间可能十分相似。因此，样本可能不能很好地代表整个总体。人们普遍认为，以推荐方式接触到的受访者数量应该有所限制，但是并没有有关这些限制的具体规定。另外，如果最初的受访者不愿意提供人员来接受调查，那么这种方法就会受阻。

5.6 互联网抽样

互联网访问的优点是十分显著的。

（1）目标受访者可以在他们更方便时完成调查——深夜、周末或者其他合适的时间。

（2）数据收集成本更低。一旦基本的运营经费和其他固定成本被覆盖了，调研本质上对样本数量的变化就不那么敏感了。可以进行数以千计的访问，而每次调查的实际数据收集成本仅为几美元。而根据不同的调研情形，电话访问的成本可能会高出 3~5 倍。

（3）调研可以在软件控制下进行管理，这使得调研能够遵循问题的跳转模式并做其他"聪明"的事情。

（4）可以很快地完成调研。一天甚至更短时间内就可以进行数百甚至数千次调研。[16]

越来越多的研究表明，如果使用 Dynata 等公司旗下样本库在网上进行调研，其结果可与电话调研结果相媲美。[17] 越来越多的调研人员将网络样本库与电话、邮件等其他方式得出的数据结合使用，以克服单一研究方法的不足。[18]

5.7 确定样本容量

讨论了不同类型的抽样方式后，我们现在开始讨论如何计算所需的样本量或抽样误差并考虑置信水平。请记住，本章中讨论的所有计算都假设我们正在使用的是前面定义的随机样本，这非常重要。我们经常会看到对显然不是随机样本的样本进行了样本大小或抽样误差的计算，这是不恰当且很有欺骗性的。实际上，一旦我们有一个不符合随机抽样要求的样本，那么就无法计算抽样误差水平，任何与抽样误差或样本量有关的计算都是不恰当的。

不管样本有多大，即便是几十万或几百万，如果它不是随机样本，那么这些计算是无效的。对于其他类型的概率抽样，特别是分层抽样和整群抽样，有估计抽样误差的基础，但它们也需要随机选择受访者。这些计算很复杂，超出了本书的范围。

5.7.1 概率抽样中样本容量的确定

确定概率抽样的样本容量过程会涉及财务、统计以及管理的问题。通常来说，样本容量越大，所产生的抽样误差就越小。然而，大样本意味着高成本，而且对于一个项目而言，它所能使用的资源通常是有限的。虽然抽样成本会随着样本容量的增加呈线性递增（样本容量增加一倍，抽样成本几乎会增加一倍），但是抽样误差却只能以样本容量相对增长速度的平方根的速度递减。如果样本容量增长为 4 倍，资料收集成本也会相应地增长为 4 倍，但是抽样误差的水平只能下降 50%。

管理问题和研究目的必须在样本容量的计算中有所反映。要求多高的估计精度？管理所要求的总体实际值落在所选置信区间的置信水平是多少？有些情况要求有较高的精确度（抽样误差比较小），当总体值落入较小的抽样误差范围（置信区间）时，要求总体值有较高的置信水平。有些情况可能并不要求同样的精确度或是置信水平。

在在线访谈、互联网抽样库和社交媒体驱动抽样的影响下，由于成本更低，收集数据速度更快，使得在很多情形下可行的样本容量都更大了。

5.7.2 可支配预算

某一研究对象的样本容量通常直接至少也会间接地受到可支配预算的限制。因此，它通常是最后确定的项目要素。一个品牌经理如果有 50 000 美元预算可以用于一项新产品测试，那么除去其他项目成本（如调研方案和问卷的设计、数据的处理、分析和报告）后，剩下的那部分预算才决定样本容量的大小。当然，如果可支配的资金不能产生足够的样本容量，管理者就必须做出决策，是补充更多的资金还是放弃这一项目。

虽然这种方法看来缺乏科学性和过于武断，但是在商业环境下确实存在。财务上的限制要求调研人员设计方案要以较低的成本，提供有利于决策的高品质数据资料。例如，可以用更省钱的方式收集数据，如用网络代替电话。"可支配预算"使得调研人员不得不寻求多种选择的数据收集方案并谨慎衡量信息的价值与其成本的关系。

5.7.3 经验法则

一些潜在的客户会在征求建议书（RFP）中指定，要求样本容量为 200、400、500 或其他的特定量。这个数据的确定有时是出于对所需抽样误差的考虑，而有时则只是依据以往的经验。对指定样本量这种做法的合理解释归结起来可以说是"一种直觉"，认为某一特定的样本容量是必要的或适当的。

如果调研人员确认所要求的样本容量不能充分支持调研计划的目标，这时他们就有责任向客户提出扩大样本容量的建议，并让客户做出最后的决定。如果扩大样本容量的建议遭到了否决，调研人员可能会拒绝提交调研计划，因为他们认为样本容量不合理会产生有许多错误的调研结果，从而会对客户产生误导。[19]

5.7.4 拟分析的"子群数"

在任何确定样本容量的问题中，都必须认真考虑所要分析的总体样本中各个子群的数目以及预期容量，并据此做统计推断。例如，研究者可能认为，总的来说 400 的样本容量足够进行研究。但是，如果男性和女性受访者必须单独分析，且预计在样本中各占 50%，则每个子群的预计样本容量就是 200，这个数字是否足以对两组的特征和行为做出所需的统计推断？如果分析结果的同时考虑性别和年龄，问题就更复杂了。

假设要对一个总体样本的四个重要子群进行分析，这些群体分别是：35 岁以下的男性、35 岁及以上的男性、35 岁以下的女性和 35 岁及以上的女性。如果每组都预计占样本的 25%，那么 400 人样本在每组中就只有 100 名受访者。问题是，样本容量变小后，抽样误差就会变大，而且很难区分每个样本子群间观测到的差异到底是真实的差异还是仅为抽样误差的反映。

在其他条件不变的前提下，要分析的子群数目越多，所需要的样本容量也越大。一般建议在一个样本中，主要子群中应至少包含 100 个受访者，每个次要子群应包含 20~50 个受访者。[20]

5.7.5 传统的统计方法

你可能在其他课上接受过确定简单随机样本的样本容量的传统方法，在本章会对这些方法进行回顾。在对样本结果进行必要的估计时需要三条信息：

- 总体标准差的估计值；
- 抽样的允许误差范围；
- 抽样结果落在实际总体值的特定范围（抽样结果 ± 抽样误差）内的允许置信水平。

有了以上三条信息，调研人员就可以计算出简单随机抽样所需的样本容量了。[21] 以下部分涵盖了我们进行这些计算背后的逻辑，首先从正态分布开始介绍。

5.8 正态分布

5.8.1 总体特征

在古典统计推断中，正态分布居于特别重要的地位，这有以下几个方面的原因。首先，市场调研人员遇到的许多变量的概率分布都趋于正态分布。例如：软饮料消费者所消费软饮料的罐数、瓶数或杯数；爱吃快餐的人平均每月去快餐厅的次数；平均每星期看电视的小时数。其次，正态分布之所以有用有理论上的原因。比较重要的一条是**中心极限定理**（central limit theorem）。根据该定理，对于任何总体，不论其分布如何，随着样本容量的增加，抽样平均数和抽样比例的分布趋近于正态分布。这种趋向的重要性将在本章后面做详细说明。最后，许多离散型概率的分布也近似于正态分布。例如，如果调研人员将大量的美国男性样本的身高值绘制在一张图上，就会得到类似于如图 5-3 所示的分布图，这种分布就是**正态分布**（normal distribution），它有以下几个重要特征。

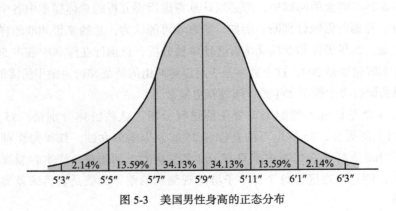

图 5-3　美国男性身高的正态分布

（1）正态分布呈钟形且只有一个众数（mode）。众数代表着集中的趋势，是发生频率最高的那个特殊值。两峰的（两个众数）分布有两个峰值。

（2）正态分布关于其平均数对称。也就是说，它没有发生倾斜，它的集中趋势的三个度量标准（平均数、中位数和众数）是相等的。

（3）一个正态分布的特殊性由其平均数和标准差唯一决定。

（4）正态曲线下方总面积等于1，表明它包括了所有的观测值。

正态曲线下方在任意两个变量值之间的面积，等于随机抽取一个观察对象落在该范围内的概率。以图5-3为例，一次抽取到一名男性，其身高在5'7"到5'9"之间的概率为34.13%。

正态分布还有一个特点，所有的正态分布平均值与给定的标准差之间的面积是相等的。所有的正态分布在平均数±1个标准差之间的面积相同，都占曲线下方面积的68.26%，或者说是占总体观测值的68.26%。这叫作**正态分布的比例性**（proportional propery of the normal distribution），这一特点为本章将要讨论的统计推断提供了基础。

5.8.2 基本概念

考虑一个抽样案例：调查人员以在最近30天内至少吃过一次快餐的所有顾客为总体，从中抽取了1000组容量为200的简单随机样本。调查目的是要估计这些人一个月内吃快餐的平均次数。

如果调查人员计算出这1000组样本组中每一组的平均数，按相对值划分区间，整理后便得到表5-3的频率分布。而图5-4以直方图的形式表示这些频率，直方图上还叠加了一条正态曲线。正如你所看见的，直方图十分接近正态曲线的形状。如果调研人员选取足够的容量为200的样本，计算每组的均值，整理绘制后所得的分布就是正态分布。图5-4的正态曲线就是这项调查中平均数的抽样分布。对具有超过30个及以上观测值的简单随机样本，其平均数的抽样分布有以下特征。

- 是正态分布。
- 分布的平均值等于总体的平均值。
- 分布有标准差，即平均值的标准误差。

$$\sigma_{\bar{x}} = \frac{\sigma}{\sqrt{n}}$$

表5-3　1000组样本平均数的频率分布：受访者最近30天内在快餐店就餐的平均次数

次数分组	发生频率	次数分组	发生频率
2.6~3.5	8	11.6~12.5	110
3.6~4.5	15	12.6~13.5	90
4.6~5.5	29	13.6~14.5	81
5.6~6.5	44	14.6~15.5	66
6.6~7.5	64	15.6~16.5	45
7.6~8.5	79	16.6~17.5	32
8.6~9.5	89	17.6~18.5	16
9.6~10.5	108	18.6~19.5	9
10.6~11.5	115	总计	1 000

将此统计值称为平均值的标准误差（而非标准差）表明它更适用于样本平均数的分布，

而不是单个样本或总体的标准差分布。请记住,这种计算只适合简单随机样本,其他类型的概率样本(如分层样本和整群样本)要用更加复杂的公式计算标准误差。[22] 请记住,这个公式不考虑任何类型的偏差,例如在稍后讨论的回应偏差和无回应偏差。民意调查机构未能处理这些偏见,导致其对2016年总统选举结果的预测不准确。由于担忧会产生各种类型的偏见,英国的民调机构表示,它们将很难对2019年12月12日的大选做出准确预测,英国脱欧是一个额外的潜在复杂因素。[23]

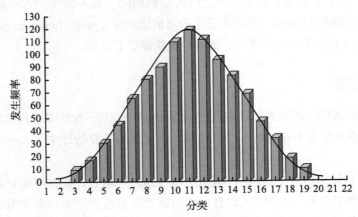

图 5-4 受访者最近 30 天在快餐店就餐次数均值的实际抽样分布

5.9 基于单个样本的推断

在实际操作中,往往没有必要从总体中抽出所有可能的随机样本,画出如表 5-3 和图 5-4 那样的频率分布表和直方图来;相反,研究人员希望进行简单的随机抽样,并据此对总体进行统计推断。问题出现了,通过一个任意大小的简单随机样本对总体平均值进行的估计,其估计值在实际总体平均值 ±1 个标准误差范围内的概率究竟为多大?答案是,从总体抽取的任何一个简单随机样本,其产生的估计平均值在实际平均值 ±1 个标准误差内的概率为 68%,因为所有样本的平均值有 68% 在此范围内。而给定总体中任意一个大小的简单随机样本,其估计值在实际总体平均值 ±2 个标准误差范围内的概率为 95%,在实际总体平均值 ±3 个标准误差范围内的概率为 99.74%。

5.9.1 点估计和区间估计

当利用抽样结果对总体平均值进行估计时,有两种估计方法:点估计和区间估计。样本平均值是总体平均值最佳的**点估计**(point estimate)。观察图 5-4 中显示的平均值抽样分布可知,某一特定的样本结果,其平均值很可能相对更接近总体平均值。但是,样本平均值分布中的任意一个值都可能是这一特定样本的平均值。有一小部分的样本平均值与实际总体平均值有相当大的差距。样本平均值与总体实际平均值之间的差距就叫作抽样误差。

鉴于基于样本结果的点估计在所有可能的情况中只有一小部分是准确的,因此人们更偏向于区间估计。**区间估计**（interval extimate）是总体实际值预计落入的特定取值区间或范围。除了要说明区间大小外，习惯上还要说明实际总体平均值在该区间内的概率。这一概率通常被称为**置信水平**（confidence level），区间则被称为**置信区间**（confidence interval）。

平均值的区间估计按以下步骤推导：首先从目标总体中抽出一定量的随机样本，计算出样本平均值，可知这个样本平均值位于其抽样分布中的任意位置，但具体位置不确切。此外还知道，这个样本平均值在实际总体平均值 ±1 个标准误差范围内的概率是 68.26%。由此，调研人员确信：实际值等于样本值加上或减去 1 个标准误差的置信水平为 68.26%。这句话可以用符号表示如下

$$\bar{X} - 1\sigma_{\bar{X}} \leq \mu \leq \bar{X} + 1\sigma_{\bar{X}}$$

同理可知，实际值等于样本估计值加上或减去 2 个（严格来说是 1.96 个）标准误差的置信水平为 95.44%，实际值等于样本值加上或减去 3 个标准误差的置信水平为 99.74%。

以上都假设总体标准差已知，然而，大多数时候的情况并不是这样。如果总体标准差已知，根据定义可以知道总体平均值，那就没有必要事先抽取样本了；由于不知道总体标准差，就需要通过样本标准差去估计。

5.9.2 比例抽样分布

相较于估计样本的平均数，市场调研人员经常对进行比例或百分比方面的估计感兴趣，下面是一些常见的例子。

- 知道某一特定广告的总体百分比。
- 平均一周上网一次及以上的总体百分比。
- 最近 30 天内光顾过快餐店 4 次及以上的总体百分比。
- 观看某一电视节目的观众的总体百分比。

当总体比率或百分比是有利的时候，该比例抽样分布就会被采用。

从特定总体中抽出一定规模的大量随机样本，这些样本的抽样比例的相对频率分布就是**比例抽样分布**（sampling distribution of the proportion），它有以下特征。

- 近似于正态分布。
- 所有比例抽样的平均数等于总体比例。
- 比例抽样分布的标准误差可以按下面的公式计算。

$$S_p = \sqrt{\frac{P(1-P)}{n}}$$

式中　S_p——比例抽样分布的标准误差；
　　　P——总体比例的估计值；
　　　n——样本单位数。

考虑估计最近 90 天内访问 Twitter 的所有成年人的百分比这一问题，与生成平均值的抽样分布一样，要从成年人总体中选取 1 000 组容量为 200 的随机样本，计算出 1 000 组样本中

所有在最近 90 天内访问 Twitter 的成年人数的比例。这些值排列将形成一个趋近于正态分布的频率分布。这一比例的分布估计标准误差可以用前面提供的公式来计算。

读完下一小节，你就会明白，市场调研人员对于样本容量问题，更趋向于进行比例估计而不是平均值估计，是有其原因的。

5.10 样本容量的确定

5.10.1 平均数问题

再次考虑前面那个估计快餐店用户平均每月访问快餐店次数的案例，如果管理层需要对顾客的平均光顾次数做出估计，以便决定是否实行正在拟订的新促销计划。为了得到这个估计值，该公司的市场调研经理打算在所有的快餐消费者中进行简单的随机抽样调查。问题是，确定本次调查样本容量所需的信息是什么？对于估计平均数的问题，计算其所需要的样本容量的公式是[24]

$$n = \frac{Z^2 \sigma^2}{E^2}$$

式中 Z——标准误差的置信水平；

       σ——总体标准差；

       E——可接受的抽样误差（允许误差）。

计算所需的样本容量要有三条信息。

（1）抽样误差 E 的可接受的或允许的水平。

（2）可接受的标准误差置信水平，即 Z 值。换一种说法，研究者希望在多大程度上相信指定的置信区间包括总体均值。

（3）最后需要估计一下总体标准差 σ。

计算中要用到的置信水平 Z 和**容许抽样误差**（allowable sampling error）E 必须由调研人员与客户进行磋商后才能确定。如前所述，置信水平与误差范围的确定不仅要根据统计原则，同时要顾及财务与管理方面的要求。理想情况下，我们总是希望置信水平很高，误差量很少。但要知道，这是商业决策，必须考虑成本问题，因此要在精确度、置信水平与成本之间建立一个可接受的折中方案。有些情形下并不要求很高的精确度与置信水平。例如，在探索性研究中，你也许只是想通过调研基本了解一下消费者对产品的普遍态度是正面的还是负面的，这里精确度就显得不太重要了。但如果是一项产品概念测试，就需要精确度较高的销售估计值，以便在把新产品推向市场前可以做出潜在的成本与风险的估计。

对**总体标准差**（population standard deviation）进行估计，是一个更谨慎的问题。我们在前面说过，如果总体标准差已知，那么也就能知道总体平均值（总体平均值是用来计算总体标准差的），这样的话就没必要抽取样本了。但在选择样本之前，研究者如何估计总体标准差呢？单独或结合使用以下四种方法可以解决这个问题。

（1）利用先前的调研结果。公司以前可能曾经进行过相同或类似的调研，这时这个问题的一个可能解决办法是利用以前的调研结果作为本次总体标准差的估计值。

（2）进行试点调研。如果调研对象规模太大，可以投入一定的时间和资源对总体进行小规模的试验调研。根据试点的调研结果来估计总体标准差，从而可以用于确定样本容量的公式中。

（3）利用二手资料。有时候通过二手资料也可以对总体标准差做出估计。

（4）通过判断。如果其他方法都失败了，还可以仅基于判断来估计总体标准差，即向各类管理人员寻求判断，以便对所需的总体参数做出有依据的猜测。

需要注意的是，当调研完成了，计算出样本平均数和样本标准差后，调研人员就可以重新评估用于计算所需样本容量的总体标准差估计的准确性。这时如果需要，可以对以前的抽样误差估计做出调整。[25]

再来考虑估计快餐族每月平均吃快餐的次数问题。

（1）与公司的管理者进行磋商后，市场调研经理认为有必要估计一下快餐族吃快餐的平均次数。考虑到管理者对精确度的要求，他规定估计值不得超过实际值的 0.10（1/10）。这个值（0.10）将作为 E 值代入公式。

（2）此外，市场调研经理经过全面的考虑，认为需要把置信水平定为 95.44%，即实际总体平均数落在由样本均值加减 E（上述定义）的区间范围内，其概率为 95.44%。而若要置信水平为 95.44%，就必须是在 2 倍（严格来说是 1.96 倍）标准误差范围内。因此，2 作为 Z 值代入公式。

（3）最后，确定公式中的 σ 值。幸运的是，公司一年前曾做过类似的调研，研究的变量是快餐族最近 30 天内吃快餐的平均次数。其标准差是 1.39，以此作为 σ 的估计值最好不过。因此，把 1.39 作为 σ 值代入公式，然后通过计算可知，样本容量为 772 时可以满足要求。

$$\begin{aligned} n &= \frac{Z^2 \sigma^2}{E^2} \\ &= \frac{2^2 \times 1.39^2}{0.10^2} \\ &= \frac{4 \times 1.93}{0.01} \\ &= \frac{7.72}{0.01} \\ &= 772 \end{aligned}$$

5.10.2 计算比率的问题

让我们考虑估计最近 90 天内曾使用推特的所有成年人的比率或百分比。其目标是从成年人总体中抽取一个简单随机样本，估计其比率是多少。[26]

（1）与上述涉及快餐用户的问题一样，以抽样结果为基础进行总体均值估计的首要任务是确定一个可接受的 E 值。例如，如果 ±4% 的误差水平是可以接受的话，就可以把 0.04 作为 E 值代入公式。

（2）其次，假设调研人员要求抽样估计在实际总体比率的 ±4% 范围以内的置信水平为

95.44%，那么与前面事例一样，把2作为Z值代入公式。

（3）最后，在一年前的一次类似调研中，有5%的受访者表示在最近90天内曾在网上购物。我们可以用0.05作为P值代入公式。

计算结果如下

$$n = \frac{Z^2[P(1-P)]}{E^2}$$
$$= \frac{2^2[0.05(1-0.05)]}{0.04^2}$$
$$= \frac{4 \times 0.0475}{0.0016}$$
$$= \frac{0.19}{0.0016}$$
$$= 119$$

根据要求，需要一个119名受访者的随机样本。值得注意的是，与确定估计平均数所需的样本容量的过程相比，调研人员在确定估计比率所需的样本容量时更加容易：如果缺乏估计P值的依据，可以对P值做最悲观或最糟糕的假设。给定Z值和E值，P值为多大时要求的样本量最大呢？当P=0.5时，表达式P（1-P）有极大值0.25存在，如此设定P值样本容量最大。而给定Z值和E值，对于与平均数估计所需样本量有关的σ值就没有最悲观的假设。

5.11 确定分层样本和整群样本的容量

本章列出的计算样本容量的公式只适用于简单随机样本，当然也有适用于其他如分层样本、整群样本确定样本容量和抽样误差范围的公式。虽然本章提到的许多一般概念对这些样本都适用，但是它们的计算公式却要复杂得多[27]，而且公式中要用到的数据往往很难得到。因此，这些样本的容量确定问题超过了本部分的介绍范围。

5.11.1 定性调研下的样本容量

在确定调研需要的传统焦点小组、个人深入访谈或在线公告牌焦点小组等的数量时，定性调研下的样本容量问题经常呈现出来。由于我们有意在定性调研中使用小样本容量，因此我们在本章讨论的样本容量计算方法没有办法解决这个问题。专家根据经验讨论出了一些规则，并且分析推断，在定性调研中，访问过20~30人以后，受访者的回答模式就固定下来了。

5.11.2 总体容量和样本容量

你也许会注意到计算样本容量的公式中没有一个用到总体容量，读者（和经理们）经常会觉得很麻烦。表面上看来好像是要抽取的样本容量越大，其总体容量也应该增大。其实不然，通常总体容量与在一定误差和置信水平范围内估计总体参数所需要的样本容量之间没有直接的关系。实际上，总体容量只有当样本容量相对它而言较大时才会起作用。根据经验，当样本容量超过总体的 5% 时，就需要调整样本容量了。一般假设样本的抽取是相互独立的（**独立假设**，independence assumption），这一假设在样本相对于总体很小的时候成立，当样本量占总体比例相对较大（5% 以上）时就不成立了。因此，我们必须调整一下标准公式。例如，前面的计算平均数标准误差的公式

$$\sigma_{\bar{x}} = \frac{\sigma}{\sqrt{n}}$$

当样本容量占总体 5% 以上时，就要推翻独立假设。调整后的正确公式是

$$\sigma_{\bar{x}} = \frac{\sigma}{\sqrt{n}}\sqrt{\frac{N-n}{N-1}}$$

$(N-n)/(N-1)$ 被称为**有限总体修正系数**（finite population correction factor，FPC）。

当样本容量占总体的 5% 以上时，调研人员可以通过 FPC 来减少所需的样本容量。计算公式如下

$$n' = \frac{nN}{N+n-1}$$

式中 n'——修改后的样本容量；
  n——原样本容量；
  N——总量。

如果总量为 2 000，原样本容量为 400，则

$$n' = \frac{400 \times 2\,000}{2\,000 + 400 - 1} = \frac{800\,000}{2\,399}$$
$$= 333$$

经过 FPC 的调整，需要的样本容量由原先的 400 变成了 333。

问题关键不是样本容量大小与总量大小的关系，而是选取的样本是否能真实代表总体的特征。经验证明，经过仔细挑选的样本，尽管容量不大，也能十分准确地反映总体特征。许多著名的全国性调研和民意测验，如盖洛普民意测验、哈里斯民意测验的样本都不超过 2 000。这些例子表明，即使调研对象是数千万人的行为，也可以通过相对于总体非常小的一部分样本进行十分准确的预测。

▶ 本章小结

总体或范围是指能够提供调研目标相关信息的一群人的总和。普查是指从总体的每个个体处收集所需信息。一个样本仅仅是总体的一个子集。制订抽样调查计划的步骤如下：定义总体；选择数据收集方法；确定抽样框；选择抽样方法；确定样本容量；制定选择样本单位的操作程序；实施抽样计划。抽样框是指列出各个总体单位的名单，样本就是从中抽出来的。

由于概率抽样法是按随机原则抽选样本，以至于总体中的每个单位都可以按已知非零的概率被抽中。非概率抽样法按非随机原则从总体中选择特定单位。概率抽样法有一些非概率抽样法所没有的优点，包括信息来源于总体中具有代表性的各个层次，可以计算抽样误差，

并且可以用调研结果来推断总体。然而，概率抽样法比非概率抽样法成本高，并且通常需要用更多的时间来设计和实施调研。

抽样调研结果的准确度是由抽样误差和非抽样误差共同决定的。抽样误差的产生是因为样本不能完全代表总体特征。有两种形式的抽样误差：随机误差和管理性误差。随机抽样误差是由偶然事件引起的、是无法避免的，只能通过增大样本容量来减少误差。

概率抽样方法包括简单随机抽样、等距抽样、分层抽样和整群抽样；非概率抽样包括便利抽样、判断抽样、配额抽样和滚雪球抽样。当前，互联网样本多为便利性样本，这种状况在未来随着更好的电子邮件抽样框的出现将得到改变。

确定概率抽样的样本容量要考虑到财务、统计和管理三方面的要求。若其他条件相同的话，样本容量越大，抽样误差就越小；相反，调研费用随着样本容量的增大而增加。

确定样本容量的方法有很多。第一种是根据可支配的资金来确定。简言之，就是根据预算来确定，尽管看上去不够科学，但它在市场调研领域通常是较为现实的做法。第二种是凭经验确定，主要是凭直觉或平时的案例来确定样本容量，客户经常在RFP中要求300、400或500的样本容量。第三种是根据要分析的子群数目来确定。一般来说，需要分析的子群数目越多，样本容量就越大。

除了以上所说的，还有一些确定样本容量的方法。计算样本容量需要三个数据：总体标准差的估计值、调研人员或客户能够接受的抽样误差范围，以及总体值不超过可接受范围的置信水平。

统计抽样理论中很重要的一个概念是正态分布。正态分布呈钟形，只有一个众数，它关于平均值对称。标准正态分布与正态分布的特征相同，只是标准正态分布的平均值总是等于0，标准差总是等于1。通过转换公式可以将任何正态分布的 X 值转换成相应的标准正态分布的 Z 值。中心极限定理表明：从几乎任一总体中抽取的大量随机样本，其平均值的分布趋近于正态分布，且分布的平均数等于 μ，标准差等于 $S_{\bar{X}}$。

利用抽样结果估计总体平均数有两种估计方法：点估计和区间估计。点估计是把样本平均数作为总体平均数的估计值；区间估计是基于变量值的区间或范围对总体真实值做出估计。除了区间的大小，我们也提到了实际总体平均数包含在区间范围内的概率，即置信水平；区间也称为置信区间。

那些对估计比例或比率而非平均值感兴趣的调研人员使用比例抽样分布。比例抽样分布是从一个特定总体样本获取大量给定规模的随机样本，其样本比例的相对频率分布。比例抽样分布的标准误差计算如下

$$S_\mathrm{p} = \sqrt{\frac{P(1-P)}{n}}$$

计算样本容量时，下列条件是需要满足的：可接受的抽样误差范围（E），可接受的标准误差置信水平（Z）和总体标准差的估计值。在估计平均值时，计算所需样本容量的公式是

$$n = \frac{Z^2 \sigma^2}{E^2}$$

估计比例时，计算所需样本容量的公式是

$$n = \frac{Z^2\left[P(1-P)\right]}{E^2}$$

关键词

容许抽样误差	非概率抽样	样本容量
普查	非抽样误差	抽样
中心极限定理	正态分布	比例抽样分布
整群抽样	点估计	抽样误差
置信区间	总体	抽样框
置信水平	总体参数	简单随机抽样
便利抽样	总体标准差	滚雪球抽样
有限总体修正系数	概率抽样	分层抽样
独立性假设	正态分布的比例特性	等距抽样
区间估计	配额抽样	
判断抽样	样本	

复习思考题

1. 在哪些情况下普查优于抽样调研？为什么人们通常选择抽样调研而不选择普查？
2. 设计一个抽样方案，调研商科本科学生对于网络广告的态度。
3. 区分概率抽样和非概率抽样，它们各有哪些优劣？为什么在市场调研中非概率抽样受欢迎？
4. 区分整群抽样、等距抽样和分层抽样，各举一个例子。
5. 美国国家银行有1 000个客户，经理想从中抽取100个进行抽样调研。如果用等距抽样应该怎样去做？如果名单是按照平均存款额顺序排列的，这会对抽样技术有影响吗？如果有，有什么影响？
6. 描述滚雪球抽样法。举一个例子，讲述你可能用到这种抽样法的情况，并指出这种抽样法有什么缺点？
7. 给下列情况列举概率抽样框
（1）sushi酒吧的顾客。
（2）滑雪爱好者。
（3）DVD播放机的持有者。
（4）在去年去过一个或多个欧洲国家的人。
（5）在过去两年移民到美国的人。
（6）过敏体质的人。
8. 辨别下列抽样设计：
（1）从娱乐场所上个月光顾者的名单中抽取200名顾客，对他们进行问卷调查。

（2）电台节目主持人请听众打电话进来，就禁枪问题发表"赞成"或"反对"的意见。

（3）一家狗粮制造商想测试一家狗粮新产品，他决定选择100个用罐装食品喂养狗的狗主人，选择100个给狗喂干粮的狗主人和100个给狗喂半干食品的狗主人进行调查。

（4）一个民意测验是让打高尔夫球的人来预测一次总统选举的结果。

9. 解释样本容量的确定问题如何涉及财务、统计和管理知识。

10. 讨论并举例在市场调研过程中确定样本容量的三种方法。

11. 一名分析快餐业情况的研究人员发现，在加利福尼亚州，人们在快餐店的平均消费为5.30美元，标准差为0.40美元；在佐治亚州，人们的平均消费为5.25美元，标准差为0.10美元。这些统计数据可以告诉你有关这两个州快餐消费的什么情况？

12. 什么是有限总体修正系数？为什么要使用有限总体修正系数？何时使用？

13. 如果你负责筹划一次辣椒烹饪比赛，你必须保证有足够的样本供烹饪的顾客使用。具体的要求如下：置信水平为99%，每个烹饪小组不超过4盎司辣椒的误差，上一年比赛的标准差是3盎司，求所需样本容量。

14. 根据客户的要求，置信区间为99.74%，可接受抽样误差为2%，由此计算出样本量为500。费用预计为20 000美元。然而客户回答说，这个项目的预算只有17 000美元。那么有哪些替代方案？

✏ 网络作业

1. 访问 www.surveysystem.com/sscalc.htm 网站，并查看它的样本量、抽样误差和置信水平的计算程序。

（1）如果你遇到一个总体规模约为100万的调研问题，并且你想控制样本误差在5%以内，真实总体值落在指定抽样误差范围内的置信水平为95%，那么你需要多少样本量？

（2）如果置信水平为99%，此时样本容量又是多少？

（3）在（1）的情形下，改变可接受的样本误差为2.5%以内，需要多少样本量？

（4）上述计算说明了所需样本容量与抽样误差之间关系的什么性质？那么同样，所需样本容量与置信水平呢？

2. 访问 surveymonkey.com. 网站，创建一个账户，目前它是免费的，然后完成以下步骤。

（1）选择"根据模板开始创建调查"。

（2）选择"市场调研—产品测试"，并执行使用其模板所需的操作。

（3）继续并选择"收集回复"。

（4）继续并选择"购买特定的回复"。这一步是没有问题的，因为目前为止你不需要支付费用。

（5）再看一遍它提供的各种选项，你会在最后看到每次访谈的成本。

评价各种选项，你如何看待它提供的调研方法？

调研实例 5.1

洞察研究小组

洞察研究小组（IRG）是一家市场研究和分析公司，已被美国草坪护理与景观协会（NLLA）聘用，该协会在全国拥有超过 25 000 家草坪护理和园林绿化公司的会员。NLLA 正处于为会员及其提供的服务制定营销策略的起步阶段。NLLA 在调查研究和抽样问题方面相对缺乏经验。由会员和 NLLA 的工作人员组成的委员会决定，他们需要确认以下内容。

- 哪些具体因素促使人们选择某家草坪护理或景观设计公司？消费者想要的是什么？
- 在选择草坪护理公司或景观设计公司前，这些因素有何不同？
- 为什么消费者会选择这家草坪护理公司，而非其他？过去一年内有多少人更换了草坪护理公司？他们为什么更换？景观设计公司也是这样吗？
- 消费者对他们目前的服务供应商有多满意呢？
- 消费者是否会在意一家公司是 NLLA 的会员？
- 消费者希望草坪护理公司或景观设计公司提供哪些增值服务？（例如，灌溉系统、草坪的病虫害防治、在线服务界面）

IRG 出价比其他两家出价最低的调研公司还低 20%，从而获得合同。IRG 之所以能够提供最低的出价，主要是因为它的抽样方法。在其提案中，IRG 详细说明了将通过大学生来收集调查数据。它的计划需要从全国随机选择 25 所大学，联系这些学校的市场营销系主任，并请她或他提交一份有 10 名可能有兴趣赚取额外收入的学生名单。最后，研究小组将单独联系学生，目标是在每所学校确定 5 名学生，他们最终将被要求完成 10 次完整的采访。每完成一次调查，学生将获得 25 美元的报酬。选择潜在受访者的唯一要求是，他们在接受调研期间，必须使用一家草坪护理或景观设计公司的服务。由 IRG 选择的学生采访者来寻找合格的受访者，并以他们力所能及的任何方式来完成调查。

问题：

1. 你如何描述这种调研方法？
2. 你认为这种方法会带来什么问题？
3. 给出一种可替代的抽样方法，它可以让国家互联网服务提供商协会更好地了解其所需的信息。

第 6 章

传统的询问调研法

□ 学习目标
1. 理解使用询问调研法的原因。
2. 了解询问调研中误差的类型。
3. 区分询问调研法的类型。
4. 深入了解决定特定调查方法选择的因素。

询问调研，就是利用数据采集表或问卷来收集事实、观点和态度，它是收集原始数据的一种流行方法。询问调研有哪些类型？正如前面所提到的，并不是每个人都愿意参与调查。这会产生哪些类型的误差？在询问调研中还会遇到哪些其他类型的误差？为什么互联网询问调研会变得如此流行？它的缺点是什么？这些问题将在本章得到回答。

6.1 为什么决策者喜欢询问调研法

数以百万计的美国人曾在他们生活中的某一时刻接受过访谈，与其他收集原始数据的方法相比，无论是在线还是离线的询问调研都在市场调研中有很高的使用率，主要原因如下。

- 更深的见解。在市场调研中，一个至关重要的需求就是了解人们为什么做或不做某些事情。例如，为什么他们购买或不购买某一特定品牌的产品？对于这一品牌，他们喜欢或不喜欢哪些方面？谁或什么影响了他们？我们并不是说询问调研可以证明因果关系，只是说它有助于我们对因果关系产生一些想法。
- 需要知道"如何"。同时，市场调研人员发现通常有必要了解消费者在行动之前的决策过程。他们是如何做决策的？都经历了哪些时间段？他们考察或考虑了些什么？这个决策是在何时何地被做出的？他们计划下一步做些什么？询问调研和市场分析都有助于回答这些问题。
- 需要知道"是谁"。市场调研人员也需要从人口统计或生活方式的角度来了解那个人是谁，以及谁在决策过程中产生了影响。同样，在这个方面，市场分析和询问调研可以提供洞见。

6.2　询问调研过程中误差的类型

当评估询问调研中获得的信息的质量时，管理者必须判定这些结果的准确性。这就需要仔细考虑所使用的调研方法可能导致的误差类型（见**图 6-1**）。

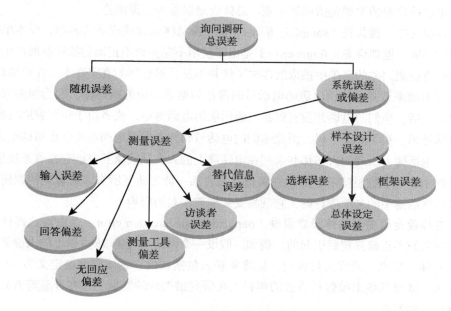

图 6-1　询问调研误差的类型

6.2.1　抽样误差

抽样过程中可能会遇到两类主要的误差。它们是随机误差和系统误差，系统误差有时又称为偏差。

询问调研通常试图从目标总体里具有代表性的样本中获取信息，它旨在根据抽取的样本给出的回答对总体进行推断。即使对样本的各个方面都进行了适当的调查，由于随机变异，调研结果仍不免有一定的**随机误差**（random error）或**随机抽样误差**（random sampling error）。**随机变异**（chance variation）是样本值与总体均值的真实值之间的差异。这类误差不可避免，但它会随样本容量的增大而减小。在一定的置信水平下，我们可以估计随机误差的误差范围。第 5 章详细讨论了随机误差及其估计方法。

6.2.2　系统误差

系统误差或偏差（systematic error or bias），是由调研设计中的错误、问题或样本设计实施中的缺陷造成的。如果样本结果在某一方向上有持续偏离（持续地偏高或偏低）总体参数真实值的趋势，那么样本结果就存在系统误差。系统误差包括除由随机抽样过程引起的误差之外的所有误差，因此系统误差有时又被称为非抽样误差。系统地影响调研结果的非抽样误差，可以分为样本设计误差和测量误差。

1. 样本设计误差

样本设计误差（sample design error）是指因样本设计或抽样程序中的问题而产生的系统误差。样本设计误差的类型包括框架误差、总体设定误差和选择误差。

（1）**框架误差**。**抽样框**（sampling frame）是一份总体元素或成员的名单，样本单位可从这份名单中抽取。**框架误差**（frame error）是由于使用不完整或不正确的抽样框而产生的。问题是，从包含框架误差的名单中抽取的样本可能并不是目标总体的真实样本。在市场调研中，一个框架误差的来源是，使用出版的电话号码簿作为电话访谈的抽样框。因为很多家庭不希望公开家庭电话，他们的电话并没有列在当前出版的电话簿中；或者由于很多家庭已经搬家、更换了电话号码、买了移动手机，因此他们的电话号码并未准确地列在当前出版的电话簿中。调研显示，电话簿上所列的人与那些未列在电话簿上的人在某些重要方面存在着系统性差异，如社会经济水平等。这意味着，如果一项旨在代表某一特定地区所有家庭意见的调研是基于当前出版的电话簿中的名单进行的，它就将受到框架误差的影响。

（2）**总体设定误差**。**总体设定误差**（population specification error）是由对选择样本的总体或总体定义的不正确界定而引起的。例如，假设一个调研人员将35岁以上的人群界定为某一研究的总体。后来，研究人员确定，应将年轻人包括在内，总体应该被定义为20岁或20岁以上的人。如果那些未被包括进去的年轻人在研究感兴趣的变量上存在着显著差异，那么样本结果将出现偏差。

（3）**选择误差**。即使分析员选择了合适的抽样框并且正确地界定了总体，**选择误差**（selection error）也可能出现。选择误差发生在抽样程序不完整或不恰当，或者正确的抽样程序未得到恰当地执行的时候。

2. 测量误差

测量误差对调研精度的威胁往往比随机误差严重得多。当媒体和专业的市场调研报告给出民意调研结果时，总要标出一个误差指数（如 ±5%）。电视观察员或市场调研的使用者一般会认为，这个指数指的是总的调研误差。不幸的是，事实并非如此。这个指数仅仅指随机抽样误差，它并不包括样本设计误差，也不涉及调研结果中可能存在的测量误差。当所寻找的信息（真实值）与测量过程中实际获得的信息之间存在差异时，就会产生**测量误差**（measurement error）。在本节中我们主要关注的是系统性测量误差。测量过程中许多不足之处会产生各种类型的误差。这些误差包括替代信息误差、访谈者误差、测量工具偏差、输入误差、无回应偏差和回答偏差。

（1）**替代信息误差**。当解决某一问题实际所需的信息与调研人员所收集的信息之间存在差异时，就会产生**替代信息误差**（surrogate information error）。这种误差与调研设计的一般问题有关，尤其是与问题的不恰当定义有关。几年前，家乐式公司（Kellogg）花费数百万美元开发出一个系列的17款谷物类早餐食品，该产品的特色成分有助于降低消费者的胆固醇，这一产品线被称为 Ensemble。它在市场竞争中惨遭失败。的确，人们想降低胆固醇，但是真正的问题是他们是否愿意购买一系列的谷物类早餐食品来完成这一目标。在调研中，这个问题从未被提及。此外，"Ensemble"这一名字通常要么是指管弦乐队，要么是指我们穿的东西。消费者既不理解产品线的含义，也不理解消费这些产品的必要性。

（2）**访谈者误差**。访谈者误差或访谈者偏差（interviewer error or interviewer bias）是由于访谈者有意识地或无意识地影响受访者，从而使受访者给出不真实或不准确的答案。访谈者的衣着、年龄、性别、面部表情、肢体语言或语气语调都可能影响部分或全部受访者的回答。这类误差是由访谈者挑选与培训中的问题或访谈者未遵循调研指导而引起的。访谈者须得到适当的培训与监督，以便在任何时候都能保持中立。另外一种访谈者犯的错误是故意作弊。

（3）**测量工具偏差**。测量工具偏差（measurement instrument bias），有时又被称为问卷偏差，是由测量工具或问卷方面的问题引起的（参见第4章）。这类问题包括问卷设计中的导向性问题或某些要素，它们使问卷很难记录真实的回答或者说受访者回答时容易产生错误。例如，"研究表明，儿童应该每天至少食用五份蔬菜，你的孩子每天吃几份？"这类问题可以通过密切注意问卷设计阶段的细节和在实地调研前进行预先测试而避免。

（4）**输入误差**。输入误差（input error）可能是由于向计算机输入调研文件的信息时发生的错误。例如，可能未正确地扫描文档，在智能手机或笔记本电脑上填写问卷的受访者可能输入错误。

（5）**无回应偏差**。如果从某一特定总体中选出一个包含400人的样本，理想的情况是这400人都接受访谈。实际上，这种情况通常不会发生。在邮寄调研中，回答率通常是5%或更低。问题在于"回答者与拒访者在某些重要方面是否存在系统化差异？"，这些差异导致了**无回应偏差**（nonresponse bias）。最近，我们对一家大型储蓄贷款协会的客户进行了一项研究，附在客户每月账单中的问卷的回答率略低于1%。我们对这些回答者的职业进行分析后发现，退休职工在回答者中的比例比其在该城市人口中的比例高20倍。比例过高的退休职工使我们深深怀疑调研结果的准确性。

很明显，回答率越高，拒访可能产生的影响就越小，因为拒访者只代表了总体的一小部分。如果随着回答率的提高而误差减小不明显的话，那么投入资源提高回答率可能就是一种浪费，因为资源本可以被用于更好的用途。

无回应偏差在以下情况下发生。

- 在特定时间无法联系到受访者。
- 联系到了潜在的受访者，但其不能或不愿意在该时间接受访谈（例如，在全家人吃饭时接到请求其参与访谈的电话）。
- 联系到了受访者，但受访者拒绝接受访谈。这种情况最严重，因为前两种情况受访者未来还有参与的机会。

在发达国家，**拒访率**（refusal rates）持续上升。据估计，2018年手机用户收到了263亿次语音电话，比前一年增长了46%。[1] 垃圾电话对固定电话和移动电话的调研回复率都产生了严重的负面影响。最近，苹果公司使得iPhone用户可以自动将所有未知来电发送到语音邮件。同样，安卓也有一项功能，用户可以点击屏幕呼叫按钮，自动语音信息会要求来电者说出自己的身份。任何回应都以文本形式显示，手机用户可以选择是否接听。

随着无回应率的上升，电话调研的成本也在上升。皮尤研究中心估计，其电话调研的完成率在2018年仅为6%。[2] 20世纪中后期有时能达到50%以上的比率。随着智能手机的通话拦截和筛选，完成率可能会进一步下降。这可能会使更多的调查转向在线网络社区和互联网样本库。

（6）**回答偏差**。如果人们倾向于以某种方式回答特定问题，那么就会存在**回答偏差**（response bias）。回答偏差可能是由故意伪造或文化因素造成的。

当人们故意对问题给出不真实的答案时，就会发生故意伪造的现象。人们在调研中故意歪曲信息的原因有很多，他们可能希望显得聪明，或者可能不想透露使他们感到尴尬的信息，又或者可能想隐瞒他们认为属于个人隐私的内容。

例如，在一项有关快餐食品购买行为的调研中，受访者可能很清楚过去一个月去过快餐店的次数。然而，他们可能不记得去了哪些快餐店或每一家去了多少次。在回答他们去过哪些餐厅时，受访者宁愿简单地猜测也不愿意回答"不知道"。

文化可以产生多种形式的回答偏差。可能最重要的是翻译。一家烟草公司想知道，为保持产品新鲜度而设计的新包装在俄罗斯是否会受到欢迎。研究人员很快了解到，俄罗斯人对"新鲜"这个词的使用有许多变化的形式，每个形式都有细微的差异，但逐字翻译时就没有了。研究人员发现，他们问的是关于味道的问题，就像薄荷香烟一样。[3] 在其他文化中，受访者倾向于"极端回答"。因此，1~5的量表总是会被回答为1或5，而不是2、3或4。另一个文化问题是一致性偏差。这意味着受访者总是给出肯定的答复。这种现象在中国和印度的部分地区很常见。[4]

表6-1总结了最大限度减少回答偏差和其他类型偏差的策略。

表6-1 误差的类型及减小误差的策略

I. 随机误差	只有增加样本量才能减少这种误差
II. 系统误差	这种误差可以通过最小化样本设计误差和测量误差来减少
A. 样本设计误差	
框架误差	通过尽可能获得最佳抽样框并进行初步质量控制检查以评估抽样框的准确性和完整性，可以最大限度地减少这种错误
总体设定误差	这种误差是由于错误地界定总体而产生的，它只能通过更加仔细地考虑和界定总体来减小
选择误差	这种误差是由于使用不完整或不恰当的抽样程序，或者没有遵循恰当的抽样程序而产生的。即使组建了正确的抽样框，恰当地界定了总体的范围，选择误差仍有可能出现。可以通过建立确保随机性的选择程序以及开发质量控制检查来确保这些程序得以执行，从而最小化这一误差
B. 测量误差	
替代信息误差	这种误差是由于收集到错误信息并以错误信息为基础进行决策而产生的。它因不佳的设计而产生，只能通过慎重地选择能实现调研目标的各类信息来最小化这一误差
访谈者误差	这种误差是由于调研人员与受访者之间的相互作用影响了受访者的回答而产生的。可以通过精心挑选和培训调研人员来最小化这一误差。另外，质量控制检查应包含对调研人员慎重地监督，以确保调研人员遵守规定的准则
测量工具偏差	这种误差也称为问卷偏差，只有通过细致的问卷设计与预先测试来最小化这一误差
输入误差	这种误差可能发生在数据输入过程中。这是受访者击错键的结果。可以使用软件检查来找出不合逻辑的回答

(续)

无回应偏差	这种误差是由于样本中拒访者与回答者的系统化差异而产生的。在邮寄调研中无回应偏差尤为显著。通过尽一切可能（例如，缩短问卷、更友好的问卷、回访、物质刺激以及在受访者最可能在家的时间联系受访者）来鼓励被选为样本的受访者做出回答，从而将这一误差最小化
回答偏差	当问卷问题存在不足而使受访者以某一特定方式回答问题时，这种误差就会产生。它能通过斟酌问卷设计而最小化。在进行国际调研时，必须充分意识到文化的影响

6.3 询问调研的类型

向人们提问题是询问调研方法的本质，但在给定的情景下，哪种类型的调研是最好的？本章探讨非互联网调研的替代方案，包括入户访谈、经理访谈、购物中心拦截访谈、电话访谈、自我管理式问卷和邮寄调研。

6.3.1 入户访谈

入户访谈（door-to-door interviews）中消费者在家中亲自接受访谈，入户访谈一度被认为是最好的调研方式。这一结论有许多依据。首先，入户访谈是私下的面对面地相互交流，它有许多优点——即时获得受访者的反馈，可以对复杂任务进行解释，能够使用加快面试或提高数据质量的需要视觉接触的特殊问卷技巧，可以展示产品概念以及对其他类型刺激进行评估。其次，受访者在熟悉、舒适、安全的环境中感到自在。

入户访谈从20世纪70年代初开始急剧衰退，现在入户访谈几乎已经完全退出了美国市场调研舞台。入户访谈的主要问题是支付访谈人员差旅时间、交通补贴、调研时间方面的成本，以及本章前面讨论的应对不断上升的拒访率方面的支出问题。然而，这种方法仍然被用在一些政府调研中。例如，最近的一些美国人口普查就是使用入户访谈法进行的。入户访谈法也是很多发展中国家最流行的访谈形式。

6.3.2 经理访谈

市场调研人员将**经理访谈**（executive interviews）当成专业性入户访谈。这类访谈包括在商务人士的办公室就工业产品或服务进行的访谈。例如，如果惠普公司想获得用户对于其新一批办公打印机功能的偏好方面的信息，就需要对打印机的潜在购买者进行访谈。因此，找到这些人并在他们的办公室中进行访问是恰当的做法。

这类访谈费用很高。首先，必须识别并找到我们正在谈论的产品的购买决策者。有时，可以通过多种途径来获得购买决策者名单，但更多的筛选需要通过电话来进行。公司里可能的确有我们正在寻找的这类人，但是在一个大型组织里面找到他们是耗时且昂贵的。一旦找到合适的人选，下一步就是让这个人答应接受访谈，并为访谈安排时间。这并不像看上去那么困难，因为大多数专业人士似乎都乐意谈论与他们工作相关的话题。

其次，访谈员必须在约定的时间到达指定的地点。长时间的等待是常有的事，取消访谈的情况也很常见。这类访谈需要技术精湛的访谈员，因为他们通常是就一个自己不太了解的话题进行访谈。实质上，经理访谈具有与入户访谈相同的缺点与优点。越来越多的经理访谈转向了线上。

6.3.3 购物中心拦截访谈

购物中心拦截访谈（mall-intercept interviews）仍然被用于进行某种类型的个人访谈，这一调研方法是相对简单的。购物者在购物中心的公共区域被拦住，要么当场接受访谈，要么到购物中心固定的访谈室接受访谈。全美约350家购物中心有市场调研公司运营的固定访谈室，数量相当或更多的购物中心每天都允许市场调研人员进行访谈。然而，也有许多购物中心禁止市场调研访谈，因为它们认为访谈对于消费者来说是不必要的麻烦。

购物中心拦截访谈有许多严重的缺点。第一，事实上不可能从某一购物中心的消费者中抽出一个能代表大都市区域消费者的样本。即使有许多很大的购物中心，它们中的大部分也只是吸引来自相对较小区域的消费者。而且，基于购物中心所包含门店的类型，购物中心倾向于吸引特定类型的消费者。研究也表明，相比其他人，有些人的购物频率更高，因而他们被选中参加调研的机会更多。此外，许多人拒绝参与购物中心拦截访谈。总之，购物中心拦截访谈不能产生好的或具有代表性的样本。除非在极少数情况下，如总体恰好是某一购物中心的消费者或某一购物中心消费者的子集。

第二，购物中心的环境并不总被视为一个适合进行访谈的舒适的地方。受访者可能感到不安、匆忙，或者注意力被各种访谈员无法控制的使人分心的事情占据。这些因素可能会对收集到的数据质量产生不利影响。尽管存在这些问题，但近年来购物中心拦截访谈的流行程度仅有轻微的降低。

第三，购物中心的客流量在过去10年里急剧下降。一些最受欢迎的购物中心的客流量在2018年达到顶峰，现在也正在下降。2019年前三个月，近6 000家商场门店宣布关闭。[5] 随着客流量的下降，潜在受访者的数量也在下降。因此，访谈者需要更长的时间才能找到一个合格的受访者。这就提高了购物中心拦截访谈的成本。2020年的疫情导致大量市场调研公司放弃了购物中心拦截访谈。

6.3.4 电话访谈

直到1990年，电话访谈都是询问调研中最受欢迎的方法。电话访谈的优点是引人注目的：第一，利用电话收集调研数据是一种相对廉价的方法；第二，从传统意义上讲，电话访谈能产生高质量的样本。95%的美国人都有某种类型电话，随机数字抽样或随机数字拨号是一种被经常使用的抽样方法。如今，许多人都在使用"请勿呼叫"清单来避免自动电话。市场调研人员则不受"请勿呼叫"清单的约束。但是正如前面已经提到的，它最显著的缺点在于极低的完成率。

1. 预测性拨号

现在，电子随机拨号已经与软件相结合，形成了预测性拨号。预测性拨号给了访谈者更多的时间进行实际的访谈，因为他们不用再自己拨打号码，因此它提高了访谈过程的效率。

拨号机会自动地拨打一个号码，并过滤掉如自动答录机或占线用户这样的无效电话，然后将一个正在等待的访谈者与潜在的受访者连接起来。该软件会根据预约时间确定优先级，按照顺序重拨给用户，并提供拨打和尝试拨打的号码的实时报告，以及完成的访谈。当然，这也是自动通话的一种形式。

2. 呼叫中心电话访谈

呼叫中心电话访谈（call center telephone interviews）是通过一套专门设备进行的。呼叫中心电话访谈流行的原因相当简单，用一个词来形容就是控制。第一，可以对访谈过程进行监督。大多数呼叫中心电话访谈设备都有不引人注目的监听设备，使得监督者可以在访谈进行时监听。访谈员在访谈过程中如有不恰当的地方会得到纠正，不能进行正确访谈的访谈员会被解雇。一个监督者可以监听10～20个访谈。通常，每个访谈员每班至少被监听一次。第二，作为进一步的质量控制检查，对已完成的访谈进行当场审查。访谈员能立即知道自己工作中的任何不足之处。第三，访谈员的工作时间是受控的。

几乎所有的调研公司都已经使用计算机来控制呼叫中心电话访谈程序了。在**计算机辅助电话访谈**（computer-assisted telephone interviews，CATI）中，每个访谈员都坐在一台个人电脑前。当接通受访者电话时，访谈员通过按下键盘上一个或一系列的键来开始这一访谈。屏幕上一次显示一个问题及其备选答案，访谈员读出问题并输入受访者的答案，然后计算机会跳到下一道恰当的问题。例如，访谈员可能会问受访者是否有狗，如果受访者回答有，则计算机可能显示一系列关于受访者购买哪类狗粮的问题；如果受访者回答没有，这些问题就不恰当了。计算机会考虑受访者的回答，然后跳到下一个恰当的问题。

另外，计算机还能帮助定制个性化的问卷。例如，在一段长访谈的开始部分，受访者会被问及自己所拥有的所有汽车的制造时间、制造商和型号，在随后的访谈中，问题可能会具体到每辆特定汽车的情况。访谈者的屏幕上可能会出现如下问题："您说您拥有一辆2020年的通用卡车，您家通常谁开这辆车？"有关这辆车的其他问题或有关其他车的问题会以类似的方式出现。

计算机辅助电话访谈的另一个优点是计算机制表能在调研中的任何时点使用。根据初步的列表，某些问题可能会被删除，以节省后续访谈的时间与经费。例如，如果98.3%的受访者以同样的方式回答某一问题，那么可能就没有必要继续问这一问题。列表也可能表明需要在调研中增加某些访谈问题。如果在访谈的早期阶段发现了一个意想不到的产品使用模式，就可以添加问题，以进一步深入探究受访者这方面的行为。最后，管理层可能会发现报告早期访谈结果对初步规划与战略部署的开发是有帮助的。

6.3.5 自我管理式问卷

自我管理式问卷（self-administered questionnaires）与本章讨论的邮寄调研有一个共同点。它们区别于其他询问调研方法的地方是访谈过程中没有访谈员的介入。自我管理式问卷主要的缺点是没有人在现场为受访者解释事情和阐明开放式问题的答案。例如，如果某人被问及一个开放式的问题："为什么您不购买某一品牌的软饮料？"一个典型的回答可能是："因为我不喜欢它。"从管理的角度看，这类回答是毫无用处的。它没有提供任何可以用来改进营销组合从而使产品更具吸引力的信息。然而，如果有访谈员参与该调研，在接收和记录无效回答后他会"追问"这一回答，访谈员会问受访者不喜欢这一产品的哪一点；然后受访者可能会指出不喜欢该产品的味道；接下来，访谈员会问受访者不喜欢哪种口味。这样，访谈者可能最终会获得一些有用的信息，例如，受访者指出该产品"太甜了"。如果许多人给出相似的答案，管理层可能会选择降低该饮料的甜度。关键是，如果没有追问，管理层可能只能获得一个没用的答案。显而易见的解决办法是，在非计算机化的调查中不要提出开放式的问题。

有些人则认为没有访谈员的参与是一种优点，因为这样可以消除因访谈员参与而带来的偏差。访谈员的外表、衣着、言谈方式和未遵守访谈规则的行为，都会影响受访者的回答。

例如，航空公司经常在飞机飞行期间发放问卷，请求乘客评价航空公司服务的各个方面，这些评价结果用于追踪乘客随着时间的推移对服务的看法。许多宾馆、餐馆以及其他服务机构向顾客发放简短的问卷，以了解顾客对它们提供的服务质量的评价。

6.3.6 邮寄调研

在市场调研中，邮寄调研主要有两类：专项邮寄调研与邮寄样本库。**专项邮寄调研**（ad hoc mail surveys）有时又被称为单程邮寄调研，调研人员从恰当的来源中抽选一个包含受访者姓名与地址的样本，并将问卷邮寄给所选的人。一般不会提前联系，且一个项目的样本只用一次。然而，为了提高整体回答率，同样的问卷可能会被多次寄给无应答者。相比较而言，邮寄样本库是通过以下方式进行的。

（1）用信函提前联系样本组成员。在初次联系中将指明他们即将参加的调研的目的，受访者通常会获得小费。

（2）作为初次联系内容的一部分，消费者需要填写一份背景资料问卷，其中包括家庭人口、年龄、受教育程度、收入、宠物类型、汽车类型及使用年限、家用电器种类等。

（3）在初次联系后，小组参与者会时不时地收到问卷。初次联系中收集到的背景资料数据使得调研人员能够只向合适的家庭邮寄下一步的问卷。例如，有关狗粮使用与偏好的调查问卷，只会邮寄给有狗的受访者。

邮寄样本库（mail panel）是一种纵向研究。**纵向研究**（longitudinal study）是指在不同的时点反复访问相同的受访者。一些公司，包括益普索集团、NPD市场调研公司、盖勒普咨询有限公司，都建立了大型的消费者邮寄样本库（超过10万户家庭）。值得注意的是，许多邮寄样本库正在进行数字化转型。更快的结果和更低的成本等数字化转型的优势将在第8章中讨论。

就像自我管理式问卷一样，两类邮寄调研都有调研现场无访谈员的缺点，尤其是没有人在现场追问开放式问题的答案，这的确限制了能收集到的信息的类型。因此，相比其他一些有访谈员介入的访谈，邮寄调研通常在问题的数量以及可获得的信息量方面更受限制。

专项邮寄调研受拒访率高和伴随高拒访率的系统误差的不利影响。在邮寄调研中，只要每个人拒访的概率是一样的，拒访将不是一个问题。然而，许多研究表明，某些类型的人，如受教育程度更高的人、职位较高的人、女性、对该话题不感兴趣的人以及学生，比其他类型的人更有可能拒访。专项邮寄调研的回答率可能在不足2%到超过50%之间浮动，这取决于问卷长度、问卷内容、受访者、使用的激励方式以及其他因素。邮寄样本库调研人员声称他们的回答率在70%左右。

目前已经开发出了许多旨在提高邮寄调研回答率的策略，**表 6-2** 概括了几种更常见的策略。而问题在于"相比增加的回答率，某一策略的花费是否值得"。遗憾的是，这一问题还没有明确的可用于所有情景中所有程序的答案。

我们在表 6-3 中总结了本章所讨论的非互联网询问调研方法。

表 6-2　提高邮寄调研回答率的策略

- 事先以电子邮件、短信或电话通知受访者参与调查
- 用电子邮件、短信或电话进行跟踪提醒
- 金钱刺激（50 美分、1 美元）
- 赠品（铅笔、钢笔和钥匙链等）
- 使用加贴邮票而不是付费盖戳的信封
- 附上回信信封（已经写好地址并贴好邮票）
- 写上受访者的私人地址以及制作精美的附信
- 承诺为受喜爱的慈善机构捐款
- 受访者可以参与抽奖
- 真诚地恳求
- 表明与大学或研究机构联办
- 附有亲笔签名的附信
- 多次邮寄问卷
- 提醒受访者其参加过以前的相关调研（针对邮寄样本库调研参与者）

表 6-3　非互联网询问调研方法

访谈类型	相关说明
入户访谈	访谈是在受访者的家中进行的（如今在美国已很少使用了）
经理访谈	针对工业产品用户（如工程师、建筑师、医生、主管）或决策者的，在他们的办公地点进行
购物中心拦截访谈	在购物中心或其他交通繁忙的地区进行的消费者访谈。访谈可以在购物中心的公共区域进行，受访者也可能被带到一个私人的测试区域
呼叫中心电话访谈	通过一套专门的电话设备进行的访谈。这些设备通常有监听设施，使得监督者可以不引人注目地监听访谈过程。许多设备可以在一个地点进行全国范围内的抽样。越来越多的设备具有计算机辅助访谈功能。在这些中心，访谈员坐在个人电脑和计算机终端前，问卷按编写好的程序输入计算机，访谈员用键盘直接输入答案
自我管理式问卷	自我管理式问卷通常适合在人流量集中的地方（如购物中心）或能够接近大量受访者的场所（如教室和飞机）使用。受访者会被告知如何填写问卷的基本信息，并自主完成问卷。电脑访谈服务式站点的触摸屏提供了一种获取商店、健康诊所，以及其他购物或服务场所个体信息的方法
专项（单程）邮寄调研	未经事先联系，调研人员就将问卷邮寄给样本中的消费者或工业产品用户。问卷中附带有填写说明，受访者被请求填写问卷并将其寄回。有时会提供礼品或金钱奖励
邮寄样本库	问卷被邮寄给预先联系过的个人样本。向受访者解释调研方面的相关事宜后，他们同意在一段时间内参与调研活动以获得一定的报酬。邮寄样本库的回答率通常比专项邮寄调研的回答率高很多

6.4　询问调研方法的确定

在特定的情境下，许多因素会影响调研方法的选择。调研人员应该选择以最低的成本获得理想的数据类型、数据质量和数据数量的调研方法。**表 6-4** 概括了选择调研方法时所考虑

的主要因素。

表 6-4 影响特定询问调研法选择的因素

因素	建议
预算	确定某项研究的调研部分可获得的预算是很重要的。样本量会影响调研误差
需要让受访者暴露在各种营销刺激中,以及让受访者执行特定任务	口味测试与原型产品试用测试通常需要面对面的交流。使用长片排序等视觉性的测量方法需要面对面的交流、利用互联网或移动设备
问卷长度	长问卷很难通过邮寄调研法、电话访谈法或购物中心拦截访谈完成
发生率	你是在寻找占总人口 1% 的受访者,还是在找占总人口 50% 的受访者?如果你是在"大海捞针"的话,那么你就需要使用廉价的方法来找到他们。互联网可能是最好的资源
问卷结构化程度	高度非结构化的问卷,如 IDI,可能需要通过个人访谈来收集数据
可利用的时间	你可能没有足够的时间来等邮寄调研的结果。互联网或智能手机是最快的方式

6.4.1 抽样精度

抽样精度要求是决定特定情境下哪种调研方法合适的一个重要因素。有些项目由于其自身的性质,需要高水平的抽样精度,而在其他项目中抽样精度可能并不是一个关键的考虑因素。如果抽样精度是唯一的标准,那么合适的数据收集技术很可能是呼叫中心电话访谈,从大型互联网样本库中抽选样本的在线调研,或者以某些其他形式从消费者名单中抽选样本的调研。对于抽样精度要求不高的项目而言,合适的调研方法可能是邮寄调研或某一类型的购物中心调研。

考虑抽样精度,选择呼叫中心电话访谈、互联网样本库调研、智能手机调研还是邮寄调研,是一个准确度与费用的权衡问题。抽样程序的呼叫中心电话访谈采用包括移动手机和智能手机在内的随机数字拨号,可能比邮寄调研产生的样本更好。通常,互联网和智能手机样本能带来更低的成本和更高的准确性。

6.4.2 预算

商业市场调研员经常遇到这样的问题:某项研究可支配的预算对调研方法的选择有很大影响。例如,假定某项研究的访谈预算额为 1 万美元,而所需的样本量为 1 000。如果使用购物中心拦截访谈发放问卷的费用是每次访谈 34.5 美元,而互联网调研的费用是每次访谈 1.5 美元,假设调研不一定需要面对面交流的情况下,应该如何选择就相当明显了。

6.4.3 要求受访者做出反应

在一些调研中,市场调研人员需要获得受访者对各种营销刺激做出的反应。营销刺激也许是原型产品的试用(如试用新款智能手机键盘)或者是一次口味测试。在这些情况下,让受访者对营销刺激做出反应的需要,通常要求访谈员与受访者之间进行个人交流。

口味测试通常需要准备食品。这些食品的准备必须在严格控制的条件下进行,以便调研人员能够确保每一位受访者都是对同样的刺激做出反应。对于这种类型的测试，唯一可行的替代调研方法是购物中心拦截访谈或其演变的形式。例如，购物中心拦截访谈的一种演变形式就是招募人们到设备齐全的中心地区（如社区活动中心）来试用样品，并接受访谈。

有些调研需要面对面的互动，因为需要使用特殊的测量技术、眼球追踪设备或为了获取特殊形式的信息，一些调研要求面对面的访谈。这些任务是如此的复杂，以至于访谈员必须在现场解释这些任务，并确认受访者是否理解了对他们的要求。

6.4.4 数据质量

数据质量要求是调研方法选择的一个重要决定因素。通过效度与信度来衡量数据质量（这两个概念在第 5 章[⊖]中已经详细讨论过）。回想一下，效度是指测量反映测量对象特性的程度。换句话说，一个有效的测量能够准确地给出调研人员想要测量的内容。信度是指对同一总体或相似总体进行测量产生相同结果的一致性。

除抽样方法本身外，还有许多影响数据质量的因素，其中包括抽样方法、问卷设计、具体的量表化方法和访谈员培训。然而，就数据质量而言，每种访谈方法都有一定的内在优点与缺点。

6.4.5 问卷长度

问卷长度即受访者完成一份调查所需的平均时间，是决定选择使用何种调研方法的重要因素。如果某项研究的问卷需用一小时才能完成，则可以选择的调研方法就是相当有限的。电话访谈、购物中心拦截访谈，以及除了个人访谈之外的大多数其他类型的调研方法都是无效的。在购物中心购物的消费者通常没有一个小时的时间来接受访谈。当访谈员试图与受访者通话长达一个小时的时候，受访者终止访谈和发脾气的情况就会增多。当人们收到需要花费一个小时甚至更长时间才能完成的邮寄问卷时，回答率会直线下降。诀窍是使调研方法与问卷长度相匹配。

虽然没有硬性规定，但推荐的各种访谈的时间上限如下：

- 面对面访谈（家里或办公室） 20 分钟
- 电话访谈 15 分钟
- 购物中心拦截访谈 15 分钟
- 互联网调研 15 分钟
- 个人深度访谈 40 分钟

6.4.6 发生率

发生率是指某一研究的一般总体中，有资格作为受访者的人们、家庭、企业所占的百分比。搜索成本与找到合格的受访者所花的时间相关，有时甚至会超过访谈成本。在调研人员

⊖ 应该为第 3 章。——译者注

预期发生率低且搜索成本高的情况下，选择以合理的成本提供所需的调研结果的调研方法或调研方法组合是很重要的。

对低发生率的调研而言，成本最低的调研方法很可能是互联网样本库或智能手机调研法，当然这需要假定这种方法能够满足该调研的其他数据收集要求。互联网样本库调研的一大优势是它能进行事先筛选，可以问人们许多问题，通常包括一些产品使用方面的问题。例如，如果在前期筛选中问互联网小组成员其家庭成员中是否有人参与速降滑雪或高山滑雪，互联网小组调研人员就能够以非常低的成本只挑选出那些有一个或更多个滑雪者的家庭来参加高山滑雪方面的调研。

6.4.7　问卷结构化程度

除问卷长度外，要求的问卷结构化程度可能是决定哪种调研方法最适合某一研究的一个因素。结构化是指问卷遵循既定的顺序，具有预先确定的问题措辞，以及依赖封闭式（多项选择）问题的程度。一份满足上述条件的问卷就是结构化的，偏离上述模式的问卷将被认为是非结构化的。结构化程度低的问卷，比如个人深度访谈，需要面对面的访谈；很简短、高度结构化的问卷就不需要访谈员与受访者之间面对面的交流，对于这类问卷，邮寄调研、电话访谈、自我管理式问卷与在线调研都是可行的选择。

6.4.8　可利用的时间

如果客户需要快速获得调研结果，互联网样本库或智能手机是最好的选择。一般而言，呼叫中心电话访谈和购物中心拦截访谈也能及时完成调研。

本章小结

询问调研受欢迎有几个原因：第一，管理者需要知道人们为什么做某事或为什么不做某事；第二，管理者需要知道决策是如何做出的；第三，管理者需要从人口统计学或生活方式的角度来了解做出购买或不购买某一产品决策的人是什么样的人。

询问调研中主要有两类误差：随机误差和系统误差（或偏差）。系统误差可进一步分解为样本设计误差和测量误差。样本设计误差包括框架误差、总体设定误差和选择误差。框架误差是由于使用不完整或不正确的抽样框而造成的；总体设定误差是由于对要从中选择样本的全域或抽样总体不正确的界定而造成的；选择误差是由于采用不完整或不恰当的抽样程序，或者没有正确地遵循恰当的抽样程序而造成的。

第二类系统误差是测量误差。当测量过程中所寻求的信息（真实值）与实际获得的信息之间存在差异时，测量误差就会发生。测量误差可以由许多因素造成，包括替代信息误差、访谈者误差、测量工具偏差、输入误差、无回应偏差和回答偏差。替代信息误差是由于解决某一问题实际所需的信息与调研人员所收集的信息之间的差异而产生的；当调研人员影响受访者而给出不真实或不准确的答案时，就会发生访谈者误差；测量工具偏差是由于问卷自身方面的问题而产生的；输入误差是由于向计算机输入调研文件的信息时发生错误而产生的；当样本中某一个体无法联系到或拒绝参与访谈时，就会发生无回应偏差；当受访者倾向于以一种特定的方式回答问题时，无论是出于故意造假还是文化因素，就会发生回答偏差。

传统的询问调研法有以下几类。购物中心拦截访谈是对购物中心公共场所的购物者进行的，要么在购物中心访谈他们，要么让他们来到购物中心固定的访谈室接受访谈。经理访谈是专业性入户访谈，包括在办公室采访专业人士，通常涉及工业产品或服务。呼叫中心电话访谈是通过一套专门的电话设备进行的；计算机辅助电话访谈（CATI）是呼叫中心电话访谈的一种形式，每个访谈员都坐在一个计算机终端或个人电脑前面，计算机通过屏幕展示恰当的问题来引导访谈员与访谈过程。在访谈进行时，相关数据就输入计算机了。自我管理式问卷是由受访者自行填写的，这一方法的一大缺点是，不能对回答进行追问以澄清答案。邮寄调研可分为专项（单程）邮寄调研与邮寄样本库。在专项邮寄调研中，问卷是在事先没有联系的情况下邮寄给潜在的受访者，该样本仅用于单个调查项目。在邮寄样本库中，需用信函提前联系消费者，并为消费者一段时间内的参与提供酬金；如果他们同意，他们将填写一份背景调查问卷。然后，定期向参与者邮寄问卷。

确定使用哪种调查方法的因素包括抽样精度、预算、是否需要受访者对各种刺激做出反应或执行特定任务、所需的数据质量、问卷长度、问卷结构化程度和完成调研可利用的时间。

关键词

专项邮寄调研	纵向研究	回答偏差
呼叫中心电话访谈	邮寄样本库	样本设计误差
随机变异	购物中心拦截访谈	抽样框
计算机辅助电话访谈	测量误差	选择误差
入户访谈	测量工具偏差	自我管理式问卷
经理访谈	无回应偏差	替代信息误差
框架误差	总体设定误差	系统误差或偏差
输入误差	随机误差或随机抽样误差	
访谈者误差或访谈者偏差	拒访率	

复习思考题

1. 加利福尼亚州尤里卡地区的一家五金店的店主想了解到他店里购物的消费者与到其竞争对手店里购物的消费者的人口统计学特征；他也想知道，他的店给人的印象与竞争对手有什么关系。他希望在三周内得到这些信息，而且预算有限。你推荐哪种调研方法？为什么？

2. "购物中心拦截访谈只能代表在该购物中心购物的人，因此只有涉及某一购物中心消费者购物模式的调研才应该使用购物中心拦截访谈。"讨论这一说法。

3. 一位同事认为，在你所在的社区中进行有关人们对市政府态度的调研的最好方法是邮寄调研，因为它是成本最低的方法。你会如何回应你的同事？如果时间不是你做决策的重要因素，你会改变看法吗？为什么？

4. 讨论各类样本设计误差并举例说明。

5. 为什么在询问调研中要着重考虑测量误差？为什么专业的市场调研报告通常不讨论这个问题？

6. 下列情况可能存在哪类误差？

（1）以电话簿为抽样框，对市民对城市治理的态度进行调查。

（2）仅在上午8点到下午5点之间进行访谈，以了解受访者想在新公寓的开发项目中看到的功能。

（3）询问人们在最近的两个月里是否去过公共图书馆。

（4）询问人们在过去的一年里用了多少管牙膏。

（5）告诉访谈员，他们可以用任何一个他们想编造的例子来深究受访者的回答。

调研实例 6.1

客户喜欢聊天机器人吗

75%的客户仍然更喜欢实时代理的客服，而只有25%的客户喜欢自助服务和聊天机器人。虽然聊天机器人可以为客户提供常见问题的快速解答，但当涉及处理敏感的财务和个人信息时，大多数客户更愿意使用实时代理的客服。只有13%的人表示，如果未来所有的服务交互都被聊天机器人取代，他们会感到很高兴。

使用聊天机器人提供服务的主要问题包括：对问题缺乏理解（65%）；无法解决复杂问题（63%）或无法获得简单问题的答案（49%）；缺乏个人服务经验（45%）。46%的人还认为聊天机器人让他们无法接触到真实的人。

当被问及使用聊天机器人会感到不适的交易时，绝大多数受访者的回答是大型银行业务（82%）、医疗咨询（75%）和小型银行业务（60%）。

客户更喜欢实时代理提供：技术支持（91%）；在紧急情况下获得快速反应（89%）；提出投诉（86%）；购买昂贵的物品（82%）；采购查询（79%）；退货和取消（73%）；预约和预订（59%）；支付账单（54%）。与聊天机器人打交道的最大好处是24小时服务。

总体而言，较年轻的受访者（18~44岁）比年长的消费者更愿意使用聊天机器人。事实上，在60岁及以上的人群中，有52%的人根本不愿意使用聊天机器人。

问题：

1. 参加这项调研的条件是什么？
2. 这项调研的数据是否可以通过几种不同类型的调研方法收集？如果有，是哪些？
3. 描述在这项调研中可能发生的一些误差类型。

第 7 章

定性调研

□ 学习目标

1. 定义定性调研并理解它的用途。
2. 了解焦点小组访谈的定义、如何实施以及其优缺点。
3. 比较其他形式的定性调研与焦点小组访谈的异同。
4. 了解定性调研的前景。

什么是定性调研？定性调研的优缺点是什么？为什么焦点小组访谈如此普及？焦点小组访谈调研的发展趋势又是什么？对于市场调研人员来说，还有哪些其他定性调研工具可以利用？这些都是本章将要讨论的问题。

7.1 定性调研的本质

定性调研（qualitative research）是一个宽泛的术语，是指调研结果不经过量化或定量分析的调研。一项定量调研可以确定，大量饮用某种品牌的龙舌兰酒的人，年龄在 21 岁至 35 岁之间，年收入在 6 万至 8 万美元之间。**定量调研**（quantitative research）能够揭示大量饮用龙舌兰酒的人和不常饮用的人在统计学上的显著差异；而定性调研可以用来考察大量饮用者的态度、情感和动机。为龙舌兰酒策划活动的广告公司可能会采用定性技术来了解大量饮用者如何表达自己，他们使用什么语言方式——本质上来说就是，如何与他们交流。

定性调研方法可以追溯到 18 世纪中期的历史学家詹巴蒂斯塔·维科（Giambattista Vico）的著作，维科写道："只有人才能理解人，他们通过一种被称作'直觉'的天赋来实现这一点。"在社会学和其他社会学科中，领悟的概念，或者直觉试验及同理心的使用都与重大发现（和争议）有关。

7.1.1 定性调研与定量调研的比较

表 7-1 比较了定性调研和定量调研的几个方面。也许对管理者来说，最重要的事实是定性调研通常以小样本为特征——这一特征一直是所有定性调研受到批评的焦点。从本质上讲，许多管理者都不愿意将重大战略决策建立在小样本调研上，因为它在很大程度上依赖于调研

人员的主观认识和个人的解释。管理者在很大程度上倾向于结果由软件分析好的、汇总成表格的大样本。这些管理者对基于大样本和高水平统计显著性的市场调研感到满意,是因为这些数据是以严谨和科学的方式产生的。

表 7-1 定性调研和定量调研的比较

比较维度	定性调研	定量调研
问题的类型	探测性	有限的探测性
样本容量	较小	较大
每一访谈对象的信息量	大量的	变化的
对执行人员的要求	访谈者需要有特殊技巧	访谈者不需要太多特殊技巧或者不需要访谈者
分析类型	主观性的、解释性的	统计性的、概括性的
可重复操作的程度	较低	较高
硬件条件	录音机、投影设施、录像机、照片、讨论指南	调查问卷、计算机、打印输出、移动设备
对调研人员的培训内容	心理学、社会学、社会心理学、消费者行为学、营销学、市场调研	统计学、决策模型、软件程序、数学、营销学、市场调研、数据科学
调研类型	探索性的	描述性的、因果性的

7.1.2 定性调研的使用

全球每年的市场调研支出超过 460 亿美元,[1]大约 14% 的资金用于定性调研。[2]虽然过去几年来定性调研的支出略有下降,但它仍然被广泛使用。这有几个原因:

第一,定性调研通常比定量调研成本低得多。

第二,这是一种了解消费者的动机和感受以及他们对品牌的体验的好方法。在一种流行的定性调研形式中,当产品经理从一面单向镜的后面悄无声息地观察时,他们获得了有血有肉的消费者的第一手经验。产品经理和其他营销人员会亲眼观察消费者对于各种观念的反应,亲耳听到消费者用他们自己的语言详尽地讨论自己和竞争对手的产品。当消费者把某个花了数月时间在无菌实验室条件下开发出来的产品说得一无是处时,对于一位新产品开发经理来说,坐在单向镜后面可能是一次令人自尊心受挫的经历。

定性调研受欢迎的第三个原因是,它可以提高定量调研的效率。护丽(Woolite)和来苏尔(Lysol)的制造商利洁时(Reckitt Benckiser PLC)了解到女性不喜欢用洗碗机清洗玻璃杯。

通过焦点小组访谈发现,随着时间的推移,在洗碗机中洗过的杯子往往会变得浑浊和污迹斑斑。该公司决定开展一项重要的定量调研,以确定拥有洗碗机的家庭所感知到的"污渍"问题的程度。定量调研证实,消费者确实对杯子在洗碗机中多次清洗后的样子不满意。她们也愿意付出合理的价格寻找一个解决方法。于是利洁时公司最近推出了饰面玻璃保护(Finish Glass Protect),这是一种洗碗机清洁剂,可以保护玻璃器皿免受矿物腐蚀。因此,定性调研引起了一项构思良好的定量调研,该研究验证了消费者对新产品的需求。

市场调研人员将定性调研和定量调研结合到一项或一系列研究中的现象越来越普遍。饰面玻璃的例子反映了如何在定量调研之前使用定性调研,在其他的调研设计中,这两类调研是以相反的顺序进行的。例如，定量调研显示的行为模式可以通过增加关于消费者的行为原因和动机的定性信息来丰富。一家大型保险公司进行了一项定量调研，要求应答者对50项服务特征的重要性进行排序。随后，进行了焦点小组访谈，小组参与者被要求定义和阐述前10个特征。这些特征中的大部分都涉及客户与保险代理人之间的互动。从这些焦点小组访谈中，调研人员发现，"代理商做出迅速答复"可能是指几乎瞬间的答复，或者在合理的时间内的答复。也就是说，它的意思是"紧急情况下尽可能快"和"日常事务大约24小时"。调研人员指出，假如他们没有在定量调研后做焦点小组调研，那么他们只能从理论上推测"快速答复"对客户意味着什么。

归根结底，所有的市场调研都是为了提高决策的有效性。定性调研与定量调研相结合，可以更全面地了解消费者的需求。定性调研技术包含开放式提问和追问技术。从中获得的结果数据是丰富的、人性化的、微妙的，而且往往非常具有启发性。

7.1.3 定性调研的局限性

定性调研能够也的确提供了有用的信息，有时能够发现定量调研中忽略的问题。例如，一家大型家用清洁剂生产商组织了一项大规模定量调研，试图了解为什么它的浴室清洁剂销量不佳，但事实上，它产品中的化学成分比主要竞争对手的更有效力。定量调研没有给出明确的答案，沮丧的产品经理随后转向定性调研。很快就发现，其原因是包装上柔和淡雅的颜色对消费者来说并不意味着"清洁力"。根据这一发现，再结合许多人用旧牙刷来清洗浴室瓷砖的发现，浴室清洗剂的包装被重新设计为更明亮、更醒目的颜色，并且在顶部内置了一个刷子。然而，定性调研还是被一些调研人员忽视。很多时候，市场营销的成功和失败是因为人们对营销组合的态度或观点上的细微差别，而定性调研的一个局限是，不能像大规模定量调研那样区分出这细微差别。

定性调研的另一个局限性是，调研对象并不一定能代表调研人员所感兴趣的人群。很难说一个由10个大学生组成的小组能够代表所有的大学生，或是能够代表某一所大学的所有大学生，又或是能够代表那所大学中的商科学生，甚至是能够代表营销专业的学生。小的样本规模以及自由讨论会使得定性调研项目走向许多不同的方向。因为定性调研的对象可以自由地讨论他们感兴趣的内容，在小组讨论中占主导地位的个人可以使得整个小组的讨论仅仅与调研人员所感兴趣的主题擦边。这需要一个高水平的调研人员使讨论回到正轨，同时又不压制小组的兴趣、热情和表达自己的意愿。

7.2 焦点小组

焦点小组起源于精神病学家所用的群体疗法。现在，**焦点小组**（focus group）由8～12名参与者组成，在一名主持人的引导下对某一特定主题或观念进行深入讨论。焦点小组调研的目的在于了解和理解人们要说什么以及为什么这么说。调研的重点是让人们详尽地谈论当下的话题。目的是了解他们对一种产品、观念、想法或组织的看法，了解所调研的事物如何融入他们的生活，以及他们的情感投入。

焦点小组远不止采用问答式的访谈，还应对群体动力学和群体访谈进行区分。与**群体动力学**（group dynamics）相关的互动作用是焦点小组成功的关键，这种互动作用是对小组而不是对个人进行调研的原因。焦点小组背后的一个想法是，一个人的反应会成为对其他人的刺激，从而产生反应的互动作用，与对相同数量的人分别独立访谈相比，将产生更多的信息。

在市场营销中应用群体动力研究的想法来自社会心理学领域。该领域的研究表明，来自各种身份和职业的人们，如果他们被鼓励自发地采取行动，而不是对问题做出反应，他们会在自己都没有察觉到的情况下更全面和更深入地讨论一个话题。通常，在群体动力中会避免直截了当的问题，而代之以间接的提问来激发自由和自发的讨论。其结果是获得了更丰富的信息，这是通过直接提问无法获得的。

7.2.1 焦点小组的流行

焦点小组有多流行？大多数的市场调研公司、广告公司和消费品生产商都使用这种方法。现在，市场调研中大部分定性调研费用都花在焦点小组上。具体来说，超过 2/3 的定性调研经费花在了焦点小组上。[3] 在美国，大多数焦点小组调研项目在超过 750 处焦点小组访谈设施中进行，并由 1 000 多名主持人管理。最常用的定性调研方法包括焦点小组和深度访谈（IDI）。现在，这两种形式的定性调研都在互联网上和移动设备上进行。这个问题我们将在第 8 章中讨论。

比起工业品生产商，消费品生产商更广泛地使用焦点小组访谈法，这是因为组织工业品相关小组会产生许多消费者调研中没有的问题。例如，组织一个由 12 名家庭主妇组成的小组通常是很容易的，然而，要把 10 名工程师、销售经理或财务分析员组织在一起却要花费更多的时间和费用。

高露洁－棕榄公司（Colgate-Palmolive）研发部的前任经理刘易斯·斯通（Lewis Stone）对焦点小组的看法如下。

如果没有焦点小组，高露洁-棕榄公司也许永远都不知道有些女性会小心地挤压洗洁精瓶子，有些则会非常小心地使用洗洁精。也有人使用"纯粹"的洗洁精，也就是说，她们直接把产品放在海绵或毛巾上，然后在自来水下冲洗碗碟，直到没有泡沫了。这样，她们就需要使用更多的洗洁精。斯通还解释了在焦点小组访谈中所表现出来的肢体语言是如何提供对产品的洞察，而这是通过阅读关于习惯和实践的问卷不能明显看出的。焦点小组是了解产品在家庭中实际使用情况的最有效方式。通过让小组成员详细描述他们是如何完成某些任务的，可以了解到可能由新产品或改进过的产品填补的很多需求缺口，还可以了解到如何使一种新产品受到消费者的欢迎。[4]

因此，这种"亲身体验"的方法是一个向有血有肉的消费者学习的机会。厨房和超市中的实际情况与大多数公司办公室内的情况截然不同。焦点小组使得调研人员能够感受产品使用过程中的情感背景。从某种意义上说，调研人员能够进入一个人的生活，与他一起重现产品被带回家后所经历的所有满意、不满意、收获和挫折。

7.2.2 实施焦点小组访谈

在本小节中,我们将介绍实施焦点小组的过程(见图 7-1)。在这个问题上,我们用了相当大的篇幅,因为在实施焦点小组访谈时,调研人员很可能会犯错误。

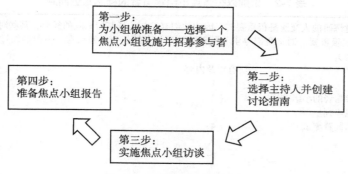

图 7-1 实施焦点小组的过程

1. 环境

焦点小组通常是在**焦点小组设施**(focus group facility)中进行的。环境一般是一间会议室,其中一面墙上装有一面大的单向镜。麦克风被放置在一个不引人注目的位置(通常是天花板)来记录讨论。在单向镜后是观察室,里面有供观察者使用的椅子和笔记台或桌子。观察室中还装有录音或录像设备。

有些调研机构提供起居室式的环境作为会议室的替代。据推测,起居室(一种典型的家庭环境)这样非正式的环境,会使参与者更放松。另外一种方法是将整个过程通过电视转播给远程观察室,而不使用单向镜。这种方法为观察员提供了一个优势,就是可以四处走动,用平常的语调交谈而不会被隔壁的人听到。观察员也可能从一个遥远的城市观看焦点小组。

2. 参与者

焦点小组的参与者是通过不同的方法招募的。两种传统的程序是购物中心拦截访谈和随机电话筛选。通常,调研人员会为焦点小组参与者制定一些资格标准。例如,如果桂格麦片公司正在调研一种新的谷类食品,那么它可能需要的是有年龄在 7~12 岁的孩子的母亲参与,并且在过去 3 周曾给孩子吃过冷麦片,也许还规定了某个特定的品牌。

其他焦点小组招募人员会去目标市场寻找合格的应答者。这种类型的招募相当于去托儿所寻找有孩子的妈妈,去健身俱乐部寻找有着积极生活方式的人,去住房整修中心寻找自己动手的整修者,去超市寻找主要食品购买者,去社区中心寻找老年人。如今,社交媒体比以往任何时候都更多地用于焦点小组招募,我们将在第 8 章回到这个话题。

通常,调研人员会极力避免在焦点小组中出现以往应答者的或"职业"应答者。职业应答者被许多调研人员视为演员,或者至少不是坦诚的参与者。人们也许会对不断参加焦点小组的人的动机提出疑问。他们孤独吗?他们真的那么迫切地需要访谈报酬吗?职业应答者不太可能代表许多目标市场,即便有也是非常少的。令人遗憾的是,现场服务人员发现,使用以往的应答者要比每次招募一组新的人更容易。大多数现场服务公司都会保留一个愿意参与焦点小组的人员数据库，其中包含他们的人口统计数据与购买方式。用于识别以往应答者的样本筛选问题如**表 7-2** 所示。

表 7-2　识别以往焦点小组参与者的样本筛选问题

有时和以前参加过调研的人交流是很重要的，因为他们有参与访谈某些话题的经验，某些时候，和从未参加过观点调研的人交谈也很重要。通常我们寻求不同经验的参与者的组合。如果有，你曾参加过什么类型的意见研究？（**不要读出清单**。）

	所有提及内容
一对一深度访谈	1
两个或两个以上参与者的小组访谈	2
模拟陪审团或模拟审判	3
有后续访谈的产品留置测试	4
邮件访谈	5
网络调查	6
固定电话调查	7
智能手机调查	8
以上均没有	9

A. 您最后一次参加该项调研是什么时候？
____两个或更多参与者的焦点小组
____（列举另一种你可能认为不太合适的调研方式）
如果是在最近 6 个月内，谢谢您的参与并到此结束。
B. 您参加过的所有焦点小组的主题是什么？
_____
_____

如果您提到了下面列出的话题，谢谢您的参与并到此结束。
（　　）智能手表
C. 您最近安排参加任何类型的市场调研吗？圈出答案
是　　　　　　　1（谢谢您的参与并到此结束）
否　　　　　　　2（继续）

虽然没有理想的参与者数量，但一个典型的焦点小组一般包含 8 名应答者。如果焦点小组成员超过 8 人，那么小组成员就没有时间表达他们的观点。一组焦点小组访谈很少会持续超过 2 个小时，更常见的是 1.5 个小时。前 10 分钟将用于介绍和解释流程。这就为访谈留下了大约 80 分钟的有用时间，其中多达 25% 的时间可能会被主持人占用。对于 10 个人一组的焦点小组访谈，平均每个人只有 6 分钟的时间用于实际讨论。如果话题非常有趣或者是技术性的，可能需要少于 8 名应答者。焦点小组的类型也会影响招募的数量。

3. 主持人

拥有合格的应答者和一个优秀的焦点小组主持人是焦点小组访谈成功的关键。一个**焦点小组主持人**（focus group moderator）需要具备两方面的技能：第一，主持人必须能恰当地组织一个小组；第二，主持人必须具备良好的商务技巧，以便与客户有效地互动。组织焦点小组访谈的关键标准如下。

- 尊重应答者。
- 掌控全局——让人明显感受到无形的领导力。

- 表达清楚，声音洪亮。
- 设定预期并给出所有行业信息。
- 提问精简并积极倾听。
- 不仓促地推进谈话，减少离题的情况发生。
- 避免"顺次访谈"（按顺序访谈第一个人、第二个人、第三个人，以此类推）。
- 关键时刻表现出创造力和适应性。
- 在一个话题内将问题从一般过渡到具体。
- 为不同的意见者创造能够表达的机会。
- 轻松应对健谈的应答者和内向的应答者。
- 不错过了解更多信息的机会。

以上这张清单都是关于建立融洽关系的。**融洽**（rapport）的意思是处于一种亲密的或和谐的关系中。主持人在与应答者讨论任何问题时都能形成一种自由而轻松的谈话氛围。

通过这种轻松融洽的关系的建立，这些陌生人可以相互认识并找到共同话题。在一个舒适的、没有威胁的、充满活力的地方，他们可以谈论任何事情——关于香肠、保险、轮胎、烘烤食品、杂志。在调研中，主持人是桥梁建设者，融洽关系是人们日常生活与客户商业利益之间的桥梁。

4. 应用即兴创作

焦点小组通常由一群陌生人组成。那么，我们可以做些什么来促进互动，让人们感到轻松呢？一位主持人可以即兴创作。这是一个为了实现目标的自发和创造性的过程。在这种情况下，它是为了让焦点小组的应答者感到舒适，当他们有话要说的时候可以畅所欲言。应用即兴创作可以增强团队活力，营造一个支持性和创新的环境，鼓励发散思维。即兴游戏的设计速度很快，一般是4~8分钟，未经深思熟虑。通常情况下，游戏会带来一路笑声。以下是两个应用即兴游戏的例子。

（1）介绍游戏：穿越圆圈。

目标：这款游戏是一种快节奏、低风险的方式，让每个人都能知道彼此的名字。

好处：缓解紧张，建立协同作用，让团队中的每个人热热身，并准备好敞开心扉进行协作。

何时开始：在你介绍并实施焦点小组之后立即开始。

所需时间：5~7分钟。

说明：找一个足够大的地方让所有人站成一圈。让参与者围成一圈后，想象他们的脚被困在流沙中，只有说出某人的名字才能移动。游戏从某个人开始，A叫出别人的名字B。一旦A叫了别人的名字，她的脚就会摆脱流沙，开始向她叫的人（B）走去。但是在A到达B之前，B需要叫另一个人的名字。除非叫出别人的名字，否则任何人无法移动。目标是快速思考，这样每个人都能在走向他的人到达他所在之处前就已离开。

看看它的实际效果：www.humansatheart.com/cross the circle。

（2）能源建设者：谁发起了这场运动？

目标：模仿彼此的动作来大笑并与其他参与者建立联系。

好处：建立协同效应，让参与者动起来，笑起来，机敏起来。

说明：让所有参与者站成一个大圆圈。请一名志愿者站在圆圈的中心并闭上眼睛。用一个无声的手势，从这个圆圈里选出一个领头人。这个人要开始做一个动作，也就是用脚打拍子。一旦她开始，每个人都模仿这个动作。然后让中间的人睁开眼睛并尝试猜测是谁先开始的动作。当中间的人转过身来猜是谁开始的时候，领头人可以继续改变自己的动作。该小组将继续模仿领头人。[5]

5. 讨论指南

不管主持人是多么训练有素、多么有风度，一个成功的焦点小组都需要一份精心编制的讨论指南。**讨论指南**（discussion guide）是焦点小组访谈期间所要涉及话题的书面提纲。通常情况下，主持人根据调研目标和委托商信息需求生成指南，它作为一份检查清单，以确保按适当的顺序逐一覆盖所有重要的话题。例如，一份指南可能从讨论对外出吃饭的态度和感受开始，然后转向讨论快餐，最后以某一特定连锁快餐店的食品和装修风格的讨论结束。重要的是，要让主管调研的人和其他委托商的观察人员（如品牌经理）同意讨论指南中列出的话题。编制讨论指南时采用团队协作法并不罕见。

指南将讨论分为3个阶段。在第一阶段，建立友好关系，解释小组互动的规则，并给出目标。在第二阶段，主持人试图引发激烈的讨论。第三阶段用来总结重要的结论并测试信任和承诺的限度。

表7-3展示了由决策分析公司的主持人编制的一份关于低热量面包的实际讨论指南。这些焦点小组曾在全国多个城市举行。

表7-3 决策分析公司关于低热量面包的讨论指南（2019年10月修改，麦克·丹尼尔）

I. 介绍说明 　A. 磁带录音／观察者 　B. 随意的、放松的、非正式的 　C. 答案不分对错 　D. 诚实的，讲真话 　E. 讨论规则 　　● 一次一个话题 　　● 不要主导讨论 　　● 发言不分顺序 　　● 倾听他人观点
II. 大众对面包的态度 　A. 与两年前相比，现在吃的面包多了还是少了？探究原因。 　B. 与其他食物相比，面包的优点和缺点是什么？ 　C. 与美味面包相关的词语／想象是什么？ 　D. 搭配面包最好的食物是？为什么？
III. 面包的使用／购买 　A. 吃面包经常在什么时间和地点，最不可能在什么时间和地点？ 　B. 家庭成员的面包用量有什么不同？为什么？ 　C. 最常食用和最不常食用的面包类型是什么？

（续）

  D. 对每种类型面包的喜恶。
  E. 首选哪些品牌？为什么是这些品牌，因家庭成员而异吗？

Ⅳ. 节食时的面包消费
  A. 与节食相关的面包消费有什么变化？为什么？
  B. 节食时吃或者不吃哪种类型的面包？为什么？

Ⅴ. 对低热量面包的态度
  A. 对低热量面包/品牌的认识。
  B. 低热量面包/品牌的消费体验。
  C. 对每种品牌的满意度。为什么喜欢或不喜欢，品牌感知如何？
  D. 与首选品牌相关的重要因素/产品属性。

Ⅵ. 理想的低热量面包
  A. 产品特点。
   ● 味道
   ● 口感
   ● 颜色
   ● 面包皮
  B. 营养优势。
  C. 包装偏好。

Ⅶ. 展示并讨论广告概念
  A. 对每种概念的整体反应。
  B. 对每种概念的喜恶。
  C. 每种概念的主旨是什么？
  D. 可信还是不可信？

Ⅷ. 对低热量面包样品的反应
  A. 对每种面包的整体反应。
  B. 对味道的反应。
  C. 对口感的反应。
  D. 对切片形状和厚度的反应。
  E. 对面包形状和大小的反应。
  F. 对颜色的反应。
  G. 对手感的反应。

资料来源：www.decisionanalyst.com。

6. 正确提问

  成为一个成功的主持人的关键特征之一是提出一些能消除潜在偏见的问题。心理学领域的研究表明，当一个想法迅速出现在脑海中时（或引起我们的注意时），它似乎变得比以前更重要。因此，每当主持人向应答者提出一个想法时，这个想法本身就变得更可信，也更有可能被接受。[6]一项关于人们社会生活的经典心理学研究始于将焦点小组的成员分成两半，把他们放在不同的房间里。一半的调研对象被问到"你对自己的社交生活满意吗？"另一个房间的小组成员被问到"你对自己的社交生活不满意吗？"两组的其他所有问题都是相同的。

  因此，两组之间唯一的区别就是一个词（满意和不满意）。然而，那些被以否定方式问话的人对自己的社交生活不满意的可能性要高出375%。[7]这被称为确认偏见。一旦一个问题被提出，大多数人会试图确认这个问题而不是反驳它。

  避免诱导性问题的最好方法是在问题中保持中立。中立问题的例子如下。

- 您对现有的冷冻比萨有多满意或有多不满意?
- 奥兰多(Orlando)正在考虑将通勤铁路线延伸至可可海滩(Cocoa Beach)。你可能还是不可能每周至少有一天坐火车?
- 你觉得运动鞋舒服还是不舒服?为什么?
- 现在你已经品尝了概念能量饮料的 A 版,你觉得它是甜还是不甜?

7. 焦点小组访谈的长度

如今,许多管理者更喜欢较短的(大约一个小时)焦点小组访谈。然而,如今平均每个焦点小组访谈的时间仍在 90 分钟左右。虽然较短的焦点小组访谈是未来的趋势,但较长时间的焦点小组还有很多值得一提的优点。一个较长时间的焦点小组访谈——两个小时甚至更长时间的焦点小组访谈可以帮助管理者在单一访谈中完成更多的事情,它也可以让应答者更多地投入,参与更多耗时的任务,并进行更广泛的交流。

焦点小组访谈的长度问题并非孤立存在的;相反,它与第二个关键因素交织在一起:讨论指南中问题的数量。我们认为,目前焦点小组访谈面临的最大问题之一是,人们倾向于准备提出太多问题的讨论指南,这实际上妨碍了深度访谈和有意义的组内交流。管理者想让他们的钱充分发挥作用,所以对他们来说,所问的每一个可能的问题都是有意义的。"焦点小组"变成了小组询问或调研,但没有科学调研的控制和统计能力。

为了更明确、更有逻辑地思考问题的数量,管理者需要统筹考虑焦点小组访谈的时长和讨论指南的容量。如表 7-4 所示,更多的问题和更短的时间交错在一起,会产生一种调研环境,使回答成为问卷调研一样的录音节选。此外,在 90 分钟内展开 40 个问题,主持人也会感到忙乱,无法探究出有趣的答案,并且容易被表达啰唆或缓慢的人打断。当我们在表格中向上和向右移动时,这些压力和约束就会减小。减少问题,延长时间,应答者就可以详细阐述他们的答案,主持人也可以更有效地进行探究,访谈的节奏自然会变得轻松、自然、幽默。

表 7-4 每个应答者每个问题的回答时间

问题的数量	焦点小组访谈时间		
	75 分钟	90 分钟	120 分钟
15	30 秒	36 秒	48 秒
20	23 秒	27 秒	36 秒
25	18 秒	22 秒	29 秒
30	15 秒	18 秒	24 秒
35	13 秒	15 秒	21 秒
40	11 秒	14 秒	18 秒

注:该分析假设这是一个由 10 名应答者组成的小组。

8. 客户的角色

客户当然要挑选焦点小组访谈的供应商,有时候也要挑选主持人。客户通常会选择实施焦点小组访谈的市场并指定小组应答者的特征。有时,客户会给主持人一个现成的讨论指南,在其他情况下,主持人和客户共同编制最终的讨论指南。

客户不仅需要和主持人一起核查讨论指南,还要探讨将要被讨论的产品或服务。例如,主持人正在做一个新耳机产品的焦点小组访谈,而客户在之前并没有向主持人展示该耳机是如何工作的。主持人没有被告知,如果戴上眼镜,镜框将会妨碍耳机的佩戴,当主持人试图展示这个耳机的时候,耳机无法戴上耳朵。显然,这在焦点小组参与者中造成了负面印象。

9. 焦点小组报告

通常，在所有小组的座谈结束之后，会有一个主持人汇报，有时称作**即时分析**（instant analysis）。这种传统做法既有优点也有缺点。

即时分析的优点是：作为一个论坛，即时分析可以将观察小组的营销专业人员的知识与主持人的知识结合起来；客户有机会听到主持人的初步看法并做出反应；可以利用当时非常活跃的思维和兴奋感，在头脑风暴的环境中产生全新的想法和理解。

其不足之处是，主持人在没有时间反思发生了什么情况下的"信口开河"可能会使未来的分析产生偏差；即时分析会受到近因、选择性回忆和其他与有限记忆能力相关的因素的影响；不允许主持人以一种不那么高度参与和焦虑的状态听到所有人说的话。主持人汇报无可厚非，只要主持人明确保留在重温焦点小组访谈过程后修正意见的权利。

如今，一份正式的焦点小组访谈通常是 PPT 展示，书面报告只不过是一份 PPT 的副本。

7.2.3 焦点小组的发展趋势

1. 线上和移动终端小组

焦点小组调研中一个非常流行的趋势是在线和通过移动设备进行小组调研。这个话题将在第 8 章详细讨论。即使是在传统的焦点小组设施中进行焦点小组访谈，客户也越来越倾向于在线观看。对于客户来说，在线观看的优点在于他们可以节约去一个遥远的城市旅行的时间和金钱成本。在传统设施里进行的所有焦点小组访谈中，超过 60% 使用了视频的线上传送。

2. 焦点小组样本库

通常，参与焦点小组访谈的筛选问题是："在过去的 6 个月内，你参加过焦点小组访谈吗？"如果答案是肯定的，那么回答者就会被取消资格。其理念是，客户不想要职业应答者，而想要"新的参与者"。现在一些公司采用的一个不同的模型是焦点小组访谈样本库。这种想法是，建立一个由 8~12 个愿意就给定的产品、服务或主题参加一系列访谈的符合要求的应答者组成的小组。一旦被招募，同一组受访者将同意每月会面一次，为期约 6 个月。

这样的样本库的好处之一在于可以讨论各种各样的话题，必要的话还可以重新讨论。例如，假设一个销售包装商品的公司想要推出一个新的沙拉酱系列。它的定性小组首先从对一系列沙拉酱的新想法的萌芽开始，下一个阶段将这些想法扩展到这种产品的包装、图样和味道的构想。在随后的讨论之前，可以做好具有激励作用的广告板，并决定其摆放位置和备选的名称。这最终能为调研委托方节约时间和金钱。

焦点小组访谈样本库的主要优势如下。

- 与在同一时间内雇用相同数量的独立小组对比，消费者样本库的成本要低得多。由于每个月都用同样的人，因此不需要额外的招募费用——只需要打一些简单的提醒电话。这种更加有效率的设计能够为调研委托方节约 25%~30% 的花费。

- 一份总结就足够了。因为迅速反馈至关重要，而且整个过程充满变数，公司不需要一份完整的报告。一份总结摘要效果很好，而且可以在小组访谈会议召开几天后就提交。
- 企业理解在这个过程中消费者样本库执行的行为准则。他们知道每个月他们都需要与市场营销、包装及研发部会面以确定现存的问题。同时，各个内部部门喜欢这种方式，即每个月都能听到来自样本成员的相关内容。[8]

7.2.4 焦点小组的优缺点

定性调研的优缺点一般也适用于焦点小组。但是焦点小组有一些值得一提的优缺点。

1. 焦点小组的优点

受访者之间的互动作用可以激发出在一对一访谈中不可能出现的新的想法和思考。而且，群体的压力有助于激进的受访者克制自己，以使自己的想法回归现实。受访者之间的积极互动也使得对群体的观察比单独访谈更有可能以更短的时间和更有趣的方式向客户观察员提供第一手的消费者信息。

焦点小组的再一个优势是，有机会通过单向镜、视频或在线方式观察顾客或潜在顾客的各个方面。事实上，越来越多的人开始使用焦点小组来让更广泛的员工群体接触到顾客的想法和观点。"我们发现，让人们真正了解顾客需求的唯一办法是让他们亲眼见到顾客，但是很少有人真正接触到顾客。"惠普（Hewlett-Packard）企业市场调研部经理邦妮·基思（Bonnie Keith）表示，"现在，我们正在让制造和工程部门的人员参与和观察焦点小组。"

焦点小组的另一个优势是，它比许多其他调研方法执行得更快。此外，来自小组的发现往往更容易理解，还具有令人信服的即时性和兴奋感。"我可以站起来给客户展示世界上所有的图表，但这远不及展示8或10个顾客围坐在桌前说这家公司的服务不好所产生的影响。"凯旋广告公司（Ketchum Advertising）的市场调研部主管简-安妮·马特（Jean-Anne Mutter）这样表示。

2. 焦点小组的缺点

不幸的是，焦点小组的一些优势也可能会变成劣势。例如，焦点小组调研结果的即时性和明显的可理解性可能会误导管理者。马特（Mutter）说："即使你只得到很少的一部分信息，焦点小组也会让你觉得你真的了解了情况。"她还补充说，焦点小组可以强烈地让"人们产生对问题快速、简单的答案的渴望，我还看到人们越来越不愿意复杂化，也不愿意为真正思考定量调研产生的复杂数据付出必要的努力"。

NCR公司市场调研部经理加里·威利茨（Gary Willets）响应了以上观点，他指出："可能发生的情况是，你将进行焦点小组访谈调研，而且你发现了所有的这些细节，然后有人就会说，'好了，我们已经得到了我们要知道的所有信息'。问题是，在焦点小组中所说的观点并不一定都具有典型性。你真正应该做的是先进行定性调研，然后进行定量调研。"焦点小组，就像一般的定性调研一样，基本上采用归纳法。该调研是数据驱动的，调研发现和结论直接从提供的信息中得出。相比之下，定量调研通常遵循演绎法，在这种方法中，形成的想法和假设是用专门为此目的收集的数据进行检验的。

最大的失真可能来源于小组访谈本身。作为社会互动的参与者，主持人必须注意不要做出导致偏差的反应。主持人的风格可能会导致结果的偏差。例如，一种咄咄逼人、直接的风格可能会使得应答者为了免受攻击而说任何他们认为主持人想要他们说的话。或者如果主持人"装傻充愣"可能会塑造不真诚或虚伪的形象，导致应答者却步。

受访者本身也可能带来一些问题。有些人内向，不喜欢当众发言；有的人可能试图主导讨论，这些人无所不知或者自以为无所不知，他们抢先回答每个问题，不给别人说话的机会。一个专横的组员完全有可能影响到其他成员。如果主持人对他的态度生硬，可能会给其他成员一种错觉——"你最好小心点，要不然我也会对你做同样的事。"幸运的是，一个优秀的主持人既能够压制住一个专横的组员，同时又不波及小组的其他成员。主持人使用的一些简单的技巧，包括：避免与专横的组员眼神接触；提醒大家"我们想给每个人一个说话的机会"；说"让别人先说"；或者如果有人在说话，专横的人打断了他，主持人可以看着最初说话的人说"对不起，我没听清你说了什么"。

7.3 其他定性调研方法

由于焦点小组在市场调研中的广泛应用，本章的大部分内容都用来讨论焦点小组。然而，人们也在使用其他一些定性调研技术，尽管使用要有限得多。

7.3.1 个人深度访谈

个人深度访谈（individual depth interviews）是相对非结构的一对一访谈。访谈者在追问和引出每个问题的详细答案的技巧方面受过完整训练。有时会用心理学家来当深度访谈者，他们可能使用不定向的临床技术来揭示隐藏的动机。个人深度访谈是第二流行的定性调研形式。

个人深度访谈的走向是随应答者的回答而定的。随着访谈的逐渐展开，访谈者会彻底追问每个答案，并把这些答案作为进一步提问的基础。例如，一次深度访谈可能会从讨论零食开始。访谈者可能会在每个回答之后接着问："你能告诉我更多吗？""你能详细说一下吗？"或"就这些吗？"访谈者可能会接着讨论各种原料的优缺点，如玉米、小麦和土豆。下一阶段可能会深入讨论零食的社交性。例如，你是一个人吃菲多利玉米片（Fritos）还是同许多人一起吃？小麦薄饼公司（Wheat Thin）的食品通常是为聚会准备的吗？你在什么时候用乐之（Ritz）饼干招待客人？

深度访谈相对于焦点小组的优点如下：

（1）群体压力被消除了，因而受访者会透露更多的真实感受，而不必只说那些被认为是最能被同龄人接受的感受。

（2）一对一的交流给受访者一种被关注的感觉——他的想法和感觉是重要的，是真正被需要的。

（3）受访者达到了注意力的高度集中，因为他与访谈者有持续的互动，并且没有其他小组成员躲在后面。

（4）花在单个受访者身上的时间更多，这可以促使新信息的披露。

（5）可以深入地探查受访者，以揭示隐藏在表面陈述背后的感受和动机。

（6）不受保持群体秩序的限制，可以更容易地即兴发挥产生新的提问方向。个人访谈灵活性更大，以追问随口说出的评论和离题的问题，这通常能对主要问题提供重要的洞察。

（7）一对一的亲近关系使访谈者对非语言的反馈更加敏感。

（8）在不受他人影响的情况下，可以从受访者那里得到一个独特的观点。

（9）访谈可以在任何地方进行，而不必在焦点小组设施内。

（10）当团队合作的方式需要将竞争对手放在同一个房间时，个人深度访谈可能是唯一可行的方法。例如，与来自竞争关系的百货公司或餐厅的经理一起就防止坏账的系统进行焦点小组讨论可能非常困难。

（11）当调研目标是了解个人决策过程或个人对营销刺激（如网站）的反应时，个人深度访谈是典型的选择。个人深度访谈能够在不受干扰的情况下详细地探索单个受访者的反应。当调研人员想要将个人反应置于个人经历背景下时，这些尤其有价值。

（12）如果话题高度敏感（如严重疾病），就需要采用个人深度访谈。涉及非常私人（如破产）或者很复杂（如离婚裁定）的话题时，最好采用个人深度访谈进行深度追问。

（13）我们交流的很多内容都是非语言的，像面部表情、身体语言以及语音语调。即使是一个简单的短语，比如"那很好啊"也可以有多重含义，说话者是真心的还是在讽刺？

个人深度访谈相对于焦点小组的缺点如下。

（1）个人深度访谈通常比焦点小组访谈的总成本更高，但就受访者的每分钟访谈的成本来说却并非如此（详见下一部分）。

（2）个人深度访谈通常达不到与焦点小组相同程度的委托商参与水平。很难说服大多数委托商的员工坐下来听几个小时的深度访谈，以便从第一手信息中获益。

（3）因为对主持人来说，个人深度访谈是很消耗体力的，所以他们一天内所涉及的内容不如焦点小组那么多。大多数主持人一天内不会做超过四、五次个人深度访谈，而他们可以在一天内将20个人分成两个焦点小组完成访谈。

（4）当需要达成一致意见或采取辩论来探寻不同观点时，需要进行焦点小组访谈。焦点小组为两个相反观点得到讨论和解决创造了机会。

（5）焦点小组使主持人可以利用群体动力的杠杆作用来获得在一对一访谈中可能不会产生的反应。[9]

不管是不是心理学家，优秀的深度访谈者都是很难找到的，而且费用很高。决定深度访谈成功的第二个因素是恰当的解释。访问的非结构化性和分析的临床性增加了任务的复杂性。样本规模小、比较困难、调研人员解释的主观性以及高昂的成本都阻碍了深度访谈的普及。深度访谈的典型应用如下。

- 沟通检验（例如，对出版物、移动产品、网站、广播、电视广告或其他书面材料的审查）。
- 感观评价（例如，对不同配方的除臭剂和洗手液的反应，对新香水的嗅觉测试，或对新糖霜的味道测试）。
- 探索性调研（例如，定义基本释义或一种产品、一项服务、一个想法）。
- 新产品开发、产品原型筹划。
- 包装或用法调研（例如，当客户想要反映个人经历和获得关键语言描述时）。

个人深度访谈的另一种形式被称为顾客关注调研（CCR），其基本思想是用深度访谈来了解购买过程的动态。下面 7 个问题是 CCR 的基础。

（1）什么因素决定了你这次购买行为？
（2）你为什么现在购买？
（3）在这个过程中最困难的部分是什么？有没有让你困惑的地方？
（4）你何时以及如何确定这个价格是可以接受的？
（5）有没有其他我应该与之交流的人，以便得到这次购买行为背后的更多信息？
（6）如果你之前购买过这种产品，与这次购买有什么不同？
（7）你是在什么时候相信这个组织和这个人会为你的最大利益而工作的？

1. 焦点小组与个人深度访谈的成本对比

在一个标准的 8 个人 90 分钟的焦点小组访谈中，有 9 个人（8 个参与者加上主持人）分享发言权，平均每个受访者在 90 分钟中分配了 10 分钟的发言时间（90 分钟除以 9 个人）。

这种类型的焦点小组访谈的成本大约 13 000 美元。这个花费包括招募者、主持人、参与者薪酬及食物、设施、报告撰写以及邀请一些观察者参加活动的花费。将 80 分钟的参与者讨论时间除 13 000 美元的费用（不包括主持人），在这种情况下，每分钟的访谈成本为 162.5 美元（13 000 美元/80 分钟）。

然而，如果一个典型的个人深度访谈持续 30 分钟，成本在 600~800 美元（包括招募、访谈、报告花费和参与者薪酬），每分钟成本为 20~27 美元。最大的不同在于受访者的讨论时间，在一次电话深度访谈的 30 分钟中，一般为 20~25 分钟。

因此，当考虑到每分钟的调研成本时，个人深度访谈可以提供更大的价值。当然，焦点小组和个人深度访谈的质量决定了调研的真正价值。

2. 解释学的应用

一些个人深度访谈研究者用一种叫解释性调研的技术来实现他们的目标。**解释性调研**（hermeneutic research）侧重将解释说明作为理解消费者的基础。解释说明来自调研人员和参与者之间的"对话"。在解释性调研中，调研人员回答参与者的问题，而在传统的方法中，调研人员只向受访者提问。没有预先设定的问题，问题是随着谈话的展开自动发起的。

例如，一个调研人员和一个消费者在交谈为什么那个人购买一个高端家庭影院系统时，也许会讨论这次购买的原因，比如举行电影派对、享受居家奢侈品，或者把自己沉浸在体育赛事中。调研人员也许将"举行电影派对"解释成购买的一个原因，意思是没有这个系统，消费者就根本不能举办派对；然后，调研人员将会反馈给消费者以获取其他的信息。在回顾数据并进行更多的交谈之后，调研人员和消费者找出这个产品会被购买和被使用的原因（也许一样，也许不一样），而不是讨论这个产品给拥有者带来的感觉。在这种情况下，产品拥有者作为参与者也许会感到自信、更善于交际、更有权力、更富有、更放松，或更有活力。在谈论和探索更多关于家庭影院的使用情况时，调研人员发现了新的数据和问题，从而解决问题或考虑接下来的发展方向。

不管用不用解释学，写一份个人深度访谈报告都与写一份定量调研报告有很大不同。

3. 德尔菲法的使用

德尔菲法（Delphi method）有时被用于新产品的开发，如公司正寻找有创意的想法以融入产品或服务中。德尔菲这个词起源于希腊历史。德尔菲城是一个混合文化、宗教、景观的人口和信息密集的中心活动城市。德尔菲也是皮提亚神使的家乡，皮提亚神使是一位被认为能洞察未来的女性。神谕对来访者有很大影响，他们相信这种关于未来的知识可以帮助他们在生活中取得成功。

通常，德尔菲法依赖于某些领域的专家，可能是产品开发调研人员、营销经理、专业人士（MDS、工程师等）、社交媒体名人、高管和牧师等。显然，所使用的专家的类型取决于德尔菲会议的目标。如果一个人正在寻找更有效的方法来处理仓库中的材料管理问题，专家也许只是仓库中的工人。

德尔菲法包括很多轮的数据收集。在传统的德尔菲程序中，第一轮是非结构性的，以便允许个别专家从自己的角度相对自由地识别和阐述相关问题，然后这些问题被调研人员整合成结构化问卷。

这个调查问卷随后被用于以定量的形式引出专家小组的意见和判断。这些专家的回答会被分析并进行统计性总结，然后将其反馈给小组成员以便进一步考虑。接着，受访者有机会在反馈的基础上改变原来的观点。专家讨论的轮数为2~10次，但问卷很少超过1或2次迭代。

德尔菲法的主要特点是匿名性、迭代性、反馈性和小组回答的整合。其目标是通过一系列密集的问卷调研并穿插观点反馈，以得到最可靠的一致性意见。

德尔菲调研中匿名的目的是排除组内的相互影响，因为这可能会导致一些问题，比如组内矛盾和个别控制。德尔菲依赖于一种结构化的、间接的方法来进行群体决策制定，也就是说，参与者不见面，而依赖于个人预测和想法的统计集合。

由一轮的结果产生的可控制的反馈在下一轮开始时提交给专家小组。反馈的形式因话题而异。它可能只是想法的集合，或者如果小组正在估计一个新产品的销量，那么可能会给出定量估计，如中间值。有时德尔菲法可以拟出一些方案，例如，我们如何建立一个更好的客户关系管理软件来让我们能够从两个市场领导者那里夺取市场份额？方案可以用于回答两种类型的问题：①确切地说，一些假设的情况是如何一步步发生的？②对于每一个角色、在每一个步骤，为了防止、改变或促进某一过程，存在什么选择？

小组响应的迭代、受控反馈和整合旨在针对给定的问题从专家小组那里产生尽可能多的高质量的反馈和意见，以增强决策制定的质量。通过将小组的回答反馈给小组中的每个成员，通过一系列迭代，专家可以在其他评论的基础上校正估计。

7.3.2 投射测试

投射技术有时会被运用到深度访谈中。投射技术来源于临床心理学领域。本质上，任何**投射测试**（projective test）的目的都是深入探究表面反应以获知真实的情感、意图和动机。投射测试背后的理论基础来自人们通常不愿意或无法揭示他们最深的感受。在某些情况下，由于心理防御机制，他们没有意识到这些感觉。

投射测试是一种穿透一个人的心理防御机制，使真正的情感和态度浮现出来的技术。一般情况下，受访者会面对一个不明确的、模糊的情景，并被要求做出反应。由于这种情景是不明确的，也没有什么真实的意义，受访者必须根据自己的偏好做出反应。在理论上，受访者将个人情感"投射"在不明确的情景中，因为受访者并没有直接谈论自己，所以就绕过了防御机制。当一个人谈论其他的事情或其他的人时，他的内心感受就会显露出来。

为什么投射法很重要？消费者（或医生、选民、经理，或者任何我们研究的对象）也许不会告诉我们所有影响他们的事物。此过程中包括以下三个障碍。

（1）受访者也许意识不到某种特定的影响。

（2）他们可能意识到了某种影响，但觉得承认这件事对个人或社会来说太不可取（例如，威望形象或种族偏见）。

（3）他们也许意识到自己以一种特殊的方式感知一种产品，但他们可能不想提及这一点，因为在他们看来，这不是购买或不购买该产品的符合逻辑的、合理的理由。例如，一些医生坚称，他们开的处方与药品名称的发音或制造商商标的吸引力无关，而仅仅是基于研究发现、临床经验和患者服从性等决策因素。

大多数的投射测试都很容易操作，并且像其他开放式的问题一样被制成表格。它们通常与非投射的开放式和封闭式问题一起使用。与标准提问技巧相比，投射测试可能会收集到"更丰富的"数据，或许也更发人深省。投射技术常用于印象调查问卷、概念测试，偶尔也用于广告效果预测。在一次深度访谈中运用多种投射技术也是很常见的。

市场调研中最常用的投射技术有词语联想测试法、类比法、句子和故事完型测试法、漫画测试法、图片归类法、消费者绘图法、故事叙述法和第三人称法。心理戏剧测试法和主题统觉测试法（TAT）等其他技术在治疗心理疾病方面很受欢迎，但在市场调研方面的帮助较小。

1. 词语联想测试法

词语联想测试法（word association tests）对市场调研人员来说是最实用、最有效的投射工具之一。当一个词语在智能手机、平板电脑等其他屏幕上闪现时，受访者被要求说出想到的第一种事物。通常，这个人反应的是一个同义词或反义词，这些词是快速连续说出的，以避免心理防御机制有时间发挥作用。如果受访者在3秒钟内没有回答，那么可以断定他对这个词的反应受到了一定情感因素的干扰。

词语联想测试法用于选择品牌名称、广告活动主题和标语。例如，一家化妆品生产商可能会要求消费者对以下作为一种新香水候选名称的词做出反应：无限、相遇、激情、渴望、珍宝、情色。这些词语或应答者建议的同义词中的一个可能会被选为品牌名称。

2. 类比法

与词语联想测试法略有不同的是，**类比法**（analogies）是对两件商品的相似点进行对比。例如，一个调研人员调查消费者对福特汽车的看法时，也许会问："我将给你读一份商店名称的清单，然后我想让你告诉我哪个与福特汽车最相似？如果可能的话，试着给出第一个想到的答案，这些商店包括尼曼、沃尔玛、杰西潘尼、凯马特、诺德斯特龙、塔吉特、罗德与泰勒。"接下来，调研人员会问："商店 X 与福特汽车最相似的地方是什么？福特汽车的质量与这个商店有多相似？"这一系列的问题会激发消费者间接地谈论他对福特汽车的看法。

这个例子中类比法的应用不是为了找出人们会把哪些商店与福特汽车联系起来，而是为了让人们谈论他们对福特汽车的看法，否则他们可能无法这样做。因为对各商店的感知不同，一些受访者可能会选择商店 A，一些可能会选择商店 B。调研人员应该少关注确定受访者倾向于选择的商店，而更多地关注确定受访者做出选择的原因。A 和 B 可能会选择不同的商店，但如果这两个人对他们所选商店有相似的看法，那就没有什么意义了，福特品牌也是如此。[10]

3. 句子和故事完型测试法

句子和故事完型测试法（sentence and story completion tests）可以与词语联想测试法结合使用。应答者被要求完成一段不完整的故事或句子。下面是不完整句子的几个例子。

（1）百思买是……
（2）在百思买购物的人是……
（3）百思买真的应该……
（4）我不明白为什么百思买不……

以下是一个故事完型测试法的例子。

萨利·琼斯（Sally Jones）刚从洛杉矶搬到芝加哥，她曾在洛杉矶担任赛富时（Salesforce.com）的经理。现在她是芝加哥的地区经理。她的邻居朗达·史密斯（Rhonda Smith）来到萨利的公寓，对萨利来到芝加哥表示欢迎。随即她们谈到该到哪里购物，萨利说："我曾听人说过一些关于百思买的事情……"朗达会如何回答呢？

正如你所看到的，故事完型测试法给应答者提供了一个更有限制和更详细的场景。同样，其目的是让受访者扮演场景中提到的假想人的角色。

一些调研人员认为句子和故事完型测试法是所有投射测试中最有用和最可靠的。现在决策分析者对其客户做在线句子和故事完型以及词语联想的调研。

4. 漫画测试法

典型的**漫画测试法**（cartoon tests）包含两个带着对话框的人物，类似于在漫画书中看到的，一个框中写有对话，另一个则是空白的（见图7-2）。受访者被要求填写空白框。

注意，**图7-2**中的卡通形象是模糊的而且没有表情，因此没有给受访者关于建议回应的类型的线索。这种模棱两可的设计是为了让受访者更容易将自己的感受投射到卡通场景中。

漫画测试法非常通用且具有很强的投射性。它可以用来获得对两种类型的商业机构的不同态度，以及这些商业机构与特定产品之间的一致性或不一致性。它也可以用来衡量对于某种特定产品或品牌的态度的强度，或确定一种特定态度的作用。

图7-2 漫画测试法

5. 故事叙述法

顾名思义，**故事叙述法**（storytelling）需要让消费者讲述他们的经历。这是对消费者行为的微妙洞察。

哈佛商学院退休的教授杰拉德·萨尔特曼（Gerald Zaltman）创建了一个隐喻测试室，以便于故事叙述法调研的进行（隐喻是用通常用描述另一事物的术语来描述某一事物；它可以用来表示心照不宣的、含蓄的和不可言传的想法）。萨尔特曼让消费者花几周时间考虑如何形象地表述他们与某一公司相关的经历。为了帮助他们完成这个过程，他要求他们从杂志上剪下一些能反映这些经历的图片。然后，消费者聚集到测试室中，花几个小时讲述他们选择的所有图像的故事，以及这些图像和他们与公司相关的经历之间的联系。

以下是故事叙述法的一个例子。

一个高级珠宝零售连锁店试图通过创新应对行业衰落。首先它在两个市场实施了8次焦点小组访谈，邀请购买黄金首饰的女性讨论以下话题：对不同种类宝石、材质以及风格的偏好，连锁店与其竞争者之间的比较，以及对店铺设计和销售人员的反应。因为在16小时的焦点小组访谈中缺乏让人惊喜的发现而感到失望，该连锁店在两周内于两家店铺收集了100个购买故事。

管理层的第一个令人惊讶的发现是，有70%的故事是由男士讲述的，而在组织焦点小组访谈时忽略了这一人群。当他们被问到"你生活中发生了什么事，让你今天来到这里？"时，一个关键因素在他们的故事中不断出现：他们不仅需要买珠宝礼物，还需要把它作为一个浪漫的惊喜来呈现。这种浪漫的惊喜和珠宝本身一样，都是他们所需要的，但珠宝店几乎没有做什么来满足这种需求。

男士们描述了为找到一个可以帮助他们达成目的的珠宝包装盒的困难。他们还在努力寻找合适的氛围来送出礼物。他们花很大工夫去找合适的话语与礼物搭配。换句话说，珠宝店仅仅提供了顾客所需四件套产品的一个部件。

虽然男士们从来没有想过直接向珠宝商要其他部件，但他们在店铺里面的种种尝试与努力说出了一个创新的机会：将公司的产品定义从"精致珠宝"转变为"装在合适的包装里、在适宜的氛围中、搭配合意的话语的完美珠宝的惊喜、浪漫的呈现"，并且重新定位店铺员工使之成为资源，帮助男士组装完整产品的所有四个部件。

男士们没有向珠宝店寻求这种帮助——不是因为他们不需要，而是因为珠宝店从来没有表示过它们有能力提供这种帮助。不过两周的顾客故事收集不仅揭示了这种需求，还产生了这种呈现珠宝的想法，后来连锁店用这些想法来向顾客交付一整套产品。[11]

6. 第三人称法

除了词语联想测试法以外最容易应用的投射测试也许就是**第三人称法**（third-person technique）了。调研人员并没有直接询问他们的想法，而是用"你的邻居""大多数人"或其他的第三人称来表述问题。一位调研人员与其直接问一个母亲为什么她经常不为她的孩子准备营养均衡的早餐，不如问"为什么许多人不为他们的家人准备营养均衡的早餐？"。第三人称技巧通常用于避免直接向应答者提出可能令人尴尬或引发敌意的问题。

本章小结

定性调研是指调研的结果不经量化或定量分析的调研。它通常用于分析消费者的态度、感觉和动机。定性调研，特别是焦点小组的应用普及有以下几个原因：第一，定性调研通常比定量调研成本低；第二，定性调研是了解消费者深层次动机和感受的一种手段；第三，定性调研可以提高定量调研的效率。

定性调研并非没有缺点。有时，定性调研不能像大范围的定量调研那样区分关于营销组合的态度或观点方面的细微区别；此外，定性调研中的应答者不一定能代表调研人员感兴趣的人群。

焦点小组是最流行的定性调研类型。一个焦点小组通常由 8~12 名付报酬的参与者组成，由一名主持人引导他们就某一特定的主题或观念进行深入讨论。焦点小组的目的在于了解和理解人们要说什么以及为什么要这么说，重点是让人们详细地谈论当下的话题。与群体动力相关的互动作用对焦点小组访谈的成功至关重要。这个理念是，一个人的回答会激发其他人的思路，从而产生反应的相互作用，这将比相同数量的人独立贡献产生更多的信息。

大多数焦点小组是在焦点小组设施中进行的。通常安排在会议室里，在一面墙上装有一面巨大的单向镜，在不引人注目的地方装有麦克风和摄像头以记录整个讨论，单向镜后是一间观察室。主持人在焦点小组访谈的成败中扮演关键角色，并且一个好的讨论指南会对他很有帮助。

其他一些定性研究方法使用频率要低得多。其中一种技巧就是个人深度访谈。个人深度访谈是一种非结构化的一对一访谈。面谈者在追问和引出每个问题的详细回答的技巧方面受过完整的训练，他们经常使用不定向的临床技术来揭示隐藏的动机。其他定性调研技术还有解释学和德尔菲法。投射测试的应用代表了另一种形式的定性调研。任何投射测试的目的都是探究表面反应之下的真实感觉、意图和动机。一些常见的投射测试有词语联想测试法、类比法、句子和故事完型测试法、漫画测试法、故事叙述法和第三人称法。

关键词

类比法	焦点小组主持人	定性调研
漫画测试法	群体动力	定量调研
德尔菲法	解释性调研	句子和故事完型测试法
讨论指南	个人深度访谈	故事叙述法
焦点小组	即时分析	第三人称法
焦点小组设施	投射测试	词语联想测试法

复习思考题

1. 定性调研与定量调研的主要区别是什么？
2. 使用焦点小组有哪些缺点？
3. 设计一个从网上购买衣服的故事完型测试。
4. 客户可以做些什么来从焦点小组中获得更多信息？
5. 投射测试的目的是什么？在使用投射测试时应考虑哪些主要因素？
6. 将全班分成 4 人组和 8 人组。4 人组将从下面选择一个话题（或者你的导师推荐的）并设计一个讨论指南。4 人中一个人将担任小组的主持人，其中一个 8 人组的成员们将作为焦点小组的参与者。每组座谈至少持续 20 分钟，并由班上其他同学观察。建议话题：

（1）新的电子游戏；
（2）购买一辆自动驾驶汽车；
（3）学生在学生会的经历；
（4）现有的冷冻晚餐和零食的质量以及学生们期望的新品；
（5）学生们如何花费他们的娱乐费用，以及他们希望看到提供哪些额外的娱乐机会？

7. 做一个消费者绘画测试——画一个典型的百事可乐饮用者和一个可口可乐饮用者。这些形象说明了你对百事可乐和可口可乐饮用者的什么认识？
8. 用隐喻技巧来讲述一个去超市的故事。
9. 设计关于你的大学的 5 个句子或故事完型测试。

网络作业

1. 去 YouTube 上看一段关于什么是好的焦点小组的视频。向全班报告你的发现。
2. 进入谷歌或其他搜索引擎，输入"为焦点小组支付的最佳报酬"。你学到了什么？这是否给了你任何关于受访者选择的担忧？
3. 登陆 humansatheart.com，然后点击即兴游戏。选择一个场景，并让 10 名班级成员加入，进行排练。假设，在排练完成后，你将组织一个焦点小组。你觉得即兴游戏会对焦点小组产生什么影响？

调研实例 7.1
为普吉特海湾提供合理方法

位于华盛顿州奥林匹亚的普吉特海湾伙伴关系（PSP）是一个小型国家机构，由公民、私人组织、政府、部落、科学家和企业共同努力恢复和保护华盛顿州的普吉特海湾。PSP委托总部位于西雅图的咨询公司PRR在次区域层面围绕普吉特海湾开展受众研究，以评估居民对杀虫剂使用的知识、态度和行为。

在普吉特海湾发现的三种鲑鱼目前被《濒危物种法》（ESA）列为受威胁物种：大鳞鲑鱼、硬头鳟、胡德运河夏季鲑鱼。美国环境保护署的调查结果显示，杀虫剂对鲑鱼构成了重大威胁，包括干扰繁殖、感官知觉与反应以及生长和发育。

非营利有机园艺和城市生态组织西雅图蒂尔和PRR联合进行了一项调研，目的是调研通过销售网点的方式鼓励消费者购买毒性较低的农药的可能性。调研分为定量调研和定性调研两个阶段。

阶段1：定量调研

PRR对随机抽样的2 000户独户家庭进行了电话调查（普吉特海湾地区的5个地区，每个地区有400个配额）。初步结果令人感到鼓舞，因为已有一些人意识到合成农药产品对宠物/家庭健康和环境有危害。调研还确定了与使用更安全农药产品意愿相关的三个不同的细分市场。

（1）有意愿的家庭（43%）。

这部分人群的特点是：高知识水平；低农药使用率；高安全隐患；认为保持一个绿色和没有杂草的草坪不是很重要；最不相信停止使用杀虫剂的声明。

（2）可说服家庭（48%）。

这部分人群的特点是：具有媒介知识；大量使用杀虫剂；中安全隐患；保持一个绿色和无杂草的草坪是非常重要的；大多数人都被停止使用杀虫剂的声明所说服。

（3）不情愿的家庭（9%）。

这部分人群的特点是：低知识水平；中等农药使用率；低安全隐患；保持绿色和无杂草的草坪是很重要的；在某种程度上被国家说服停止使用杀虫剂。

阶段2：焦点小组

调研的第二阶段包括在整个地区举行的四个焦点小组。这些小组的目的是了解单户房主认为哪些障碍会阻止他们使用更安全的庭院护理产品和做法，以及什么会激励他们这样做。

许多参与者承认使用合成农药会带来健康和环境风险。尽管如此，大多数人还是不愿意忽视杂草——只要他们有一块草坪，大多数人都希望保持绿色，远离杂草。

基于定量调研和焦点小组，我们向PSP提出了一些建议，包括以下几点。

- 增加关于有机或低毒性庭院护理产品的存在、功效、易用性和可承受性的知识。
- 增加关于合成庭院护理产品对健康和环境的直接和长期影响的知识，特别是它们对儿童和宠物健康以及饮用水的影响。
- 澄清合成庭院护理产品对健康和环境构成风险，即使采取了安全预防措施。
- 强调许多人使用合成庭院护理产品的累积效应。

- 使用免费样品和产品折扣等激励措施，鼓励消费者尝试有机产品并亲自测试。

阶段3：深度访谈

该项目的下一阶段增加了西雅图耕作（Seattle Tilth），该项目的任务是激励和教育人们保护自然资源，同时建立一个公平和可持续的地方粮食系统，以促进PRR和PSP之间的合作。

这一阶段的目的是确定零售商和有效的营销干预，以推动消费者购买更安全的杀虫剂产品。调研者对九家农药零售商进行了实地深入访谈。被选中的零售商包括当地五金店、托儿所和仓库商店。

深入访谈的主要结果如下。

所有的零售商都更喜欢有机农药，他们的大多数员工也有同样的感受。然而，大多数人也对有机农药的效果和使用的方便性产生质疑。这对零售商来说至关重要，因为他们的关注点是客户服务。如果他们不能提供满足客户需求的产品，就会失去生意——这是他们不愿意冒险的。

在客户服务方面，托儿所和一家更大的五金店更注重对员工进行农药选择方面的培训。规模较小的五金店为购买农药的顾客提供的帮助较少。

阶段4：店内干预

根据访谈结果，调研者决定试点项目将与萨默森当硬件商店（McLendon Hardware）进行合作，这是一家当地注册并运营的大型五金商店，在普吉特海湾地区有7家分店。它是替代和有机农药产品的有力支持者，并创造了一个研究人员认为很适合实施试点项目的环境，项目重点是改变顾客的行为，选择更安全的农药产品。

最终调研者选择了以下3种干预方法进行测试：货架贴纸；提供更安全农药信息的货架卡；西雅图蒂尔斯的代言。每个干预措施分别安排在7个地点中的6个，为期一个月。在每个月的月底，干预措施被替换为下一个干预措施，再持续一个月，以此类推，直到所有3种干预措施都实施满一个月。

在总共6个月的干预中重复这个过程。其中一个地方作为对照组，不接受任何干预。

评估干预措施有以下4种。

（1）由83名顾客完成的在线问卷。顾客收到一张小传单（最初是在院子里的护理通道，但最终移到收银台以获得更大的知名度）邀请他们完成在线调查，并且顾客会受到邀请参加比赛以赢得每月10份价值25美元的萨默森当硬件商店礼品证书中的一份，从而激励他们这样做。

（2）对6名购买目标农药产品并同意在购买几个月后接受访谈的顾客进行深度跟踪电话访谈。

（3）农药销售记录，包括：调研期内销售的农药产品与上年同期销售的农药产品销售记录对比；3个干预试验期间农药产品销售记录的比较；干预地点与对照地点的农药销售记录的比较。

（4）与11名销售助理进行深度的面对面访谈，以了解干预措施对萨默森当硬件商店员工的影响。

调研的三个关键问题

比网上调研或购后访谈更能说明问题的是农药销售数据。调研者利用农药销售数据对三个关键问题进行了调查。

（1）在试点试验期间，有机农药的销售百分比与去年同期相比发生了怎样的变化？与所有农药（有机加合成）同期的变化相比又有怎样的变化？

（2）在调研期间销售的农药中有机农药的比例是多少？与一年前相比情况如何？

（3）在检测期间，特定产品类别中的有机农药是如何变化的？

虽然地点和干预对有机农药购买的影响没有统计学差异，但本调研的结果表明，这些因素在研究期间确实对农药消费者购买行为有一定的影响。在贴纸测试期间，处理商店的有机杀虫剂喷雾剂和颗粒的销售增长一直最高，而在其他两个干预测试期间则有所不同。这表明贴纸在说服顾客选择更安全的产品方面具有最一致的效果。

问题：

1. 这项调研只能通过焦点小组来完成吗？为什么？
2. 定量调研是必要的吗？
3. 既然在地点或干预的效果方面没有发现统计学差异，那么这项调研是失败的吗？
4. 如果你是PSP的高管，你会建议进行进一步的调研吗？如果答案是肯定的，那么下一步的调研是什么？

第 8 章

网络市场调研：移动端和社交媒体调研的发展

□ 学习目标

1. 了解市场调研所应用的网络世界。
2. 使用互联网为市场调研收集二手资料。
3. 领会在线焦点访谈、在线个人深度访谈和市场调研在线社区的本质。
4. 了解在线问卷调研并掌握其运用方法。
5. 理解在线样本库管理在维持数据质量方面的重要性。
6. 评估使用智能设备进行问卷调研的增长趋势以及社交媒体上调研的重要性。

在相对短暂的历史中，市场调研的实践总是随着时代的变化而发展，以应对社会和技术的变化。

然而，与其他任何因素相比，互联网都在更短的时间内产生了更为深远的影响。互联网与宽带或高速连接、计算机发展、智能手机和平板电脑的结合，产生了 10 年或 15 年前未曾预料的一系列变化。其中大部分的变化，以及可能最大的变化，都发生在数据搜集领域。二手资料的搜集不再需要借助印刷材料和图书馆，现在，我们可以坐在电脑前，通过使用搜索工具，让整个世界的信息变得触手可及。在线问卷调研正在迅速发展。在目前的在线问卷调研类别中，超过一半的调研是在移动设备上完成的，并且随着人们在移动设备上花费的时间越来越多，这一比例还在上升。在线定量调研（包括台式机、笔记本电脑和平板电脑在内）约占全球市场调研收入的 26%。[1] 智能手机定量调研社区占研究收入的比例很小（3%），但这一比例正在不断增长。[2]

8.1 利用互联网收集二手资料

回顾第 2 章的内容，我们知道二手资料可以在市场调研过程的早期发挥关键作用。二手资料能明确问题，或许还可以提供解决问题的方法。如果足够幸运，它甚至可以为我们提供一个解决方案，从而省去了原始数据调研所需要的时间和成本。

在本书之前的版本中，我们尝试给出了可能对市场调研的目的有帮助的网站列表。但有些徒劳无用，原因至少有以下两个：首先，网站的列表每天都在变化，至少在某种程度上是这样的；其次，通过使用谷歌，我们就可以搜索到感兴趣的特定事物。当然，个人或其他搜索引擎都需要培养搜索技能来过滤五花八门的可用资源，但迄今在你的大学生涯中，你肯定已经培养了这些技能。所以，你需要什么，尽管去搜索就好了。

8.2 在线定性调研

在线公告板（OLBB）是传统焦点小组的一种在线形式，在 OLBB 中，参与者或被访者可以身处家中、办公室或其他任何可以连接到互联网的地方。他们是通过传统方式（电话），或者更有可能是从互联网样本库或通过其他互联网方式招募而来的，并且必须满足与特定研究相关的个人特征方面的某些标准。这些特征包括年龄、性别、产品或服务的使用情况以及其他能够将他们置于感兴趣的产品或服务的目标市场的特征。主持人在另一个位置工作，多个客户可以在他们自己的计算机或移动设备上查看讨论。传统的 OLBB 小组会话没有视频连接。

主持人每天在讨论板上发布问题，参与者可以在他们方便的时候做出回答。对于受访者来说，这有点像进出教室，边走边从布告板上钉东西、取东西。他们的回答可以被主持人、客户和其他参与者看到。这些 OLBB 小组通常持续多天，但一般不超过三天。主持人从一组初始问题开始，根据收到的回答在随后的几天或某一天的不同时间内对问题进行改进。如果认为个别参与者的回应可能会影响到其他参与者，主持人通常还能够向个别参与者发送私人消息。

OLBB 需要一个软件界面来管理和控制所有交互，并且它有许多可用的系统，其中就包括 itracks（参见 www.itracks.com）。itracks 网站提供一个 YouTube 视频的链接，展示了这一切是如何运作的。OLBB 方法有许多优点，具体如下：

- 距离不再是问题。参与者可以分散在全国或世界各地。这在访谈人口稀少的群体时特别有用。
- 主持人、客户或参与者无须出差。
- 为参与者提供便利，他们可以在一天中的任何时间做出回答。
- 可以在多天内获取详细而丰富的信息。
- 参与者可以根据自己的意愿花尽可能多的时间来回答问题、思考问题甚至查找信息。
- 在这种匿名环境中可以更轻松地交流敏感话题。
- 可以对接比传统焦点小组更多的参与者，20～25 人的规模并不少见。
- 参与者可以查看书面、照片和视频概念。
- 完整的记录副本由参与者生成，并会在每次会议结束时立即提供。
- 材料和问题以连续一致的方式呈现给参与者，提供定量维度。

OLBB 的主要缺点如下：

- 没有实时的受访者互动。顺便说一下，这些互动也并不总是有用的。
- 主持人和客户无法看到面部表情和肢体语言，这可能有助于更好地了解参与者的立足点。况且，这些也可能具有误导性。

总而言之，OLBB 提供了一种经济、快速、高效的方法，可以从相对大量的合格个体中获取定性数据。[3]

8.3 网络摄像头和流媒体技术焦点小组

通过使用网络摄像头和流媒体技术以及网络摄像头焦点小组软件，公告板焦点小组的许多缺点已经得以消除。网络摄像头连接参与者和主持人。研究人员现在也使用 Zoom 组织焦点小组。

基于视频的在线焦点小组结合了传统定性研究的好处和在线焦点小组预期的好处，具体如下。

- 主持人可以看到并听到参与者，这意味着参与者的反应有了更好的语境，并且追问环节不会受到限制。
- 参与者可以从国家（或世界）的任何地方登录，从而省去了主持人或客户前往数量有限的市场的需要。
- 内置的协作工具使主持人能够向小组展示多种形式的刺激物（概念、广告、故事板）。

网络摄像头小组比传统的线下焦点小组需要更多的筛查，额外的问题包括：评估新成员在参加基于网络摄像头的面试时的舒适度（需要舒适度高）；关于他们在访谈时使用的电脑宽带接入的问题（需要宽带接入）；关于使用计算机和互联网的个人舒适度的问题，以及关于网络摄像头所有权的问题。一些调研公司会将网络摄像头发送给那些难以寻找的合格受访者。

8.3.1 通过互联网寻找线上参与者

事实证明，互联网是一个出色的工具，可以找到符合特定要求的参与者。调研人员正在使用像 Craigslist 这样的在线公告板，该网站每月吸引 6 000 万名访客浏览分类广告。一位在切尔斯市场咨询公司（Cheskin）工作的人类学家蒂姆·普洛曼表示，"当你试图寻找很难找到的小众用户群体时"，这样的网站最能发挥作用。

Point Forward, Inc. 是一家位于加利福尼亚州雷德伍德市（Redwood City）的市场调研公司，其副总裁迈克尔·巴里称，该公司已经使用 Craigslist 来寻找符合特定类别的人，比如在美国和墨西哥之间频繁往返的人。

另一家市场调研公司在 Craigslist 上发布了一则消息：向纽约居民提供 350～900 美元，让他们愿意带调研人员参观他们的酒柜，带他们去买酒，或者为他们正在策划的社会活动制作一个视频纪录片。

脸谱网和其他社交媒体网站也可用于招募参与者。当然，脸谱网上的人口并不能完全代表美国人口。但其庞大的规模表明，即使是未被充分代表的群体在脸谱网上的数量也相当庞大。滚雪球抽样（见第 5 章）可以在脸谱网上非常有效地运用，使得用户能够招募他们的朋友加入研究。最后，还可以利用定向广告从感兴趣的受众中招聘参与者。此处，预先招募的互联网样本库，如 SSI 和 Research Now，可以非常有效地用于锁定某些个体，并招募他们参加焦点小组。

电子邮件邀请是另一种为在线调研获取受访者的方式。当然，前提是假设调研者有一个符合调查条件的电子邮件地址列表。调查邀请应尽可能个性化。图 8-1 展示了一封优秀的电子邮件邀请函示例。

发件人：invite@marketresearch.com<invite@marketresearch.com>
日期：2021 年 2 月 27 日，星期三，上午 11:15
主题：提醒：帮助我们改进您的三星 Galaxy Note II！
收件人：aaron@xyzinc.com

你好！
　　我们 Wireless Carrier 一直致力于创造新的、更好的产品和服务，而您的意见至关重要，能帮助我们更好地指导这些工作。因此，我们想邀请您参与一项针对三星 Galaxy Note 10 用户的询问调查，了解您如何使用您的手机和无线运营商服务，以及我们在未来要如何改进这两种产品。我们希望您能借此机会做出贡献，让我们听到您的心声！
　　请注意，这项调研并非推销，它由备受推崇的媒体和研究机构 MarketResearch 进行，您的所有回答都将保密和匿名。
　　为了感谢您的参与，完成调查后您将自动参与抽奖，赢取 20 张价值 100 美元的美国运通礼品卡中的 1 张！
　　完成此调查大约需要 20～25 分钟。
　　如果您想参与这项保密的一次性研究，请单击下面的链接并开始。
　　如果您决定需要停止，那么只需关闭浏览器，当您准备好返回完成时，只要单击该链接，您将返回到您离开调查的位置。
　　http://surveys.research.com/survey/selfserve/adj/13414
谢谢！

图 8-1　电子邮件邀请函示例 [4]

8.3.2　在线个人深度访谈

在线个人深度访谈（IDI）通常与网络摄像头焦点小组相似，只是 IDI 的时间更长，而且每次只有一个人。由于需要大量文字录入，而且没有非语言反馈，公告板 IDI 效率不高。在网络摄像头调研之前，一些市场调研人员结合 IDI 电话采访和互联网来展示刺激物，但这种方法依然缺乏观察非语言线索的能力。与大多数焦点小组相比，在线或离线进行的 IDI 提供了更丰富的内容和更深入的见解。在线个人深度访谈或许是接触如物理学家或者忙碌的高管这类人员的唯一途径。

8.4　在线问卷调研

- 消费者越来越抗拒电话形式的问卷。
- 线上问卷可以在受访者方便的时候完成。

- 人们通常可以因为参与问卷调研而获得一些回报——现金奖励、参与抽奖等。
- 在线问卷具有更强的灵活性,可以根据受访者对先前问题的回答向受访者展示内容,并针对特定受访者调整访谈。
- 在线问卷调研实施速度快且成本低。

8.4.1 在线问卷调研的优点

如今,经营决策者必须做出复杂、快速的决策,而在线调研能够及时为他们提供信息。在线问卷的优势具体包括以下几点[5]。

- 快速实施,实时报告。在线问卷能同时发放给数千名潜在参与者。参与者完成调查后,结果将以表格的形式供客户查看。与传统问卷的结果相比,决策者可以在更短的时间内获得网络问卷的结果。
- 降低成本。在线问卷的使用可以降低 25%~40% 的成本,而且提供结果所需的时间是传统电话调查的一半。数据收集成本在传统市场调研预算中占据很大比例。使用传统问卷方法时,访谈的数量与成本是成正比的,但在线问卷却不是这样。
- 支持个性化。在线问卷能够根据每个参与者的具体情况而高度个性化,这样有助于参与者更快地完成问卷。参与者希望只被问到相关的问题,并且可以根据自己的需要暂停或继续填写问卷,这样能够回顾之前回答的问题并纠正不一致的地方。
- 回答率高。在线问卷调研比电话访谈花费的时间更少,参与者可以选择在自己方便的时间(如下班后)完成。电子问卷更具趣味性和吸引力。图片、互动性、激励性网站的链接都能让面试更有乐趣。这样带来的结果是:更高的问卷回答率。
- 能接触到通常难以接触到的群体。某些群体是最难接触到的(医生、高收入的专家、全球 2 000 强公司的首席信息官),但这些群体大多数在网上有很好的代表性。网络问卷为他们提供了便利,可以随时随地地访问,这使得那些日程繁忙的专业人士很容易参与其中。
- 提供强大的可定制的调查平台。我们可以向参与者展示图像、视频、图片等,这是我们无法通过其他(如电话等)方法实现的。此外,问卷可以根据参与者对先前问题的回答为其定制提问线路,这在诸如联合分析(见第 14 章)的学习中特别有用。
- 外部的在线样本库简化了调研供应商的工作。大量的样本库是可用的,它们被诸如 Harris Interactive、SSI 和 Research Now 等公司运营维护,调研公司可以通过利用这些样本库,使得抽样过程更加简便。我们将在本章后面详细讨论样本库。
- 比传统方法更快。完成一个在线问卷项目所耗费的时间比使用传统方法短了约三分之二,这是因为信息是自动收集的,调研人员不必等待纸质问卷的返还。通常,超过一半的回复可在项目的前三天内收到。
- 更迅速的初始分析。在线问卷调研的结果可以随时查看。我们可以导出现有的数据以便进一步分析,分析的结果也可在关键成员中共享。

8.4.2 在线问卷调研的缺点

对于在线问卷的传统使用，第一个问题是一部分人认为互联网用户并不能代表整个人口样本。前面提到过，这种顾虑在美国和其他许多国家已经基本消除了。DSS Research 公司通过平行模式（电话和网络）进行了 300 多组调查，得出的结果基本相似。在所有的调研中，很少发现取样模式之间有统计意义上的显著性差异。DSS Research 公司得出结论，互联网小组调研方法在估计市场份额和竞争基准目标的应用中，其成本（电话调研成本的一半）、速度（比电话调研的速度快一倍）和测量精确度方面都略胜一筹。[6]

第二个问题是关于网络上的**无限制网络样本**（unrestricted internet sample）。只要自己愿意，任何人都可以参与问卷调查，这完全是一个自我选择的过程，并且结果可能只对网络冲浪者（经常使用网络的人）具有代表性。如果一个互联网用户反复参加同一个问卷，那情况就更糟了。例如，计算机用户杂志《信息世界》（*Infor World*）第一次在互联网上调查读者选择时，由于受访者重复地为一个产品投票使结果出现很大的偏差，以至于问卷被当众宣布无效，编辑不得不请求读者避免再次出现这样的问题。为了防范这种问题的发生，所有负责任的机构都会在进行网上问卷调查时提供给参与者一个唯一的密码，这个密码只允许参与者参加一次问卷调查，但没有专业的调研公司使用这种方法。

第三个问题是互联网上可能并没有所需的样本框架。假设俄亥俄州代顿市一家很受欢迎的意大利餐厅 Guido's 想要了解其顾客对食品质量和服务的看法，并将其与 Olive Garden 等大型连锁餐厅进行比较。对于格林菲尔德（Greenfield Online）这样的大型互联网样本库来说，可能会由于没有足够的俄亥俄州代顿市成员光顾 Guido's 餐厅而难以提供一个具有代表性的样本。如果 Guido's 餐厅不能提供顾客的电子邮件地址，那么互联网样本是行不通的。

8.4.3 实施在线问卷调研的工具

有一些非常好且易于使用的问卷设计与发布的工具可用于在线问卷调研，其中有：

- SurveyMonkey
- Qualtrics
- Checkbox Survey
- Zoho Survey
- SurveyGizmo
- SurveyPlanet

例如，SurveyMonkey 可能更适合中级用户和小型企业，而 Qualtrics 会更适合高级用户。SurveyMonkey 可以通过 Facebook、LinkedIn 和 Twitter 发布在社交媒体上，其数据也可以导出到 Google Sheets、PDF、SPSS 或 XLS 等软件上。和其他大部分工具一样，SurveyMonkey 提供大量的问题选项，包括多项选择按钮、下拉菜单、评定量表等。这些工具还支持将多个字段组合成一个答案（查阅所有适用内容）。最后，以上所有列出的工具都会给还没有答复问卷的人发送回复提醒。很多的问卷设计网站支持现场图灵测试（Captcha），该测试要求潜在应答者执行一个简单的任务,以证明自己不是机器人。[7]

1. 设计在线问卷调研

和其他调查一样,调研者希望尽可能给受访者最好的体验,并用最短的时间来获取所想要的信息。实现了这些目标,调研者往往会从更投入的受访者那里得到更高的回复率和更好的答案。下面这些技巧可以为受访者创造更好的体验:

- 不管是哪类问卷,都尽可能用口语化的描述,避免过多使用"调研"的口吻。
- 对完成一项研究所需的时间要坦诚告知。
- 确保备选答案涵盖了所有可能性,避免过度使用"其他"作为选项。
- 使问卷在 20 分钟内可以完成,参与者能够在答卷时看到自己的进度。
- 考虑在可能或适当的情况下使用图形,使问卷在视觉上更具吸引力。
- 使调查更能增长见识,参与者会为获得某个产品或主题相关的新知识和信息而产生动力。

2. 激励和美化措施

激励和美化措施(尤其是激励措施)能够帮助提高回答率,几乎任何激励的措施都可以使得回答率平均提高 10%。但美化措施的效果更加难以衡量,因为有太多不同的方面可以进行美化了。如果只是说要一个干净、整洁、易于阅读的问卷,那么我们可以通过有效地使用颜色使得一个"邋遢"的问卷变得更美观。[8]

8.5 商业在线样本库

许多调研人员借助商业在线样本库以协助完成一项市场调研。调研人员可以让样本库公司主持调查,也可以自己主持。**商业在线样本库**(commercial online panel)不是专门为某一个公司或某个项目设立的。相反,商业在线样本库为许多不同公司的多个项目所使用。这些提供样本库的公司进行了投资,提前招募那些愿意参与在线市场调研的人。有的在线样本库可能有上千名成员专门从事某一行业的调查,如建筑、医疗或技术行业,而一些大型商业在线样本库有数百万人参加不同主题的在线问卷调查。大多数在线样本库要求人们在加入时填写一份广泛收集资料的问卷,包括人口统计信息、生活方式和心理情况。这些资料使样本库供应商能够记录每个样本成员的详细信息。通过使用这些信息,样本供应商可以锁定符合特定要求的样本成员进行调研工作。

尽管在线样本库在节约成本和时间上非常有效,但数据的质量却取决于样本库的管理水平。有几个因素会影响在线样本库的质量,包括招募方法、应答者参与度、样本库管理实践和提供的奖励类型等。

8.5.1 样本库招募

样本库招募的方法对于一个样本库的质量至关重要。如果某项调研是针对该产品一般的消费者群体进行的，那么为了满足这一需求，评估样本库招募的成员是否来自具有代表性的消费者群体这一问题就变得十分重要。同样地，如果调研项目需要商务人士，样本库招募的方法应该是从商务人士中挑选成员。在理想的情况下，在线样本库对应的研究人群所呈现的样本应当是多样化的。样本库成员的招募方法是区别在线样本库的一个关键特征，其主要有两种方式：开放式在线样本库招募和封闭式在线样本库招募。

1. 开放式在线样本库招募

开放式在线样本库招募（open online panel recruitment）是指通过广告吸引正在上网的人们，它允许任何有网络资源的人"自我选择"并加入市场调研样本库。这样做的好处是能够通过在网上冲浪并对在线广告有反应的人快速建立起一个样本库。

这种方法最关键的缺点是缺乏对招募人员的控制。开放式在线样本库招募可能会吸引数百万拥有相似特征的网络用户，但很可能这是一些对网络广告有反应，或者利用搜索引擎寻求机会参加在线样本库的人，这样就会遗漏相当大的一部分群体。

开放式在线样本库招募可能会导致样本库成员参加许多不同的样本库，完成过量的问卷调查。业内称他们为"职业问卷填写人"——他们参与填写成千上万份问卷以获取抽奖或其他类型的奖励。对于职业问卷填写人的主要顾虑在于：（1）他们为了快速完成问卷，可能会不经过深思熟虑而提供虚假或误导性信息；（2）他们可能会对问卷持敷衍的态度，这一点会在他们完成问卷调查所花费的时间上显现出来；（3）他们使得问卷应答者的比例失衡，导致调研数据出现偏差或不具代表性。已经有一些网站招募人们一次参与多个样本库，这对网络市场调研更加不利。然而，重要的是需要认识到不是所有的在线样本库都是由职业问卷填写人组成的。这也是在使用在线样本库进行招募之前弄清楚招募的方法十分重要的原因。

2. 封闭式在线样本库招募

另一种在线样本库的招募方法是"应邀参加"。美国最大的商业在线样本库供应商之一 Dynata 率先使用了这种方法。**封闭式在线样本库招募**（closed online panel recruitment）或"应邀参加"只邀请提前验证过的个人或具有某一特征的个人加入市场调研样本库。最常见的方式是邀请大型的、可信度高的领先品牌的客户，这些品牌在特定人群（如大众消费者或商务人士）中拥有庞大的、多样化的客户。例如，在招募消费者样本库成员时，Dynata 与大型知名公司结盟，这些公司拥有大量的、特征各异的客户群体；同样地，在招募商务人士时，Dynata 与各大航空公司、酒店和汽车租赁公司建立合作关系。因为常出差的商务人士也属于大众消费者，这就使招募中会出现重叠的现象，但是 Dynata 会密切关注样本库成员的注册情况，以避免这种重复。Dynata 的样本库已经超过 6 000 万人，拥有 2 700 个个人资料属性，其成员来自 94 个不同的国家。

"应邀参加"的方法使样本库调研人员可以招募到符合某种人口特征的人进入样本库，以满足客户对所调研人群的代表性样本的需求，或者满足特定的需求。例如，为了招募富有的样本库成员，样本库供应商可以从高档零售商的客户中进行招募。为了招募青少年，样本库供应商可以从针对青少年服装市场的零售商的客户中进行招募。为了招募经营决策者，样本库供应商可以从服务于商务人士的公司的客户中进行招募，如航空公司、酒店、汽车租赁公司和商业出版物的订阅者。

"应邀参加"的方法使得样本库供应商能够更好地掌控样本库的受邀人员，从而大大降低职业问卷填写人参与的可能性。应用这种方法需要注意的一点是，样本库的组成取决于接收到邀请的人，这一组成可能因为某特定招募来源的客户而产生偏差。因此，"应邀参加"的样本库需要与许多不同领域的公司合作，从而获得大量不同的招募来源，以确保样本库具有均衡的代表性，这一点十分重要。

8.5.2 应答者的参与

应答者的参与对调研过程的成功是至关重要的，可以使无响应偏差最小化。因此，懂得如何管理样本库和使用激励手段是很重要的。在线问卷调查的回答率差别很大，有的样本平均回答率低于5%，而有的则可达到近30%，有时提前筛查过的群体的回答率甚至超过60%，这部分人已被提醒将在某一特定时间或日期接受问卷调查。电话访谈回答率的降低，是在线样本库被更频繁使用的一个关键原因。

参与度的高低取决于一些因素，包括样本库成员在调研过程中的参与度，他们参加问卷调查和焦点小组访谈的总体经验，以及调研的主题等。当然，其中一个主要的驱动因素是激励机制。

有多种形式的激励机制可供选择，包括现金支付、Paypal、数字奖励和商品。现金可以通过支票、Paypal 和数字奖励卡交付；Paypal 是完全数字化和移动的，并能以多种货币进行交付；数字预付奖励则可以通过邮件的方式发送奖励兑换码，也可以选择用美国邮政发送预付卡。可以通过建立积分制度来培养样本库成员的忠诚度：一个成员参与完成的问卷调查越多，其收到的积分也就越多。积分可以用于兑换现金或商品。[9]

8.5.3 样本库管理

除了有效的样本库招募和应答者合作项目，在线样本库供应商必须有效而持续地管理样本库，以确保高水平的质量，要保证样本库成员每次参与问卷调研的经历都是积极的。此外，良好的样本库管理包括频率控制，即样本库成员参加问卷的次数不要过多或过少。样本库成员应该获得足够的机会参与问卷调查，使他们能够有效地融入调研过程，但参与问卷调查的次数不宜过多，以免对问卷调查的邀请造成负担。保证应答者的隐私，保护个人信息，防止试图利用在线问卷作为销售渠道的虚假调研（这是一种打着研究的幌子进行推销的做法），也是保证样本库成员良好体验感的关键因素。

样本库供应商要持续地招募新成员以满足持续增长的在线样本需求，并且替换样本库中可能退出的成员。即使样本库成员的留存率高，一些成员在回复样本调研时也会变得不那么积极。此外，样本库经常会招募新成员来协助拓展难以接触的群体并/或者使样本库成员结构达到平衡，以最大限度地代表总群体。持续地吸收积极投入的样本库成员是每个样本库供应商恒久不变的目标。

最后，样本库管理还包括确保样本库的更新。随着样本库成员的变化，他们的信息资料也必须更新。例如，去年年收入 1.5 万美元的 25 岁单身大学毕业生，现在可能成为了一位 26 岁的已婚会计师，有个孩子，家庭收入为 7.5 万美元。更新的个人资料确保样本库供应商能够持续地锁定合格的问卷调查的人选。

8.6 移动的网络调研：现在就是未来

人们将自己的生活装进了他们的移动设备中，用它们来照相并储存照片、阅读新闻、使用社交媒体、比较商铺、玩游戏、购物、做生意、预订、和朋友同事保持联络，并使用各种能让生活变得更方便和更有趣的应用程序。智能手机和平板电脑有着不可比拟的功能，可以接触到任何地方的用户，但这也意味着对人们注意力的无限干扰。

8.6.1 移动端调研的优点

在传统的问卷调研中，调研人员要求消费者回忆他们的经历。但是，智能手机不仅能让调研人员通过地理定位、地理围栏技术或移动分析来观察消费者所在的地点，还能够在移动调研中要求他们提供实时反馈，地理围栏即在一个地点周围建立一个虚拟的边界。[10]

当一个使用智能手机的人跨越了一个地理围栏时，就会触发一个特定位置的调查。例如，假设一个顾客要离开梅西百货，可能会被要求回答一些购物体验相关的问题。其他的问题可能关注产品的定位、店内促销的效果以及顾客倾向于购买还是仅仅浏览。

除了在特定地点截取应答者以外，移动的网络调研还有以下优点。

- 提高回答率。应答者在移动设备上的回答率更高、更快。
- 增强便利性。当受访者可以在自己方便的时间和地点完成调查时，他们将拥有更好的体验。
- 更广的范围。有机会接触到发展中国家以及偏远地区的应答者，为洞察这些地区提供了巨大的机遇
- 丰富的内容。通过移动设备，应答者可以轻松分享媒体资料（如照片、视频、录音等）。[11]
- 扩大受访人群。各个人群的受访者配合度都更高。
- 即时反馈。对于市场活动、测试等方面的调研问题，移动的调查可以提供即时反馈。
- 节约成本。调研人员收到回复的速度更快，完成项目的时间更短。
- 额外的选择。可以使用移动网络招募工具引导应答者参与网络问卷调查，或联系到平时难以接触的人群。这是接触忙碌群体的另一种方法。[12]

8.6.2 设计一个移动的问卷调研

对智能手机友好的问卷调研首先必须考虑到屏幕尺寸要小。问卷调查的设计者须牢记编写开放性问题的难度以及许多智能手机应答者的注意力持续时间的缩短。问卷应该简短、简

单,避免冗长的表格型问题,尽可能减少使用大图像。

如果设计者没有使用如 SurveyMonkey 或 Qualtrics 的网络公司进行调查设计和部署,那么设计者应该考虑使用 HTML5 和 Java Script 技术[13],这些工具可以创建定制的、图形化的问卷形式,从而搭建更动态的调查环境。

8.7 社交媒体上的市场调研

社交媒体,如 Facebook(脸谱网)、Twitter(推特)、Pinterest(拼趣)和 LinkedIn(领英),给了市场调研人员前所未有的机会来了解他们的顾客和潜在顾客。公司可以问自己:"谁是我们的粉丝?关于我们的品牌,他们能教会我们什么?"要回答这些问题,首先需要建立关于公司或品牌的对话和客户社区。

很多社交媒体市场调研都和传统的问卷调查不同,社交媒体调研更具互动性,是通过一些问题和长时间的观察来实现的,而不是由一个产品经理来决定,然后让调研人员去执行问卷并提供反馈。通过分析一个产品或服务在社交媒体上的变化,调研人员能够获悉影响顾客价值判断的因素,以及他们对产品、服务或品牌的评价方式。很多社交媒体上的调研都基于观察,这些将在第 9 章中进行更详细的讨论。

➡ 本章小结

二手资料在市场调研过程中起着至关重要的作用。它能明确一个问题,提供一个特定的研究方法,有时候甚至可以提供一个问题的解决方案。互联网在许多方面都颠覆了二手资料的收集过程。如今,使用者可以自己从互联网上获取成千上万条信息,而无须再等待政府机构或其他渠道给予回复。对于许多调研人员来说,图书馆的奔波已经成为历史,搜索引擎和目录涵盖了全世界数百万个文档的链接。网络上的兴趣焦点小组访谈和博客也是有价值的二手资料来源。

越来越多的焦点小组访谈在互联网上进行。传统的在线焦点小组访谈是采取在线公告板的形式,主持人输入问题,然后应答者输入回答。所有非语言交流都缺失了。人们的打字能力不同也带来了问题。使用语音连接和软件的网络摄像头焦点小组也创造出了一个更像线下访谈的焦点小组。此外,应答者可以来自全球各个不同的城市。远程呈现技术创造了一个虚拟的传统焦点小组访谈环境,使所有的参与者感觉身处同一个房间。

公司现在在网上进行个人深度访谈。除了一次只与一个人进行访谈以外,个人在线深度访谈与网络摄像头焦点小组的实施方式一样。

在线问卷调研的实施速度快,能够实时地获取报告,极大地降低成本,支持个性化,回答率高,能接触到难以接触的应答者,简化并增强样本库的管理,提高问卷调研公司的盈利能力。缺点是网络用户可能不具备代表性,缺乏回访流程来明确开放式回答,以及网上无法获得的所需样本框等问题。

商业在线样本库可用于不同公司的多个项目。尽管在线样本库节约了成本和时间,但需要良好的样本库管理以确保数据的质量。样本库成员的招募可以通过开放的渠道或者"应邀参加"。出于对质量的考虑，推荐使用"应邀"参加的方式。良好的样本库管理要防范职业问卷填写人。

绝大多数美国人拥有智能手机或平板电脑，因此越来越多的市场调研在这些移动设备上进行。移动的网络调研提供实时反馈，例如消费者何时购物，以及地理定位软件检测到该顾客的确切位置，问卷将自动在特定时间发送。移动的网络问卷调查需要做到简短，将浏览页数控制到最少，询问的问题要简单，并尽量减少不必要的内容。

社交媒体上的调研使研究人员能够前所未有地了解消费者。公司可以建立一个关于该公司或者品牌的社区，然后就该品牌开展长期对话。与传统的调研方式相比，调研人员和社区成员之间有了更多的互动。此外，对于品牌的评价和评价者也有了更多的观察。焦点小组访谈、个人深度访谈和问卷调研都可以在社交媒体上进行。

关键词

封闭式在线样本库招募
开放式在线样本库招募
无限制网络样本
商业在线样本库

复习思考题

1. 你是否认为最终所有的市场调研都会在移动设备上完成？为什么会或为什么不会？
2. 探讨在线焦点小组访谈的优缺点。
3. 探讨在线问卷调研的普及性。为什么这种方式这么流行？
4. 描述一些招募在线样本库的方法。
5. 如何才能在商业在线样本库中避开职业问卷填写者？
6. 对于商业在线样本库的质量来说，样本库管理是个关键因素吗？
7. 一个好的移动网络调研的关键因素有哪些？
8. 什么是地理围栏技术？如何将它用于问卷调查研究中？

网络作业

1. 确定美国收入最高的10个县、人均皮卡车比例最高的地方、美国年龄中位数最古老的邮政编码（城市）、《快速公司》（*Fast Company*）杂志上的读者简介、大部分的鳄梨生长在哪里，以及本周美国智能手机的使用情况。

2. 对照和比较 dynata.com、www.zommerang.com 和 www.surveymonkey.com 所提供的服务。

3. 使用 SurveyMonkey 应用程序，开展1~2个问题的问卷调研。

4. YouTube、LinkedIn、Google 或 Pinterest 上可以进行问卷调研吗？如果可以的话，请阐释一下怎么操作。

5. 请登录 www.gutcheckit.com 并说明它是做什么的。

调研实例 8.1
消费者在实体店的花费多于线上

科技公司 First Insight Inc. 的一份报告显示,在一次典型的购物中,男性和女性在实体店的消费都高于其在网上的消费。该公司调查了消费者的购物习惯、购买行为和驱动决策的影响因素后,发现 71% 的应答者(72% 的男性;70% 的女性)通常在商店购物时花费超过 50 美元。相比之下,只有 54% 的应答者(59% 的男性;49% 女性)在网上购物时花费超过 50 美元。

在评估购物者向购物车添加额外物品的可能性时,这种趋势仍在继续。在商店购物时,78% 的男性和 89% 的女性表示,他们有时候或总是会往购物车里添加额外的商品。相比之下,只有 67% 的男性和 77% 的女性称自己在网上购物时往购物车中添加了额外的商品。

该调查的其他重要发现如下。

越来越多的消费者只在需要时才去商店。根据调查,73% 的男性和 69% 的女性应答者表示,他们只在需要的时候才会去商店购物,在这两组应答者中,很少有人(64% 的男性和 56% 的女性)对网上购物也持有相同的看法。数据表明,零售商和品牌方要想最有效地获得更大的销售额,就需要把整体购物体验放在更重要的位置。为了吸引消费者到商店购买必需品以外的东西,零售商必须注重店内定价、激励措施,并在店内提供合适的商品。

与女性相比,有更多的男性表示店内科技提升了购物体验。报告显示,男性和女性在使用和享受店内科技产品方面已经开始出现一些差异,男性在店内使用魔镜、互动窗口、智能试衣间、虚拟科技和立标的频率高于女性(分别为 40%~47% 和 33%~40%)。此外,越来越多的男性认为店内的科技提升了他们的购物体验。

问题:

1. 实体零售商能够怎样使用此信息?在线零售商呢?
2. 可以用什么问卷调查方法来收集这些数据?这项问卷调查有 1 000 名受访者,哪种问卷调查方法是最经济的?哪种是最快的?
3. 从问卷中得出 3 个结论,并在智能手机问卷上设计出可能能够得出这些结论的问题。

第 9 章

原始资料收集：观察法

□ 学习目标

1. 对观察调研法有基本的了解。
2. 学习观察调研的方法。
3. 了解机器观察法的类型。
4. 领会在线跟踪是如何变化的以及它在社交媒体上日益广泛的应用。
5. 学习如何在市场调研中构建和应用虚拟购物环境。

什么是观察调研法？它如何应用于市场调研？什么是民族志调研？它为什么这么流行？观察法已经在互联网和社交媒体上引起轰动，这是为什么？为什么在线观察调研法经常有争议？什么样的机器能被使用在观察调研中，它们能产生什么样的数据？我们将在第 9 章中回答这些问题。

9.1 观察调研法的本质

观察调研法不像询问调研那样，需要向人们提问，而是观察人们的行为。具体来讲，**观察调研法**（observation research）可以被定义为：在没有正常询问或与参与者沟通的情况下，记录事件或行为模式的系统过程（神秘购物除外）。市场调研人员运用观察技巧的一个例子是，在事件发生时见证并记录下来，或者从过去事件的记录中收集证据。观察调研法涉及观察人或观察现象，并且可以由真人或机器来进行。**表 9-1** 给出了一些常见的观察情形的例子。

表 9-1 观察情形的例子

情形	例子
真人观察真人	观察者置身于超市观察消费者选购墨西哥速冻晚餐，以观察消费者在选购时做了多少次比较
真人观察现象	观察者置身于十字路口统计不同方向的交通流量，以确定建立快餐店的最佳街角
机器观察真人	摄像装置记录消费者选购墨西哥速冻晚餐的过程
机器观察现象	软件程序记录人们在互联网上的浏览情况

9.1.1 使用观察调研法的条件

在大部分类型的观察调研法被成功地用作市场调研数据收集的工具之前，必须要满足两个条件。

（1）所需信息必须是可观察的或者是能够从可观察到的行为中推断出来的。例如，如果研究人员想知道为什么一个人购买了一辆新的丰田红杉而不是福特远征，观察调研法将无法给出答案。

（2）某些类型的观察调研法所观察对象的行为必须是相对较短的持续时间。观察购买一幢新房子的整个决策过程可能需要花费几个星期甚至几个月的时间，这是不可行的。

9.1.2 观察调研的方法

调研人员可以从多种观察方法中进行选择，他们面临的任务是从成本和数据质量的角度，为特定的调研问题选择最有效的方法。观察调研法的不同维度包括：①自然情形与人为情形；②公开观察与掩饰性观察；③真人观察与机器观察；④直接观察与间接观察。

1. 自然情形与人为情形

统计在一定时间内有多少人进入沃尔玛商场，是一个完全自然情形的好例子。观察者在目标行为中没有扮演任何角色，那些被观察者也没有意识到他们正在被观察。另一种极端情况是，在人工智能的帮助下招募一些人在模拟超市中进行购物。在这种情况下，必须至少让被招募者知道他们是在参加一项调研。参与者可能会拿到一辆购物车，并被告知去浏览货架，挑选出平时他们常用的商品。调研人员对于所要研究的几种产品可以更换不同的购物展示地点。为了测试不同展示的效果，观察者需要记录下消费者在被测试商品前停留的时间以及此种商品实际被选购的次数。

人工智能使调研人员能够更好地控制对人们行为产生影响或者能够解释人们行为的无关变量。此外，使用这种环境还可以加快数据收集过程。调研人员无须等待事件自然发生，而是指导参与者实施特定的行为。由于在相同的时间内可以进行更多的观察，因此能够收集到更大的样本量，或者加快目标样本数据收集速度。后者可以降低项目的成本。

人工智能的主要缺点在于它是人为的，因此观察到的行为可能和现实世界状态下发生的行为不尽相同。环境越自然，被观察者的行为就越有可能是正常的。

2. 公开观察与掩饰性观察

被观察者知道他或她正在被观察吗？众所周知，观察者的出现可能会对被观察的现象产生影响。造成数据偏差的主要原因有两种。首先，如果人们知道他们正在被观察，就像**公开观察**（open observation）中那样，那么他们的行为可能会有所不同；其次，观察者的出现和行为可能会产生偏差，这与询问调研中访问人员的出现类似。

掩饰性观察（disguised observation）是在不为被观察者所知的情况下监测人们行为的过程。掩饰性观察的一种常见形式是在单向镜后观察人们的行为。例如，在焦点小组讨论中，产品经理可以从单向镜后观察受访者对备选包装设计的反应。

3. 真人观察与机器观察

在许多情况下，用机器代替真人进行观察是可行的，甚至是可取的——当机器能更便宜、更准确、更容易地完成工作时。交通流量统计装置比真人观察者更准确、更便宜，而且也更愿意从事这项工作。例如，对尼尔森公司来说，安排人员到居民家中记录他们的收视习惯是不可行的。摄像机、视听设备和软件能够比真人观察者更客观、更详细地记录行为。大多数零售商店使用的电子扫描仪能够比真人观察者提供更准确且及时的产品流通数据。

4. 直接观察与间接观察

市场研究中进行的一些观察是对当前行为或人为现象的直接观察。例如，一家销售家用染发产品的公司发现有 50 名女性在使用竞争对手的产品。该公司发现了三个主要问题和与之相应的解决方案，可以改进其产品并提高客户满意度。具体如下。

- 问题：大多数家用的产品都配有一个染色涂抹器和一双手套。染发公司麦迪逊·里德（Madison Reed）的首席执行官艾米·埃瑞特说："不到 10 分钟，这些女士就不再使用涂抹器，开始用手将产品涂抹在头发上"——她们戴上手套，之后就不再戴着手套清洗头发了。
- 解决方案：给她们两副手套，除此之外还要让手套有时尚感。
- 问题：上色说明晦涩难懂。"每个女性看了 30 秒说明书后就把它们扔掉了——即使是那些从来没有在家里染过头发的女性。"
- 解决方案：把说明呈现清楚。"我们把说明书贴在盒子上，让它们简单易懂：五个简单的步骤、插图、大号字体。"
- 问题：染发剂会弄脏一切，从皮肤到硬木地板。"大多数女性会在浴室里坐 35 分钟，因为她们非常害怕染色剂将会溅得到处都是。"
- 解决方案：使用更浓的染料，加上发际线的"阻挡霜"、清洁湿巾，以及浴帽来保持颜色。[1]

在某些情况下，必须观察过去的行为。要做到这一点，调研人员需要查阅以往的行为记录。考古学家挖掘出古老的定居点遗址，并试图根据他们发现的实物证据来确定早期社会生活的本质。**垃圾分析员**（garbologists）通过对人们的垃圾进行分类来分析家庭消费模式。市场调研通常要单调得多。在一个产品原型测试中，知道消费者实际使用了多少测试产品是很重要的。最准确的方法是让受访者交还尚未使用的产品，这样，市场调研人员就可以知道还剩下多少。假如一项调研涉及家庭使用洗衣粉和去污剂的情况，那么知道每个受访者实际使用了多少去污剂是很重要的。所有受访者的回答都将从"使用"的角度来考虑。

在某些情况下也可以利用图片来推断人们在特定情境下的行为。例如，为了更好地了解全球消费者，总部位于纽约的 GfK NOP 公司进行了一项全球性的调研，建立了一个大规模的可视化数据库。这项调研的一部分工作是拍摄人们的厨房，在很多文化中，厨房是"家的心脏"。**图 9-1** 展示了调研人员从照片中获得领悟的例子。

9.1.3 观察调研法的优点

观察人们实际在干什么，而不是依赖人们报告他们做了什么，这有一个非常重要且显著的优点：原始资料不受与调查方法相关的许多误差因素的影响。具体来讲，市场调研人员可以避免由受访者回答问题的意愿和能力而产生的问题。此外，通过观察可以更快、更准确地收集某些类型的数据。使用扫描仪记录比要求购物者罗列出他们购物袋里的商品要有效得多。

图 9-1 有助于了解全球消费者的照片

类似地，比起询问孩子喜欢何种类型的玩具，大多数玩具制造厂商更愿意邀请目标儿童群体到一个很大的玩具室，并通过单向镜观察孩子们选择了哪些玩具，以及每种玩具能吸引孩子多长时间的注意力。

9.1.4 观察调研法的缺点

很多类型的观察调研法的主要缺点一是通常只有行为以及个人物理特征才能被观察到，市场调研人员不了解动机、态度、目的和感受。除了在线观察，只有公开的行为才能被观察到，私下的行为（例如，上班前的穿衣打扮或者公司委员会的内部决策制定）超出了观察调研法的调查范围。二是现在观察到的行为可能无法代表未来的行为。消费者在衡量了几个可供选择的牛奶后购买了某品牌的牛奶，但这并不意味着他或她以后还会继续这样做。

如果被观察的行为发生的频率相当低，那么观察调研将会很耗时且成本很高。例如，如果观察者在超市中等待观察人们选购 Lava 香皂的购买行为，那么他们可能要等上很长时间。假如被选为观察对象的消费者是有误差的（例如，下午 5 点之后去杂货店购物的顾客），那么就有可能得到失真的数据。

9.2 真人观察

正如表 9-1 所示，可以雇用人员来观察其他人或特定现象。例如，人们可以作为神秘购物者、单向镜子后面的观察者、购物者流量和行为模式的记录者。

9.2.1 民族志调研

市场营销的民族志调研是从人类学领域发展而来的。**民族志调研**（ethnographic research）或在自然状态下的人类行为研究，包括观察行为和物理环境。民族志学者直接观察他们正在研究的人群。作为"参与式观察者"，民族志学者能利用他们与研究对象的密切关系来获得对文化和行为更为丰富与深入的见解。简而言之，就是理解人们行为的驱动因素是什么。如今，宝洁（Procter&Gamble）和微软（Microsoft）等公司都有自己的内部民族志学者。宝洁公司在墨西哥城对中下阶层的家庭进行了民族志调研，该调研带来了"当妮—漂净"这一纤维柔软产品，使得当地机械化程度较低的洗衣过程省去了一个步骤。民族志调研的花费为5 000～800 000 美元不等，具体取决于公司想在多大程度上研究顾客的生活。

最早以非正式的方式运用民族志调研可以追溯到20世纪30年代的西班牙内战。在不作战的时候，福莱斯特·马耳斯（Forrest Mars）观察到士兵们将糖涂抹到巧克力上。该项民族志调研的结果是发明了 M&M's 巧克力（以马耳斯和其合伙人布鲁斯·默里的名字命名）。[2]

1. 民族志调研的优点

焦点小组和个人深度访谈都依赖于回忆，也就是说，调研人员让受访者回忆自己和他人的行为。当然，人类的记忆有时也会出错。

此外，受访者有时会以一种符合社会期望的方式回答问题。一个人可能正在看成人杂志，但他却声称自己在读《财富》和《商业周刊》。民族志调研有许多优点，具体如下。

- 民族志调研建立在事实的基础上。它能够准确地展现消费者使用产品的情况，而不仅是他们对产品的阐述或回忆如何使用它。
- 它能揭示未被表达的需求和欲望。
- 它能发现未经开发的消费者利益。
- 它能发现产品问题。
- 它能揭示人们购买品牌的方式、时间、原因和地点，以及他们如何将其与竞争产品相比较。
- 它能展现家庭中该产品的实际使用者，或许还能发现一个全新的潜在顾客目标。
- 它能够利用消费者对该种类别产品的体验，以及他们在展示对新产品和产品改进的想法时的动手创造力。
- 它能在真实情境下测试新产品。
- 它能揭示直接源自消费者体验的广告执行想法。
- 基于对消费者生活方式的了解，它能够帮助品牌与消费者建立更好的关系。[3]

随着时间的推移，个人会逐渐适应观察者的存在（通常是很快的），因此他们的行为会变得相对不受观察者偏差的影响，从而产生更准确的行为特征。

尽管民族志调研人员的主要工作是观察人们的行为，但积极地与受访者进行访谈或讨论也是一个重要组成部分。通过对话了解受访者对行为的看法能够提供有用的信息。

2. 实施民族志调研

民族志调研第一步是找到参与者，然后观察过程就可以开始了。技术高超的民族志学者通常接受过人类学方面的训练。调研始于系统的观察和询问。民族志学者经过了如何去观察人类文化的训练：符号、代码、神话、仪式、信仰、价值观、社交规则、概念类别与感知等。

很多所谓的民族志学者的访谈在 90 分钟的时间内进行,这对近距离的环境观察和提问来说太简短了(每次三到四个小时的民族志观察和访谈会更有效果)。

在一项关于消费者如何考虑与购买智能电视的研究中,一位训练有素的民族志学者会这样提问。

- 在他们最基本的意识里,超高清的意义和过程是什么?民族志学者仿佛从未见过电视。
- 通过探索受访者如何区分智能电视和普通电视,我们能否理解智能电视的象征意义?
- 人类学家使用二元对立的结构:

二元对立	
智能电视	普通电视
有形的	无形的
持久的	短暂的
公开的	私人的

- 关于智能电视和普通电视,消费者有哪些神话、故事和信仰?
- 智能是如何作为一种过渡形式将消费者从一种状态转换到另一种状态?
- 社交或商业场合是否需要智能电视?如果需要,为什么?

这些问题和观察无疑会丰富新产品的开发和市场推广,有助于确定产品设计、品牌定位和广告内容。与以上不同的是,精简版的民族志调研包含有限的观察(一个小时以内)和一些个人深度访谈。这种形式的调研通常是由没有经过专业人类学或社会学高级训练的调研人员实施。不幸的是,很多调研都以这种方式进行,但往往收效甚微。

下一个步骤就是分析和解释收集到的所有数据,以找出它们所意味的主题和模式。这不是一项简单的任务。长时间的音频和视频材料必须转化成文字并且进行再次研究。即使对于训练有素且经验丰富的民族志学家而言,数据量有时也会令民族志学家倍感压力。但是,通过对数据进行仔细而全面的分析,主题和分类会逐渐显现,可应用的调研结果也会变得清晰。请另一位在实地工作期间不在场的民族志学家来给出他或她自己的客观评价通常是有帮助的。民族志学家通常会创建一些框架,以帮助公司研究它们的消费者,并理解这一切意味着什么。

三角测量——将调研结果与其他人的说法和已经进行了的类似研究相对照的过程——是一种验证所收集数据准确性的方法。然而,传统的民族志学仅限于对群体研究的描述上,这对公司来说是不够的。它们需要可行的指导方针、建议和战略框架。调查结果必须以某种方式呈现,使公司能够制定出创新、成功的解决方案。

Clément Chabert 是一家名为 Landon Associated 的全球品牌公司的战略顾问,Chabert 讨论了为什么民族志调研在数字时代仍然是必要的。

有个收入有限的单身母亲。当我们和她讨论是否买有机食品时,她几乎笑着说:"你在开玩笑吧?这对我来说太贵了。我永远不会买有机产品。我买不起。" 6 个月后,Chabert 去了她的公寓,看到桌子上有一份有机产品的目录。他说:"你要买那些吗?"她回答:"当然。"并且该价格比你在超市里看到的有机产品还要贵。

在和她讨论之后，我们发现她并不是很在意价格。她买这些产品是因为它们是有机的，但最主要的是因为它们是通过派对来销售的，比如特百惠派对，这能够使她认识她的新邻居。

这提示你，如果你与有机品牌或销售有机产品的公司合作，那么你可能需要重新考虑分销方式，或探索能够增强关系或社交福利的新的分销方式。

如果你做一个典型的研究，你就永远不会发现这一点，因为在问卷中那位女士会告诉你，"永远不要有机产品"，而也许 12 个月后，她会说她买了有机产品。你永远不会明白为什么会转变。这显示了人类的丰富性以及他们可能在理论上有矛盾的行为，但他们总是受到情感动机的驱动，而如果你没有发现桌子上的目录，你是不会想到这一点的。[4]

万豪集团（Marriott）聘请 IDEO 公司为其日益重要的客户重新考虑酒店体验：年轻的、精通技术的出差达人。万豪集团的品牌管理执行副总裁迈克尔·E. 詹尼尼（Michael E.Jannini）解释说："这一切都是为了重新审视商务旅行、人们的行为以及他们的需求。"[5]

为了更好地了解万豪国际酒店的顾客，IDEO 派出了一个由 7 名顾问组成的团队，包括设计师、人类学家、作家和建筑师，进行为期六周的旅行。该小组去了 12 个城市，他们在酒店大厅、咖啡厅和酒吧里闲逛，让这些场所的顾客逐小时地描绘他们在做什么。

以下是他们所了解到的。酒店通常擅长为大型聚会服务，但不擅长为小型商务旅行者服务。调研人员注意到酒店大厅往往是昏暗的，更适合打发时间，而不是进行临时性的商务活动。万豪国际酒店缺少能够让顾客在房间外将工作和娱乐很好地结合在一起的场所。IDEO 公司顾问兼万豪集团项目经理达纳·赵（Dana Cho）想起自己曾看到这样一幕：一位女性商务旅行者在酒店大厅喝葡萄酒的同时，却要注意尽量避免把酒洒到桌面的文件上。赵说："很少有酒店的服务能处理（这类）问题。"[6]

在研究了 IDEO 公司的调研结果后，万豪集团宣布计划对其旗下的万豪酒店大厅和万丽酒店大厅进行改造，为每个大厅设计一个社交区域，配有小桌子、更明亮的灯光和无线网络接入，更适合开会。另一个区域将允许个人旅行者在更大的、安静的、半私密的空间工作或放松，在那里他们不必担心把咖啡洒在笔记本电脑或文件上。

9.2.2 移动的民族志调研

受访者在自我报告研究中使用的手机照片、视频和文本与民族志调研是一样的吗？答案是"不一样"。当下想法、图片和文字的自我报告可以很好地洞见想法和感受，但它们只是定性研究和定量研究的补充工具。回想一下，民族志调研需要训练有素的观察者。《快速研究和战略规划》的莉莉·罗德里格斯（Lili Rodriguez）指出："在我们进行的一项帮助食品制造商优化包装（并可能降低包装成本）的研究中，我们观察到受访者在最终打开并使用包装产品之前会反复（但不是有意识的）大力摇晃它。事实上，这种行为是如此自然和无意识，甚至在把产品放回冰箱之前也大力摇晃。我们客户的包装人员之前完全不知道他们的包装必须经受如此多的习惯性滥用，该发现避免了他们去犯一个潜在的、代价高昂的错误。研究表明，虽然降低包装的耐用性可以省钱，但这样做却会在市场上造成灾难性的后果。[7]

9.2.3 神秘购物者

神秘购物者(mystery shopper)被用于收集有关商店的观察数据(例如,货架是否摆放整齐),以及关于顾客和员工之间互动的数据。当然,在后一种情况下,神秘购物者和员工之间存在交流。神秘购物者可能会问:"这个东西多少钱?""这件有蓝色的吗?"或者"你们能在星期五之前送货吗?"这种互动不是一种访谈,交流只是为了让神秘购物者能够观察员工的行动和评论。因此,即使经常涉及沟通,神秘购物者也被归类为一种观察性营销调研的方式。据估计,70%的美国零售商使用这种技术:沃尔玛(Walmart)、麦当劳(McDonald's)、星巴克(Starbucks)、捷飞络(Jiffy Lube)、来德爱(Rite Aid)、华馆餐厅(PF Chang's)和全食超市(Whole Foods Markets)都是依赖神秘购物者的大牌客户。

神秘购物者为经理们提供了几乎即时的反馈,告诉他们员工是否在应该微笑的时候微笑,是否让顾客感到放松,或者是否邀请他们吃薯条。许多公司将员工奖金与秘密检查的表现挂钩,以鼓励员工有更出色的表现。

神秘购物概念有四种基本形式,不同形式在深度和收集的信息类型上也有所不同。

- 形式1:神秘购物者拨打神秘电话。在这种方法中,神秘购物者以客户名义打电话,并通过一番有脚本的对话来评估通过电话所接受的服务水平。
- 形式2:神秘购物者光顾一家商店并快速地购买一些产品,很少或者完全不需要顾客与员工间的互动。例如,在形式2的神秘购物中,神秘购物者购买了一件物品(例如汽油、汉堡或一张彩票),并对交易和场所的形象进行评估。
- 形式3:神秘购物者访问一家商店,并使用脚本或场景与服务人员或销售代表进行对话。形式3的神秘购物通常并不涉及实际购买。例如,与销售代表讨论智能手机的不同套餐,评估在换油期间提供的服务等。
- 形式4:神秘购物者的访问需要高超的沟通技巧和丰富的产品知识。例如,讨论家庭贷款,购买新车的过程或是参观公寓群等。

神秘购物者的优势如下。

- 从顾客的角度提供反馈。
- 对员工的表现进行反馈。他们是如何处理顾客投诉的?他们是积极销售还是消极销售?他们表现得关心顾客吗?顾客进入商店时,受到了应有的欢迎吗?
- 检查顾客能看到的设施状况。商店整洁吗?它是干净的吗?卫生间干净吗?
- 作为激励员工的工具。使用与神秘购物项目相关联的激励和奖励方案可以对确保良好的顾客服务起到帮助作用。
- 基准竞争对手。通过让神秘购物者也购买竞争对手的商品,你可以了解竞争是如何开展的,它们的商店布局是如何奏效的,以及关于竞争你需要做出哪些改进。
- 确定培训需求。神秘购物者可以确定员工在哪些方面需要额外的培训,以提高效率和顾客服务。
- 提高顾客留存率。神秘购物可以创造可行的洞见,让顾客继续回顾。[8]

一家专业服务于连锁中档餐厅的神秘购物公司收集了以下类型的数据：

- 电话技巧或迎宾服务；
- 客户体验；
- 食品质量和温度；
- 设备条件；
- 洗手间设施的清洁状况；
- 停车场状况；
- 遵守着装规范；
- 管理人员的可见性和互动性；
- 遵守特许经营协议。

如今，神秘购物公司使用智能手机通过基于网络的报告系统提供实时信息。过去，在购物者离开现场后，总结报告通常需要一周到10天的时间。如今，技术允许提供当天的客户报告。神秘购物公司为购物者提供了一款应用程序，购物者可以在该应用程序中找到他们附近区域的可用任务，选择他们想要的任务，并从他们的数字设备中提交购物报告。[9]

9.2.4 单向镜观察法

在第7章有关焦点小组的讨论中提到，焦点小组的设施几乎总是包括**单向镜观察法**（one-way mirror observation），这让客户可以观察到小组讨论的展开。例如，新产品开发经理可以在主持人展示不同类型的包装时注意到消费者的反应，一位研究人员花了200个小时观察妈妈们换尿布，以收集重新设计一次性尿布所需的信息。此外，客户可以观察到消费者在说话时表现出的情绪程度。单向镜有时候也被儿童心理学家和玩具设计师用来观察正在玩耍的儿童。Fisher-Price Play Lab 实验室每年迎接大约3 500名儿童。这个实验室被设计得像幼儿园的教室。在玻璃的另一边是一间铺有地毯的狭窄房间，里面大约有10把椅子和2台摄像机。在产品开发的过程中，几乎所有的Fisher-Price玩具都曾在某个阶段进入Play Lab 实验室。

9.3 机器观察

到目前为止，我们所讨论的观察方法仅限于人观察事物或消费者。现在，我们把注意力转向机器观察。我们从流行但也充满争议话题的神经营销学开始。

9.3.1 神经营销学

神经营销学（neuromarketing）是研究消费者面对营销刺激时的大脑模式和生理测定的过程。大脑模式通常是由记录脑电活动的**脑电图仪**（electroencephalograph，EEG）测量的。核磁共振成像（MRI）测量大脑神经活动相关的血液流动变化。生理测定（也称为生物测定）包括血压、心率和出汗情况。

脑电图（EEG）、核磁共振（MRI）、心电图（EKG）、心脏监测器、眼动追踪和测量出汗的皮肤电反应（GSR）都是理解行为的隐性工具。研究人员想要了解我们为什么这样做。我们买东西是出于习惯、情感还是社会影响？隐式测量方法试图通过简单地问"你为什么购买××？"来理解那些可能无法直接接触到的行为。**隐式测量**（implicit measure）实际上并不是直接测量情感或行为等心理原因，而是从人们的生理反应推断出大脑内部发生了什么。例如，心率是情绪唤醒的一个合适指标，但它不能表明这种唤醒是好是坏。唤醒可能伴随着兴奋或者愤怒。[10]

神经营销学是市场调研中的热门领域，它既拥有强大的支持者，也拥有大力反对者。该领域最大的公司是尼尔森旗下的 NeuroFocus，该公司发明了一种便携式无线 EEG，可以直接将数据发送到远程的笔记本电脑或苹果平板电脑上。此外，类似 Fitbit 或苹果手表的设备也可以向研究人员发送生物特征信息。消费者在看电视、观看广告或产品原型、看电影，或可能是在商店或购物中心购物时佩戴该设备，会被给予一定的报酬。EEG 可以实时测量脑电活动。相比之下，用 MRI 记录大脑里的血流变化会导致 5 秒的读取延迟。MRI 可以提供清晰、高分辨率的图像，但在速度上无法与 EEG 相比。例如，假设你被要求生成一个关于动作的动词来回应单词"球"。在 200 毫秒内，你的大脑就会接收这个请求。脉冲移动到运动皮质层，驱使你的发音器官做出反应，你可能会说"扔"。这个过程发生的速度太快以至于 MRI 无法记录。但是，EEG 几乎可以捕捉到由"球"这个词引发的每一个神经脉冲。支持者认为，这就是神经营销学存在之处——在一个无意识的想法产生的最初，在大脑收到刺激和潜意识反应之间的一瞬间。在那里，数据没有经过过滤，没有被你的意识所破坏，你的意识也还没有机会用语言或手势来表达和回应。

在《生活科学》杂志的一项研究中，研究人员让 32 名大学生每人观看 18 部电影预告片，学生们都戴着 EEG。在看完每个预告片后，参与者被要求评估他们对这部电影的喜爱程度以及愿意支付多少钱来观看这部电影。在观看完所有 18 部预告片后，参与者被要求按照喜好对电影进行排序。

然后，研究人员观察了特定脑电波的 EEG 数据，即 β 波和 γ 波。结果表明，脑电波与人们对电影的排名有关：当参与者观看电影时，β 脑电波的活动越多，其对电影的排名就越高。[11] 这项学术研究是最早表明脑电图测量与现实世界结果相关的研究之一。

NeuroFocus 仅为其公司客户测试了 24 个对象。有人声称这是有可能的，因为人类的大脑非常相似，即便男性和女性的大脑、儿童和老年人的大脑之间存在一些差异。在一个典型的神经系统测试项目中，NeuroFocus 收集了大量的数据输入，记录和分析了数十亿的数据点。[12]

英特尔（Intel）聘请 NeuroFocus 去更好地了解人们对于英特尔品牌的看法。此前的调研发现，大部分人知道英特尔并且喜欢该品牌。但是谈及技术先导时，英特尔的排名比较靠后。因此，英特尔的经理们想要更深入地了解消费者对该品牌的感受。

NeuroFocus 为英特尔设计的测试使用了诱发反应电位（evoked response potential）测试，这是神经科学中的一项重要测试。测试对象被雇用到 NeuroFocus 的实验室，戴上一顶装有 64 个传感器的帽子，用以测量整个大脑的电活动。由于美国和中国是英特尔两个非常重要的市场，NeuroFocus 测试了来自加利福尼亚州伯克利和中国四川省一个中型城市的 24 个消费者（一半男性，一半女性）。

在一个安静的房间内，每一个测试对象会看到词语"实现""可能性""探索""机会""潜力""识别""发现""下决心"和"解决问题"。这些词语每隔半秒就会出现在电视屏幕上。在指示下，实验对象只要看到一个有红点下划线的词语，就按下按钮。在几分钟的潜意识词语激发测试之后，测试对象会看到一些英特尔的广告。接着，上述词语会再次出现在屏幕上，但是没有红点。[13]

这些测试有两个作用：首先，红点会集中测试对象的注意力；其次，NeuroFocus 提供了大脑反应的测量基准，因为每次测试对象看到红点，他的大脑就会产生"点击"反应，即所谓的"啊哈"时刻。

当 NeuroFocus 随后分析 EEG 读数时，它会寻找受试者观看英特尔广告期间的那些"啊哈"时刻。引发此类反应最多的词语是"实现"和"机会"。美国和中国的女性对广告的反应几乎是一样的，美国男性和中国男性也是如此，差异存在于性别之间。在这两个国家，男性和女性拥有截然不同的反应，女性对"实现"的反应最强烈，而男性被"机会"吸引。这个结果最终使英特尔改变了促销策略。[14]

接着，我们将介绍两种历史更久的技术，这两种技术同样隶属于神经营销学——皮肤电反应（GSR）和眼动追踪。

1. 皮肤电反应

皮肤电反应（galvanic skin response，GSR）也被称为皮电反应，是与活化反应联系的皮肤电阻变化。一股恒定强度的小电流通过附在手指内侧的电极棒传送到皮肤上，观察到的两个电极之间的电压变化（由出汗的水分引起）表明了刺激的水平。由于该设备轻便且不昂贵，测试 GSR 是评估人们面对刺激的情绪反应的一种简易方法。GSR 主要用于测试人们对广告的刺激反应，但是有时候也用于包装调研。

2. 眼动追踪

随着眼动追踪设备越来越成熟，眼动追踪法在调研中的应用掀起了一阵热潮。Tobii 科技公司推出了一款视觉和感觉都很现代的眼镜，能够让测试对象在现实世界的环境中自由走动。他们可以浏览商店，使用电脑，试用新产品或观看广告。这意味着研究人员不再需要在人工实验室环境中进行眼动追踪研究，而是可以深入了解真实的购物体验。联合利华（Unilever）、金佰利（Kimberly-Clark）、康尼格拉（Con Agra）、亨氏（Heinz）和家乐氏（Kellogg）都使用眼动追踪法调研。Tobii 为宝洁公司（Procter&Gamble）创建了虚拟货架，以测试新包装设计的吸引力。

眼动追踪用来准确地测试人们在看什么。一束红外线光直接射入眼睛，光线进入视网膜并反射回照相机。通过测量瞳孔中心和角膜反射之间的矢量，找到了注视点。该系统根据三角原理计算眼球运动。[15]

眼动追踪可以记录以下几个方面。

（1）可见性。人们会注意到杂乱的货架上的一个包装、大型商店里的一个陈列，或者杂乱的网络屏幕上的一个链接吗？

（2）参与度。这些营销措施是吸引人们的注意力，还是很快就被忽略了？

（3）观看模式或沟通层次。哪些具体元素或信息吸引人们注意并且经常被注视或阅览，而哪些经常被忽视？

这三个维度为眼动追踪何时最有价值这个问题提供了重要的方向。由于眼动追踪可以测试可见性和参与度，在市场营销人员购买"空间"（比如在线广告、杂志上的广告或书架上的包装）并试图吸引观看者的时间和注意力的情况下，它通常是最相关的。

行销指标（Marketing Metrics）公司进行了一项眼动追踪调查，涉及 33 个不同公司的 45 份直邮广告片段。目的是确定邮件接收者在做出保留（与家里的其他人分享或者以后参考或使用）或丢弃直接邮件这一关键决定之前，查看并与直邮广告片段进行交互的时间有多长。此外，还获得了接收者如何看待邮件中的广告以及如何与之互动的行为洞察。18 名参与者在克利夫兰的指标实验室进行了测试，参与者包括 9 名男性和 9 名女性，平均年龄为 35 岁，有不同的兴趣、需求和经验。[16]

直邮广告的保留率从布拉德福德交易平台（Bradford Exchange）和其他几家购物网站的 0% 到迪克体育用品公司（Dick's Sporting Goods）的 83% 不等。受访者表示，他们会将其留到以后或与家人分享。

眼动追踪的一些输出形式为热力图。热力图突出显示了使用者最常看的区域。经常观看的区域颜色（红色）比不经常观看的区域（黄色）更深，没有颜色的区域表示未被直接观看。焦点图和热力图相似，但是观看次数较少的区域用黑色表示，越清晰的区域表示被直接观看的次数越多。去谷歌搜索"眼动追踪热力图"，你会发现大量的例子。

来自拓比专业洞察（Tobii Pro Insight）的眼动追踪研究了一家大型连锁商店的两种促销标志的可见性。一种是平放在产品货架上的说话者（talker）标志。第二种是一个从架子上以 90 度角向外延伸的旗帜（flag）标志（见图 9-2）。在吸引眼球（视觉冲击）和吸引兴趣（投入时间）方面，说话者标志要有效得多。旗帜标志往往比说话者更快被看到（时间直到被注意为止）。[17]

接下来，我们来了解一下其他的机器观察。

图 9-2　眼动追踪发现，在吸引眼球和吸引兴趣方面，货架上的说话者比旗帜更有效

来源：Mike Bartels, "Looking Better," Quirk's Marketing Research Review, July 2016, 49. Reproduced with permission from Quirk Enter- prises, Inc.

9.3.2 脸部动作编码服务

加州大学旧金山分校的研究人员确定了 43 种与人类面部表情有关的肌肉运动（见图 9-3）。他们花了 7 年时间，对这类动作及其传达的情绪的大约 3 000 种组合进行分类。例如，"眼睑收紧"表示愤怒，"鼻唇沟加深"表示悲伤。该系统已被证明是高度精确的；据悉，美国联邦调查局（FBI）和中央情报局（CIA）也利用 FACS 方法来判断嫌疑人在审问过程中的情绪。

图 9-3 哪一个是假的？

注：Sensory Logic 公司总裁丹·希尔（Dan Hill）表示，有些人可能会告诉你他们喜欢你所销售的产品，但他们并不是真的喜欢。在这里，他向我们展示谁是真正感兴趣的、谁只是出于礼貌。

明尼苏达州圣保罗的 Sensory Logic 公司使用 FACS 来获取"真相"。据公司总裁丹·希尔（Dan Hill）介绍，该公司的客户包括塔吉特（Target）、纳克斯泰尔（Nextel）、通用汽车公司（General Motors）和礼来制药厂（Eli Lilly）。为了测试人们对商业活动或广告的最初本能反应，希尔首先将电极的一端附于目标对象的嘴上（监测控制微笑的颧骨肌）、眉毛上方（控制皱眉的皱眉肌）和两个手指上（监测出汗）。他说，面部肌肉的运动反映了吸引力，而出汗则可以理解成他所谓的"影响"——情感力量。在初步读数后，他移除了电极，然后摄录下与每个目标对象的访谈。随后，受过 FACS 培训的团队一秒一秒地回顾录像，对情感进行分类。在一项超级碗橄榄球赛的商业汽车广告的研究中，希尔发现消费者的面部表情可以很好地预测未来的销售情况。[18]

最近一项研究对一家连锁酒店的平面广告进行了情感反应测试，该研究将焦点小组与 FACS 结合起来。广告强烈地传达了该连锁酒店是一个放松的地方，可以享受水疗周末，与你的配偶一起，或许还能共享一个浪漫的周末。面部表情与受访者口头报告的一致，证实大多数人是高兴或惊讶的。这个品牌似乎有机会与广告的观众建立起亲和力。但有一位值得注意的受访者，一名有可能代表了该连锁酒店中相当大的一部分群体的单身女性，她表现出悲伤、焦虑或不适以及中立的情绪，尽管她没有口头说出这些情绪。使用关于夫妻休闲的这样一个两极化的标语是导致这些负面情绪的原因。对大多数消费者来说，该标语表示从工作、家庭和其他压力中解脱出来。然而，这位受访者直言不讳地指出，这一标语把她排除在外，因为她目前是单身。单从她的话语来看，这似乎不是什么大问题。然而，脸部表情编码表明，她的负面情绪反应远远大于她能用语言表达出来的，甚至可能是她自己都不知道的程度。更重要的是，情绪反应的深度只能通过情绪编码才能被观察到。

这样的负面情绪有可能造成消费者和品牌之间的不和谐。基于这一发现，研究建议修改这一说法。如果没有情绪编码，这一切就不会有任何改变。[19]

9.3.3 性别和年龄识别系统

日本 NEC 电子公司开发出了一种可以识别消费者性别和大致年龄的技术。该系统带有数字信号，可以放置在购物广场、机场和其他人流量大的公共场所。例如，购物中心的零售商可以向路过的行人发送定制的信息。该系统还可以计算在任何特定时间段内经过平板数字标识的人数。该系统使用的算法，用一个拥有数千张面孔的数据库作为参考，通过观察面部的不同部位，从耳朵和眼睛的形状到头发的颜色，来判断年龄。当更多的行人路过摄像头时，数据库就会得到扩展，同时该系统也能随着时间做出更好的判断。

NEC 还在日本的售货机上安装了这种识别系统。当一个人站在自动售货机前时，系统读取消费者特征，然后它会推荐符合个人特征的零食和饮料。每年，研究人员都在推进人工智能系统识别人脸、年龄和性别。中国拥有数以百万计的摄像头，使得政府能够达成各种目标。例如，人工智能人脸识别技术曾被用于让深圳街头横穿马路的行人感到羞耻。[20] 在疫情期间，它还被用来识别那些与新型冠状病毒感染者接触过的人。最近一项基于美国人的民意调查发现，59% 的人可以接受执法部门使用面部识别技术在公共场所筛查安全威胁。[21]

9.3.4 店内追踪

店内的安全摄像头现在被用来追踪消费者的行为。RetailNext 从监控摄像头中获取视频，并通过其独有的软件追踪消费者。摄像头可以和运动传感器结合起来判断，例如，一个品牌被拿起却没有被放进购物车里的频率。德国电信（T-mobile）、家庭美元商店（Family Dollar Stores）和美国服饰（American Apparel）等公司都在使用该系统。

RetailNext 的数据有时会和传统结论相悖。例如，许多食品制造商会支付溢价，将其产品陈列在过道的末端。但根据 RetailNext 的分析，消费者会更多地关注过道中间的货品。[22] 他们这样做的原因可能会成为另一项研究的素材。

店内追踪顾客的常规方法有四种：Wi-Fi、移动应用程序、摄像头和无源网络。结合店内摄像头和面部分析软件，商店现在可以准确评估购物者的人口统计信息，包括年龄和性别等指标。这些数据可以在顾客行程的每个阶段进行收集，从浏览到结账追踪购物者（以及他们如何与商店互动）；然后，信息被转发到中央服务器，在那里进行处理和分析。

店内客户追踪使用的面部分析技术不仅可以识别和分类客户，还可以帮助零售商优化和计划他们的产品供应。通过追踪商店里的人流，包括他们在哪里停、在哪里不停，商家可以调整布局或重新布置库存。做一些小的、由数据驱动的改变可以让购物者更容易地浏览商店，而商家可以通过在人流量最大的区域放置相宜的产品组合来增加销量。

连锁百货公司戈德曼斯（Gordmans）在一家门店安装了 35 个摄像头，在三周内追踪了 29 000 名购物者的活动。这段视频被做成了热力图，显示出商店的哪些区域最受顾客欢迎，哪些区域被他们忽略了。调研人员使用 RetailNext 的软件分析了数据，然后用于调整 90 多家门店的布局。这些改变帮助戈德曼斯（Gordmans）的转化率（购买商品的购物者的比例）提高了 3% 以上。[23]

9.3.5 电视观众测试追踪

对于媒体公司来说，人们正在看什么比以往任何时候都重要。这些媒体公司，如网飞（Netflix）、亚马逊（Amazon）、迪士尼（Disney）和 NBC 正在寻找新的方法来吸引观众，了解人们在看什么,并通过尼尔森媒体公司(Nielsen Media)的调研确定他们在看什么。该公司测评了全球40%的观看行为——数百个频道、数千个节目和数百万观众。[24] 相对于传统电视来说,尼尔森的测试仪可以识别谁在看、什么时候看,包括"时移"观看——在原始节目播出7天后观看录制的节目。为了测试移动设备上的视频内容,尼尔森扩大了其样本库,纳入了来自第三方的大数据,以捕捉移动观看的广度和深度。[25] 尼尔森将美国市场划分为208个本地市场,这样地区和本地的广告商就能了解当地的观看习惯。

尼尔森在许多测试市场中使用了**当地人员测试仪**(local people meter)。样本家庭会有一个测试仪直接连接到家里的所有电视。每个家庭成员都有一个按钮,在看电视的时候定期使用测试仪。此外,尼尔森还采用了两种形式的家用测试仪——**设备测试仪**(set meter)和**代码阅读器**(code reader),它们不能测试是谁在看电视。设备测试仪与家中所有的电视相连,而代码阅读器被放置在样本库成员家中电视的附近,从电视上接收听不到的信号。[26] 尼尔森公司收购了媒体市场调研公司Arbitron,从而获得了**便携式人员测试仪**(portable people meter,PPM)。PPM是一种可穿戴设备,可以追踪消费者对媒体和娱乐的接触情况,包括广播、有线电视和卫星电视、在线广播、电影广告和许多数字媒体。广播信号在播放或流媒体直播时用听不见的信号进行编码。该设备还配备了一个运动传感器。[27]

流媒体平台追踪 Cars.com 过去主要通过面向几乎所有人的电视广告来进行推广,他们甚至在超级碗橄榄球赛期间播放广告。2019年,他们暂停了所有传统电视广告,并开始在诸如Roku和Amazon Fire TV等流媒体电视平台上播放广告。在流媒体平台上,Cars.com 只能针对那些在汽车市场上的人。现在很多公司都在重新考虑他们的促销策略,在许多情况下,这意味着使用定向广告来推广特定的产品,并使用传统广告来推广整个品牌。这一想法非常正确,因为定向广告的成本往往比传统广告高得多。金宝汤(Campbell Soup)对单个品牌使用定向广告,但对整体品牌使用传统广告。例如,金宝汤为其高端品牌 Slow Kettle 做了定向广告,同时为其广泛的汤系列产品在全国开展了宣传活动。

9.3.6　Symphony IRI 消费者网络

Symphony IRI 消费者网络是一个连续的家庭购买样本库,它从全国消费者样本库(NCP)接收购物数据,NCP是Symphony IRI和尼尔森的合资项目。家庭用户会被招募到NCP,并获得酬劳,他们用一个手持型家用扫描仪记录他们所有基于UPC的购买行为。购买和购物行为的报告来自超过55 000个家庭,他们的购买行为已经在这个样本库记录了好几年。Symphony IRI 每天从样本库接收购买数据的反馈。该公司利用安客诚的大数据(在第2章讨论过)为客户提供加强版的细分和定位能力。[28]

该样本库提供的数据包括:

- 每个家庭在特定时期内购买产品的平均数量;
- 预计在特定时期内销售的总品类或产品数量;
- 预计在特定时期内购买该类别或产品的家庭数量;

- 购买该产品时的平均购物次数；
- 每次购买产品的平均销售量。

9.4 追踪观察

在线追踪是观察调研法的另一种基本形式，目的是要在恰当的时间将合适的信息传递给适合的受众。询问调研法让调研人员发现"为什么"和"怎么样"，而追踪观察（也称为行为追踪）回答了"在哪里""多少"和"多久一次"等问题。追踪观察缩小了消费者告诉调研人员他们在想什么、打算做什么与他们实际做什么之间的差距。

传统的网络追踪是通过 cookie 来完成的。cookie 是用户网页浏览器储存的一段文本，它可以用来验证身份，储存网页偏好、购物车内容和其他有用的功能。cookie 还可以用来追踪互联网用户的网页浏览习惯。Flash cookie 是一种通过奥多比（Adobe）系统流行的 Flash 程序安装在电脑上的 cookie，使用 Flash 是在线播放视频最常用的方式。

坐落在纽约的 Lotame Solutions 公司使用一种名为"beacon"的复杂软件来捕捉人们在网页上输入的内容，比如他们对金钱的看法或是他们对育儿以及怀孕的兴趣。Lotame Solutions 公司将不会关联到具体个人姓名的个人资料打包成档案，并将这些资料出售给寻找客户的公司。

另一种类型的监测来自"第三方 cookie"。它的工作原理是：第一次访问一个网站时，它会安装一个追踪文件，该文件给每台计算机分配一个唯一的身份号码。之后，当用户访问同一追踪公司的其他网站时，它可以记录该用户之前的位置和现在的位置。这样，随着时间的推移，该公司可以建立一个庞大的档案。

直到最近，追踪器仍面临一个问题，即如何在多个设备（台式机、笔记本电脑、智能手机和平板电脑）上追踪并锁定同一消费者。当一个人使用一个设备（比如台式电脑或笔记本电脑）时，cookie 运作良好；当用户切换到移动设备时，他们的足迹变得更加难以追踪；当用户频繁地在台式电脑和移动设备之间转换时，他们被称为数字不可知者。一些新兴公司，比如 Tapad 和 Drawbridge，已经着手解决这个问题。Tapad 分析测试了 1 500 亿个来自 cookie、智能手机 ID（将个人手机和应用下载以及网页浏览连接起来）、Wi-Fi 连接、网页注册、浏览历史和其他输入的数据点。Tapad 寻找连接一个设备和另一个设备的共同特征。

即使用户删除了所有的 cookie 并"选择退出"，它仍然有可能通过**数字指纹**（digital fingerprinting）追踪用户。当网站迫使用户的浏览器放弃有关用户电脑的技术信息时，就会发生这种情况。这包括屏幕分辨率、操作系统或已安装的字体。这些细节会为用户的设备创建一个数字指纹。网站可以使用用户的数字指纹来了解用户之前是否访问过网站，创建用户的行为档案，并在互联网上创建追踪用户的广告。如今，从报纸、零售商到菜谱网站，许多网站都在使用数字指纹技术。应用程序也可以使用数字指纹。[29]

9.4.1 杂志追踪在线读者，并将其运用于出版

由于几乎所有的流行杂志都可以在线阅读，因此追踪观察可以用来了解哪些文章和广告

正在被阅读。赫斯特（Hearst）出版了许多杂志，包括 *Cosmopolitan*、*Esquire*、*Food Network Magazine*、*Car and Driver* 等。赫斯特数据工作室现在提供一种名为 MagMatch 的产品。例如，赫斯特公司可以利用第一方数据来破译读者是否在考虑一种名为 StriVectin 的特定护肤产品。基于此，这个产品可以在人们在线阅读的 *Elle* 杂志上进行展示。在纸质杂志中，*Elle* 给目标订阅者发了一条简短的信息，旁边是 StriVectin 代言人劳伦·赫顿的照片。[30] 有了 MagMatch，*Car and Driver* 这样的杂志就可以根据读者在网上的行为，分析出他们应该收到运动型多用途车还是轿车的平面广告。当赫斯特杂志订阅者没有登录过赫斯特品牌的网站时，该公司会利用第三方数据来匿名匹配他们的行为。[31]

对于发布在线目录、小册子和数字杂志的公司和个人，可以用谷歌 Analytics 来了解受众。出版商首先注册谷歌 Analytics，然后将谷歌 Analytics ID（追踪代码）添加到在线页面，最后可以使用谷歌 Analytics 来检查出版在线材料的读者数据。[32]

9.4.2 社交媒体追踪

社交媒体调研最大的优势之一在于可以通过非连续时间段监控品牌情感，进行追踪调研。由于社交媒体的数据被标以时间和日期，而且信息在创建者删除之前都是公开存储在网上的，所以历史数据可以立即被获取。了解消费者是如何评论一个产品、品牌、服务，或者他们的期望，为如何创建一个成功的营销组合提供了宝贵的指向。一个公司想要进入一个对它来说全新的市场，合理扩展其品牌，通过使用社交媒体追踪，该公司可以看到该产品类别中人们对现有公司的评价。调研人员可以判断消费者喜欢什么、不喜欢什么，这有助于设计一条新产品线。

市场上有很多优秀的社交媒体监控工具。公司可以监控自己的品牌，关注竞争对手，快速回应公司产品或服务问题，或为定向广告创造线索。以下是一些比较流行的社交媒体监控工具。

1. Awario

Awario 是一个强大的社交媒体监控工具，可以提供先进的目标选项来跟踪提述、关键字短语以及竞争对手的提述。Awario 不仅追踪人们正在说什么，而且还使用历史追踪系统来追踪人们已经说了什么。用户可以在对话发生时加入对话，并使用网络应用程序在社交媒体上回复他人。

Awario 查看 9 个来源——各种社交媒体网站、博客、论坛、新闻和问答网站等——以监控与公司或竞争对手品牌相关的关键词短语。为了促进销售，可以根据服务搜索关键字。例如，如果一个人出售标识设计服务，他可以在 Awario 创建一个项目，在网上找到关于"优秀标识设计师""聘请标识设计师"甚至"自由标识设计师"的提述。当有人提到关键短语时，该设计师几乎可以立即采取行动。此外，Awario 用户还可以选择监控哪些社交媒体网站、哪些国家和语言。

2. Sendible

Sendible 是一款多功能一体化的社交媒体管理工具。它使公司或个人可以监控其所有的社交媒体资料,并且能够安排发布时间。Sendible 还监测社会化聆听,它可以让你了解哪些关键词更有效,哪些热门话题标签可以使用,以及发布的最佳时间。

3. BuzzSumo

BuzzSumo 是一个帮助找出哪些话题正在被分享的工具,它还可以进行网络监控,追踪社交媒体上的公司品牌以及竞争对手的品牌。它是一个免费的工具,因此人们可以搜索任何主题,并且了解该主题是否流行以及在哪里流行。例如,"农舍风格"这个话题在 Pinterest 上就比在其他任何社交媒体平台上都更受欢迎。通过了解哪些话题在哪个社交媒体平台上最能引起共鸣,公司可以更好地定位其促销信息。如果一个话题在 Facebook 上最受欢迎,那么最好创建一个 Facebook 页面和一个 Facebook 小组,并创建 Facebook 直播视频来宣传公司的品牌,并产生更多的销售线索。如果话题大部分是在 Twitter 上分享的,那么优化你的 Twitter 档案,附上"线索诱饵",通过 Twitter 聊天或回答问题与你的追随者互动,都可以帮助你吸引线索。

4. Pinterest Analytics

一家公司在 Pinterest 注册商业账户时,可以获得强大的免费指标,帮助其了解自己的 Pinterest 营销表现如何。第一个指标是该公司在 Pinterest 上的档案,该档案能够追踪用户对自己所"钉"(pin)内容的印象。这意味着它在信息流中显示了多少次。在底部有一个过去 30 天置顶的"钉"图印象的简要说明。

这可以告诉营销人员:哪种"钉"图被浏览得最多;你的"钉"图被保存了多少次;以及你在每个置顶的"钉"图中收到了多少返回你的网站的点击。

公司还可以找到自己的"钉"图被发布在哪里留下的印象最多。这可以帮助确定哪些 Pinterest 群组在印象、保存和点击方面表现得最好。

下一个指标是一家公司在 Pinterest 上接触了多少人。这个数字越高,就有越多的人看到公司在"瀑布流"中的"钉"图。它还显示了该公司的用户细分以及他们来自哪里。Pinterest 还让公司知道他们的用户对什么感兴趣,这有助于目标定位和信息开发。

5. Twitter Analytics

Twitter Analytics 可以让公司或个人了解他们的推文,以及他们是如何与 Twitter 用户产生共鸣的。个人或公司可以看到每个月的趋势,他们的印象是否被访问、提及(公司的推文在人们的信息流中出现的次数),以及关注者是否在增长、停滞或者减少。Twitter Analytics 还会显示公司或个人每个月最热门的推文以及网络红人的热门提述。通过在 Twitter 上与网络红人和品牌建立联系,公司可以启动一个博客推广活动,从而被网络红人注意到。

公司可以查看每条推文的活动,以更好地了解其印象以及与受众的整体互动。了解带有图片的推文或带有特定标签的推文是否能获得更多的转发和参与，有助于更好地优化社交媒体营销策略。

有了这些信息，公司或个人可以转发他们的热门推文，转发热门话题，联系重要的关注者以感谢他们的关注等。

6. Google Analytics

Google Analytics 不仅是一个社交媒体监控工具，它还可以提供对社交媒体流量的洞见。它使用户能够确定他们的受众是谁、他们来自哪里，以及什么内容最能引起他们的共鸣。如果想知道有多少受众来自社交媒体，请访问 Acquisition>All Traffic>Channels。如果要查看哪个社交媒体平台带来的流量最多，请点击列表中的"social"。这使得社交媒体用户能够调整他们的推广策略，以利用他们最受欢迎的社交媒体平台。

9.5 虚拟现实和增强现实市场调研法

虚拟现实（virtual reality，VR）让人们沉浸在一个完全虚拟的环境中。用户主要通过视觉和听觉亲身体验模拟的现实。这是通过佩戴像 Facebook 的 Oculus 的头戴式设备来实现的。

增强现实（augmented reality，AR）是一种将计算机生成的增强功能叠加在现有的现实之上的技术，通过与之交互的能力使其更有意义。因此，增强现实增加了虚拟成分，如数字图像、图形以及振动和声音等感觉。

与旧的调研方法相比，虚拟现实提供了许多优势。第一，与焦点小组、概念测试和其他实验室方法不同，虚拟商店复制了真实市场的分散杂乱。消费者可以在一个具有现实复杂性和多样性的环境中购物。第二，研究人员可以非常迅速地设置和修改测试。一旦产品的图像被扫描进电脑，研究人员就可以立即改变其品牌、产品包装、定价、促销和货架空间的分类。数据收集也很迅速且没有错误，因为由购买产生的信息会自动制成表格并由计算机存储。第三，生产成本低，因为显示器是电子制造的。一旦硬件和软件就位，测试的成本很大程度上取决于受访者的数量，他们通常会获得小额的参与奖励。第四，仿真具有高度的灵活性，它可以用来测试全新的营销理念，或者对现有的项目进行微调。仿真还可以消除大量现场实验中存在的噪声。

雀巢（Nestle）利用虚拟现实技术为 15 种新口味和新类型的冰激凌杯确定了合适的价格和位置。研究人员发现，将杯子放在专用的门后会产生更多的收益（但雀巢的 Skinny Cow 冰激凌杯留在 Skinny Cow 品牌家族时表现更好）。专用冰柜门驱动了雀巢对多个杯子的采购并增加了其对品种的寻求。此外，在一笔交易中，当价格是 10 美元 10 个杯子时，比每杯 99 美分时，购物者购买的产品更多。

增强现实技术目前正被用于移动设备上，包括智能手机。Vision Critical 研究在包装测试中使用了 AR。在实体店的应答者用他们的智能手机扫描商店里的特定产品，这促使应用程序启动一个简短的基于手机的询问调查：当购物者仍在货架处、店内时，测试多种包装设计，收集他们对新包装的反应数据。类似的技术可以测试店内标识和销售点材料。[33]

本章小结

观察调研法是在没有正常询问或与参与者沟通的情况下，记录事件或行为模式的系统过程。要想成功运用多种观察调研法，所需信息必须是可观察的。在许多情况下，目标行为的持续时间也应相对较短。观察调研法有四个不同的维度：①自然情形与人为情形；②公开观察与掩饰性观察；③真人观察与机器观察；④直接观察与间接观察。

观察调研法最大的优点在于，调研人员可以看到人们实际做了什么，而不必依赖他们所说的他们做了些什么，从而可以避免许多偏差因素。另外，通过观察调研法可以更迅速、更准确地收集某些类型的数据。许多调研形式最主要的缺点在于，调研人员对人们的动机、态度、目的和感受一无所知。

真人观察人或物可以采取的形式有民族志调研、神秘购物者、单向镜观察法（例如，儿童心理学家观察儿童玩玩具的过程）、购物模式和行为调研。

机器观察法可能涉及神经营销学，使用诸如功能性磁共振成像、脑电图、皮肤电反应和眼动追踪等测量方法。其他形式的机器观察法包括脸部动作编码服务、性别和年龄识别系统、店内追踪和电视观众测量追踪。尼尔森媒体调研公司（Nielsen Media Research）测试了全世界约 40% 的观看行为。对于传统电视，它使用几种类型的测试仪。为了测试移动设备上的视频内容，该公司扩大了其样本库，其中包括来自第三方的大数据。像 Roku 这样的流媒体平台则使用追踪数据来锁定特定的家庭。

在线追踪被用于在合适的时间将合适的信息传递给适合的受众。追踪，也被称为行为追踪，可以回答"在哪儿""多少钱"和"多久一次"的问题，传统的追踪是通过 cookies 完成的，它在笔记本和台式电脑上是好用的；现在，公司也可以通过移动设备跟踪消费者。由于大多数杂志可以在线阅读且许多人选择在线阅读，因此可以使用在线追踪来查看哪些文章和广告正在被阅读，之后，第一和第三方数据都可以用来有效地定位特定的广告。社交媒体追踪帮助营销人员理解消费者如何谈论一个品牌、产品或者他们对品牌的期望。营销人员可以密切关注竞争，快速对公司、产品或服务问题做出反应，或为定向广告创造线索。在 9.4.2 中，我们对一些比较流行的社交媒体监控工具及其功能进行了讨论。

虚拟现实让人们沉浸在一个完全虚拟的环境中，这样用户就可以亲身体验模拟的现实。增强现实在现有的现实中运行，但拥有虚拟成分，如数字图像、图形、振动和声音。增强现实技术用于包装、定价、促销和新产品研究；虚拟现实用于同样的营销变量以及商店设计、布局。

关键词

增强现实（AR）	皮肤电反应（GSR）	观察调研法
代码阅读器	垃圾分析员	单向镜观察法
数字指纹	隐式测量	公开观察
掩饰性观察	当地人员测量仪	便携式人员测量仪
脑电图	神秘购物者	设备测量仪
民族志调研	神经学营销	虚拟现实（VR）

复习思考题

1. 你的职责是判断男士在购买壁球用品时是否有品牌意识。概括说明有助于你判断的观察调研过程。

2. 费雪（Fisher-Price）公司要求你为其设计一个调研过程，以确定该公司的哪种模型玩具对四五岁的孩子最具吸引力。请为这一决策提供一套方案。

3. 观察调研法最大的缺点是什么？

4. 比较观察调研法和询问调研法的优点和缺点。

5. 有人说："人们买东西不是基于它的用途，而是基于它的意义。"请从观察调研法的角度讨论这一说法。

6. 神秘购物者对下列组织有什么价值？

（1）捷蓝航空公司（JetBlue Airlines）

（2）梅西百货公司（Macy's Department Store）

（3）全食超市（Whole Foods Market）

7. 使用民族志调研来评估在你们的学生中心的就餐体验。你从中了解到了什么？

8. 描述追踪调研是如何让在线零售商受益的。

9. 你认为虚拟现实是否会替代其他形式的市场调研？为什么会或为什么不会？那么增强现实呢？

10. 你认为店内追踪是否过于扰人？为什么扰人或为什么不扰人？

11. 你是否意识到社交媒体从你身上收集到的所有类型的信息？你对此介意吗？对于只显示那些你具有潜在兴趣的广告这一现象，你是否喜欢？

12. 将班级同学分成以 5 人为一组的小组，每一组选择一个不同的零售店（店内服务允许进行神秘购物者调查）。小组中的 2 名成员准备一份 10~15 个问题的清单。下面给出了向眼科诊所提问的示例。余下的 3 名成员作为神秘购物者去回答该小组提出的问题。购物结束后，每个小组结合他们的发现，向全班做一个报告（小组作业）。

神秘购物者向眼科诊所提出的问题示例：

（1）电话是否在三声铃声之内被接起？

（2）你为预约等了多长时间？

（3）是否给了如何去科室的明确指示？

（4）你是否收到新患者的数据包邮件？

（5）当你进入科室时，前台接待你了吗？

（6）在你被带入房间进行前期检查之前，你等待了多长时间？

（7）所有的员工都佩戴了名牌吗？

（8）仪器设施是否干净？

（9）在见医生前，你的瞳孔是否放大？

（10）检查流程有没有解释清楚。

（11）你是否有机会向医生提问？

（12）你的问题有没有得到及时和恭敬的回答？
（13）在检查完成后，有没有人引导你去眼镜店？
（14）你的眼镜或隐形眼镜是否按时配好？
13. 神秘购物有什么好处？
14. 讨论适用于市场调研的隐式测试的概念。
15. 调研人员如何使用视线跟踪热度图？从中我们能了解到什么？
16. 请解释一下尼尔森媒体研究公司是如何追踪所有设备的观看习惯的。
17. 请解释应用于追踪的指纹识别的概念。
18. 追踪法如何应用于杂志？

网络作业

1. 访问 marketingplatform.google.com。向全班阐释谷歌的营销平台为企业提供了什么。接下来，点击"资源"，然后点击"成功故事"。选择一个故事，告诉全班，该营销平台为一家公司或品牌提供了什么？

2. 访问 analytics.google.com。企业可以使用什么工具来分析数据？"免费设置"涉及哪些内容？

3. 请登录 tobiipro.com/fields-of-use/marketing-consumer-research/。他们能为广告商提供什么服务和洞见？

4. 请登录 sightcorp.com，描述一下他们为零售商提供的概念和工具。

5. 参考 9.4.2 中列出的社交媒体监听工具，并仔细阅读他们的网站信息。如果：（1）你正在寻找一种集所有功能于一身的社交媒体监听工具，你会选择哪种工具？（2）你想追踪你的社交媒体活动的流量。（3）你想监控你的内容在网络上的表现。（4）你需要一个内置监控的社交媒体管理工具。

调研实例 9.1

博士伦微调细节

基于早期的调研，眼科护理公司博士伦（Bausch & Lomb）对一款即将推出的全新隐形眼镜寄予了很高的期望。为了满足这些高期望，公司需要优化新产品的细节辅助——宣传册，类似于销售代表用来向医疗保健专业人员（HCP）解释功能和好处的材料。然而，传统的方法总是导致材料庞杂，失去了销售展示中最激励的因素。有时，被称为视觉辅助或销售辅助的细节辅助是医疗保健行业用来提高产品知名度和销售的关键工具。

博士伦去了一家从事神经营销研究的公司——卡登斯国际公司（Kadence International），以深入了解如何去展示新镜片和宣传册本身。

在进行这项研究之前，卡登斯公司意识到它们必须选择适宜的神经科学技术。因为测试过程意味着 HCP 很可能与销售代表交谈或互动（这是很自然的），这就排除了脑电图（EEG）、核磁共振（MRI），甚至是皮肤电反应（GSR）作为合适的技术，因为这些技术存在运动伪影，当受试者说话或移动时,这些数据就会被云计算。

此外,心率监测是一个完美的配合,它是非侵入性的,是一种经过验证的情绪反应测试方法,可以实时收集和查看——允许主持人识别情绪时刻,并在汇报过程中进行探究。通过放置在桌子上的小型摄像机进行脸部编码,卡登斯可以交叉对比心率和面部表情,以验证心率监测捕捉到的情绪方向(积极或消极)。

使用这种方法,每一个被调查者在到达实验室的时候,都会配备一个蓝牙心率手腕监控器,然后被带到问讯室。在那里,研究助理会安装一个小型高清摄像机,并与脸部编码软件进行同步。整个过程可以从单向镜后面观察,心率数据会被传输到观看室的 iPad 上,被卡登斯开发的一款应用程序所捕捉,让后台观众实时看到销售宣传引发的情绪起伏。

卡登斯的专有算法允许应用程序选出情绪高峰,并将其归一化为受访者的独特心率特征。在15分钟的销售演示过程中,可以识别多个峰值,这些峰值的时间戳将与脸部编码视频反馈进行相互参照,以识别特定的触发点或内容。

卡登斯学到了什么?

在这种方法中,卡登斯运用神经科学学到了我们从传统市场研究中学不到的哪些东西呢?总结如下。

- **保持简短**。最一致的发现是,每个人的投入度都会在销售过程中下降。在15分钟的演讲结束时,情感投入水平可能会比开始时低20%。所以如果你一开始没有引起他们的注意,接下来就会走下坡路。
- **提问,不要一味陈述**。你认为人们什么时候更专注——当他们说话时还是你说话时?值得注意的是,当销售人员进行对话时,他们的参与度增加了多少,而当他们的陈述变成了独白时,参与度下降了多少。因此,你需要让销售人员在每一步都有问题可问。
- **不要依赖肢体语言**。虽然研究表明,80%的交流来自肢体语言,但我们的调研发现,肢体语言可能会误导人。我们了解到,肢体语言可以反映性格类型——外向的人可能会表现出对你的产品感兴趣,而内向的人可能表现出不感兴趣,但是他们的情感投入可能恰恰相反。因此,你需要采取切实的后续行动来评估你的销售电话是否进行得顺利。

问题:
1. 博士伦将如何利用这些信息来增加新镜片的销量呢?
2. 有没有其他的研究技术可以被用来收集同样的信息?
3. 你觉得在这里可以使用民族志调研吗?为什么可以或为什么不可以?

第 10 章

市场营销分析

□ 学习目标

1. 了解市场营销分析中包含的内容。
2. 回顾分析数据的技术。
3. 更深入地了解大数据。
4. 探索数据挖掘。
5. 了解大数据和小数据分析的差异。
6. 定义人工智能、机器学习和深度学习。
7. 概述有关消费者隐私的关键问题。

前面的章节讨论了数据的类型,有二手资料和原始资料,这些数据是由市场调研人员通过传统方式收集的,我们也讨论了收集原始资料的不同方法。我们已经看到,传统来源产生结构化的数据即高度组织的数据,可以表示为由行(对总体的单个单元的观察)和列(变量如年龄、性别和收入)组成的表格。这些数据可以显示在 Excel 电子表格中,并且可以在 Excel 中进行大量分析。例如,查看 Excel 中的公式 > 更多函数 > 统计。

另一种数据形式,过去没有被市场调研人员广泛使用,或者仅用于焦点小组或深度访谈的定性数据,称为非结构化数据,包括电子邮件、社交媒体的帖子、在线评论、照片以及任何非结构化的文本和任何结构不整齐的其他类型的数据或信息。传统上,市场调研人员唯一经常使用的非结构化数据,是焦点小组、深度访谈和在第 7 章中讨论的其他定性技术生成的数据。

在分析所拥有的结构化数据方面,我们使用第 12 章 ~ 第 14 章中讨论的工具,这些工具对于分析相对较小的结构化和目标化数据集已经足够了。我们过去完全依赖于这些较小的数据集,并且直到今天它们仍然很重要。它们可以与大数据一起使用,其中一些被整合到了人工神经网络(ANN)等大数据分析工具中,本章后面和第 14 章将提到。此外,我们可以使用其中一些工具进行预测性分析,还有一些被纳入机器学习、深度学习,以及本章稍后讨论的人工智能中。

本章将介绍的一些工具,能够帮助调研人员分析所有类型的数据并从中获得洞察。正如你将看到的,市场营销分析并不新鲜,但由于许多事物汇聚到一起共同改变了游戏规则,它已经脱颖而出并达到了更高的发展水平:计算机硬件和软件的进步使捕获和操纵大数据成为可能；新工具的开发使我们能够在大数据中搜索模式；在日益复杂的组织和瞬息万变的世界中，业务方面的需求需要洞察力来提高市场营销工作的效率和有效性。

跟踪数字数据市场的部门发布的统计数据显示出惊人的增长性。根据 IDC 研究，2020 年数字数据的复合年增长率为 42%。在 2010～2020 年，全球数据增长约 50 倍，即从 2010 年的约 1ZB（ZB 即 zettabyte，10 万亿亿字节或 10^{21} 字节——这个数字大得难以想象）增长到 2020 年的约 50ZB。IBM 估计人类现在每天创建 2.5 百亿亿字节的数据，这相当于大约 5 亿次高清电影的下载量[1]。

这些数据中的大部分可能与营销无关，但其中的很多信息是相关的，而且这些数据让我们对可用数据的庞大程度有所了解。我们已经从营销的数据沙漠走到了数据沼泽。问题是，我们捕获和分析哪些数据，我们如何分析，以及最终我们如何利用获得的洞察来发展业务。

10.1 什么是市场营销分析

市场营销分析（marketing analytics）是对数据中有意义的模式的发现、解释和传递。这归结为预测或分类以及相关的洞察。例如，我们可能试图弄清楚如何改善整体的顾客体验，决定新顾客属于哪些细分市场，如何充分利用产品或服务的设计，如何优化我们的定价策略，确定人们最有可能购买哪些新产品，或分析任何其他营销问题或机会。关键是我们正在使用数字或非结构化数据和我们为这项特定工作开发的模型来做这件事。从这种类型的分析中获得的洞察使营销管理人员能够更好地了解他们的客户和市场，并创建正确的营销组合，更有效地推动所有营销活动的开展。

市场营销分析并不新鲜，我们分析营销数据已经有几十年了，如果算上最基本的分析类型，可能已经有几个世纪了。但是，如前文所述，近年来，基于大数据的出现、分析工具的进步和信息技术（IT）的改进，市场营销分析的发展迅速加快。Nordhaus 估计，从 1940 年到 2001 年，计算机能力平均每年增长 55%[2]。计算机价格更加便宜且速度更快，软件开发将数百或数千台服务器连接起来处理规模庞大的数据集，如此庞大的数据集是过去最大的大型机都无法处理和分析的。

人们正在获取越来越多的数据，并且这些数据可以越来越多地与特定个人相关联，以及与和这些个人相关的其他来源的其他数据相关联。仅考虑线上购物、使用信用卡或手机在线上和线下支付的增长，就能够将购买行为和个人特征联系起来。

市场营销分析的过程有三个步骤（可能是四个，"行动"有时也会被视为此流程的一部分）：

- 获取数据；
- 整理和合并数据；
- 分析；
- 行动。

10.2 市场营销分析过程

10.2.1 获取数据

我们通常不会在没有特定目的的情况下开始筛选数据，而是需要一个指导概念、一些目的。例如，由于减少对中国供应商的依赖，美国公司需要使用世界其他地区成本更高的供应商，以降低任何一个地区出现问题的风险，因此可能面临潜在的价格上涨。我们需要什么信息来回答这个问题？我们可以从哪里获得这些信息？当然，我们拥有原始资料（询问、观察和实验）和二手资料的所有传统的数据来源，包括历史上价格上涨的影响（近期的、有参考价值的数据）。此外，我们还有大量的大数据来源（在 10.2.2 中讨论），我们可以从这些数据中寻找问题的答案。在任何情况下，我们都需要经历一个过程，首先确定数据来源，然后获取和分析数据以回答我们的问题。

10.2.2 大数据来源

信用卡公司 维萨、万事达、美国运通等信用卡公司拥有庞大的数据库，其可以将来自零售店、餐馆、酒店、航空公司、线上零售商、服务组织等的各种购买行为与特定购买者相关联，信用卡公司拥有这些购买者的大量个人信息，包括年龄、性别、收入、职业、居住地以及在填写信用卡申请时提供的所有其他信息。

线上零售商 大型线上卖家拥有消费者的大量信息。自 1994 年成立以来，亚马逊已经积累了庞大数量的信息，关于数百万人购买的商品、这些购买的收货地址以及他们使用的信用卡。近年来，亚马逊开始为越来越多的公司提供访问其自助广告门户的途径，通过自助广告门户，公司可以购买广告活动并将其定位到超特定的人群，包括过去的购买者。如果你从亚马逊购物，你就会知道它已经掌握了如何使用顾客数据，针对你可能感兴趣的产品调整推荐和广告。亚马逊越了解你，就越能更好地预测出你可能想要购买的商品。而且，有了这些信息，它可以缩短让你购买商品的过程。例如，当你访问亚马逊网站时，它会根据已获知的你的兴趣向你展示所推荐的产品。亚马逊的推荐技术基于协同过滤，这是指它通过建立你是谁的图像来决定它认为你想要什么，然后向你推荐具有相似资料的人购买的产品[3]。

搜索引擎 如果你在谷歌上搜索露营装备，那么你在谷歌上搜索其他东西时突然看到的广告都是关于露营装备的。如果你使用其他搜索引擎，情况也是如此。想象一下，关于你的生活方式和兴趣的大量信息都可以从你的搜索行为中收集，而且这些信息可能会用以影响你未来的购买和其他行为，例如投票。

社交媒体 脸谱、推特、照片墙、缤趣、油管、抖音和其他所有网站都能够获取关于你的兴趣、行为和社交关系的大量信息，这些信息可用于定制你在其网站上看到的用于其他相关目的的广告，也可以被卖给其他组织，以帮助它们指导市场营销活动。例如，你可能亲身体验过脸谱上的定向广告和消息推送。

10.2.3 传统来源的数据

公司内部数据 除了购买或使用上述来源的所有数据外，公司还凭借自身的运营产生了大量数据，并且越来越关注从顾客中收集和使用数据的机会。想想你自己与一些公司的互动，有些公司可能会收集详细的信用申请信息（汽车公司、银行、房东、信用卡公司等），还有保修信息、顾客服务互动、参加竞赛和抽奖活动以及与顾客的其他联系。这里的挑战之一是获取信息，以可访问的格式存储它，并对其进行编目，以便数据科学家在寻找数据以处理出现的问题和机遇时可以找到它。

传统原始来源的数据 所有围绕大数据的炒作不应使我们忽略传统原始资料来源的持续重要性，我们在前面讨论过原始资料来源，第 6 章介绍了询问调研法，第 7 章介绍了定性调研，第 9 章介绍了观察调研法，将在第 11 章讨论从实验和测试市场中收集的原始资料。

通过这些传统方法生成的数据对于解决"为什么"的问题仍然极其重要，而大数据通常无法解答这类问题。特别是，这些数据收集方法可用于深入挖掘使用大数据识别出的内部问题。一方面，大数据对于顾客体验或满意度追踪或顾客旅程分析等重要领域并不是特别有用，这是市场营销调研的一个重要的新领域。另一方面，大数据可能会取代大量的观察调研，并且对于实验和营销测试工作可能很重要，我们可以在其中操纵营销组合的要素并很快看到其对销量和市场份额等关键指标的影响。

10.2.4 整理、合并和使用大数据

整理和合并传统的小数据（例如来自询问法的数据）的过程很简单，如第 12 章所述。对大数据的处理是完全不同的。过去，所有数据仓库的设计都仅能保存结构化的、表格式的所谓的关系数据，例如上面提到的传统结构化数据。人们往往忽略数据仓库中的非结构化数据，因为它们处理起来太困难且成本高昂。传统的数据库系统无法存储和分析非结构化数据（例如照片、文本等），因此这类数据往往不被包括在调研设计范围内[4]。现在我们有了处理这类数据的工具，具体将在后文中讨论。

10.2.5 根据分析结果采取行动

不按分析结果行事的管理者往往会说，结果"不可操作"，只是因为他们选择不按分析结果行事。在许多情况下，管理人员没有根据所产生的洞察结论采取行动，这个问题要么是因为他们不理解所产生的结果和洞察，要么是因为他们不信任它们。不理解这些结论可能是因为前几代管理人员缺乏必要的学术和培训背景，他们仅仅将分析工具视为黑匣子。你在本章中将看到，对于重要的大数据分析工具来说这仍然是一个问题，包括神经网络、机器学习和深度学习等。不信任进行分析的人员是人力资源的问题，你是否雇用了合适的人？而且，如前文所述，管理人员并不了解这些技术。如果管理人员要求进行分析、批准了计划并信任为他们做这件事的人，那么他们需要做好采取行动的准备，前提是分析师做得很好，并提供了带有适当支持证据的明确建议。就像陪审团一样，他们需要查看证据，对其施加适当的权重，然后朝着指示的方向前进。

10.2.6 大数据

近年来，谷歌、推特、照片墙和脸谱等公司向数据分析行业的人士证明，存储和分析非结构化数据具有重要价值。不仅如此，他们还创造了存储和分析这些数据所需的技术，可以用于几乎任何可以想象到的数据规模。创造技术和展示其价值的结合为各种类型的组织带来了可能性。Hadoop 是被广泛使用的工具之一，用于处理大型非结构化数据，我们将在下文中介绍它。

10.2.7 大数据问题的背景

回想一下，**大数据**（big data）是大量信息的积累和分析，就我们的营销目的而言，这些信息通常与人类行为和互动有关。除了我们从传统数据来源中获得的信息外，大数据还允许公司查看所有个人、所有产品、所有部件、所有事件和所有交易，以了解复杂的、不断发展的和相互关联的条件，产生更准确的洞察[5]。为了能够处理这些庞大的数据集，需要开发用于数据存储、处理和传输的新工具。

大数据的特点具有三个 V——容量（volume）、多样性（variety）和速度（velocity）。容量是指数据量。多样性关注的是将不同来源的数据放在一起。速度是指数据以数据流的形式连续到达[6]。

大数据更多的是关于"是什么"而不是"为什么"的问题。在很多情况下，想知道"为什么"是一种奢侈，而知道"是什么"可能就足够了。例如，当亚马逊使用大数据分析销售数据以查找经常被顾客一起购买的书籍时，它不需要知道为什么购买了《夜莺》的顾客可能也购买了《伟大的孤独》。亚马逊可能不在乎这两本书为什么被联系到一起。它只需要向《夜莺》的购买者推销《伟大的孤独》，反之亦然。

如前文所述，有时在揭示了"是什么"之后，可能需要传统调研来回答"为什么"的问题。例如，如果大数据告诉医疗保健的调研人员，经常步行的人不容易肥胖，那么下一个重要的问题是，"为什么步行的人这么少？"如果我们为超重的人提供可穿戴设备，例如乐活（Fitbit）、佳明手表（Garmin watch）或苹果智能手表（Apple watch）等来帮助他们跟踪身体活动，结果会怎样？这些问题就是传统市场营销调研需要完成的工作了。

10.2.8 它是如何运行的

直到不久前，分析公司收集的大数据都需要复杂的计算机程序，这些程序必须在昂贵的硬件上运行，例如巨大的大型计算机。然而，在 2005 年，一个名为阿帕奇（Apache）软件基金会的非营利组织开发了名为 Hadoop 的开源（免费提供给所有人）框架。

Hadoop 由四个主要模块组成：分布式文件系统、MapReduce、Hadoop Common 和 YARN。分布式文件系统允许以易于访问的格式存储数据，而 MapReduce 读取数据并将其转为适合分析的格式，Hadoop Common 读取数据，YARN 管理数据存储系统的资源[7]。

Hadoop 的一项重要创新是使用联网服务器。不同的分析任务被分布在许多廉价的所谓商品服务器中，每个服务器都解决了难题的一部分，然后在工作完成后重新组合查询。将复杂查询分发到许多廉价服务器的能力使人们能够快速得到大数据问题的响应。

最近开发的自然语言处理（NLP）、机器学习和深度学习程序依靠计算机程序本身来寻找模式，甚至可以根据上下文阐明歧义词的含义。通过自然语言处理，该程序可以确定像"炸弹"这样的词语是否以积极的方式使用，而不是指致命的爆炸性武器。

在整理和合并数据之后，我们需要对其进行查询或分析以获得问题的答案。与整理和合并数据一样，传统数据和大数据之间往往存在界限。然而，一些传统的数据分析工具被纳入大数据方法论中。第12章～第14章详细讨论了分析工具，大部分讨论集中在传统分析上，第14章提到的神经网络是用于大数据分析的主要工具之一。

10.3 分析数据：描述性、预测性和规范性分析

分析公司可用的大量或少量数据能够带来巨大的回报，基于更好的消费者定位、更好的顾客体验以及对营销组合的所有要素做出更好的决策，最终能够带来更多的收入和利润。开始查看分析的一种方法是将数据分析归类到三种类型之一。这三种类型都很有价值，在指导决策方面都有自己的作用。这三种类型的数据分析是描述性分析、预测性分析和规范性分析。

10.3.1 描述性分析

在**描述性分析**（descriptive analytics）中，我们以基本形式汇总数据以识别模式。这是第12章中描述的传统营销调研分析的本质，特别是交叉表和基本统计部分。**表10-1**是一个典型的交叉表，根据调研结果生成。该表提供了报告购买或未购买新产品的人的概况。你可以看到，购买者更年轻，但受教育年限更长，收入更高，有全职工作的可能性更高，已婚的可能性更低，更有可能从事管理和专业职业。此表提供了购买者和非购买者的画像以及用于各种营销目的（包括媒体定位和信息传递）的有用信息，但在我们可能称为微定位或特定个人的定位方面，没有提供太多帮助。

我们举一个传统的例子来说明这一点。假设我们购买了一个包含超过1 000 000个姓名和地址的数据库，用于计划性的邮寄，但我们希望节省预算并邮寄给购买可能性较高的人。我们还认为，向目标群体寄送邮件能够使我们更好地定制信息并更具说服力。表格中的信息对达成目的并没有太大帮助，并不是说它们没有用，通过它我们知道的比以前更多，但也仅此而已。下一个层次是预测性分析。

表 10-1 新产品购买者和非购买者概况

购买状态	平均		家庭收入中位数（美元/年）	百分比			
	年龄（岁）	受教育年限（年）		女性/%	有全职工作/%	已婚/%	从事管理或专业职业/%
购买者	28.3	16.2	67 557	60.4	65.8	55.1	63.5
非购买者	42.8	13.6	63 472	51.1	55.7	72.3	44.2

10.3.2 预测性分析

预测性分析（predictive analytics）使用更强大的工具（如第 14 章中讨论的工具）来提供更多洞察和更强大的决策工具。我们使用来自原始资料、二手资料和大数据的数据，并应用分析工具，例如各种类型的回归分析、判别分析、聚类分析、神经网络等来解决以下问题。

- 预测改善客服中心的顾客服务对整体顾客体验和相关评级的影响。我们通过预测性分析最终得出模型。例如，我们可以在其中"转动"顾客体验的不同要素，并估计这些变化会对整体顾客体验评级产生什么影响。所有这一切都可以通过使用分析所得的模型来实现，并使我们能够进行各种假设分析。
- 根据个人特征估计其购买或不购买新产品或服务的可能性。

    ➢ 统计工具，例如判别分析，可以用于此目的。可以使用有关实际购买者和非购买者特征的数据，或者使用询问调研中消费者（在询问中表示了对新产品具有不同水平购买意愿的消费者）特征的数据来开发该模型。

    ➢ 使用丰富而详细的询问调研数据开发模型后，需要把它与我们更容易获取的大量人群的数据相关联，然后开发出第二个模型。

    ➢ 第二个模型可以应用于任何市场或可识别的人群，包括国内的几乎任何人，或者我们可以获取其他国家的数据，例如我们可以从 Acxiom（https://www.acxiom.com/what-we-do/data/）、Experian 等来源获取其他国家的数据。

- 使用聚类分析等工具将人们分类到我们开发的细分市场中（参见第 14 章）。Acxiom 声称其拥有多达 10 000 条信息，涉及 60 个国家和地区的 25 亿可寻地址的消费者，覆盖了全球 68% 的数字人口。
- 从一系列不同版本的产品中预测不同消费者最有可能购买的产品。联合或离散选择分析可用于此目的，其结果可用于模拟模型中，这些模型可应用于任何市场或市场集，前提是拥有关于这些市场的上述必要背景数据。预估这些模型需要以特定方式收集的特殊数据（更多详细介绍在第 14 章）。
- 神经网络，或者更严格地说，人工神经网络（ANN）试图模仿人脑，并且可以应用于许多问题，如上面提到的例子。它们可用于分类或预测，采用了一些传统的技术如回归。人工神经网络的主要用途与大数据有关，因为它们处于数据饥饿的状态，换句话说，它们需要大量数据。

10.3.3 规范性分析

规范性分析（prescriptive analytics）能在特定情况下找到最佳行动方案。这种形式的分析用于回答"我们应该做什么？"的问题。规范性分析方法使用描述性分析和预测性分析的结果，以更具体的方式指导决策。规范性分析通常需要结合模拟和优化。首先，你要确定想要最大化的目标，例如产品的市场份额。其次，你列出可供使用的决策杠杆，例如广告、定价、分销等。再次，你构建和校准一个模型，该模型在调整决策杠杆的各种方式下都是稳健的。

最后，你将模拟器嵌入一个优化工具中，该工具评估设置决策杠杆的大量不同方式，并确定哪种杠杆设置组合可以最大化你的目标。规范性模型还必须考虑控制之外的组织（例如竞争对手）将如何表现或如何对你的决定做出反应[8]。

规范性分析是一种非常强大的工具，可用于解决各种问题。

- 公司可以根据季节性因素、销售水平和竞争对手的行为实时自动调整定价。
- 医院和医生可以使用规范性分析为特定的患者症状和患者信息选择最佳治疗方案，并根据后续患者的指标进行调整。
- 航空公司可以根据一年中的时间、前往不同目的地的旅行频率、不同目的地的实际机票预售、竞争对手的定价和其他考虑因素来调整不同目的地的票价。
- 发生森林火灾时，消防部门可以评估在什么地点下令疏散[9]。

10.4 高级分析方法

10.4.1 数据挖掘

数据挖掘（data mining）是促进模式的快速发现和模型构建的分析技术的总称，特别是用于大型数据集[10]。其目标是识别模式，营销人员可以使用这些模式来创建有助于实现公司目标的新战略和战术。

可以说，"数据挖掘"一词并不恰当，因为其目标是从大型数据库中提取模式和知识，而不是真的提取或挖掘数据[11]。但是对于销售这些服务的人员来说，这是一种很好的、非常简化的营销术语。一个拿着镐和铲子的矿工形象是非常吸引人的。"数据挖掘"这一术语宽泛地适用于任何类型的大规模数据或信息处理，以及人工智能、机器学习或深度学习的任何应用[12]。该术语称为大规模数据分析和分析学，或人工智能、机器学习和深度学习更为合适。

数据挖掘并不是什么新鲜事——它很古老，就像盘点库存，了解哪些产品卖得很好、哪些产品留在货架上。我们可以说，今天所谓的数据挖掘实际上只是一种进化的传统市场营销调研分析。不同的是，我们拥有更强大的分析工具，对这些工具有了更广泛的理解，以及拥有显著增加的数据量和积累速度。与之前一样，我们正在寻找洞察和可操作的模式。当今最强大的数据挖掘工具结合了统计学、人工智能和机器学习。例如，美国运通使用神经网络检查其数据库中的数亿个条目，这些条目显示了个人持卡人如何以及在何处进行业务交易。简而言之，神经网络是模拟人脑过程的分析工具，我们将在第14章更详细地介绍神经网络。某些形式的神经网络能够从它们所犯的错误中学习，就像人类一样。例如，神经网络可能会预测某个特定的人不会购买滑雪装备，而后续的数据显示此人购买了滑雪装备。通过一个称为**反向传播**（backpropagation）的过程，**神经网络**（neural network）能够进行学习和调整以改进未来的预测。对于美国运通，产生的结果是每个持卡人的一组购买倾向得分。根据这些分数，美国运通将附属商家的优惠与个人持卡人的购买历史相匹配，并将这些优惠信息附在他们的月结单中。好处是为美国运通减少了费用，为持卡人提供更具针对性的建议，并为商家带来更好的结果。

1. 数据挖掘的标准化方法

进行数据挖掘项目的一种著名方法是 **CRISP-DM 框架（数据挖掘的跨行业标准流程）**[CRISP-DM framework（cross-industry standard process for data mining）]。它按照六个步骤的顺序进行：业务理解、数据理解、数据准备、建模、结果评估和计划部署（见图 10-1）。使用 CRISP-DM 框架的一个示例工具是 IBM SPSS Modeler[13]。再次思考 CRISP-DM 框架的步骤，我们从业务理解开始——我试图用这些数据回答什么问题？——然后继续理解数据，准备数据和建模，评估分析结果，并根据对问题的感知答案部署计划和/或业务策略。

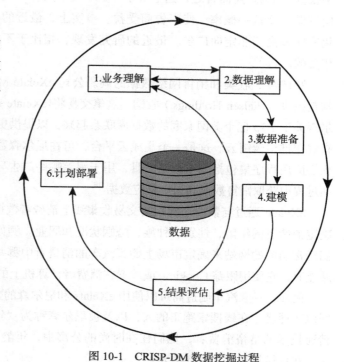

图 10-1　CRISP-DM 数据挖掘过程

来源：Meta Brown, Data Mining for Dummies（Hoboken, NJ: John Wiley & Sons, 2014），p.75. 经 John Wiley & Sons 许可转载。

2. 一个领域成功的数据挖掘无法挽救整个组织

几十年来，西尔斯一直是美国最大的家用电器销售商。近几年来，它平均每年售出超过 450 万台家电。该公司决定使用数据挖掘来检查西尔斯的技术人员对美国家庭进行的数千万次家访的结果，以便在人们拨打服务电话之前更有效地诊断家电的问题，例如冰箱或洗碗机出现的问题。西尔斯一度拥有 7 000 名技术人员，是美国最大的电器维修服务机构，每年访问 800 万户家庭。在填写服务订单的正常过程中，其技术人员对数亿个结构化数据点进行了编目。海量结果数据库中的信息，包括位置、型号、制造商和报告的问题。数据挖掘使西尔斯能够预测问题的复杂性、可能需要的部件以及完成工作所需的成本和时间。他们的目标是在首次通话时获得 95% 的解决率，而行业平均水平为 75%[14]。不幸的是，这个成功的故事并没有使他们免于来自线上卖家（例如亚马逊）和实体店（尤其是沃尔玛）的动态市场压力。

3. 行为定向非常重要

公司进行"数据挖掘"的一个主要原因是分析工具具有进行**行为定向**（behavioral targeting）的能力。行为定向使用线上和线下数据来了解消费者的习惯、人口统计数据和社交网络，以提高在线广告的效果。例如，Acxiom 的 PersonicX 是用于行为定向的。随着互联网的成熟，非定向广告的效率有所下降。Double-Click 的一项研究报告称，其平均点击率仅为 0.1%。换而言之，这意味着 1 000 人中只有 1 人实际点击了普通展示广告。行为定向试图改变这一概率，使广告商受益。事实上，最近的研究证实，定向广告的点击率和转化率明显高于非定向广告。最近的研究发现，相比于不相关的广告，54% 的受访者更喜欢相关的广告。[15]

2015 年，收集和销售网络数据的调研公司 eXelate Media 被美国最大的市场调研公司尼尔森控股（Nielsen Holdings）收购。这笔交易将 eXelate 超过 1.5 亿个互联网用户的数据与尼尔森关于 1.15 亿个美国家庭的数据库联系起来，以提供更详细的消费者概况。2016 年，尼尔森宣布推出营销云。这是一个集成云平台，可在尼尔森数据管理平台中提供数据。营销云的核心应用程序集包括一个跟踪工具，用于跟踪哪些广告导致了特定的用户行为，并能够在活动过程中获取销售数据和用户反应数据。[16]

eXelate 通过与数百个网站的交易收集线上消费者数据。该公司通过搜索网站注册数据来确定消费者的年龄、性别、种族、婚姻状况和职业。例如，它根据消费者的互联网搜索和他们经常访问的网站来确定市场上购买汽车的消费者中哪些是健身爱好者。当消费者访问参与站点时，它使用跟踪 Cookie，或放置在消费者计算机上的小数据串来收集和存储信息。

例如，一家汽车制造商可以使用 eXelate 和尼尔森的数据库，将宣传跑车的广告投放给访问汽车博客、在线搜索跑车的人，以及被尼尔森称为"年轻数码人"的群体。这个群体包括精通技术的富裕消费者，他们住在时尚的公寓中，年龄在 25～44 岁，年收入约为 88 000 美元，并且经常阅读《经济学人》。[17]

2019 年 1 月，亚马逊报告称已售出超过 1 亿台支持 Alexa 的设备。Alexa 和 Ring 在广告中的展示是非常轻松愉快的。但我们有明确的证据表明，亚马逊不仅是用 Alexa 讲笑话的。亚马逊的众多专利中包括一项"对侦听设备捕获的数据进行关键字分析，以实现精准投放广告和产品推荐等目的"（见图 10-2）。[18]

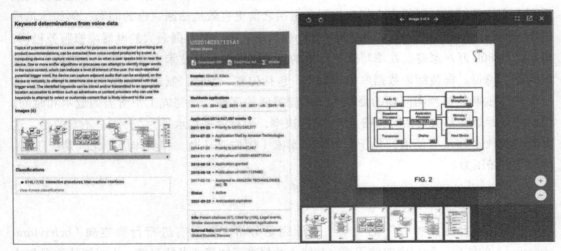

图 10-2 亚马逊专利申请

来源：Keyword determinations from voice data by Kiran K. Edara. Retreved from https://patents.google.com/patent/US20140337131A1/en.

亚马逊是如何处理这些用户数据的？2020年1月下旬，电子前沿基金会的一份报告显示，亚马逊卖得很好的指环（RING）门铃摄像头通过其安卓（Android）移动应用程序直接向广告合作商发送敏感的、个人身份识别的用户数据。鉴于亚马逊与指环达成的交易，几乎可以肯定亚马逊与谷歌和脸谱共享Echo数据，反之亦然[19]。

社交网络数据的添加以一种被称为再营销或再定位的形式极大地推动了行为定向的发展。你是否曾经访问过一个网站而没有购买商品，之后在你下次登录脸谱时就会注意到该公司的广告——甚至可能是你看过但没有购买的商品的广告？这是再营销或再定位的一个例子。

Lotame和33Across是其他旨在为广告商挖掘社交网络数据的公司。Lotame尝试使用社交数据来吸引有影响力的人。首先，它为创建过特定主题内容的用户提供社交网络、博客和留言板。其次，它添加消费了该用户生成内容的人来扩大圈子。最后，它添加看起来像这些内容的创建者和消费者的人[20]。

易趣网（eBay）和Spring都使用33Across来提高它们的在线广告效果。RadiumOne是一家社交再定位公司，最近筹集到了5 000万美元，这表明人们对再定位和社交营销的结合有强烈的兴趣。一些新的公司如品趣思、Fancy、Gogobot和其他快速增长的网站，在过去2~5年中进入社交领域，而大公司则竭尽全力开发自己的渠道来将搜索者转变为消费者[21]。

10.4.2　机器学习和深度学习

机器学习和深度学习是人工智能的另一个领域，我们教机器做通常需要人类智能才能做的事情。市场营销领域的调研人员和数据科学家至少必须对这些技术有基本的了解，以及知道机器学习和深度学习的一些基础知识（见图10-3和图10-4）。

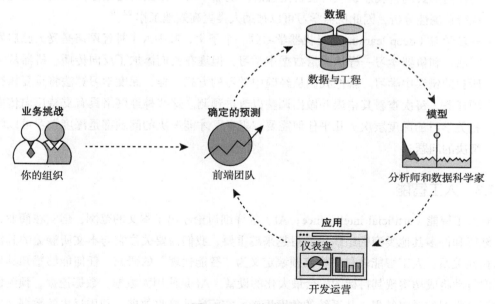

图10-3　人工智能概述

来源：Amazon, What is Artificial Intelligence? Machine Learning and Deep Learning, Amazon Web Services Inc. Retrieved from: https://aws.amazon.com/machine-learning/what-is-ai/.

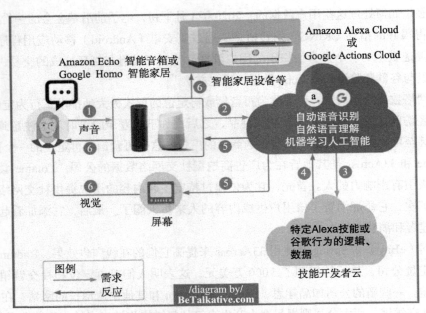

图 10-4　你可能使用过的人工智能

来源：How Alexa Skills and Google Actions Work, Reproduced with permission from Accompa, Inc. Retrieved from: https://www.betalkative.com/blog/how-it-works-alexa-skills-google-actions/。

- **机器学习**（machine learning），机器可以通过经验学习并获得技能，而无须人工参与。根据 Mueller 和 Massaron 的说法："机器学习依赖算法来分析庞大的数据集。目前，机器学习无法提供电影呈现的那种人工智能。即使是最好的算法也无法思考、感受、呈现任何形式的自我意识或行使自由意志。机器学习可以做的是比任何人类都快得多地执行预测性分析，因此机器学习可以帮助人类更高效地工作[22]。"
- **深度学习**（deep learning）是机器学习的一个子集，其中人工神经网络是受人脑启发的算法，和机器学习一样从大量数据中学习，但现在我们添加了反向传播，机器从它们所犯的错误中学习。就像我们从经验中学习的方式一样，深度学习算法将重复执行一项任务，每次查看其错误并做出调整以改进预测。这些神经网络具有支持反向传播和相关学习的深度层次。几乎任何需要"思考"才能解决的问题都是深度学习可以学习解决的问题。

10.4.3　人工智能

对**人工智能**（artificial intelligence，AI）的详细讨论超出了本文的范围，但它在商业、政府、健康和许多其他类型的组织中变得越来越重要，我们需要关注它与本文所涵盖的其他工具的相互关系。人工智能教科书将该领域定义为"智能代理"的研究：任何能够感知其环境并采取行动将成功实现其目标的机会最大化的设备。AI 是使用大数据、数据挖掘、预测性分析和深度学习的最终结果。从系统的角度思考，它不断地接收数据，利用过去的数据开发模型并应用，以及持续不断地改变要素，如定价、广告定位、信息传递和其他要素。而且，这些模型还基于反向传播的深度学习或从错误中学习而不断更新。所有这一切都可以在没有"监督"的情况下发生，由机器管理整个过程。这除了对企业来说是一个非常有用的工具之外，一些人还认为人工智能是下一个工作场所的颠覆者，以更低的成本和更高的效率取代许多高技能工作[23]。

你会发现基于机器学习和深度学习的 AI 被用于当今大量并且数量还在快速增长的应用程序中[24]。网站 https://www.symphonyai.com/about/team/ 上的视频快速概述了 AI 是如何支持业务战略和运营的。唯一的问题是这项技术运行得如此之好，以至于你甚至不知道它的存在。事实上，你可能会惊讶地发现，你每天都在使用 AI 的好处，而且你家中的许多设备已经在使用这项技术了。AI 的用途数以百万计，即使它们在本质上是非常引人注目的，但大多数用途是看不见的。以下是使用 AI 的几种方式[25]。

- Alexa 和 Hey 谷歌等虚拟助手。
- 翻译应用程序，谷歌翻译就是一个例子。
- 汽车和其他交通工具的视图，例如特斯拉等几乎自动驾驶的汽车。
- 聊天机器人和服务机器人。依靠深度学习，这些系统为许多公司提供顾客服务，并且可以以智能和有用的方式回应越来越多的听觉和文本问题。有些不是很好，但它们正在变得更好。
- 图像着色。将黑白图像转换为彩色，这在以前是需要人工精心完成的烦琐任务。今天，人工智能系统可以使用图像中的环境和对象来为它们着色。结果令人印象深刻且准确。
- 面部识别。深度学习正在被用于面部识别，不仅出于安全目的，还被用在脸谱帖子上标记人物，很快我们就可以仅使用面部来支付商店中的商品。面部识别的深度学习算法面临的挑战是，即使一个人改变了发型、留了胡子或剃掉了胡须，或者由于光线不足或障碍物导致拍摄的图像质量不佳，也能识别出这个人。
- 医药。从疾病和肿瘤诊断到专门为个人基因组创建的定制药物，医学领域的深度学习引起了许多大型制药公司和医疗公司的关注。
- 个性化购物和娱乐。你有没有想过 Netflix 是如何为你接下来应该看的内容提出建议的？或者亚马逊是怎样为你接下来应该买的商品做出推荐的，而这些建议正是你需要的，但只是以前从来不知道？

如前文所述，图 10-3 是人工智能概述，图 10-4 介绍了你可能使用过的人工智能示例。

1. AI 应用程序

几乎所有人每天都会上网，我们访问的大多数网站都尝试根据我们的喜好显示相关信息。它可能与脸谱活动、照片墙活动、谷歌搜索历史、亚马逊购买或搜索等相关[26]。首先，网站应该知道你的喜好。为此它应该收集一些你之前浏览会话的统计数据，并尝试预测你的兴趣。它可以通过简单的数学和逻辑计算的假设来完成。或者，它可以通过神经网络回归过程来完成。在这里，我们对第二种方法——基于神经网络的人工智能感兴趣。用于分析的统计数据包括一系列显示网站访问者特征和行为的变量——年龄范围、地理位置、婚姻状况、职业、收入等。如果我们试图预测访问者对某些产品、品牌或类别的兴趣，我们需要与该产品或类别相关的数据。例如，如果我们想了解访问者是否会对谷歌 Pixel 4 手机感兴趣，我们需要知道访问者最近是否与 Pixel 4 手机或任何其他类似类别进行了互动以及其互动次数，这将有助于进一步了解访问者过去是否购买过任何谷歌产品。明白了吗？任何其他相关的过去搜索和购买行为数据都将被识别并添加到我们的数据集中进行分析。我们需要与访问者的特定兴趣相关的统计数据。

其次，我们将构建一个神经网络模型。为此我们将从上面讨论的统计数据开始，然后教模型根据数据预测结果。准备用作学习数据集的数据也是一个挑战，超出了我们讨论的范围。现在我们要建立一个模型，可以根据营销统计数据预测结果。

网络上可用的营销数据集样本很少，其中之一是"机器学习和智能系统中心"的"银行营销数据集"（https://archive.ics.uci.edu/ml/datasets/bank+marketing）。该数据集是营销数据的一个很好的例子，用于预测消费者兴趣。示例中的结果是个人订阅或未订阅定期存款。如果我们可以训练神经网络使用这个简单的数据集来预测结果，那么我们就可以使用相同的模型来预测其他消费者的结果。

该数据集有 20 个输入变量，包括年龄、工作、教育、婚姻状况以及其他统计数据，例如在此活动期间的联系次数、自上次联系此人后的天数等。有一个二元结果需要预测即此人是否订阅了定期存款。有 41 188 个观察值用于训练神经网络，4 119 个数值用作保留样本以验证预测的准确性。之后使用一个深度神经网络分类器。经过多次实验，UBEX 数据科学工程师发现了具有最佳预测率的深度神经网络，该模型的整体准确率为 91.6%。

如前文所述，这个示例数据集只有 20 个输入属性。在真实情况下，网站可能会收集更多的统计数据。这将导致预测和定位的准确性更高，网站访问者的信息推送将得到很大改善。

此处描述的建模过程基于一个数据集，该数据集在变量数量（20）和观察值数量（41 000）方面都受到限制。在真正的大数据应用中，我们可能会有数百万个观察值和数百个预测变量，因此可以期待更高的预测准确性。

2. 高峰期定价或动态定价 [27]

高峰期定价，也称为动态定价、需求定价或基于时间的定价，是一种定价策略，企业根据当前的需求水平或特定时刻的需求水平改变产品或服务的价格。Uber 的做法如下 [28]。

- 乘车需求增加。有时，很多人需要乘车，以至于路上没有足够的汽车来接受全部的订单。例如，恶劣的天气、高峰期时间和特殊事件可能会导致异常大量的人同时想用 Uber 叫车。
- 价格上涨。在需求量非常大的情况下，价格可能会上涨，以确保需要乘车的人可以叫到车。这个系统被称为**高峰期定价**（surge pricing），它让 Uber 持续成为一个可靠的选择。
- 乘客支付更多或等待更久。每当由于高峰期定价而提高费率时，Uber 应用程序会告知乘客。有些乘客会选择付费，而有些乘客会选择等待几分钟，看看费率是否会回落。

根据实时需求对商品和服务进行动态定价的能力已经存在或正在扩展到其他行业，包括停车场运营商 [29]、航空公司、酒店、电力供应商以及其他很多行业。当然，动态定价和哄抬价格之间存在细微差别，以及相关的道德问题，正如我们所见到的在新型冠状病毒大流行期间各种消毒产品（例如消毒洗手液）的定价。

3. AI 快速通道定价模型

考虑一个完全集成的 AI 系统，用于对高速公路快速通道的使用进行定价。

- 传感器测量高速公路和快速通道上的交通量和速度，产生连续的数据流。
- 快速通道入口的电子标志不断更新，显示当前使用快速通道的价格。
- 通过读取挡风玻璃贴纸上的电子签名来识别使用快速通道的汽车。这些信息还使我们能够对快速通道的使用进行适当收费。
- 我们开始试验不同的价格并收集使用快速通道的人数信息。我们还可以在收费标签数据库中将用户与他们的个人特征联系起来。此信息可能有助于我们进行目标定位和制定最佳信息，以促进快速通道的使用。
- 我们试验不同的定价，获取相关的主要高速公路交通水平和速度，以及快速通道的使用情况和速度。我们的目标是将快速通道的收入最大化；期望是随着主要高速公路上的交通量增加和速度降低，可以收取更多费用。在不深入细节的情况下，我们开发了一个模型来做到这一点。
- 我们不想定价太低，以至于鼓励太多人走快速通道，从而使之成为一种负面体验。我们的成本是固定的，经济学家会说我们在需求曲线上寻找无弹性的点，提高价格会增加总体收益。我们可以在实验中找到合适的定价点。
- 我们部署模型并根据结果对定价模型进行调整。

4. AI 的未来

AI 的未来将非常惊人。一家名为 SparkBeyond 的新公司表示，其 AI 可以解决业务问题并独立地提出解决问题的想法[30]。在高层次的应用中，它通过检测大数据中的复杂模式并制定可能的策略来解决这些问题。该公司最近通过使用信用卡和其他客户数据，检测线上购物活动中的隐藏模式，帮助瑞士信用卡发行商 Swiss card 确定了防止客户流失的最佳方式。在更普通的应用中，如果 Kohler、Toto 和其他配置浴室的公司设计成功，浴室将变得更加智能[31]。他们正在将传感器、人工智能、智能语音和其他功能添加到他们的马桶和相关产品中，在 2020 年 1 月的消费者电子产品展览上展出。最后，一家名为 Clearview AI 的小公司将使人们失去隐私，如我们所知，它使用 AI 从脸谱、YouTube、Venmo 和数百万其他网站上抓取超过 30 亿张图片，并使用面部识别算法来识别人员[32]。许多执法机构已经使用 Clearview 解决了一系列案件并订购了该服务。你可以想象如何在其他应用程序中使用它。

10.5 数据可视化

有一句老话"一图胜千言"，今天仍然如此。事实上，准确的图片可以传达的信息远超过千言可以传达的信息，但如果图片选择不当，就会让人感到困惑。图片，我们在最广泛的意义上使用该术语来指代任何插图,可以比文字更有效、更高效地用于交流。如果是准确的"图片",我们可以说这句话是真的。换句话说,如果选择准确的图片,它们就能以最高效的方式传达准确的想法、结论等。不幸的是,这需要调研分析师或数据科学家开展大量工作。单个图形可能就需要花费数小时或数天的时间。其目标是使用尽可能少的图片数量进行交流,例如 PowerPoint 幻灯片中的张数。从一份调查中获取结果并做 200 张幻灯片非常容易,难的是在 10 张或 15 张幻灯片中传达从该调查中获得的结果和结论。引用马克·吐温的话来说:"我没有时间写一封短信,所以我写了一封长信。"这些问题在第 15 章也将提及。

如今的年轻管理人员是伴随着智能手机和平板电脑长大的,因此更加注重视觉和形象导向。此外,他们还有更多的数据需要消化。因此,调研分析师或数据科学家对数据和相关洞察的任何展示都必须更多地基于图像。正如我们将在第 15 章中提到的,今天的市场调研报告使用大量图形和其他图像来呈现关键的发现。任何营销数据的报告或跟踪都需要尽量减少文字的使用,以逻辑化的"小片段"形式向客户提供信息,并广泛地使用图像——图表、图形、照片和视频。我们的工作是以最有效、最高效和最有趣的方式向管理人员提供信息,帮助他们将结果可视化。这就是**数据可视化**(data visualization)。数据可视化是指使用图形工具,使数据和相关结果能够被更广泛的受众所理解,而不只是分析师和数据科学家。

数据可视化技术包括图表、图形、照片和视频,甚至表格和地图(如果合适的话)也可包含在内。信息图表和仪表板也是可能的选择。我们通过对复杂的数据集进行复杂的分析从而获得洞察,数据可视化工具赋予其意义,使这些洞察结论清晰且令人信服。数据可视化的一个简单示例是根据 Excel 电子表格中的数据创建图表或图形。

10.5.1 信息图

信息图(infographic)是一组图像、图表和最少文本的集合,可提供易于理解的主题概述,(https://venngage.com/blog/what-is-an-infographic/#1)。**图 10-5** 提供了一个示例信息。如你所见,这个单一的图表总结了许多关于回应调查的人们以及他们回应的信息。你可以找到许多信息图示例,创建信息图没有特定的规则,这只是一个决定你想要表达什么的问题,并要有足够的创造力来设计一张幻灯片,能够清晰地、有效地表达观点。在一系列标准 PowerPoint 幻灯片中表现**图 10-5** 中的示例至少需要六张幻灯片。在这里,我们把它放在一个图形中,用户可以在一个屏幕或页面中获得所有信息。

要创建理想的数据可视化图表,你需要考虑数据类型、受众和你希望传达的信息。同一个数据集可以通过不止一种方式可视化,具体取决于目的和受众。即使数据科学家也需要可视化,以便他们可以监控数据并调整输出[33]。

10.5.2 营销仪表板

营销仪表板(marketing dashboards)是一种报告工具,可提供绩效分析、关键绩效指标(KPI)和其他营销指标的综合概况。营销仪表板旨在为团队提供呈现营销绩效的实时窗口。

根据仪表板需要监控的营销目标，它们可以通过编程进行跟踪、分析，显示 KPI、指标和关键数据点。

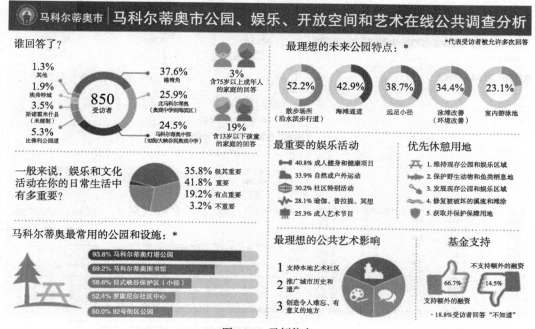

图 10-5 示例信息

来源：PROSA Survey Results, City of Mukilteo, WA.

营销仪表板分为三种类型：战略、战术和运营[34]。战略仪表板监控实现高层次目标的绩效。战术仪表板使用过去的数据来识别可能影响未来计划的趋势，它比战略仪表板更加具体。运营仪表板是最具体的，通常用于跟踪公司内部部门（例如制造或销售部门）的绩效（见图 10-6）。

此仪表板的目的是获取 Skynet's 网站绩效的概况。它可以随时拉出，并更新结果。请注意，此仪表板显示了受众指标的绩效与目标的对比，以及当前时间段内的绩效与前一时期的绩效对比。

10.6 隐私问题：隐私与定制

大数据的缺点是相关的隐私丢失。几乎可以肯定，大数据包括有关特定的可识别个人的行为和活动的详细信息。在一项调查中，只有 32% 的人对广告商根据他们的浏览历史来提供更多相关广告表示称心。实际上有多少跟踪在进行？《华尔街日报》挑选了 50 个网站，这些网站大约占美国所有页面浏览量的 40%。这 50 个网站在进行这项研究的测试计算机上总共安装了 3 180 个跟踪 Cookie。只有一个网站（Wikipedia.org）没有安装。包括 Comcast.net 和 MSN.com 在内的 12 个网站分别安装了 100 多个跟踪工具。Dictionary.com 安装了 168 个跟踪工具，而没有给用户拒绝被跟踪的机会。还有 121 个工具，根据其隐私声明，不排除收集财务或健康数据的可能[35]。

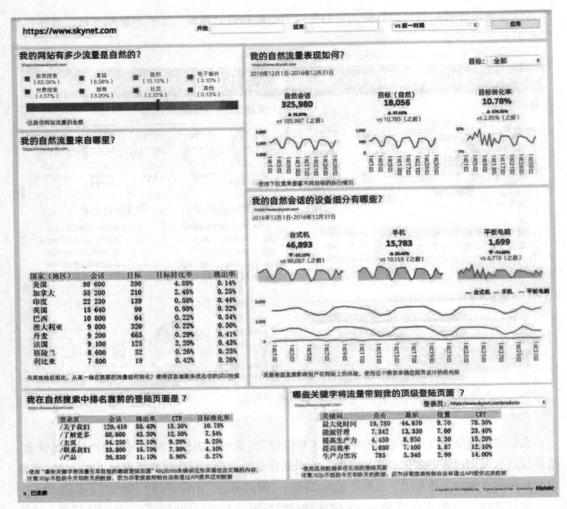

图10-6 示例营销仪表板

来源：Klipfolio公司。

最近，Gongos的一项研究发现，在品牌培养个性化体验、定制产品和个性化推荐方面，消费者愿意以他们的个人信息换取服务。尤其是千禧一代（出生于1981～1996年，可能也有出生于1997～2012年的Z世代），如果他们认为自己可以获得更方便、更定制化和更及时的待遇作为回报，他们明显地比年纪大的人更愿意向品牌提供个人资料[36]。研究发现，超过一半的千禧一代愿意在零售商处存档记录他们的面部细节和指纹，如果这能带来更方便的体验（55%）、定制的产品和服务（55%），或实时促销（52%）。人们分享敏感信息的意愿很大程度上说明了个性化服务是可取的。品牌必须考虑其顾客的人口统计数据，特别是年龄，以决定在这个问题上采取何种方式。

鉴于在2013年和2014年分别发生的Target和Home Depot数据泄露事件，以及媒体报道的许多其他事件，如今千禧一代和Z世代的消费者与零售商分享个人信息的意愿是令人惊讶的。

有一种称为抓取的新兴技术，让许多隐私倡导者感到不安。这类公司提供获取在线聊天内容的服务，并从人们可能谈论其生活的社交网站、简历网站和在线论坛上收集个人详细信息。如前文所述，行为跟踪已成为线上广告行业的基础，线上广告是 Alphabet（谷歌）等公司会在免费服务（例如谷歌搜索引擎、Gmail 邮箱、谷歌地图等）上花费数百万美元的原因。不仅是 Alphabet、脸谱、Bing、MSN 和成千上万的博客、新闻网站和大量其他网站都使用广告来支持其运营。个性化、有针对性的广告比没有目标的广告更有价值。

互联网正在进行一场争夺个人数据控制权的军备竞赛。2020 年 3 月，脸谱的市值（大约股票数 × 股价）为 485B（Billion，十亿）美元，Alphabet（谷歌）为 835B 美元，微软为 1.2T（Ten billion，百亿）美元，苹果为 1.2T 美元，等等。脸谱的"喜欢"和"分享"按钮使其能够在线跟踪用户。一些新公司例如 Disconnect，使用户能够阻止跟踪。许多公司正在意识到帮助消费者保护他们的隐私、阻止互联网跟踪的价值。举几个例子，Snap-chat 提供了一个删除照片的应用程序，Ipredator 会在网络上拦截你的身份信息，WhatsApp 能够加密电话、短信和电子邮件。

"隐私权"是将从未公开的信息保持隐私状态的权利。"被遗忘权"允许个人从互联网记录中删除有关自己的信息、视频或照片，使自己无法通过搜索引擎或其他互联网程序被找到。与美国相比，欧盟（EU）在"被遗忘权"方面更为激进。2016 年，Alphabet 同意，如果互联网用户填写了删除某些特定信息的请求，并且该用户定位在欧盟，那么该信息将会被删除[37]。法国表示，该命令适用于所有域名，并且必须在全球范围内执行。Alphabet 已对该裁决提出上诉。

本章小结

市场营销分析是对数据中有意义的模式的发现、解释和传递。这些洞察使营销管理人员能够了解市场并创建正确的营销组合，以提高顾客满意度和保留率。

大数据是大量信息的积累和分析，这些信息与人类行为和互动有关，但不完全相关。大数据最初是由三个"V"定义的：容量（volume）——大量；多样性（variety）——一系列不同类型的信息，可以充分解决问题；以及速度（velocity）——数据持续不断地产生。

直到不久前，分析公司收集的大量数据都需要复杂的计算机程序，这些程序需要在昂贵的硬件上运行，例如巨大的大型计算机。现在，借助 Hadoop 等工具，可以使用联网服务器收集、存储和分析数据[38]。不同的分析任务被分配到许多廉价的服务器上，每台服务器解决一部分难题，然后在工作完成后重新组装查询。

数据挖掘是指筛选公司可用的数据量以发现有意义的模式。其目标是识别出营销人员在创建新战略和战术时可以使用的模式，以提高公司的盈利能力。该术语并不恰当，因为其目标是从大型数据库中提取模式和知识，而不是实际提取或挖掘数据。对于销售这些服务的人员来说，这也是一个过度简化的营销术语。数据挖掘已被宽泛地应用于任何类型的大规模数据或信息处理，以及人工智能、机器学习或深度学习的任何应用。该术语被称为大规模数据分析和分析学，或人工智能、机器学习和深度学习更合适。一种著名的数据挖掘方法是

CRISP-DM 框架，这是一种数据挖掘的标准方法，基于六个步骤：业务理解、数据理解、数据准备、建模、结果评估和计划部署。

机器学习涉及机器、计算机在没有人类参与的情况下从经验中学习和获得技能。机器学习依赖于算法来分析庞大的数据集。但即使是最好的算法也无法思考、感受、呈现任何形式的自我意识或行使自由意志。机器学习能做的是比任何人都快得多地执行预测性分析，因此机器学习可以帮助人类更高效地工作。深度学习是机器学习的一个子集，人工神经网络是受人脑启发的算法，像机器学习一样，从大量数据中学习，但现在我们添加了反向传播，机器可以从它们所犯的错误中学习。

人工智能涉及"智能代理"：任何感知其环境并采取行动将成功实现其目标的机会最大化的设备。这是大数据、数据挖掘、预测性分析和深度学习的最终结果。从系统的角度思考，它不断地接收数据，利用过去的数据开发模型并应用，以及持续不断地改变要素，如定价、广告定位、信息传递等。

在分析过程结束时，调研分析师或数据科学家必须以富有创造性的方法来传达他们的发现及其对企业的意义，这就是数据可视化。数据可视化是一个创造性的过程，需要大量的思考而不是大量劳动，以简化向决策者的传达。

互联网线上和线下数据库的激增以及行为定向引起了消费者和政府对隐私的担忧。政府已经通过了几项法律来保护人们的隐私，其中包括 Gramm-Leach-Bliley 法案、健康保险流通和责任法案、公平信用报告法案、儿童线上隐私法案和加利福尼亚州的安全违规通知法。美国的州和联邦层面正在考虑与线上和线下消费者隐私相关的其他立法。

关键词

人工智能	信息图
反向传播	机器学习
行为定向	市场营销分析
大数据	营销仪表盘
CRISP-DM 框架（数据挖掘的跨行业标准流程）	神经网络
数据挖掘	预测性分析
数据可视化	规范性分析
深度学习	高峰期定价
描述性分析	

复习思考题

1. 定义市场营销分析。为什么它对公司如此重要？
2. 列出可能在任何一家公司的数据库中找到的信息类型以及这些信息的来源。
3. 术语"数据挖掘"是什么意思？简要说明它是如何完成的。
4. 有人说大数据分析颠覆了科学方法，这是什么意思？
5. 为什么行为定向如此受营销人员欢迎？为什么它会引起争议？

6. 什么是深度学习？它与机器学习有什么不同？它们与人工智能有什么关系？

7. 联系深度学习，什么是反向传播？

8. 什么是数据可视化？它为什么如此重要？

9. 什么是营销仪表板？如何使用？

10. 将班级分成四人或五人一组，每个团队都上网查询大数据分析。然后每个团队向全班报告特定的公司是如何有效地使用大数据来提高其营销效率的。

网络作业

1. 登陆 https://venngage.com/，查看它们建议创建信息图的步骤是什么？免费注册并探索一些模板。你觉得哪一个最有趣？

2. 登陆 https://www.dapresy.com/case-studies/，Dapresy 是一家提供在线工具来支持数据可视化的公司，下拉页面到"为正确的人提供正确的结果以推动变革的重要性"，点击观看视频。

3. 登陆 www.tableau.com 观看视频，解释你对它们的工作的理解，以及它们如何在分析和洞察交流领域提供帮助。

调研实例 10.1

附属停车系统寻找新的定价方法

Bill Wright 是附属停车系统（APS）的首席营销官（CMO）。停车服务是一项传统的业务，自从人类开始使用除了双脚以外的其他交通工具开始，就以某种形式存在。APS 是一家拥有 80 多年历史的家族企业，拥有并经营着 300 多个停车场，停车位略超过 33 000 个，其停车场主要位于主要城市地区，其中 2/3 以上位于美国前十大都市区。从大学毕业开始，Bill 已经在这家公司工作将近 20 年了。

这当然不是一项光鲜亮丽的业务，但对 APS 来说却是一项不错的业务。Bill 一直在苦苦努力，寻找新的对策来增加现有地块的收入。收购是公司几十年来的主要增长引擎，它已经收购了美国的许多最佳地点，但是现在无法通过收购实现增长了。此外，Bill 一直在研究美国国内的各种趋势，并看到一些对停车场行业，尤其是 APS 的未来不利的发展现象。

- 汽车保有量特别是年轻人的汽车保有量呈下降趋势，这已经在一定程度上得到了证明。原因有环境问题，生活方式问题，更喜欢住在离工作地点更近的地方而不是郊区，对 Uber 和 Lyft 等叫车服务感到舒适，拥有汽车的兴趣低于他们的父母。
- 在家办公、在虚拟办公室办公和在线办公的人数增加，将对停车场行业的未来不利。

Bill 一直在阅读有关高峰期定价或动态定价的信息，高峰期定价或动态定价是指产品或服务是基于其实时需求水平而定价的。他研究了这个概念，与有使用经验的人进行了交谈，并了解它是如何被用来为高速公路上的快速车道定价的。他想知道这种定价方法能否帮助 APS 增加收入和利润。

从历史上看，该行业按小时或天收费，可能会根据工作日、周末和一周中的各个时段而调整价格。根据他委托的研究，他得知，一天中某些时段的需求相对缺乏弹性（提高价格可以增加总收入），而晚上和周末的需求更具弹性（降低价格可以增加收入）。要注意，这项业务在财产的所有权和维护方面固定成本非常高，可变成本很小。许多停车场没有服务员，而是使用某种形式的电子或手动系统来收取停车费。有些只有一个或有限数量的服务员来收费。

他的研究使他专注于两件事。首先，他对完全以电子方式收取所有费用感兴趣，以进一步降低可变成本。其次，他希望根据实时的停车需求水平改变定价。在研究动态定价时，他发现了关于人工智能的文献，这对他来说是新鲜的。他当然从媒体上读到过高层次的人工智能，也看到了科幻电影中是如何描绘的，但这不是他在学校学过的东西，也不是他在商业生涯中接触过的东西。他得出的结论是，他将必须使用某种类型的人工智能系统来驱动他为公司设想的那种自动动态定价系统。

问题：

1. 在使用人工智能实现动态定价的必要性方面，你认为 Bill 的思路是否正确？为什么？
2. 如果他要进一步实现这个想法（当然他需要咨询公司的帮助），实施高峰期定价或动态定价需要什么数据？
3. 这里需要模型吗？模型将会做什么？如何开发模型？
4. 从所需输入信息的角度，描述所需的最终系统如何获取这些输入信息、所需模型（只需描述模型需要做什么），如何将定价传达给潜在用户，如何收取费用。将其全部表示在一个图表中，并对每一个步骤进行简单说明，用图表展示应该是回答此问题的好方法。

第 11 章
原始数据：实验法和测试市场

□ 学习目标

1. 了解实验法的性质。
2. 深入了解证明因果关系的必要条件。
3. 了解实验环境。
4. 检验实验的效度。
5. 比较实验设计的类型。
6. 了解外生变量。
7. 分析实验设计、实验处理和实验影响。
8. 了解实验调研的局限性。
9. 深入了解测试市场。

实验是科学方法的基础。本章的第一部分涵盖了实验的基础知识、实验类型、如何证明因果关系、实验效度以及适用于一般科学世界实验的其他方面，特别是市场营销方面。

你会看到做一个实验来明确证明一件事物的变化真的会导致另一件事物的变化是多么困难。由于市场的复杂性和混乱性，这种类型的证明在营销中特别困难。例如，我们增加了1 000万美元的广告支出，广告支出的增加对销量的影响是什么（如果有影响的话）？问题是，很多其他事情也可能产生了影响——竞争对手的广告增多、竞争产品的价格降低、经济衰退等。我们如何厘清每个因素的影响？

本章的第二部分介绍了市场调研中一些常见的实验使用方法，包括市场测试。

11.1 什么是实验法

实验法通常被认为是与询问和观察并列的第三种数据收集类型。严格来说，实验法并不是一种数据收集形式，而是一种调研策略。当我们试图确定一件事对另一件事的作用或影响时，实验法是合适的选择。常见的例子如广告对销量的作用或者价格对销量的作用。仅仅建立在询问或观察的基础上的没有任何类型的实验设计的调研，本质上是严格的描述性调研。相比之下，询法问或观察法，包括互联网追踪，被用来为实验设计的调研进行必要的测量。

以实验为基础的调研与以询问或观察为基础的调研相比有着根本的区别[1]。无论是询问调研还是观察调研，从本质上讲，调研人员都是被动的数据汇编者，调研人员向人们提问或观察人们做了什么。在实验调研中，情况就不同了：调研人员成为该研究过程的积极参与者。

从概念上讲，**实验法**（experiment）是简单易懂的，调研人员改变或操纵一个事物（被称为实验变量、处理变量、自变量或解释变量），观察其对其他事物（因变量）的影响。在营销实验中，因变量通常是衡量销售的一些指标，如总销量或市场份额。实验变量则是典型的营销组合变量，如价格、广告的数量或类型、产品配方的变化、产品特征的变化以及其他类似要素。

11.2 证明因果关系

实验调研通常又称**因果性调研**（casual research）（非偶然），因为它是唯一有可能证明一个变量的变化会导致另一个变量产生可预测变化的调研类型。为了证明因果关系（A 的变化可能引起 B 的变化），必须具备以下三个条件。

（1）存在相关关系或共生变化。
（2）发生存在适当的时间顺序。
（3）排除其他可能的原因性因素。

请注意，我们这里谈到的原因和因果关系，是科学意义上的术语[2]。科学角度上的因果关系与日常生活中有很大不同，后者通常指一个事件只有一个原因。例如，在日常对话中，如果我们说 X 是使 Y 产生观察到的变化的原因，那么意味着 X 是引起 Y 变化的唯一原因。但科学观点认为，X 一般只是引起 Y 产生观察到的变化的众多决定条件之一。

此外，有关因果关系的日常观点意味着一种完全决定性的关系，而科学观点则认为是一种可能性关系。流行的观点是，如果 X 是 Y 的原因，那么 X 必然导致 Y；科学观点则认为，如果 X 的出现使 Y 发生的可能性更大，那么 X 可能是 Y 的一个原因。

最后，科学观点认为，我们永远不能明确地证明 X 是 Y 的原因，而只能推断出存在某种关系，换句话说，因果关系总是被推断出来的，从来没有被确凿无疑地、结论性地证明过。三种类型的证据——相关关系、发生存在适当的时间顺序、排除其他可能的原因性因素——被用来推断因果关系。

11.2.1 共生变化

为了证明 A 的变化引起了 B 的某种特殊变化，首先必须证明 A 和 B 之间存在相关关系。换句话说，A 和 B 必须以某种可预见的方式同时变化，可能是正相关或者负相关。我们通常预期广告和销量可能存在正相关的关系，如果当广告增加时，销量也随之增加，则二者正相关。价格和销量可能是两个负相关的变量，如果当价格降低时销量增加，反之销量减少，则二者负相关。调研人员可以借助多种统计程序来验证统计关系的存在和方向，包括卡方分析、相关关系分析、回归分析和方差分析等，其中一些技术将在第 14 章中讨论。

然而，仅有相关关系不能证明因果关系，只是因为两个变量碰巧以某些可预见的形式一起发生变化，并不能证明一个变量引起了另一个变量的变化。例如，假设你发现美国的某个产品销量与德国的国内生产总值（GDP）之间存在高度的相关性，这可能只是因为两个变量碰巧以相近的比率增长。进一步的验证和思考可能会表明，这两个变量之间实际上不存在关系。要推断因果关系，必须能够证明相关关系，但是仅有相关关系并不能证明因果关系。

11.2.2 发生存在适当的时间顺序

为了证明两个变量之间可能存在因果关系，第二个要求是证明两者的发生存在适当的时间顺序。为了证明 A 的变化导致了 B 的变化，必须能够证明 A 的变化发生在 B 的变化之前。例如，为了证明价格变化对销量有影响，必须能够说明价格变化发生在观察到的销量变化之前。然而，证明了 A 与 B 变化的相关关系和 A 的变化发生在 B 的变化之前，仍然不能提供强有力的证据使我们得出结论：A 的变化是引起 B 发生观察到的变化的原因。

11.2.3 排除其他可能的原因性因素

在营销实验中，最难证明的是，B 的变化不是由 A 以外的其他因素引起的。例如，假定一个公司增加了广告支出并观察到产品销量增加，相关关系和发生的适当时间顺序是存在的，但是这不能证明存在一种可能的因果关系。观察到的销量变化有可能是其他某个或某些因素引起的，而不是广告支出增加引起的。例如，在广告支出增加的同时，一个主要的竞争者可能降低了广告支出，或者提高了价格，或者撤离了市场。即使竞争环境没有变化，一个或多个因素的共同作用也可能影响销量。例如，某些与实验无关的原因，使得区域经济大幅增长，出于任何这些原因，或许多其他原因，观察到的销量增加可能是由广告支出增加以外的许多其他事情引起的。本章中的大多数讨论与实验设计相关，以排除或调整其他可能的原因性因素的影响。

11.3 实验环境

实验可以在实验室或现场环境中进行[3]。大部分物理科学领域的实验是在实验室环境中进行的，而许多营销实验是现场实验。

11.3.1 实验室实验

实验室实验（laboratory experiments）具有很多重要的优点[4]。在实验室中进行实验的主要优点在于能够控制外生的原因性因素——温度、光线、湿度等，从而聚焦于 A 的变化对 B 产生的影响。在实验室里，调研人员能更有效地满足证明因果关系的第三个条件（排除其他可能的原因性因素），从而聚焦于前两个条件（相关关系和发生存在适当的时间顺序）。这种额外的控制使我们能够更有力地推断：观察到的因变量变化是实验变量或处理变量的变化引起的。因此，实验室实验具有更强的内部效度（在下一节中详细讨论）。但是，在市场营销中，他们面临一个困扰，即受控的和可能无菌的实验室环境并不能很好地模拟市场。因此，实验室实验的结果被转移到市场时有时站不住脚。实验室实验存在更大的外部效度问题（见下一节）。然而，由于其具有许多优点，实验室实验在今天的市场调研中得到比过去更为广泛的运用。不过也有许多著名的实验室实验出错的例子[5]。

11.3.2 现场实验

现场实验（field experiments）是在真实的市场环境下进行的实验。测试市场（将在本章后文中讨论）是一种经常被采用的现场实验类型。现场实验能解决环境的真实性问题，但也会引起一系列的新问题。主要问题是在现场的调研人员不能控制其他所有可能影响因变量的因素，如竞争者的行动、天气、经济、社会潮流和政治气候等。

11.4 实验的效度

效度的定义为实验能够准确测量出调研人员试图测量的事物的程度（参见第 3 章）。测量的效度取决于测量不受系统误差和随机误差干扰的程度。有两种特殊的效度与实验相关：内部效度和外部效度。

内部效度（internal validity）是指对于观察到的实验结果可以排除竞争性解释的程度。如果调研人员能够证明，实验变量或处理变量真的引起因变量产生观察到的差异，那么这个实验就可以被认为是内部有效的。这种效度需要证据来证明因变量的变化是由处理变量引起的，而不是其他可能的原因性因素。

外部效度（external validity）是指在实验中被测量的因果关系可以推广到外部人员、环境和时间的程度[6]。这里的问题是，对于调研人员希望将结果应用到的其他总体和环境，实验中使用的受试者和环境有怎样的代表性。一般而言，与实验室实验相比，现场试验具有相对较高的外部效度和相对较低的内部效度。

11.5 实验符号

在讨论实验法时，我们将运用一套标准的符号系统。规定如下。

- X 用来表示个人或小组接受实验处理。实验处理可以是以下要素：不同的价格、包装设计、购买地点的展示、广告方式或产品形式等。
- O（observation，观察）代表对测试单元的测量过程。测试单元是指被测量对实验处理的反应的个体、群体或实体。测试单元可能包括个体消费者、群体消费者、零售商、全部市场，或者其他可能是公司营销目标的实体。观察可以通过使用第 9 章中讨论的观察技巧或第 6 章中讨论的询问方法来进行。
- 不同的时间段可以用 X_s 和 O_s 的水平方式表示。例如：

$$O_1 X O_2$$

它可以表示在实验中预先测量一个或多个测试单元的 O_1，然后让测试单元接触实验变量

X。随后，对测试单元中的 O_2 进行测量。X_s 和 O_s 还可以同时以纵向方式排列，表示不同测试单元的同步接触和测量。例如，以下设计涉及两个不同组的测试单元。

$$X_1 O_1$$
$$X_2 O_2^{\ominus}$$

两个组的测试单元同时分别接受不同的实验处理（X_1 和 X_2），随后，这两个组被同步测量（O_1 和 O_2）[7]。

11.6 外生变量

在解释实验结果时，调研人员需要能够得出结论：观察到的反应受实验变量的影响。然而，存在许多因素阻碍调研人员得出这一结论。预计到这些可能出现的问题，调研人员需要对实验进行设计，来尽可能地排除影响观察结果的外生因素。

11.6.1 外生变量范例

威胁实验效度的外在因素或外生变量的范例有历史因素、成熟因素、计量变化、选择误差、失员、测试效应、回归均值[8]。

历史因素（history）是指在实验的开始和结束之间，除了调研人员操纵的变量（实验变量）以外，可能影响因变量数值的任何变量或事件的干涉。金宝汤公司对"Prego"意大利面调料进行的早期测试，为外生变量可能出现的问题提供了范例。其高管宣称，在 Prego 测试期间，竞争品牌 Ragu 大幅增加了广告投入和折扣优惠。他们认为，这种营销活动的增加旨在让购物者囤积 Ragu 产品，同时也使得金宝汤公司无法准确了解 Prego 产品的潜在销量。

成熟因素（maturation）是指在实验过程中受试者随着时间推移而发生的变化，包括长大、饥饿、更加劳累和其他类似的因素。在整个实验过程中，人们对处理变量的反应改变可能是由于成熟因素而非处理变量。在特定实验中，成熟因素将构成严重问题的可能性取决于实验的长度，实验运行的时间越长，成熟因素越有可能在解释结果时造成问题。

计量变化（instrument variation）是指测量工具中可能解释测量差异的任何变化。在人作为访问员和观察者去衡量因变量的营销实验中，这是一个重要问题。一方面，如果对同一受试者的测量由不同的访问员或观察者在不同的时间点进行，测量之间的差异可能反映了不同访问员或观察者在访问和观察方法上的差异[9]。另一方面，如果随着时间的推移，由同一访问员或观察者对同一受试者进行测量，差异可能反映出特定的访问员或观察者对工作的兴趣减少并草率地完成工作。现在，如果特定的情况适合追踪，通过互联网追踪观察人们的行为可以消除这个问题。

在以下情况中会遇到**选择误差**（selection bias）对效度造成的威胁：实验组或测试组与总体（调研人员希望将实验结果运用到的总体）有系统差异或与对照组（如果设计中包括对照组）有系统差异。在把结果运用到与测试组有系统差异的总体时，调研人员将得到与测试时

⊖ 英文原文有误，写为 $X_1 O_2$，应该是 $X_2 O_2$。——译者注

大不相同的结果，因为两组的构成不同。同理，测试组和未处理的对照组（没有接触实验变量）之间观察到的差异，可能是两个组之间的差异造成的，而不是实验变量的影响造成的。调研人员可以通过随机化或匹配的方法来保证小组的等同性。随机化（randomization）是指将受试者随机分配到测试组和对照组。匹配（matching）是指确保测试组与对照组的人员或其他单位在主要特征方面（如年龄、收入、教育等）是一对一匹配的。具体的匹配步骤将在本章后面讨论。既然谈到误差，那我们应该提到观察者误差或这样一种观点，即进行观察的人员记录事物的方式与他们得到的指示不一致，或者与其他观察者的记录方式有系统差异[10]。

失员（mortality）是指在实验过程中测试单元的丢失。这也是一个问题，因为很难知道丢失的测试单元是否会以与其他单元（在整个实验中保留下来的那些单元）相同的方式对处理变量做出反应。因为具有某些特征的受试者发生了系统丢失，代表总体的或与控制组匹配的实验组可能变得不具代表性。例如，在有关总体人群的音乐偏好研究中，如果在实验过程中几乎所有 25 岁以下的受试者发生丢失，那么在实验结束时，调研人员有可能得到的是有误差的音乐偏好描述，因此结果将缺乏外部效度。

测试效应（testing effects）源于这样一个事实，即实验过程本身会对被观察的反应产生自己的影响。例如，在受试者会接触广告前测量其对产品的态度，可能会像处理变量一样，影响其对广告的感知。测试效应有两种形式。

- **主要测试效应**（main testing effects）是指早期观察对后期观察可能产生的影响。例如，第二次参加 GMAT 考试的学生往往比第一次参加考试的学生表现更好，即使他们不知道第一次考试中未得分题目的信息。这种效应也是有反应的：对第一次态度测试的反应会对态度产生一些影响，这会反映在同一测试的后续应用中。
- **交互测试效应**（interactive testing effect）是指先前对受试者反应的测量结果对之后测量的影响。例如，如果先询问受试者对不同产品的广告知晓度（接触前测量），然后让他们接触一个或多个这些产品的广告（处理变量），那么接触后测量可能反映出的是接触前测量和处理变量的共同影响。

回归均值（regression to the mean）是指在实验中观察到的，具有极端行为的受试者向该行为的平均值改变的趋势。测试单元可能出于偶然展现出极端行为，或者他们是因为极端行为而被特别选中。例如，调研人员可能因为一些人是某一产品或服务的重度使用者，才选择他们作为实验组。在这种情况下，他们向均值行为变化的趋势可能被解释为是处理变量引起的，而事实上它与处理变量无关。

11.6.2　控制外生变量

我们必须以某些方式控制威胁效度的原因性因素，从而清楚地了解被操纵的变量对因变量的影响。外生原因性因素通常称为混淆变量（confounding variables），因为它们混淆了实验处理条件，使之无法确定因变量的变化是否仅由处理条件引起。

四种基本方法被用来控制外生因素：随机化、物理控制、设计控制和统计控制[11]。

随机化（randomization）是指随机地将受试者分配到处理条件中，以便于可以合理地假设：

与受试者特征相关的外生原因性因素在每种处理条件下被均等地表示，从而消除外生影响。

外生原因性因素的**物理控制**（physical control）是指以某种方法使外生变量的数值或水平在实验过程中保持不变。物理控制的另一种方法是，在将受试者分配到不同的实验处理条件之前，将其按照重要的个人特征（如年龄、收入、生活方式等）匹配，目的是确保测试组和对照组的受试者特征之间没有重要差异。

设计控制（design control）是指通过为此目的开发的特定类型的实验设计来控制外生因素。这些设计将在本章的后文加以讨论。

最后，如果在整个实验过程中这些因素能被识别和测量，那么**统计控制**（statistical control）可以被用来解释外生原因性因素。一些程序（如协方差分析）通过统计上调整每个处理条件下的因变量数值来调整混淆变量对因变量的影响。

11.7 实验设计、处理变量与实验影响

在**实验设计**（experimental design）中，调研人员可以控制和操纵一个或多个自变量。在我们讨论的实验中，通常只有一个自变量被操纵。不涉及操纵的非实验设计，通常被称为事后（afer the fact）研究——观察到一个影响，然后试图把这种影响归因于某些原因性因素。

实验设计包括以下四种元素。

（1）被操纵的处理变量或实验变量（自变量）。

（2）参与实验的受试者。

（3）被测量的因变量。

（4）处理外生原因性因素的计划或程序。

处理变量（treatment variable）是指在实验中被操纵或改变的自变量。操纵是指调研人员设置自变量水平，以测试某一特定因果关系的过程。为了测试价格（自变量）和销量（因变量）之间的关系，调研人员可以将受试者置于三种不同的价格水平中，并记录每种价格水平下的购买水平。价格作为被操纵的变量，是单个的处理变量，有三种处理条件或价格水平。

一个实验可以包括一个测试组（或处理组）和一个对照组。对照组是在实验期间自变量不发生变化的一组；测试组是自变量受到操纵而发生变化的一组。

实验影响（experimental effect）是指处理变量对因变量产生的影响，目的是确定每种处理条件（处理变量的水平）对因变量的影响。例如，假设选中三个不同市场，以测试三种不同的价格，即处理条件。每种价格在每个市场中测试 3 个月：在市场 1 中，以比产品现有价格低 2% 的价格进行测试；在市场 2 中，以低 4% 的价格进行测试；在市场 3 中，以低 6% 的价格进行测试。在 3 个月测试结束后，观察到：3 个月内市场 1 的销量增加了近 1%；市场 2 的销量增加了 3%；市场 3 的销量增加了 5%。每个市场中观察到的销量变化都是实验影响。

11.8 实验调研的局限性

实验法是一种极其强大的研究形式，它是唯一一种能够真正探究所感兴趣的变量之间因果关系的存在与性质的研究方式。既然与其他收集原始数据的调研设计相比，实验法具有明

显的优势，你可能会问为什么不在市场营销中更多地使用实验法调研？对此原因有许多，包括实验成本、保密问题和与实施实验相关的问题等。

11.8.1 高昂的成本

在某种程度上，实验法的成本与询问法或基于观察的调研成本根本没有可比性。实验法在费用和时间方面成本都很高。在很多情况下，管理人员可能预料到做一个实验的成本会超过所获信息的价值。例如，考虑一下在三种不同的地理区域，测试三种可选择的广告活动的成本。

- 需要设计三种不同的广告活动。
- 需要购买所有三个市场的媒体时间。
- 需要谨慎协调三个市场的测试时间。
- 需要建立一些系统来衡量测试活动运行之前、之中和之后的销量。
- 需要对其他外生变量进行测量。
- 需要对结果进行广泛的分析。
- 为了执行实验，其他各种必须完成的任务。

对于一个低利润的产品，所有这一切将花费数百万美元，而一个高利润品牌则高达数千万美元。当我们将完成所有这些工作所需的时间添加到成本中时，你就会明白为什么成本是在营销中更多使用实验设计的强大阻碍。

11.8.2 保密问题

在测试市场中进行现场实验会在真实市场中暴露营销计划或营销计划的某些关键部分。毫无疑问，在全面引入市场之前竞争者就会发现计划的内容，这种预先信号使竞争者有机会决定是否以及如何做出反应。无论如何，策略失去了出其不意的效果。在一些例子中，竞争者实际上已经"窃取"了市场中正在被测试的概念，并在测试产品或策略要素的公司完成营销测试前，竞争对手就已经进入了全国分销。

11.8.3 实施问题

可能会阻碍实验实施的问题有：难以在组织内部取得合作、污染问题、测试市场和总体市场之间的差异，以及缺乏合适的人群或地理区域作为对照组。

在实施特定类型的实验时，要想获得组织内的合作可能是极其困难的。例如，区域营销经理可能非常不愿意同意其市场区域被用作降低广告支出水平或提高价格的测试市场。自然地，经理担心的是实验可能会降低该地区的销量。

当来自测试区域以外的购买者进入该区域并购买了被测试的产品时，就会发生**污染**（contamination），从而干扰实验结果。外来购买者可能住在测试市场区域的边缘，看到了只针对测试区域内人群的电视广告，测试区域提供较低的价格、特殊的折扣或其他一些促进购买的诱因，他们的购买行为会导致被测试的销售刺激因素比实际情况更有效。

在一些情况下，测试市场的情况可能差别很大，这些市场中消费者的行为也大不相同，所以相对较小的实验影响是很难检测到的。这个问题可以通过仔细匹配测试市场和设计其他类似策略来解决，从而确保测试单元的高度等同性。

最后，在一些情况下，可能没有合适的地理区域或人群作为对照组。在工业产品测试中会出现这种情况：它的少量购买者在地理上是集中的，尝试在这样的购买者子群中测试新产品，几乎注定会失败。

11.9 选择实验设计

本节将介绍预实验设计、真实实验设计和准实验设计的范例[12]。在介绍这些实验设计时，我们将使用之前介绍过的符号系统。

11.9.1 预实验设计

预实验设计是不包括真实实验设计所需基本要素的研究设计，由于其简单，它们可能在特定情况下才有意义，但生成的结果却很难解释。使用**预实验设计**（preexperimental designs）的研究通常是很难解释的，因为它们很少或没有控制外生因素的影响。因此，在进行因果推断方面，预实验设计通常并不会比描述性研究好多少。在这些设计中，调研人员很少控制处理变量的接触（如对象、时间）和测量方法。然而，这些设计经常被用于商业营销测试，因为它们简单且成本低。

1. 单次个案研究设计

单次个案研究设计（one-shot case study design）是指使测试单元（人或测试市场）接触处理变量一段时间，然后测量因变量。该设计用以下标准的实验符号表示：

$$X O_1$$

这个设计有两个基本缺点：没有对将要接受实验处理的测试单元进行测试前观察；也没有不接受实验处理的测试单元作为对照组进行观察。因此，该设计没有处理任何外生变量（在前文中讨论过）的影响，所以它缺乏内部效度，很可能也缺乏外部效度。这种设计对于提出因果假设有用，但不能为这些假设提供有力的检验。许多新产品（之前不在市场中）的测试市场都以此设计为基础，因为它更简单且成本较低。

2. 单组前后测设计

单组前后测设计（one-group pretest-posttest design）是最经常被用来测试现有产品或营销策略变化的设计。产品在改变前已经在市场上为前期测试（O_1）提供了基础。该设计用符号表示如下：

$$O_1 X O_2$$

对单个受试组或单个测试单元进行前期观察（O_1），然后使其接受实验处理，最后进行后期观察（O_2），实验处理的效果通过 $O_2–O_1$ 估计。

历史因素可能会威胁这种设计的内部效度，因为观察到的因变量变化可能是发生在前期测试和后期测试之间、实验以外的事件所引起的。在实验室实验中，可以通过将受试者与外界影响相隔离来控制这种威胁。遗憾的是，这种类型的控制在现场实验中是不可能的。

成熟因素是对这种设计类型的另一个威胁。观察到的影响可能是受试者在前期测试和后期测试之间的过程中，已经变得更成熟、更聪明、更有经验等因素造成的。

这种设计只有一个前期测试观察，因此调研人员不了解因变量的前测趋势。后期测试的分数更高可能是因为因变量有增长的趋势，在这种情境下，这种影响不是我们感兴趣的实验处理产生的。

11.9.2 真实实验设计

在**真实实验设计**（true experimental design）中，实验人员把实验处理随机地分配给随机选出的测试单元。在我们的符号系统中，用 R 表示测试单元和实验处理的随机分配。随机化是一项重要的机制，使真实实验设计的结果比预实验设计的结果更有效。真实实验设计更具优越性，因为随机化原则处理了许多外生变量。选择随机实验而不是其他类型的研究设计，主要原因是它们使因果推断更清晰[13]。本节将讨论两种真实实验设计的范例：前后测对照组设计和仅后测对照组设计。

1. 前后测对照组设计

前后测对照组设计（before and after with control group design）可以用如下符号表示：

$$\text{实验组}: (R)\ O_1\ X\ O_2$$
$$\text{对照组}: (R)\ O_3\ \ O_4$$

因为这个设计中的测试单元被随机地分配到实验组和对照组中，所以可以认为这两个组是等同的。因此，除了实验组接触到感兴趣的实验处理外，两个组很可能受到相同的外生原因性因素的影响。出于这个原因，对照组前后测量之间的差异（$O_4–O_3$）可以为每组所经历的所有外生影响提供合理的估计。只有从实验组前后测量之间的差异中去除外生影响后，才能知道处理变量 X 的真实影响。于是，X 的真实影响被估计为 $(O_2–O_1)–(O_4–O_3)$。除了失员和历史因素两个主要威胁以外，这种设计基本上控制了其他所有威胁效度的因素。

如果某些单元在研究期间退出，并且这些单元与保留的单元存在着系统差异，那么失员会成为一个问题。这会导致选择误差，因为实验组和对照组在后测和前测中是由不同的受试者组成的。在以下情况中历史因素也将成为问题：如果处理变量以外的因素影响了实验组，但没有影响对照组，或者相反的情况。表 11-1 提供了前后测对照组设计和仅后测对照组设计的例子。

2. 仅后测对照组设计

仅后测对照组设计（afer-only with control group design）确保了测试组和对照组可以被视

为等同，用符号表示如下：

$$实验组：(R) X O_1$$
$$对照组：(R)\ \ O_2$$

需要注意，测试单元被随机地（R）分配到实验组和对照组中。这种随机分配产生的实验组和对照组在因变量方面应该大致相同（在实验组接触实验处理之前）。可以合理地假定测试单元的失员（内部效度的威胁之一）将以相同的方式影响每个组。

在**表 11-1**中所描述的防晒霜案例背景下思考这个设计，我们能看到许多问题：在实验期间，在实验组的一家或几家商店中可能发生了处理变量以外的事件。如果实验组中的某家商店对某些其他产品进行促销，导致店里的顾客数量高于平均水平，那么防晒霜的销量可能会因客流量的增加而上升。诸如此类的商店特殊性事件（历史因素），可能会扭曲总体的实验处理影响。此外，还有一种可能性是在实验期间有几家商店可能会中途退出（失员的威胁），导致出现选择误差，因为实验组中的商店在后期测量时与之前不同。

表 11-1 真实实验设计的例子

情景：California Tan 公司想测试一个购买点陈列的销售效果，该公司正在考虑两种真实实验设计。

仅后测对照组设计	前后测对照组设计
基础设计： 实验组：$(R) X O_1$ 对照组：$(R)\ \ O_2$	基础设计： 实验组：$(R) O_1 X O_2$ 对照组：$(R) O_3\ \ O_4$
样本：销售其产品的商店的随机样本。商店被随机分配到测试组和对照组，两组可以被视为等同。	样本：和仅后测对照组设计一样。
实验处理（X）：将购买点陈列架放置在实验组的商店中 1 个月。	实验处理（X）：和仅后测对照组设计一样。
测量（O_1, O_2）：购买点陈列在测试商店期间公司品牌的实际销量。	测量（O_1 到 O_4）： O_1 和 O_2 表示实验组的前测和后测； O_3 和 O_4 表示对照组的前测和后测。
注释： 由于商店被随机分配到两组中，测试组和对照组可以被视为等同。 X 的处理影响的测量是 O_1-O_2，如果 O_1=125 000（单位），O_2=113 000（单位），则处理影响为 12 000（单位）。	结果： O_1=113 000（单位） O_2=125 000（单位） O_3=111 000（单位） O_4=118 000（单位） 注释：两组的随机分配意味着它们可以被视为等同。因为两组是等同的，可以合理地假设它们将等同地受到相同的外生因素的影响。 对照组前后测之间的差异（O_4-O_3）为所有外生因素对两个组的影响提供了合理的估计。基于这些结果，O_4-O_3 为 7 000（单位），估计实验处理的影响为（O_2-O_1）–（O_4-O_3）=（125 000–113 000）–（118 000–111 000）=5 000（单位）。

11.9.3 准实验设计

在设计真实实验时，调研人员通常必须创建人工环境来控制自变量和外生变量。由于这种人为因素，实验结果的外部效度会受到质疑。因此，准实验设计的开发可以用来解决这个问题。准实验设计在现场环境方面通常比真实实验更可行。

在**准实验**（quasi-experiments）中，调研人员缺乏对实验处理安排的完全控制，或必须以非随机的方式将受试者分配到实验处理中。此类设计经常被用于市场调研中，因为成本和场地限制通常不允许调研人员直接控制实验处理的安排和受试者的随机化。准实验的例子有间断时间序列设计和多重时间序列设计。

1. 间断时间序列设计

间断时间序列设计（interrupted time-series design）是指在引入实验处理前后重复测量，这种测量打断了之前的数据模式。间断时间序列实验设计用符号表示如下：

$$O_1\ O_2\ O_3\ O_4\ X\ O_5\ O_6\ O_7\ O_8$$

在市场调研中，这种设计的一个常见例子是消费者购买样本库的使用。调研人员可能通过一个样本库对消费者购买行为（O_s）进行定期的测量，引进新的促销活动（X），并检查其对小组数据的影响。调研人员能够控制促销活动的时间，但无法确定小组成员什么时候接触到促销活动，或者是否接触过。

这种设计与单组前后测设计十分相似：

$$O_1\ X\ O_2$$

然而，时间序列实验设计比单组前后测设计有更强的解释能力，因为多次前后测量使我们能更好地理解外生变量的影响。例如，在产品销量上升的同时，推出一种新的促销活动，如果使用前后测设计，那么就无法估计出这项活动的真实影响。可是，如果进行了多次的前测和后测观察，销量的增长趋势将是显而易见的。时间序列设计有助于确定因变量的潜在趋势，并在实验处理的影响方面提供更好的解释能力。

间断时间序列设计有两个基本缺点，其中主要缺点是无法控制历史因素。尽管仔细记录所有可能的相关外部事件能减少这个问题的干扰，但是我们还是无法确定前测和后测观察的恰当次数和时间。

这种设计的另一个缺点在于，对测试单元进行重复测量，可能会导致测试和评估顾虑的交互影响。例如，小组成员可能成为"专业"购买者，或只是不自然地意识到他们的购买习惯。在这些情况下，把结果推广到总体可能是不合适的。

2. 多重时间序列设计

如果将对照组添加到间断时间序列设计中，那么调研人员就可以更加确定他们对实验处理的影响的解释。这种设计被称为**多重时间序列设计**（multiple time-series design），用符号表示如下：

$$\text{实验组：}O_1\ O_2\ O_3\ X\ O_4\ O_5\ O_6$$
$$\text{对照组：}O_1\ O_2\ O_3\quad\ O_4\ O_5\ O_6$$

调研人员必须仔细选择对照组。例如，一位广告商可能在一个测试城市中测试一种新的广告活动，该城市就是实验组，另外一个未进行新活动的城市被选为对照组。重要的是，测试城市和对照城市在产品销售方面的特征（如有竞争力的品牌）是大致相同的。

11.10 测试市场

新的或改进的产品、服务或营销策略要素的开发都经历了一系列步骤，具体包括以下几个。

- 创意产生。
- 创意筛选和测试概念的开发。
- 概念测试。
- 商业分析。
- 原型开发。
- 营销测试。营销人员是否会对一种产品或服务进行市场测试，取决于其预期的传播率或接受率、它与现有竞争产品的区分程度及一系列其他因素。
- 将通过所有测试的概念商业化。

营销测试是市场调研人员常用的一种实验形式。**测试市场**（test market）一词泛指任何使用实验设计或准实验设计来测试新产品或现有营销策略（例如，产品、价格、地点促销）改变的研究，这些研究在单一市场、一组市场或国家的某些地区中进行[14]。一个竞争者的改变可能会促使其他公司改变，并引发一系列测试。Popeye 于 2019 年 11 月在美国全国范围内推出辣鸡肉三明治，取得了成功。这促使麦当劳开始测试两种不同版本的鸡肉三明治午餐和新的鸡肉三明治早餐。温迪的早餐菜单推出一种新的特色鸡肉三明治，经过了测试，于 2020 年 3 月在全国推出[15]。

新产品的推出对公司财务的成功或失败起着关键作用。企业界的传统观点是，由于竞争程度更高，变化速度更快，未来的新产品必须比过去更有利可图。新产品失败率的估算因地而异，有时可能高达 90% 以上。即使是像麦当劳这样颇有成就的组织，也会做以下一些可能行不通的事情，但通过测试已予以纠正[16]。

- McPizza（麦比萨）。麦比萨尝试做晚餐生意，显然，这种方法行不通。在人们眼中，麦当劳不是吃比萨的地方，而且与专门从事比萨的品牌相比，麦当劳做出订单菜品的时间太长。
- Arch Deluxe（拱门豪华版）。这一产品定位于成年人，试图表明麦当劳是成人和儿童都可以来的地方。最初的电视广告是孩子们对着带有秘制芥末蛋黄酱的新汉堡做鬼脸。他们试图通过打台球、高尔夫球和俱乐部的广告，与麦当劳叔叔的定位区分开来。
- McLean Deluxe（麦克莱恩豪华版）。这是创造更健康汉堡的早期尝试。这款汉堡去除了脂肪，加入了水和海藻提取物。结果是汉堡的味道不太好，虽然试吃率正常，但复购率非常低，因为产品很干，简单来说还是味道不好。
- McAfrica（麦非洲）。其最终理念是吸引美国和国际观众不断扩大的文化口味。该产品的构成是皮塔饼面包中夹着牛肉和蔬菜。结果证明其味道很差，当时非洲还在发生大饥荒。在挪威进行的测试至少在早期发现了这个问题，避免了大规模引入的尴尬。

显而易见，测试市场研究的目的是协助营销管理者对新产品和现有产品及市场营销策略的添加或改变做出更好的决策。测试市场研究为评估产品和营销项目提供了一种接近真实市场测试的方法。营销管理者使用测试市场时以成本较低的小规模来评估具有许多独立元素的全国性计划。其基本思想是确定产品在全国推广后的预估利润能否超过潜在风险。测试市场研究旨在提供以下信息。

- 市场份额和规模的评估。预估新产品或策略要素对公司已经上市的类似产品（如果有）的销售的影响，这被称为自相蚕食率。
- 产品购买者的消费者特征。测试市场几乎肯定会收集人口统计数据，并且通常会收集生活方式、心理特征和其他类型的分类数据，这些信息可用于完善产品的营销策略。例如，了解潜在购买者的人口统计特征将有助于制订媒体宣传计划，以便有效、高效地接触目标顾客。了解目标消费者的心理和生活方式特征，将为如何定位产品和找到对他们有吸引力的促销信息类型提供有价值的见解。
- 测试期间竞争者的行为。这可能会提供一些迹象：关于产品进入全国后竞争者可能的反应。

11.10.1 测试市场的类型

一般有四种类型的测试市场[17]。

1. 传统测试市场

新产品或策略实际上是在一个或多个选定的测试市场中推出的。需要跟踪销售结果，或者如果使用多个市场，则需要在较长的时间内（数月或一年或更长时间）在不同市场之间进行比较。多个市场也可以被用来测试产品或策略的不同版本。传统测试市场的时间长度取决于多个因素，但主要是特定产品的购买周期。与除臭剂、番茄酱或垃圾袋等产品相比，软饮料的购买周期要短得多。我们对初始购买率和重复购买率感兴趣，初始购买率往往被高估，因为试用率通常高于重复购买率，并且试用在早期购买中占主导地位。**传统测试市场**（traditional test markets）易于理解并具有一定的直观吸引力，但它们存在一些缺点或挑战，包括以下几个方面。

（1）需选择一个或多个合适的城市。当我们谈论大众营销产品时，我们会寻找在人口结构上与国家大致相似的城市，并且不要太大，以控制测试成本。在美国经常使用的一些市场包括田纳西州的纳什维尔、俄亥俄州的辛辛那提、印第安纳州的印第安纳波利斯、南卡罗来纳州的查尔斯顿和佛罗里达州的杰克逊维尔[18]。

（2）成本高昂。一个简单的双市场测试的成本可能超过100万美元，甚至可能更多。一个长期运行的、更复杂的测试可能会花费数千万美元，这些估计仅指直接成本，其中可能包括以下内容[19]。

- 广告制作。
- 向广告代理商支付的服务费。

- 媒体时间，因规模小而收费更高。
- 联合调研信息。
- 定制的调研信息和相关的数据分析。
- 购买点物料。
- 社交媒体管理。
- 优惠券和样品。
- 更高的交易补贴以获得分销。

此外，还有隐性成本，包括在测试市场上花费的管理时间，现有产品的销售活动转移，测试市场失败对同一品牌其他产品可能产生的负面影响，如果公司表现不佳而名声受损可能导致负面贸易关系，以及如下文所述，让竞争对手知道该公司在做什么[20]。

（3）向竞争对手透露信息。我们的竞争对手可以看到我们在做什么，并更快地就可能的反应做出决定。

（4）潜在的品牌损害。如果测试产品出现问题，则公司的品牌可能会受到损害。

2. 模拟测试市场

模拟测试市场（simulated test markets，STM）是传统测试市场的模拟。它们通常比任何其他类型的测试市场的执行速度都要快得多，成本更低，并且产生的结果对实际情况具有高度预测性[21]。这些模拟测试市场结合数学模型，使用更为有限的信息量，这些数学模型可以调整不同的营销变量以适应情况，并预估不同营销变量的影响。它们的运行方式如下。

- 为测试招募消费者，这些消费者具有预期产品购买者可能或已知的特征。
- 他们被招募去商场或其他测试设施，在那里他们首先会看到测试产品的媒体信息，例如电视广告，他们可能会被问及他们对这些信息的反应。
- 随后，他们进入模拟购物情景，并有机会免费选择测试产品或其他竞争产品，通常他们只能选择一项。
- 在他们使用选择的产品一段时间后，调研人员重新联系他们并要求其评估测试产品，并表明他们未来购买的可能性或类似因素。
- 消费者对信息、产品选择、产品评价以及其他评价和行为的反应被用于分析性模型，对测试产品进行预测。这些模型被运用到细分市场和总人口中[22]。

许多不同的公司——括号中是它们STM产品的名称——包括尼尔森（BASES）、Ipsos（Designor）、M/A/R/C（Assessor）和Kantar Group（MicroTest）都提供这些服务，并且每个公司都有自己的特色。

与传统测试市场相比，STM可以更快地执行，成本只是几分之一，不太可能在我们的计划方面引起竞争，并且如果出现问题，也不太可能损害公司的品牌[23]。从开始到结束，STM通常可以在几个月内完成，据说其成本只是传统测试市场成本的十分之一或更少，并且精度在±10%的范围内。

3. 虚拟测试市场

虚拟测试市场（virtual test markets，VTM）是测试市场中的最新事物。在这种类型的测试中，根据消费者的特征（人口统计、产品使用和其他适合测试的特征）招募消费者上网并进入虚拟购物世界，他们通过点击完成虚拟购物过程。这里的"虚拟"正是你所想的，将消费者带入计算机上类似于真实购物环境的地方。这种方式具有以下优点。

- 比传统测试市场成本低且更灵活。可以模拟商店、餐厅、公寓设计、剧院设计和其他环境，而无须构建真实环境。与其他方法相比，这显然是一个巨大的成本优势。不管你在测试什么，它还使你能够使用同一个研究参与者测试多个版本。
- 参与度。一部分是由于新颖性，VTM 比 STM 使消费者在过程中的参与程度更高。
- 快速且适应性强。虚拟现实研究还具有速度优势，因为你可以通过轻点开关或多或少地在模拟的现实之间切换。你几乎可以在提出测试内容后立即评估最终用户的参与度和对测试内容的反应，而不必等待构建物理模型。
- 易于迭代。由于该过程非常快速，因此可以更轻松地即时迭代调研人员分享给受访者的内容。在构建物理模型时，如果你想根据受访者在早期测试中的反应对货架模型中的分类重新排序，则可能需要数小时或更长时间来做出这些更改。借助虚拟现实模拟，你可以随心所欲地进行更改。这意味着用更少的时间，就可以进一步推进你的研究和学习目标。它可以帮助你在市场营销调研期间找到可能的解决方案，而不是主要专注于仅仅了解所需行为的当前阻碍。
- 调研设施位于中心位置，测试能够在便利和相对舒适的环境中进行，节省了时间，避免了在不同调研地点之间移动的需要。

4. 受控测试市场

受控测试市场（controlled test markets）有时被称为扫描仪或电子测试市场，是在调研公司拥有消费者小组的市场中进行的，调研人员可以追踪他们购买各种产品的情况。这些小组允许调研人员分析购买和不购买测试产品的消费者的特征。小组参与者个人的购买或不购买行为可以与其详细的人口统计数据、过去的购买历史关联起来，以及在某些情况下还涉及其媒体观看习惯。

提供这些受控测试市场服务的公司有尼尔森 IRI（专注于包装消费品）和 SPINS（专注于健康和保健产品）。与传统的测试市场相比，这种方法速度快，成本低，并且在我们考虑的营销策略或策略变化方面具有保密性。对这种方法的主要批评是，有些人认为其抽样不具有代表性：同意参加这些小组的人可能不能代表这些和其他市场中更广泛总体的消费者。

受控测试市场由调研供应商管理，它们确保产品通过商定的类型和数量的销售点进行分销。提供受控测试市场的调研供应商，例如尼尔森 IRI，会向分销商支付费用，为测试产品提供所需数量的货架空间。这些调研供应商仔细监控产品在这些受控测试市场中的销售情况。它们使客户的产品能够更快地进入测试市场，通常为客户提供更切实的分销等级，并能更好地监控产品活动。

11.10.2 决定是否测试市场

从上面的讨论可以看出，测试市场为进行测试的公司提供了至少两个重要的好处[24]。

- 第一，测试市场提供了一种工具，使公司可以在真实（传统）或半真实（STM、VTM和受控测试市场）的市场条件下很好地估计新产品或策略的销售潜力。调研人员可以根据这些测试结果估算产品的全国市场份额，并利用这些数字来预估所提议变化的未来财务业绩。
- 第二，测试能够识别产品和所提议的营销策略的弱点，并让管理者有机会纠正这些弱点。在测试市场阶段纠正这些问题，比产品进入全国分销渠道后再纠正更加容易，成本也更低。

这些好处必须与成本以及许多与测试市场相关的其他负面因素结合起来进行权衡[25]。测试市场的财务成本并非小数，同时测试市场可以使竞争对手提前了解公司计划，这就使之有机会调整他们的营销策略，或者，如果这个想法很简单并且不受法律保护，竞争对手就很可能抄袭这个想法，并比进行测试的公司更快地进入全国分销。

在决定是否实行测试市场时，要考虑以下四个主要因素。

（1）将失败的成本和风险与成功的可能性和相关利润进行权衡。一方面，如果预估成本很高，并且不能确定成功的可能性，那么就应该考虑实施一个市场测试。另一方面，如果预期成本和产品失败的风险都很低，那么不经过测试市场立即在全国推出可能才是合适的策略。

（2）要考虑竞争对手抄袭产品并在全国推广的可能性和速度。如果产品能轻易地被模仿，那么使用非传统类型测试市场的其中一种对其进行测试才是合适的，或者不使用测试市场而直接推出产品。

（3）比较为传统测试市场生产产品所需的投资与按照全国推广所需数量生产产品所需的投资。在所需投资差异很小的情况下，不经过传统测试市场而直接进行全国性推广，或者使用其中一种非传统方法，可能更有意义。

（4）考虑新产品上市失败可能对公司声誉造成多大的损害。失败可能会损害公司在分销渠道成员（零售商）中的声誉，并且妨碍公司在未来产品上市时获取合作的能力。同样，这种情况可以使用非传统方法。

11.10.3 测试市场研究的步骤

一旦决定实施测试市场，无论什么类型，都需要采取很多步骤才能获得令人满意的结果[26]。

1. 确定目标

与此类列表一样，第一步就是确定测试的目标。典型的测试市场目标包括以下全部或部分条目。

- 预估市场份额和销量。

- 确定产品购买者的特征。
- 确定购买频率和目的。
- 确定购买地点（零售渠道）。
- 衡量新产品的销售对产品线上相似的现有产品销量的影响。

2. 选择一种基本方法

在确定测试市场目标后，下一步是根据既定目标，决定合适的测试市场类型。根据之前的讨论，四种类型的测试市场中哪一种对特定的问题最有意义？

在特定情况下，决定使用哪种类型的测试市场取决于你有多少时间和预算，以及计划内容对竞争者保密的重要性。图 11-1 和图 11-2 展示了两个案例。

图 11-1　西雅图和迈阿密

注：选择测试的市场是一个重要的决定。在选择城市作为测试市场时，应考虑显著的区域差异。想要查找西雅图和迈阿密之间一些显而易见的区域差异，请访问 www.ci.seattle.wa.us 和 www.miami.com。

图 11-2　General Mills 的新产品

注：General Mills 在向公众推出新产品"MultiGrain Cheerios"时使用了"滚动推出"的方法。访问 www.generalmills.com 以了解公司可能推出的新产品。

3. 制定详细的测试程序

制定了测试的目标和基本测试方法后，调研人员必须制订详细的计划执行测试。制造和分销决策必须确保有足够的产品可售，而且要确保在大多数销售该特定产品类别的商店中都可以买到。另外，还必须明确详细的营销测试计划，包括基本定位方法、实际使用的广告、定价策略、媒体计划和各种宣传元素。

4. 选择测试市场

为测试选择市场是一个重要的决策，尤其是对于传统的测试市场。在做这个决定时，必须考虑许多因素。

首先是总体标准[27]。

- 除了一个对照市场外，现有的全国性品牌至少应有两个测试市场，或者测试一个新品牌至少应有三个市场。
- 选择的市场在地理位置上应该是分散的，如果是区域性品牌，则测试市场应覆盖该区域内的多个分散市场。
- 测试市场应该在人口统计方面具有全国的代表性，除非特殊情况，例如特定品牌需要明显的种族偏向。
- 根据产品购买周期，测试应至少运行6个月，最多12个月，才能认为结果是可推广的。如果产品购买频率不高，建议运行测试的时间超过一年。
- 测试市场必须有多种媒体渠道，包括至少四家电视台、有线电视普及率在美国平均水平的上下10%以内、至少四家广播电台、具有日报和周日版的当地主要报纸、具有联合版的周日增刊或者一个同等质量的当地报纸增刊。

5. 执行计划

一旦计划到位，调研人员就可以开始执行。此时，必须做出一个关键决定：测试应该运行多长时间？测试必须运行足够长的时间才能观察到足够数量的重复购买周期，以便衡量新产品或营销项目的"持久力"。平均周期越短，测试时间就越短。香烟、软饮料和包装商品每隔几天就会购买一次，而诸如剃须膏和牙膏之类的产品每隔几个月才会购买一次。后者需要更长时间的测试。无论什么产品类型，都必须持续测试，直到重复购买率稳定。在达到相对稳定的水平之前，重复购买的人的百分比往往会下降一段时间。重复购买率对于预估产品最终销量的过程至关重要。如果测试过早结束，那么销量将被高估。

确定测试时长的另外两个考虑因素与预期的竞争对手反应速度和运行测试的成本有关。如果有理由预料到竞争对手会对营销测试快速地做出反应（推出他们自己的新产品版本），那么应该尽可能缩短测试时间。最小化测试的时间长度可以减少竞争对手做出反应的时间。最后，从测试中获得的附加信息的价值必须与继续运行测试的成本相平衡。在某些时候，附加信息的价值会被其成本抵消。

6. 分析测试结果

对结果的评估应该贯穿整个测试期间。然而，在实验完成后，必须对数据进行更细致和更深入的评估。该分析将集中在以下四个方面。

- **购买数据**。在大多数实验或测试市场中，购买数据最为重要。整个实验过程中的初次购买（试用）水平说明了广告和促销计划的运行效果。重复购买率（进行第二次和后续购买的初次试用者的百分比）表明产品满足期望的程度，这些期望是通过广告和促销创造的。当然，试购和复购结果为估计更广泛市场的销量和市场份额提供了依据。
- **知名度数据**。媒体支出和媒体宣传计划在提高产品知名度方面的效果如何？消费者知道产品的价格是多少吗？他们知道它的主要特点吗？
- **竞争反应**。理想情况下，我们应在测试市场期间监控竞争对手的反应。例如，竞争对手可能尝试通过提供特别促销、价格优惠和数量折扣来歪曲测试结果。竞争对手的行动可能会为我们新产品进入全国分销后的行动提供一些指示，并为估计这些行动的影响提供一些基础信息。
- **销售来源**。如果该产品是现有产品类别中的新条目，则确定销售来源很重要。换句话说，购买测试产品的人之前购买了哪些品牌？此信息真实地指明了真正的竞争对手。如果公司在市场上有一个现有品牌，它还表明新产品将在多大程度上从现有品牌和竞争中夺取业务。

根据评估，我们将做出以下决定：完善营销计划或产品、放弃产品，或者使产品进入全国或区域分销。

本章小结

实验调研被用于测试自变量的变化是否会导致因变量发生一些可预测的变化。为了证明 A 的变化可能导致 B 发生观察到的变化，必须证明三个条件：存在相关关系、发生存在适当的时间顺序以及排除其他可能的原因性因素。实验可以在实验室或现场环境中进行。在实验室进行实验的主要优点是调研人员能够更容易地控制外生因素。然而，在市场营销调研中，实验室环境通常不能确切地复制市场。在真实市场中进行的实验称为现场实验，现场实验的主要困难在于调研人员无法控制所有可能影响因变量的其他因素。

在实验法中，我们关注内部效度和外部效度。内部效度是指可以排除观察到的实验结果的竞争性解释（其他可能的原因）的程度。外部效度是指实验中测量的因果关系可以推广到其他环境的程度。外生变量是指可能影响因变量的其他自变量，它们妨碍我们得出结论，即观察到的因变量变化是实验变量或处理变量引起的。外生因素主要包括历史因素、成熟因素、计量变化、选择误差、失员、测试效应和回归均值。四种控制外生变量的基本方法是：随机化、物理控制、设计控制和统计控制。

在实验设计中，调研人员可以控制和操纵一个或多个自变量。不涉及操纵的非实验设计被称作事后研究。实验设计包括四个要素：处理变量、受试者、被测量的因变量，以及处外生原因性因素的计划或程序。实验影响是指处理变量对因变量的影响。

实验法有一个明显的优势，它是唯一可以证明我们感兴趣的变量之间因果关系的存在和性质的研究类型。然而，由于实验成本高、保密问题和实施问题，在市场调研中真正所做的实验数量很有限。不过有证据表明，实验法在市场调研中的使用正在增加。

预实验设计很少或根本没有控制外生因素的影响，因此通常难以解释。预实验设计的例子有单次个案研究设计和单组前后测设计。在真实实验设计中，调研人员能排除所有外生变量，即实验处理的竞争假设。真实实验设计的例子有前后测对照组设计和仅后测对照组设计。

在准实验中，调研人员能控制数据收集的程序，但缺乏对实验处理安排的完全控制。准实验中实验组的组成通常是将受访者以非随机的方法分配到实验处理中。准实验设计的例子有间断时间序列设计和多重时间序列设计。

营销测试是指使用实验或准实验设计测试一种新产品或营销组合的某些要素。测试市场属于现场实验，并且实行的成本极高。进行测试市场研究的步骤包括确定研究目标、选择要使用的基本方法、制定详细的测试程序、选择测试市场、执行计划和分析测试结果。

关键词

仅后测对照组设计	历史因素	预实验设计
前后测对照组设计	计量变化	准实验
因果性调研	内部效度	随机化
污染	间断时间序列设计	回归均值
受控测试市场	实验室实验	选择误差
设计控制	成熟因素	统计控制
实验法	失员	测试效应
实验设计	多重时间序列设计	测试市场
实验影响	单组前后测设计	传统测试市场
外部效度	单次个案研究设计	处理变量
现场实验	物理控制	真实实验设计

复习思考题

1. 把班级大概分为 6 组，每个小组的任务是为以下场景之一推荐一种测试市场设计并解决相关问题。（团队练习）

- 为浓缩橘汁设计一个新的定价策略测试，该品牌是一个已成立的品牌，我们只对测试价格上涨 5% 和下降 5% 所产生的影响感兴趣，营销组合的所有其他要素保持不变。
- 一家软饮料公司通过口味测试确定，与 Equal® 饮品相比，消费者更喜欢用 Splenda® 增甜的减肥产品的味道。现在他们感兴趣的是确定新的增甜剂将如何在市场上发挥作用，设计一个能够实现这一目标的测试市场。
- 一家全国比萨饼连锁店想要测试四种不同的折扣券对销量的影响。设计一个测试，以清晰易懂的方式实现这个目标。重点应该放在对销量的影响上，测试结果之后的财务分析将处理收入和利润影响。
- 一家全国性的价值定价连锁酒店需要了解为客人提供免费自助式早餐对业务的影响,设计并证明能够实现这一目标的测试。
- 一家信用卡公司需要测试其吸引大学生使用该卡的策略,该公司将继续在学生会和其他人流量高的校园场所使用展位。公司一直都在向列表中注册使用该卡的人提供免费 CD,但由于其他信用卡公司也在使用这种方法,该公司想尝试一些替代方案。他们正在考虑提供 iTunes 中的 MP3 免费下载和印有流行音乐团体的免费 T 恤。如果公司的目标是最大限度地增加注册量,设计一个测试,告诉公司应该选择哪种方式。

2. Tico Taco,一家全国连锁的墨西哥快餐店,开发了"超音速玉米卷"(Super Sonic Taco),这是市场上最大的玉米卷,售价为 1.19 美元。Tico Taco 将这款新产品的目标客户确定为 30 岁以下、不关心脂肪含量或卡里路等健康问题的男性。公司希望在决定将其引进国内之前至少在四个区域性市场测试该产品。你会使用什么标准来选择这个新产品的测试城市?你会推荐使用哪些城市?为什么会推荐这些城市?

3. 在调研人员可用的主要数据收集方法(询问法、观察法和实验法)中,为什么实验法是唯一可以提供因果关系的结论性证据的方法?在各种类型的实验中,哪种或哪些类型能提供证明因果关系或非因果关系的最佳证据?

4. 在测试消费者对新电视节目试播的反应的实验中,必须涉及哪些重要的自变量?并解释为什么这些变量很重要。

5. 你所在大学的学生中心的经理正在考虑三种备选品牌的冷冻比萨,其菜单上只想提供其中之一,并想找出学生更喜欢哪个品牌。设计一个实验来确定学生们更喜欢哪个品牌的比萨。

6. 大学或学院的夜大学生比一般学生年龄要大。在前一个实验中,在一般学生和夜大学生之间引入一个明确的控制。

7. 在市场调研中为什么准实验比真实实验更受欢迎?

8. 历史因素与成熟因素有什么不同?在实验中你可能会采取哪些具体措施来处理每一种影响?

9. 一家微波炉生产商设计了一种改进型号,可以降低能源成本并能在整个过程中均匀地烹饪食物。然而,由于附加的组件和工程设计的变化,这种新型号将使产品的价格提高30%。公司决定在家庭收入水平极高的市场区域对新微波炉进行市场测试。此外,生产商提供折扣券来促进产品的销售。这家公司希望确定新型号会对微波炉的销量产生什么影响。基于测试市场销量结果的销量预测是否存在潜在问题?你会采取什么不同的方法?

10. 请讨论控制外生原因性因素的不同方法。

11. 请讨论传统营销测试的替代方案,并解释它们的优点和缺点。

🖱 网络作业

1. 访问网站 https://blog.hubspot.com/marketing/design-of-experiments 并阅读其讨论。你如何看待它对靴子的评论?你会如何把相同的想法应用于其他产品或服务类别?

2. 更加详细地了解用于测试产品和其他营销要素的城市或市场可以访问:https://smallbusiness.com/product-development/best-u-s-cities-to-test-marketa-national-product/。考虑地理分布,你在

那里看到了什么？如果要测试摩托艇的新配件，你会选择哪些市场？为什么？

调研实例 11.1

洛斯罗伯斯啤酒

洛斯罗伯斯啤酒（Los Lobos Beer）是新墨西哥州最古老的酿酒公司，或者至少是新墨西哥州最古老的啤酒品牌。在20世纪80年代，公司经历了破产，主要原因是无法与大的全国啤酒品牌竞争。在20世纪90年代，一群投资者从破产法庭购买了该品牌名称，并将其转变成一家小型啤酒厂，设有零售店，提供啤酒酒吧氛围和休闲餐饮。此外，洛斯罗伯斯啤酒通过专业酒类商店分销其产品，这些商店提供种类繁多的专业啤酒，包括进口啤酒和小啤酒厂的啤酒。该公司目前在新墨西哥州拥有18家啤酒酒吧，在243家酒类商店中进行分销。

在其12年的历史中，该公司经历了稳健的增长和财务业绩。然而，竞争环境仍然严峻，一方面需要面对大型全国品牌，另一方面需要面对其他小型啤酒厂和啤酒酒吧。至关重要的是，洛斯罗伯斯啤酒必须以最有效的方式和有限的营销预算来推动啤酒酒吧的业务和酒类商店的产品销售。

最近几个月，洛斯罗伯斯啤酒的管理团队在公司的最佳营销策略方面存在分歧。一种观点是采取低价策略（相对于进口啤酒和其他小啤酒厂），另一种观点是专注于提升洛斯罗伯斯啤酒的形象，重点关注其在新墨西哥州的悠久历史及其酿造过程中的手工特性。两派之间的意见分歧已经变得越来越大，甚至有些分裂。而且，为明年制定营销策略的时间已经不多了。

营销主管托比·格林（Toby Green）知道，做出正确决定并迅速打破僵局很重要，如此公司才能继续其计划和业务发展活动。他想要设计一个测试，以科学的方式来彻底地解决这个问题。洛斯罗伯斯啤酒一直专注于全州的大学市场，在新墨西哥州的每所主要大学附近都有一家啤酒酒吧。托比的调研计划需要在一个市场中测试价格导向的活动，在另一个市场中测试形象导向的活动。各自市场中活动对销量的影响会表明这两种方式的有效性。他面临着许多决定：首先，他正在考虑使用阿尔伯克基和拉斯克鲁塞斯作为两个测试市场，它们都是成熟的大学城。他的逻辑是，它们都是有些孤立的市场，洛斯罗伯斯啤酒在这些市场中的活动不太可能蔓延到其他区域。其次，是测试运行多长时间的问题。最后，有必要从洛斯罗伯斯啤酒在该州其他地区的总体趋势中，梳理出在两个测试市场中发生了什么。

本章探讨了实验设计在市场营销调研中的使用，并讨论了所有这些问题。现在你已经阅读了这一章，请对可能使用的三种设计进行评论：单次个案研究设计、单组前后测设计以及前后测对照组设计。

问题：

1. 请评论每个设计的优缺点。
2. 不同的设计分别提供了哪些对实验变量的影响的测量？哪个设计能够提供最清晰的视图？为什么？
3. 哪种设计能够测量未包含在实验中的变量的影响？解释它是如何实现这一点的。
4. 除了上面提到的三种设计之外，还有其他更好的设计吗？如果有，你会提议其他哪种设计？为什么？

第 12 章

数据处理与基础数据分析

□ **学习目标**

1. 对数据分析过程有整体认识。
2. 学习如何对调研中的问题进行编码。
3. 理解数据录入过程,以便计算机读取信息。
4. 理解问卷清洗的重要性,以减少问卷错误。
5. 熟悉制表与统计分析。
6. 深入了解数据的图表所代表的意义。
7. 理解描述性统计。

近年来,随着技术革新和数据收集方式的相应发展,数据处理领域发生了巨大变化。特别是数据获取的要素将受访者的回答转为电子形式:在在线、邮件、许多大数据应用程序和其他自我管理式问卷情况下主要由受访者提供;在电话调查以及采用纸质调研的中心场所测试情况下由访问员提供。邮寄调研是典型的例子,调研人员需要在事后获取受访者对封闭式问题的回答。即使是在这种情况下,通过先进的扫描设备与软件电子化获取,自动化与科技也对其获取的所有信息产生了重大影响。

在处理开放式问题上,仍需人力工作。但在这种情况下,科技会再次以文本分析的形式接管大部分繁重的工作。我们还看到基础数据分析的发展——对交叉表的依赖减少,而对提供更高级别的汇总工具的依赖增加。

12.1 调研的数据分析过程概述

一旦数据收集完毕,收回问卷后,调研人员可能会面临数百次至数千次的访问。

DSS 调研公司最近完成了一项包含 1 300 份问卷的邮寄调研,每份问卷都有 10 页纸,这 13 000 页的纸叠起来的高度超过 3 英尺 ⊖。调研人员要怎样才能把包含在 13 000 页已完成问卷中的所有信息转化成一种格式,以便进行详细分析并做必要的总结呢?在最极端的情况下,研究者可以把所有的访问调查都浏览一遍,边阅读边记笔记,最后从回顾中得出一些结论。

⊖ 1 英尺 =0.304 8 米。——编辑注

这种做法的局限性是相当明显的。与这种随意低效的方法不同，专业研究者遵循以下五个步骤来分析数据。
（1）核实与编辑（质量控制）。
（2）编码。
（3）数据录入。
（4）数据逻辑清洗。
（5）制表与统计分析。

如果问卷的回答是通过电子方式获取的，那么处理起来会轻松得多，但也要适当遵循这些步骤。

12.2 第一步：纸质调研的核实与编辑

第一步有两个目的，即研究者需要保证所有的访问调查都是按指定的程序进行的（核实），并且所有的问卷都被准确完整地填写（编辑）。正如本章开篇的论述中所提到的，这些步骤仅与需要使用调研人员的电话访谈或其他有限形式的询问调查真正相关。

12.2.1 核实

首先，调研人员必须尽可能地确保每份要处理的调查问卷都代表一次有效访问。这里所用的术语"有效"与第 3 章中有着不同的定义。在第 3 章中，"效度"被定义为实际测量反映拟测量内容的程度，而这里的"有效"即**核实**（validation）是确认访谈按指定程序进行的过程。在此情况下，不对测量的效度做评估。核实的目的仅仅是检测访问员的舞弊行为，或者是否遵循关键的指示。你可能已注意到，本书介绍的大量调查问卷中都要记录受访者的姓名、地址及电话号码等。这些内容对数据的分析毫无用处，收集它们只是为核实提供基础。

一小部分的受访者将被联系以确定：
（1）此人是否真正接受了调研；
（2）根据访问调查中的过滤性问题，受访者是否符合调研条件；
（3）调研是否按要求的方式进行，例如购物中心调研应在指定的购物中心进行；
（4）访问调查是否涵盖所有的受访者。有时访问员会意识到潜在的受访者很忙，没有时间完成整个访问调查。为了获得访谈数据，访问员会问一些问题，然后自己填写剩余问题。如前所述，核实的目的是确保访谈得以准确完整地进行。研究人员必须保证他们提出建议时所依据的调研结果真实反映目标个体的回答。

12.2.2 网络样本组的质量保障

在线上访谈的情况下，必须进行大量代表核实形式的检查。绝大部分的在线访问调查都是使用例如 Dynata 等网络样本公司完成的。在众多可用的网络样本小组中进行选择时，你只需要根据以下讨论的考虑因素选择信誉良好的网络样本小组。

网络样本小组的招募、维护和质量控制程序对于确保获取最佳受访者样本至关重要。只有那些采取双向确认登记方式注册并通过使用实际地址确认其成员资格的样本组才值得使用。网络样本公司还必须限制小组成员在给定时间内可以参与的访问调查的数量，同时预留相应的程序尽量减少受访者在同一组织中拥有多个账号的机会。以下是评估一个网络样本公司所要考虑的主要因素。

（1）**招募方式**。确保样本成员来源可靠并且自愿参与调研。一些聚合器（自动从网页、博客、论坛等地方抓取邮件地址和电话号码）不应当被采用。网络样本组建和运营是完全出于市场调研的目的。

（2）**受访者再补充频率**。这反映了网络样本剔除不积极小组成员和添加新成员的频率。样本小组成员的保留率和整体的增长比率标志着他们的参与程度和积极性水平。

（3）**每个月最多完成的访问调查数量**。确保留有一定的限制，防止样本小组成员成为职业受访者。

（4）**身份核查**。这决定了网络样本公司以何种方式核查样本小组成员的身份。在这些步骤中应该包括识别并剔除多账户个体和来自同一家庭的多个个体。

（5）**个人信息收集**。这决定了从样本成员中收集的人口学和行为信息的类型，将用来描述成员特征和预先筛选特定目标总体。应制订计划对这些信息进行定期的更新，并且识别一些有显著变化（比如性别的改变或年龄的剧烈变化）的小组成员，以便之后可能将他们从小组剔除。

（6）**使用的激励方式**。这反映了小组提供的激励类型和激励使用的频率。过少的激励次数和过低的中奖概率都可能降低参与者行为的可靠性。

（7）**小组保健程序**。检查每个小组为处理那些被怀疑在访问调查中有欺骗或回答速度过快行为的个人而采取的步骤。

（8）**典型回答率**。一个小组的典型回答率反映成员在小组中的参与程度、激励计划是否公平以及小组成员是否被过度调研或被允许长时间地不积极。

（9）**适当的隐私政策**。网络样本公司应该有明确的政策和数据存储保密手段，以确保成员隐私的安全和限制对其成员数据的访问。

（10）**客户服务**。拥有能迅速提供报价、估计完成数量和实施调研的反应迅速的代理人对样本公司至关重要。在提供方案和收集数据时常常需要灵活的周转。客户目标和项目范围可能会迅速改变，所以平台也必须反应迅速且灵活。

（11）**不断监测网络样本小组的表现**。网络样本组的回答率、受访者质量和客户服务应被持续监测。回答率和受访者质量方面的问题（回答过快、重复回答、缺乏专注等）应常常反馈回样本小组公司。

12.2.3 质量保障：受访者配合度与专注度

采取这些步骤的目的是尽可能增加受访者的配合度，尽可能剔除那些回答问题缺乏专注或者故意欺骗系统以使自己被包括在某个他们并不符合条件的访问调查里的人。

- **筛查重复回答和域外受访者**。软件工具可以识别试图完成多项访问调查的人，无论它们是在一个小组拥有多个账号还是拥有多个小组公司的账号。这些系统为每台电脑创建一个独一无二的"指纹"，以识别来自同一台电脑上的多次重复调查，无论该用户使用了哪个样本小组或哪个用户名。该系统还能检测 IP 地址和有关平台成员 ISP 的信息，以甄别那些在目标地区或国家之外却试图参与访问调查的小组成员。一旦有小组成员被识别出多次试图参与同一项访问调查或在域外参与访问调查，它们将被排除在后续的访问调查之外，并被报告给样本小组公司以便采取进一步行动。
- **排除"超速者"**。任何以过快速度完成访问调查以致无法对调查问题进行合理考虑的人都会被排除在样本之外，并且他们已花的时间也将得不到补偿。
- **设置最短访问调查时限**。访问调查开始时提前设置所允许的最短时间，将其作为在第一批受访者中初步标示可能"超速者"的指标。最初估计的限度在预计访问调查时长的 40%~50%，第一批受访者不会因为低于此限度立刻被终止调研，而是待定以供随后复查。对于再次收集好访问调查的样本，最短的绝对调研时间也能确定。任何早期的访问调查时长如果低于最新设定的限度，都将被排除在最终的样本之外。绝对访问调查的最短时限的计算方式是，先算出调查时长的中间值，再将限制时长设为该数的 50% 或 60%。一旦设定了最终的调研时限，以低于此时限完成访问调查的受访者将被终止调研。作为"超速嫌疑人"，他们的 ID 也将被送至样本小组公司。
- **逐项检测问题**。受访者花在每个问题的时间也应被收集以供分析。在最终决定用于数据处理的样本之前，还应当检测受访者在每个问题上的时间分配。任何极端异常的表现都将被进一步审查，以排除那些超速完成大部分题目而在个别题目上花较长时间以避免被认为"超速者"的受访者。
- **剔除选项整齐划一者和前后矛盾者**。在访问调查中需要关注的另一方面是受访者注意力不集中。那些似乎没有阅读题目就选择答案或总是选择量表相同点答案的受访者将被标示为"嫌疑人"，以供进一步评估。对一连串项目进行重复选择（对较长一系列的问题提供相同的回答）将会成为被排除的候选者，特别是选项中包含正面与负面词汇的态度量表。在一个访问调查的不同地方提出相同或相似的问题是检测注意力不集中并进一步筛选受访者的又一办法。还有一些其他矛盾的情况，比如某人自称是高级管理人员而后却称家庭收入很低；若不能找到合理的解释说明这些不一致，也要将他们标示并剔除。
- **监测关键群体的人口统计和行为特征，以确保样本能代表目标市场**。在筛查过程中尤其要检查样本有关性别、年龄和受教育水平的信息，以确保在目标总体中无论以何种方式访问调查，网络样本不会偏向在该总体中发现的年龄更低或受教育程度更高的群体。如果一个关键市场变量（如市场份额、市场占有率等）是已知的，则可以将访问调查的回答直接同已知的变量参数进行比较。不能保持具有代表性的网络样本小组应当重新评估。
- **不允许受访者更改关键问题和筛查问题的回答**。一旦受访者因不符合资格被终止访问调查，要防止他们返回修改任何筛查性问题的答案。如果他们没有被阻止返回修改答案，那么他们就能尝试不同的答案使自己不被从调查中筛除，就像他们一开始就给出了可接受的答案一样继续下去。同样地，如果在访问调查的主体部分有一些你想要取得受访者第一印象的关键问题（比如对竞争品牌的独立的认知），也要防止受访者返回修改那些最初的回答。

- **在现场调研结束前筛除受访者**。为了保证样本配额量达到目标水平，在数据收集的整个过程中都应该尽可能分析"超速"、选项整齐划一（对一系列等级问题都给出相同的答案）和缺乏专注的受访者，以保持项目配额在目标市场上。在某些情况下，为了允许在数据处理过程中剔除一些受访者而不对最终样本容量造成不利影响，还可能需要超量取样。
- **延长实地访问调查时间**。不管采用哪种调研方法，延长几天数据收集时间都有助于采集更具代表性的样本。只要有可能，让访问调查的进程至少持续3~5天。即便数据收集能在一个晚上轻松完成，持续访问调查一星期以上也是更好的选择。

12.2.4　大数据相关特殊问题

这里只是一些有关"大"数据的数据处理说明。正如第1章中所定义的，大数据是大量信息的累积与分析，这些信息与人类的举止行为关系密切但不完全是关于人类。我们使用大数据和分析工具来发掘隐藏的模式、未知的相关性、市场趋势以及消费者偏好来帮助公司制定更明智的业务决策。大量的数据让我们进入了数百万条记录或观测值之中。当我们处理大数据时，数据处理过程中会遇到不同的问题。虽然调研数据通常都整理得非常清晰，类似于Excel表格之类的形式，但大数据通常不是这种情况。大数据通常是非结构化的。非结构化数据是没有预先定义的数据模型或没有以预先定义好的方式组织的信息。它通常是文本密集型的，可能包含音频或视频信息，但也可能包含日期、数字和事实等数据。记住，这些文件很大，通常比相关数据库工具所能处理的还大。因此大数据的处理与调研数据的处理完全不同。一个这样的工具就是Hadoop[2]。Hadoop是一种开放源码式软件框架，用于在大型计算机集群上以分布式的方式存储和处理大数据。Hadoop是基于谷歌员工的一篇论文而开发的。它被设计用于处理大数据和非结构化数据。对该工具的详细介绍超出了本书的范围。

12.2.5　编辑

核实涉及检查访问员是否存在欺骗和不遵循指示行为，而**编辑**（editing）则涉及对访问员和受访者的错误进行检查。CATI、互联网以及其他的软件驱动调研具有内置的逻辑性检测功能。纸质调研的编辑过程会涉及人工检测，包括以下问题。

（1）**是否未记录某些问题的答案**。例如，在**表12-1**所示的问卷中，第19题本应由所有受访者回答，但其答案却未被记录。理想情况下，应重新联系受访者，并通过询问他或她来解决本问题。

（2）**是否遵循了跳问模式**。根据**表12-1**问题2中的**跳问模式**（skip pattern），如果受访者选择"非常不可能"或"不知道"，则应跳转至问题16。问卷编辑须确保访问员遵循该指示。在当今世界,这几乎完全是邮寄和其他纸质调研的问题,因为所有其他调研都是软件驱动的,并且跳问模式是自动化的。

(3) **访问员是否意译了受访者对开放式问题的答案**。这一问题只适用于需要进行访问员管理的调研,主要为电话调研。而在网络和邮寄调研或其他调研的情况下,受访者填写信息时,这并不是个问题。市场调研人员以及他们的客户通常对开放式问题的答案很感兴趣。回答的质量或至少是所记录的内容,是反映记录答案的访问员工作能力的显著标志。这就通常要求访问员逐字记录答案,而不要重新释义或插入自己的语言。同时,访问员也被要求对初始回答做进一步探索。**表 12-2** 的 A 项展示了访问员释义并解释一个开放问题答案的例子;**表 12-2** 的 B 项说明了访问员未能进一步探索受访者的回答的结果。从决策角度看,这个回答毫无用处——毫不意外,受访者经常去汉堡王是因为他喜欢那个餐馆。**表 12-2** 的 C 项显示,一项最初毫无意义的回答是如何借助适当的探索转变为有用的形式。对回答"因为我喜欢它"适当的追问是"为什么您喜欢它"或"您喜欢它什么"。然后受访者表示,他或她经常去那是因为它是离其工作的地方最方便快捷的快餐店。

表 12-1 问卷范例

客户调研
移动电话调研问卷

朗布兰奇-阿斯伯里,N.J.
(01~03) 001

时间:2001.05.01
受访者电话:201-555-2322
您好,我是 POST 的调研员莎莉,我可以和您家的主人通话吗?
(如果无人,将姓名或回电信息记在样表中。)
(当主人接电话时):您好,我是 POST 调研员____,您的电话号码是随意挑选的,我并不打算向您推销产品。我只想问您几个关于新的电信服务的问题。

1. 通常情况下,您一天会打多少个电话?

(04)
0~2 1
3~5 2
6~10 .... ③
11~15 4
16~20 5
20 以上 6
不知道 7

现在我告诉您一项移动电话的业务。您可以通过苹果手机或基于安卓系统的手机购买。

2. 现在我向您介绍这项无线服务的费用。通话费为每分钟 2 美分。另外,使用这种服务的最低费用为每月 15.50 美元,按照这个价格,您认为您很有可能、有可能、不大可能或非常不可能购买这种新的电话业务吗?

(05)
很有可能 1
有可能 .... ②
不大可能 3
非常不可能 .... (回答问题 16) 4

（续）

不知道 …………………………………………………………………（回答问题16）………4
访问员——如果回答"非常不可能"或"不知道",跳到问题16。
3. 您认为您的老板会为了工作给您配备一部这样的电话吗?
(06)
不会 ……………………………………………………………………（回答问题5）………1
不知道 …………………………………………………………………（回答问题5）………2
会 ………………………………………………………………………（继续）………………③
访问员——如果回答"不会"或"不知道",请回答问题5,否则继续。
4. 如果您的老板已经为您配备了一部移动电话,您还会再购买一部供家庭使用吗?
(07)
会 ………………………………………………………………………（继续）………………1
不会 ……………………………………………………………………（回答问题16）………2
不会 ……………………………………………………………………（回答问题16）………3

5. 请给出您最希望供您家庭使用的移动电话的数量(不知道则请写不知道(Don't know)的缩写"DK")。
数量　　01　　(08-09)
6. 鉴于工作日拨打或接收移动电话的费用为每分钟2美分,您预计平均一个工作日会拨打多少次?
记录次数　　06　　(10-11)
7. 一周中,平均每次通话大约需要多少分钟?
记录数字　　05　　(12-13)
8. 鉴于周末拨打或接收移动电话的费用为每分钟1美分,您预计在周六或周日平均会拨打多少次?
记录数字　　00　　(14-15)
9. 在周六或周日,平均每次通话大约需要多少分钟?
记录数字　　　　　(16-17)

10. 您可以回忆我先前提到的移动电话的两种类型:苹果和安卓。如果您选购这项服务的话,您更喜欢手提电话还是车载电话?
(18)
手提 ………………………………………………………………………………………………1
车载 ………………………………………………………………………………………………②
两者都不 …………………………………………………………………………………………3
不知道 ……………………………………………………………………………………………4

11. 请您告诉我,假如您在下列地方使用移动电话,平均使用的次数为一周一次、少于一周一次还是多于一周一次?

	少于一周一次	一周一次	多于一周一次	从不	
孟莫斯郡	1	2	③	4	(19)
(如果选择"从不",跳到问题16)					
桑迪胡克	1	2	3	④	(20)
肯斯堡	1	2	3	④	(21)
大西洋高地	1	2	③	4	(22)
马塔万市-米德尔敦	①	2	3	4	(23)
雷德班克	①	2	3	4	(24)
霍姆德尔	1	2	3	4	(25)
伊顿郡	1	②	3	4	(26)
朗布兰奇	1	2	3	④	(27)
弗里霍尔德	1	2	3	④	(28)
纳拉潘	1	2	3	④	(29)
克里姆里奇	1	2	3	④	(30)

贝尔玛	1	2	3	④	（31）
波因特普莱森特	1	2	③	4	（32）

我将为您介绍一些移动服务可能的额外功能。我将要描述的每一项服务都免费提供。请告诉我您对每项服务是很感兴趣、感兴趣还是不感兴趣。

	很感兴趣	感兴趣	不感兴趣	
12. 电话转接（将任何打入您移动电话的电话转入任何其他电话）	①	2	3	（33）
13. 无应答转接（如果您的电话无人接听，这项服务会将电话转到其他号码）	1	2	③	（34）
14. 呼叫等待（您使用电话时如有人打入，则将信号显示给您）	1	②	3	（35）
15. 语音信箱（允许将接入的电话转入录音机，其内容可在以后转给您。这项服务每月收费 5.00 美元）	1	2	③	（36）

16. 您所在年龄组（阅读以下选项）：

（37）

25 岁以下 1
25～44 岁 ....②
45～64 岁 3
65 岁及以上 4
拒绝或不知道 5

17. 您的职业是什么？

（38）

经理、官员、老板 ....①
职业人员（医生、律师等）..2
技术员（工程师、程序员、绘图员等）..3
办公人员或文员 4
销售人员 5
技工或工头 6
非技术工人 7
教师 8
家政人员、学生、退休人员 9
失业人员 X
拒绝回答 ....Y

18. 2002 年您的家庭总收入是多少？（阅读以下选项）

（39）

15 000 美元以下 1
15 000～24 999 美元 2
25 000～49 999 美元 3
50 000～74 999 美元 ....④
75 000 美元及以上 5
拒绝或不知道 6

19.（访问员——记录受访者性别）：

（40）

男 1
女 2

(续)

20. 我能知道您的姓名吗？我的公司将从我通过电话的人中抽出 10% 进行核对，确认我已经完成访谈。

给出姓名 ·· ①
拒绝回答 ·· 2

乔丹·比斯利
─────────────────────
姓名

谢谢您抽出时间，祝您愉快！

表 12-2　开放式问题的记录

A. 对于开放式问题的回答，访问员记录不当的例子。
问题：您为什么在众多的快捷、方便的餐馆中最经常去汉堡王？
回答记录：
顾客似乎觉得汉堡王有更加美味的食物和更优质的原料。

B. 访问员没有进一步探索回答的例子。
问题：同 A。
回答记录：
因为我喜欢它。

C. 正确地记录和进一步探索的例子。
问题：同上。
回答记录：
因为我喜欢它。（P）*①我喜欢它并且我经常去那里，因为那是离我工作的地方最近的餐馆。（AE）**②没有。

① (P)* 是访问员的标记，表明他已经对回答进行了追问、探索。
② (AE)** 是访问员对"其他"（anything else）所做的缩写，这使得受访者有机会对最初的回答做详细解释。

做编辑工作的人必须对开放式问题中不符合标准的答案做出判断，还必须判定在什么时候某一特定问题的回答有局限性以至毫无用处，以及是否需要重新联系受访者。

编辑过程是极其烦琐并且耗时的。不过，编辑工作是整个访问调查回答处理过程中非常重要的一步。

12.3　第二步：编码

正如在第 4 章中谈到的，在市场调研中，**编码**（coding）是指对一个开放式问题的回答进行分组和分配数字代码的过程。访问调查问卷中的大多数问题是封闭式的并且已预先编码，这意味着问卷中一组问题的不同答案的数字编码已被设定。封闭式问题的所有选项都需要预先编码，如表 12-1 的问卷中第 1 个问题所示。注意，每种答案的右边都标有一个数字代码，回答"0~2"的用编码"1"表示，回答"3~5"的用编码"2"表示，依此类推。调研人员或受访者可以圈选右边数字代码以记录回答。在本例中若受访者的答案是"每天打 7 次电话"，就圈上"6~10（次/天）"这一选项右边的编码"3"。

开放式问题之所以被设置成"开放式"，是因为调研人员要么不知道会得到什么回答，要么希望能得到比封闭式问题更加详尽的回答。编辑过程是一项冗长乏味并且耗时的工作。此外，在某种程度上具有主观性。[3] 无论数据是怎样收集的，编码的问题适用于所有的开放式问题。如果没有某种形式的编码，就没有办法分析这些问题的结果以及特定受访者的其他数据。编码的一个替代方法是提供开放式问题回答的实际文本。这样做的好处是带来潜在的更丰富的见解，但我们也失去了根据受访者的特征，总结更高层次回答的能力。另一种经常代替的方法是同时提供编码结果和完整的回答文本。

12.3.1 编码过程

对开放式问题的回答进行编码过程包括以下步骤。

（1）**列出已给的回答**。在大型抽样调研中，列出某个样本的受访者的回答。

（2）**合并回答**。**表12-3** 提供了一个对开放式问题回答的示例列表。仔细研究这份列表可以发现，许多回答可以被解释为在本质上是一致的，因此它们可以被适当地合并为一类。完成合并过程后，就得到了如**表12-4**所示的表。合并还必须做出一些主观的判断。例如，**表12-3** 中的第 4 个答案是属于第一类，还是应单独归为一类，这些决定通常由资深的调研分析人员做出，常常也听取客户的意见。

表 12-3　开放式问题回答示例

问题：为什么您喜欢喝那个牌子的啤酒？（品牌已在前面的问题中提到）
回答示例：
（1）因为它口味更好。
（2）它具有最好的味道。
（3）我喜欢它的口味。
（4）我不喜欢其他啤酒太重的口味。
（5）它最便宜。
（6）我买任何打折的啤酒，而它大部分时间都打折。
（7）它不像其他牌子的啤酒那样使我的胃不舒服。
（8）其他牌子的啤酒使我头疼，但这种不会。
（9）我总是选择这个牌子。
（10）我已经喝了它 20 多年了。
（11）它是大多数同事喝的牌子。
（12）我的所有朋友都喝这个牌子。
（13）这是我妻子在食品店中买的牌子。
（14）这是我妻子或丈夫最喜欢的牌子。
（15）我没有想过。
（16）不知道。
（17）没有特别的原因。

表 12-4　对于啤酒调查中开放式问题回答的合并分类和编码

回答类别描述	表 12-3 中的回答	分配的数字编码
口味好 / 喜欢该味道 / 比其他味道好	1, 2, 3, 4	1
低 / 较低的价格	5, 6	2
不会引起头疼、胃不适	7, 8	3
长时间喝、习惯	9, 10	4
朋友喝 / 受朋友影响	11, 12	5
妻子 / 丈夫喝 / 购买	13, 14	6

（3）**设置编码**。这一步通常在获得最终合并表单后进行。该表的每个类别都分配有数字编码。对啤酒调研样本的数字编码如**表 12-4** 所示。

（4）**输入编码**。在列出回答、合并回答并且设置编码之后，最后一步是实际输入数字编码，包括以下几个分步骤。

1）检查问卷中每个开放式问题的回答。

2）将单个回答与得到的合并类别列表进行匹配，并为每个回答确定合适的编码。

3）在调研表的适当地方，注明每个问题回答的数字编码（见表 12-5），并在数据库中输入合适的电子编码。[4]

表 12-5　开放式问题的问卷示例

37. 为什么您喜欢喝那个牌子的啤酒？（品牌已在前面的问题中提到）

（48）_____ 2

因为它更便宜。（P）没有。（AE）没有。

这里是一个过程的例子，**表 12-3** 中使用了回答列表，**表 12-4** 显示的合并和编码设置在**表 12-5** 中得到使用。

- 参见第一份问卷，阅读问题"为什么您喜欢喝那个牌子的啤酒"的回答，即"它最便宜"。
- 将上述回答与已经合并好的回答分类进行比较，最吻合的是"低 / 较低的价格"这一组，对应的编码是 2（见**表 12-4**）。
- 在问卷的合适地方填入编码（见**表 12-5**）。

12.3.2　自动编码系统和文本处理

对于计算机辅助电话访谈（CATI）、网络调查以及短信调查（SMS），封闭式问题的数据录入都被完全省略了。然而，对于开放式问题，即使通过电子手段获取回答，编码过程还是必需的。随着技术的发展与进步，开放式问题烦琐的编码过程正在被取代。这可以节约许多费用，完成所需的时间大大减少，这一过程也更加客观。[5]

SPSS 的 TextSmart 模块就是一个自动编码系统的典型代表。基于符号学[6]的算法是这些系统的基础，其在加速编码过程、降低成本和提高编码的客观性方面显示了巨大前景。从根本上说，这些算法就是利用计算机，并根据关键词或词组来搜寻开放式问题的类型。

Ascribe 公司提供了许多不同的文本处理工具和许多处理开放式问题结果的选择，能够实现以前达不到的对开放式问题的概括程度。更重要的是它还可以很快地完成所有工作。详情不妨参考它们的网站 goascribe.com。

词云（word clouds）是另一种总结开放式问题或任何形式的自由回复文本的方法。具体的例子可以在 wordle.net 和 wordclouds.com 上找到。两个网站都提供了能从客户输入（复制粘贴）的文本中生成词云的工具，有些客户发现它们很好用，有些却不觉得。词云将着重显示那些在源文本中出现频率更高的词，并且大部分的处理工具都允许客户用不同的字体、版式和颜色对词云进行调整。**图 12-1** 提供了一个示例。

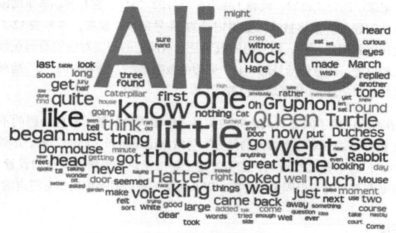

图 12-1　从爱丽丝梦游奇境文本创建的词云
来源：research.kapiche.com。

12.4　第三步：纸质调研的数据录入

一旦问卷经过核实、编辑和编码，我们便可以开始数据录入。在这里，我们使用术语**数据录入**（data capture）来指将信息转换成为计算机能够识别的形式的这一过程。这个过程需要一个数据采集装置，例如个人电脑或扫描仪，以及存储介质，例如计算机存储设备。

12.4.1　智能录入系统

少量数据录入仍需要操作员手动输入回答，现在这项工作通过智能录入系统来完成。通过**智能数据录入**（intelligent data capture），输入的信息会被检查其内在逻辑。智能录入系统能通过编程避免在数据录入时出现某些类型的错误。例如录入无效代码或乱码，以及违背跳问模式。

12.4.2　数据录入过程

现在，核实过的、编辑好了的、编过码的问卷已经交给了坐在个人电脑前的数据录入操作员。数据录入软件系统已经已被程序化以进行智能录入，真正的数据录入过程就要开始了。通常，数据直接从问卷中获取。因为实践证明，在将问卷数据手动转为编码表这一过程中会产生大量的错误。为了更好地理解处理过程，请再次参考**表 12-1**。

- 在问卷的右上角写着数字"001"，这个数字确定了这份问卷的唯一性，而且这将是这堆问卷里第一份被数据录入人员输入的问卷。这个编号是非常重要的一个参照，因为它允许数据录入人员在发现与数据录入有关的任何错误时能够参考原始文件。

- 手写号码"001"旁边是（01~03）。这表明数据录入人员应将"001"输入记录数据的 01~03 区域中。在整个调查问卷中，括号内的数字均表示被圈住的每个问题的答案编号在记录中的对应位置。问题 1 中有带括号的"04"，它与问题答案的编码有关。因此，这个问题的答案将被输入数据记录的 04 号区域。现在，参考**表 12-5** 的开放式问题。与封闭式问题一样，括号内的数字是指该问题的答案对应的编码在数据记录中应该填入的位置。注意带括号的"48"旁边的数字"2"，括号中的"2"应被输入对应这份问卷的数据记录 48 号区域的位置。

表 12-1 清晰地说明了问卷布局之间的关系，即编码的位置（对应问题的不同答案的数字）和区域（数据记录填写答案编码的地方）与数据记录布局之间的关系。尽管手动输入的数据越来越少，但理解此过程可以让您更好地了解电子录入系统需要如何设置。如上所述，每个问题的答案都需要有一个固定的位置，以及每个答案的数字编码都有特定的含义。

12.4.3 扫描

众所周知，扫描文件（测试评分表）已经存在很长时间了。然而，直到最近，它在市场调研方面的应用仍然受到限制。这种使用限制主要归结于两个方面的原因：安装费用和记录所有答案时都需要使用 2 号铅笔的要求。安装费用包括对特殊纸张和印刷过程中特殊油墨的费用以及记录答案的空白位置的精确设置。数据录入上节约的花费超过扫描的安装花费的收支平衡点在 5 000~1 000 份问卷的范围内。因此，对大多数调研来说，扫描不可行。

不过，**扫描技术**（scanning technology）的发展已经改变了这种平衡。现在，由任何一款 Windows 文字处理软件设计出的调查问卷，不管是激光打印还是标准打印，都能通过使用合适的软件和连接到电脑网络上的扫描仪轻松地被扫描。另外，最新技术可以允许受访者使用几乎任何类型的书写工具（所有种类的铅笔、圆珠笔、墨水笔等）来填写问卷，这消除了向受访者提供 2 号铅笔的需要，而且极大地简化了邮寄调研的过程。最后，最新技术不需要受访者仔细地将他们答案旁边的圆圈或是方格涂满阴影，他们可以将阴影、检查标记、"X"或其他任何类型的标记填到为回答提供的圆圈或方框里。[7]

由于上述几个方面的发展，可以扫描的访问调查使用量急剧增加。当分析师预计需要完成 400~500 多份问卷的时候，使用扫描式访问调查的成本就比较合算了。

12.5 第四步：数据的逻辑或机器清洗

至此，所有问卷中的数据都已经完成电子化输入。在进一步地进行调查结果的制表和数据分析之前，应该进行最后的错误检查。许多大学有一种甚至多种可用于数据制表和分析的软件包，其中最流行的是统计分析系统（SAS）和社会科学统计软件包（SPSS）。

无论使用哪种软件包来将数据图表化，重要的是借助计算机对数据进行最终的错误检查，有时也称为**数据逻辑或机器清洗**（logical or machine cleaning of data）。这可以通过错误检查程序或单维频次表来完成。

一些统计软件包允许用户编写**错误检查程序**（error-checking routines），这些程序包括许多对各种情况进行检查的语句。例如，如果为某个调研数据记录设定的专门的区域只有编码"1"或"2"，那么可以编写逻辑语句来检查这个区域是否存在其他代码。

这一步骤的目的是保证数据逻辑上的一致性。如果缺乏此一致性，那么某些表格分析的结果将不会相加。任何差异都可能造成客户的不满并可能导致他们质疑整个调查过程的完整性。

12.6 第五步：制表与统计分析

现在，访问调查结果已经无逻辑录入错误与访问员记录错误。下一步是将访问调查结果制成表格。

12.6.1 单维频次表

最基本的表是**单维频次表**（one-way frequency data），它显示了对每个问题给出每种可能回答的人数。**表 12-6** 中列出了这种表的一个例子，该表表明，有 144 名消费者（48%）说他们会选择圣保罗市的医院，有 146 名（48.7%）说他们会选择明尼阿波利斯市的医院，有 10 名（3.3%）说他们不知道选择哪个地方或未回答。打印输出资料将会生成访问调查中每个问题的单维频次表。在大多数情况下，单维频次表是调研分析人员首先看到的调查结果的概括。除频次外，单维频次表通常显示出每个问题可能答案的百分比。

表 12-6　单维频次表

问题 30：如果将来您或您的家人需要接受住院治疗，并且有明尼阿波利斯和圣保罗两座城市的医院可供选择，您会选择哪个城市的医院？

	总数
总数	300
	100%
去圣保罗市的医院	144
	48%
去明尼阿波利斯市的医院	146
	48.7%
不知道或未回答	10
	3.3%

在生成单维频次表时需要解决的一个问题是每张表的百分比使用什么基数。基数有以下三种选择。

受访者的总数。如果有 300 人在某项调研中被采访，并决定利用受访者总数作为计算百分比的基数，则每张单维频次表的百分比都将以 300 作为基数。

回答具体问题的人数。由于大部分问卷都有跳问模式，因此不是所有的人都会被问到全部的问题。例如，假设一项特定访问调查的问题 4 问受访者是否有狗，其中 200 名受访者表示他们拥有狗。由于此项访问调查中的问题 5 和 6 是专门问那些养过狗的人，因此问题 5 和

6 应该只针对这 200 名受访者提出。在大多数情况下，用 200 作为计算百分比的基数来对问题 5 和 6 进行单维频次表分析较为恰当。

回答问题的人数。在单维频次表中计算百分比的另外一个基数是实际回答了特定问题的人数。在这种方法下，如 300 人被问及某个特定问题，但 28 人表示"不知道"或未回答，则要以 272 作为百分比的基数。

一般来说，被问到某一特定问题的人数被用作整个表格中计算百分比的基数，但也许在一些特殊情况中，使用其他的基数会更合适。利用三种不同基数计算百分比的例子如**表 12-7** 中的单维频次表所示。

对某些问题，就其性质而言，受访者可能有多种回答。例如，消费者可能被要求说出所有能想到的吸尘器的品牌。多数人会列举不止一个品牌。因此，将回答制成表格时，答案的数量会超过受访者人数。如果有 200 名消费者接受访问调查，且平均每位列出三个品牌，那么将有 200 名受访者和 600 个答案。那么问题是，频次表中的百分比应根据受访者人数还是答案的数量？**表 12-8** 给出了用两种基数计算百分比的例子。最常见的是市场调研人员以受访者人数为基数计算百分比，因为商家对给出特定答案的人数比例更感兴趣。

表 12-7　使用三种不同基数计算百分比的单维频次表

问题 35：您为什么不选择去圣保罗市的医院就医？	受访者总数	被提问人数	回答总数
总数	300 100%	64 100%	56 100%
医院不好或服务水平差	18 6%	18 28.1%	18 32.1%
圣保罗医院的服务或设备比不上明尼阿波利斯	17 5.7%	17 26.6%	17 30.3%
圣保罗太小了	6 2%	6 9.4%	6 10.7%
公众形象差	4 1.3%	4 6.3%	4 7.1%
其他	11 3.7%	11 17.2%	11 19.6%
不知道或未回答	8 2.7%	8 12.5%	

注：一共有 300 位受访者接受访问，其中只有 64 位受访者被问及这一问题，因为在之前的问题中他们表示不会考虑去圣保罗市的医院就医。只有 56 人给出了除"不知道"或未回答以外的回答。

表 12-8　以受访者总数和答案总数为基数计算多选项问题的百分比

问题 34：如果将来您或您的家人需要住院治疗，您会考虑以下哪个城市？					
	受访者总数	答案总数		受访者总数	答案总数
总数	300 100%	818 100%	圣保罗	240 80%	240 29.3%
明尼阿波利斯	265 88.3%	265 32.4%	布鲁明顿	112 37.3%	112 13.7%

(续)

问题 34：如果将来您或您的家人需要住院治疗，您会考虑以下哪个城市？					
	受访者总数	答案总数		受访者总数	答案总数
罗切斯特	92	92	伊根	46	46
	30.7%	11.2%		15.3%	5.6%
明尼苏达	63	63			
	21%	7.7%			

12.6.2 交叉表

交叉表（cross tabulations）很可能是分析的下一步骤，它们代表了一种易理解且有效的分析工具。许多市场调研，在分析上都只进行到交叉表。这种方法的基本思想是，将一个问题的回答与另一个或多个问题的回答进行对比。**表 12-9** 列出了一个简单的交叉表，从中可以考察消费者所考虑住院治疗的城市与其年龄间的关系。这个交叉表列出了频次和百分比，而且百分比是以列的总数为基数统计的。表格显示了年龄与选择明尼阿波利斯或圣保罗的医院就医的可能性之间有趣的关系：消费者随着年龄的增加而更倾向于选择圣保罗的医院，较少选择明尼阿波利斯的医院。以下是关于建立交叉表和确定百分比的一些考虑事项。

- 前面关于选择合适的百分比基数的讨论也适用于交叉表。
- 在交叉表中，可以为每一单元计算三种不同的百分比：列、行、总的百分比。列百分比以列总数为基数，行百分比以行总数为基数，而总的百分比以表的总数为基数。**表 12-10** 列出了一个交叉表，其中显示了表中每一单元格的频次和三种百分比。
- 建立交叉表的常用做法是使用列来表示各种不同因素，如人口统计和生活方式特征，它们可能预测各行所表示的因素，如心理状态、行为或意愿。在表中，百分比通常以列总数为基数进行计算。采用这种方法可以简单比较各种关系，如生活方式特征与性别或年龄等预测因素之间的关系。例如，在**表 12-9** 中，这种方法有助于检查不同年龄段的人在所考察的特定方面有什么不同。交叉**表 12-9** 和**表 12-10** 中的列显示了不同问题的结果。

表 12-9 简单交叉表

问题 30：如果将来您或您的家人需要住院治疗，并且只能在明尼阿波利斯或圣保罗的医院住院，您会选择哪个地方的医院？

		年龄（岁）			
	总数	18~34	35~54	55~64	65 及以上
总数	300	65	83	51	100
	100%	100%	100%	100%	100%
去圣保罗的医院	144	21	40	25	57
	48%	32.3%	48.2%	49.0%	57%
去明尼阿波利斯的医院	146	43	40	23	40
	48.7%	66.2%	48.2%	45.1%	40%
不知道或未回答	10	1	3	3	3
	3.3%	1.5%	3.6%	5.9%	3%

表 12-10 包含行百分比、列百分比和总百分比的交叉表

问题 34：如果将来您或您的家人需要住院治疗，您会考虑以下哪个城市？

	总数	男	女		总数	男	女
总数	300	67	233	明尼阿波利斯	240	53	187
	100%	100%	100%		80%	79.1%	80.3%
	100%	22.3%	77.7%		100%	22.1%	77.9%
	100%	22.3%	77.7%		80%	17.7%	62.3%
圣保罗	265	63	202	布鲁明顿	112	22	90
	88.3%	94.0%	86.7%		37.3%	32.8%	38.6%
	100%	23.8%	76.2%		100%	19.6%	80.4%
	88.3%	21%	67.3%		37.3%	7.3%	30%

12.6.3 交叉表的末日

有明显的迹象表明，市场调研人员及其客户对交叉表以往的兴趣正在消退。围绕这一变化的一些话题在第 15 章中将更详细地讨论。然而，新一代的管理者与他们的前辈相比，更加不喜欢在一大堆打印文件中逐字逐句搜寻有用的信息，他们越来越趋向于仅仅寻找一个"答案"。因此，他们更多会依赖提供图形描述的工具、强大的统计功能以及其他以更概括的方式给出那个"答案"的工具。[8] 调研公司的压力在于提供那个"答案"而非大量报告。

12.7 数据的图示化

你也许听过一句俗语"一图胜过千言万语"，数据的图示化是使用图片而非表格来展示调研结果。表格枯燥乏味且效率低下，管理者来不及获取关键信息。调研的结果，特别是重要的结果，可以用图式化（主要是图形）更充分有效地表达。

市场调研人员一直都很清楚地知道，通过交叉表和统计分析确定的重要发现最好以图形来呈现。然而，在早些年，图表的准备是乏味、困难和耗时的。而个人电脑的普及及图表软件和激光打印机的出现改变了这一切。诸如 Excel 等电子表格程序具有强大的图形处理功能。另外，设计用于生成演示文稿的程序，比如 PowerPoint，可使用户轻松制作出花样繁多且质量很好的图形。通过这些程序，就可以：

- 快速生成图形来讲述你的思路；
- 在显示器或投影仪上展示图形。
- 做出所需的改变并重新显示。
- 使用激光打印机或喷墨打印机打印最后的稿样。

接下来几页显示的图形都是用个人电脑、激光打印机和图形软件包制作的。

12.7.1 线形图

线形图是最简单的图形形式之一，尤其适用于显示在不同时点上进行的测量。**图 12-2** 显

示了一家女子泳衣零售商 Just Add Water 的月销售记录。结果显示，2016 年和 2017 年的销售形势相近，6 月是最高峰，1～3 月和 9～12 月的销量普遍较低。Just Add Water 正在评估这些销售数据，以确定在这些时期可能增加的产品线，以便提高销售量。

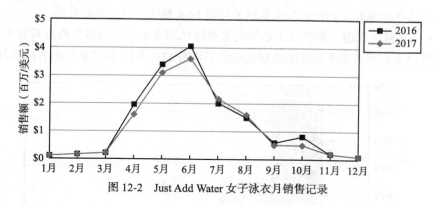

图 12-2　Just Add Water 女子泳衣月销售记录

12.7.2　饼状图

饼状图是另一种较常用的图形，适用于在各种情形下展示市场调研结果。**图 12-3** 显示的是一项来自墨西哥湾沿岸的路易斯安那州、密西西比州和亚拉巴马州等几个主要城市地区居民对电台音乐偏好的调研，请注意本例中软件生成的三维效果。

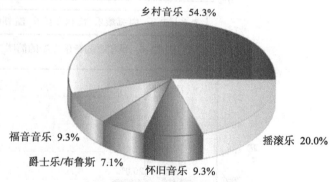

图 12-3　最常听的音乐类型的三维饼状图

12.7.3　柱状图

柱状图是本节讨论的三类图形中最灵活的，任何可在线形图、饼状图中表示的数据结果均可在柱状图中表达。另外，许多在其他图中不能表达的或不能有效表达的数据，也能比较容易地用柱状图表达。下面介绍四类柱状图。

（1）**简明柱状图**。简明柱状图是柱状图中最简单的一种。**图 12-3** 的饼状图所表达的相同信息可以在**图 12-4** 中用柱状图表达出来。你可以自己得出结论，关于饼状图和柱状图，哪一种是表达信息更加有效的方式。**图 12-4** 是一个传统的二维图形，目前可用的大多数软件已经可以基于相同的信息生成三维效果图，如**图 12-5** 所示。此外，你可以自己决定哪种方式在视觉上更有趣、更吸引人。

（2）**聚类柱状图**。聚类柱状图是可表达交叉表内数据结果的三种柱状图中的一种。**图 12-6** 显示了按照年龄交叉编制的对电台音乐偏好的结果。从该图中可以看出，乡村音乐是两个年龄段的人都最常提及的喜好音乐；该图还显示，35 岁及以下的人对摇滚乐的喜欢程度仅次于乡村音乐，处于第二位，而摇滚乐在 35 岁以上的人中是最少被提及的。结果表明，如果目标听众是35岁及以下的年龄组，混合播出乡村音乐和摇滚乐是适合的。对于35岁以上的人，集中播放乡村音乐是适合的。

（3）**堆积柱状图**。同聚类柱状图一样，堆积柱状图有助于以图形方式表达交叉表内的数据结果。**图 12-7** 以堆积柱状图的形式显示了与图 12-6 相同的音乐偏好数据。

（4）**多行三维柱状图**。我们认为这种类型的柱状图表达交叉表格信息最具有视觉吸引力的形式。**图 12-8** 以多行三维柱状图的形式显示了与图 12-6 和图 12-7 相同的音乐偏好数据。

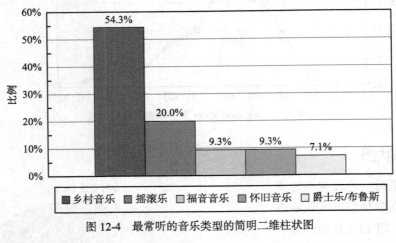

图 12-4　最常听的音乐类型的简明二维柱状图

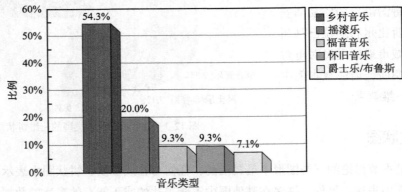

图 12-5　最常听的音乐类型的简明三维柱状图

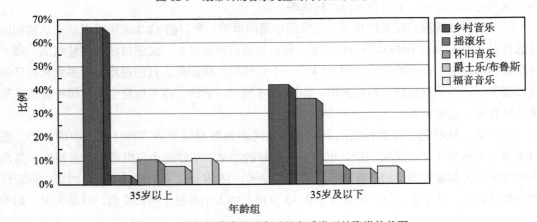

图 12-6　按年龄分类的最常听的音乐类型的聚类柱状图

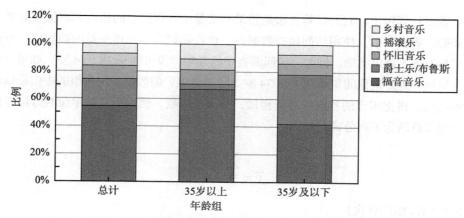

图 12-7　按年龄分类的最常听的音乐类型的堆积柱状图

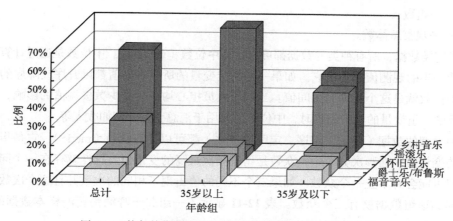

图 12-8　按年龄分类的最常听的音乐类型的多行三维柱状图

PowerPoint 和其他一些演示文稿组件提供了另外一系列专业化的图表类型，并鼓励你探索这些选项。问题的关键是使用合适的图表类型来清晰有效地展示重要的结论。

12.8　描述性统计

描述性统计是一种概括大规模数据特征的简单方法。在此基本统计分析中，分析人员计算一个或几个数字以揭示大规模数据的特征。

12.8.1　集中趋势计量

在开始本节之前，你需要先复习一下在第 3 章中介绍的有关数据尺度类型的知识。有四种基本类型的测量尺度，分别是定类、定序、定距和定比尺度。定类和定序尺度有时也指非测量尺度，而定距和定比尺度也叫作测量尺度。在这个部分以及后续部分的统计过程中，许多都是需要测量尺度的，而其他的则是为非测量尺度设计的。

有三种集中趋势的测量：均值、中位数和众数。**均值**（mean）只能根据定距或定比（测量尺度）数据计算得出。它的计算方法是将某一变量（如年龄）的所有观察值加起来，再将所得总和除以观察次数。使用访问调查数据时，也许我们并不知道变量的确切值，可能只知道这一变量归属于特定类别。例如，访问调查中的某年龄段可能是 18～34 岁。如果一个人归属于这一类别，则知道他的年龄在 18～34 岁。对于分组后的数据，把各组的中值乘以相应组别的观察次数，再把求出的各组的总量相加，得出总体数，然后用总体单位数除以总体观察数。这个过程总结为下列公式：

$$\overline{X} = \frac{\sum_{i=1}^{h} f_i X_i}{n}$$

式中　f_i——第 i 组的频次；
　　　X_i——第 i 组的中值；
　　　h——组数；
　　　n——观察总体数。

除了定类数据，所有种类的数据都可以计算**中位数**（median）。中位数是通过计算找到一个值，使一半的观测值都小于它。如果一个特定变量的所有观测值都以升序或降序的方式排列，则中位数就是这个数列的中间值。当调研人员担心均值会受少数极端值的影响，从而不能准确反映一组变量的集中趋势时，中位数通常用于汇总变量，例如收入等。

各种类型的数据（定类、定序、定距或定比）都可以计算**众数**（mode），它是指出现次数最多的变量值。在频次分布中，众数是出现频次最高的变量值。这样就存在一个问题，一组数据很可能会有不止一个众数。如果三个不同的值出现了相同的次数并且这个次数比其他值高，那么这组数据就有三个众数。**表 12-11** 显示了一组关于啤酒消费的样本数据的均值、中位数和众数。

表 12-11　啤酒消费的样本数据的均值、中位数以及众数

有 10 位啤酒饮用者（平均每天喝一罐、一瓶或一杯以上的啤酒）参与了商场的拦截访问调研，他们被询问平均每天喝多少瓶/罐/杯啤酒。

被调研人员	每天的罐/瓶/杯数量	被调研人员	每天的罐/瓶/杯数量
1	2	6	1
2	2	7	2
3	3	8	2
4	2	9	10
5	5	10	1

均值 =3 罐/瓶/杯
中位数 =2 罐/瓶/杯
众数 =2 罐/瓶/杯

12.8.2　离散程度计量

经常使用的离散程度的计量包括标准差、方差和极差。集中趋势的计量指明了一个变量的典型的值，而离散程度的计量则表示数据的离散程度。**表 12-12** 的示例表明了与只依赖集

中趋势计量相关的危险。需注意的是，啤酒的平均消费量在两个市场是相同的——3 罐 / 瓶 / 杯。然而，市场二的标准差更大，这表明市场二在数据上更为分散。虽然两个市场的均值是相同的，但我们可以从标准差提供的附加信息中看出它们是不同的。

对于观测到的样本，计算标准差的公式如下：

$$S = \sqrt{\frac{\sum_{i=1}^{n}(X_i - \overline{X})^2}{n-1}}$$

式中　S——样本标准差；
　　　X_i——第 i 个观察值；
　　　$\overline{X}$——样本均值；
　　　n——样本容量。

去掉标准差公式中的平方根符号后得到的是方差，即偏离均值的平方和除以观察数量与 1 的差。最后，极差等于变量的最大值减去变量的最小值。

表 12-12　离散程度计量和集中趋势计量

考虑下面两个市场的啤酒消费数据

受访者	市场一的数量 （罐 / 瓶 / 杯）	市场二的数量 （罐 / 瓶 / 杯）	受访者	市场一的数量 （罐 / 瓶 / 杯）	市场二的数量 （罐 / 瓶 / 杯）
1	2	1	7	2	1
2	2	1	8	2	3
3	3	1	9	10	10
4	2	1	10	1	10
5	5	1	均值	3	3
6	1	1	标准差	2.7	3.7

注：尽管两个市场的平均消费量相同，但是标准差表明市场二的消费量间的差异更大。

12.8.3　百分比及统计检验

在进行基础数据分析时，调研分析人员面临着用集中趋势计量（取均值、中位数、众数）还是百分比（指用单维频次表或交叉表）的决断。对调查中问题的回答可以属于某一类别也可以是连续变化的变量。例如，职业等类别变量（其中，"1"代表专业人士和管理人员，"2"代表文员等）限制了分析师对各类别做频次和相对百分比的分析。有些变量（如年龄）可以是分类别的或连续变化的，这取决于信息资料获取的方式。例如，访问员可以问一个人的实际年龄，也可以问他们属于哪个年龄段（35 岁以下、35 岁及以上）。如果有了实际年龄资料，就可以很容易计算出年龄的均值。如果用年龄段进行统计，则显而易见，使用单维频次表或交叉表将是最好的选择。不过，连续变化数据也可以转化为类别数据，而类别数据的均值可以通过前面提到的分组数列均值的公式计算出来。职业就是类别变量的一个例子，对于此类变量，唯一可以得出的结果是每个职业类别的频次和相对百分比。

最后，统计检验能告诉我们，两个均值或两个百分比值的差异是否大于偶然因素（抽样误差）造成的差异预期（如快餐店中男性和女性的平均消费支出），或者告诉我们在交叉表中两个变量间是否有显著的关系。统计检验将在第 13 章中详细讨论。

本章小结

调查问卷回收完毕后，要进行以下五个步骤：①质量控制检查，即核实与编辑；②编码；③数据录入；④数据的逻辑或机器清洗；⑤制表与统计分析。这一过程中的第一步即确认数据的完整性非常关键，否则就会应验那句古老的谚语"垃圾进，垃圾出"。核实包括尽可能地确保每份问卷都是有效问卷。从这个意义上来说，有效的访问调查指它是按适当的方式进行的。因此，核实的目的是探测访问员是否有欺骗行为或是否遵守关键指示。这项工作通过对每位访问员所做访问调查中一定比例的受访者进行回访来完成。任何有欺骗行为的调查都会从数据库中被清除。在核实过程完成后，便进入编辑阶段。编辑涉及检查访问员和受访者的失误，确保每个需要回答的问题都有答案，正确遵循跳问模式，并且开放式问题的答案都被准确记录。网络在线访问调查的核实过程与处理"大数据"的过程完全不同。

编辑工作完成后要给数据进行编码。访问调查中的大部分问题是封闭式的并且已预先编码，也就是说，对这类问题的不同答案事先分配了数字代码。至于开放式问题，调研人员事先并不清楚将会得到的答案是什么，因此编码员必须在事后列出这部分问题的答案，将答案合并分类并将数字代码分配给合并好的类别。一旦创建出编码表，所有问卷都根据编码表上的类别进行编码。

如果数据最初不是以电子方式获取的，比如纸质调研，那么下一步就是数据录入。当今绝大多数的数据录入都是通过能检验数据内容逻辑的智能录入系统完成的，数据直接根据问卷录入系统。扫描技术的新进展，使得小型项目的数据自动录入方法更具成本效益。当然，在线访问调查不需要数据录入。

数据的机器清洗过程是计算机对于数据错误的最终检验，这需要通过错误检查程序或边际报告来实现。错误检查程序可以指出是否满足某些特定的条件，而边际报告则是一种频率表，可以帮助使用者来确定是否有不合适的编码被录入了，跳问模式是不是很好地被执行了。

传统数据分析过程的最后一步是根据数据制表。最基础的表格包括单维频次表，它表明就每一问题给出每种可能答案的受访者人数。生成单维频次表时分析师需要确定百分比的基数。例如，百分比是以全体被调研人员人数，被问到某一问题的人数，还是以实际回答某一问题的人数为基础计算的，将数据制表的下一步一般是制作交叉表，以检测一个问题的答案同其他一个或多个问题的答案之间的联系。交叉表是分析访问调查结果的一种非常有效又易于理解的方法。从数据中追踪我们需求的新方法正在取代传统的交叉表。

统计方法为分析数据集提供了一种更加有效的方法。最常用的统计方法是估计集中趋势，如算术平均数、中位数和众数。算术平均数是把某一特定变量的所有观察值加总，再除以观察的次数，它只适用于定距或定类数据。除定类数据外，所有类型的数据都可以计算中位数，方法是找出 50% 的观测值低于该值。众数是指发生频次最高的数据值，适用于任何类型的数据。迄今为止，均值是反映集中趋势最常用的指标。

除了集中趋势外，调研人员也经常需要了解数据的离散程度。离散程度的度量指标有标准差、方差和极差。

关键词

编码	智能数据录入	单维频次表
交叉表	数据逻辑或机器清洗	扫描技术
数据录入	均值	跳问模式
编辑	中位数	核实
错误检查程序	众数	

复习思考题

1. 测量效度与核实访问的区别是什么？

2. 假定访问员莎莉·史密斯进行了 50 份问卷调研，其中的 10 份调查问卷通过与受访者电话联系后，再次询问他们一个有关意见的问题和两个有关人口统计特征的问题来进行确认。一位受访者称其年龄属于 30~40 岁这个年龄段，但在调查问卷上标明的却是 20~30 岁这个年龄段。在另一份问卷上，当受访者被问及"市政府面临的最重要的问题是什么"时，访问员写的答案是"市议会急于提高税率"。但当对这份调查问卷核实时受访者说"城市的税率过高"。作为一名审核人员，你是否认为这些是真实的错误并认为这 50 份问卷均有效？如果不是，你将如何做？

3. 什么是编辑过程？编辑人员如发现开放式问题的答案不够完整，他们能否加入自己对受访者回答的理解？请说明理由。

4. 请举一例有跳问模式的问卷。为什么说正确遵循跳问模式是十分重要的？

5. 人们常说，在某种程度上，开放式问题的编码是一种艺术。你同意这种观点吗？为什么？如果在对一大堆问卷进行编码后，调研人员发现，许多受访者最终选择了"其他"这一栏，这意味着什么？如何修正这一问题？

6. 描述一个智能数据录入系统。为什么数据通常直接从问卷中输入数据录入设备？

7. 数据机器清洗的目的是什么？给出几个数据机器清洗的例子。你认为机器清洗数据是制表过程中昂贵且没有必要的步骤吗？为什么？

8. 据说，与单维频次表相比，有两个变量的交叉表更能为调研人员提供丰富的信息。为什么这么说？给出一个例子。

9. 说明在单维频次表中使用百分比时各种可以替代的方法，并解释选择一种可替代方案而非另一种背后的逻辑。

10. 解释均值、中位数和众数之间的差别，并举例说明研究者分别在什么样的情况下会对这三种集中趋势的测量方式感兴趣。

11. 计算下列数据组的均值、中位数、众数和标准差。

过去6个月到访次数							
受访者	Whitehall 购物中心	Northpark 购物中心	Sampson 购物中心	受访者	Whitehall 购物中心	Northpark 购物中心	Sampson 购物中心
A	4	7	2	H	21	3	7
B	5	11	16	I	4	11	9
C	13	21	3	J	14	13	5
D	6	0	1	K	7	7	12
E	9	18	14	L	8	3	25
F	3	6	8	M	8	3	9
G	2	0	1				

12. 将下面的数据输入 Excel 表格中，包括列标题（Q1、Q2 和 Q3）以及数值，关于数值的含义在表格的底部有说明。使用 Excel 中的数据透视表功能（在"数据"选项的下方可以找到），然后用交叉表表示出购买的可能性（行）、性别（列）和收入水平（列）。关于性别与购买可能性之间以及收入与购买可能性之间的关系，你可以得到什么结论？

受访者	购买可能性	性别	收入	受访者	购买可能性	性别	收入
A	5	2	3	K	2	1	1
B	4	2	2	L	5	2	3
C	4	2	2	M	5	2	2
D	3	1	2	N	4	1	3
E	3	1	2	O	3	1	2
F	5	2	3	P	3	1	2
G	5	2	3	Q	4	2	3
H	4	1	3	R	5	2	3
I	1	1	2	S	2	1	1
J	1	1	2	T	2	1	1

注：1. 购买可能性：极有可能 =5；可能 =4；不确定 =3；不可能 =2；极不可能 =1。

2. 性别：男性 =1；女性 =2。

3. 收入：3 万美元以下 =1；3 万～7.5 万美元 =2；7.5 万美元以上 =3。

13. 利用报纸或杂志文章中的数据，制作下列类型的图形：

（1）线性图； 　　　　（2）饼状图； 　　　　（3）柱状图。

网络作业

1. 如果您不熟悉使用 Excel 制作图表和图形，请访问 https://blog.hubspot.com/marketing/how-to-buildexcel graph 网站并查看视频和说明。创建以下内容：

（1）显示 55% 为女性和 45% 为男性的人口饼图。

（2）显示以下按年龄组划分的比例数据的柱状图——18～25 岁：42%；26～35 岁：31%；36～45 岁：19%；46 岁及以上：9%。这张图说明了什么？

2. 如果要获得本章和下一章相关统计主题的其他帮助，请访问 https://www.tutorialspoint.com/statistics/index.htm 网站，并选择你需要获得帮助的主题。

调研实例 12.1

Buzzy 餐厅的墨西哥玉米薄饼卷

Buzzy 公司最近在达拉斯-沃斯堡地区开了它的第 12 家分店。现在连锁店提供的产品包括墨西哥玉米卷饼、墨西哥肉卷和墨西哥玉米煎饼。管理者最近在考虑推出一款比普通玉米卷饼大一倍的超级卷饼。该卷饼中有足足 6 盎司的牛肉末或鸡丝,而普通的玉米卷饼有 3 盎司的牛肉末或鸡丝、生菜和奶酪。管理者认为,超级卷饼应该提供更多的口味选择。

他们正在准备实施一项市场调研以决定应该增加哪些口味选择。调查问卷上的一个关键问题就是:"除了牛肉或鸡肉以外,您希望在我们的基础玉米卷饼中添加什么?"这是一个开放式问题,下表是对该问题进行的分类编码。

答案	编码	答案	编码
牛油果	1	洋葱(红色/白色)	7
奶酪(蒙特利杰克/切达)	2	辣椒(红色/绿色)	8
鳄梨沙拉	3	甜椒	9
生菜	4	酸奶酪	0
墨西哥辣酱	5	其他	X
橄榄(绿色/黑色)	6		

问题:

1. 如何对下列回答编码?
(1) 我通常加入一种绿色的牛油果味辣酱。
(2) 我会将生菜和菠菜切碎后混合起来加入卷饼。
(3) 我是一个素食主义者,所以完全不加肉类,我的墨西哥玉米卷饼中加的全是鳄梨酱。
(4) 我时不时地用一点生菜,但我通常喜欢香菜。

2. 如果有很多回答选择了"其他"会出现什么问题?这给调研人员带来了什么问题?

第 13 章
Chapter 13

差异和关系的统计检验

□ 学习目标

1. 学习如何评估差异和变化。
2. 理解假设发展的概念以及如何检验假设。
3. 熟悉一些比较常见的拟合优度的统计检验、关于一个均值的假设、两个均值的假设,以及关于比例的假设。
4. 学习关于一个均值、两个均值和比例的假设。
5. 学习方差分析。
6. 理解 p 值和显著性检验。

统计检验是又一长期存在且多年未变的领域。本章讨论的所有检验都适用于样本,并假设我们应用检验的样本是随机样本。"随机假设"很少能完全满足,但我们希望通过遵循第 5 章讨论的基本规则来合理地接近它。如果达到这种条件,那么统计检验可以作为评估差异的指导原则。

统计检验解决的问题是,我们所观察到的差异或关系与由于偶然而产生的期望相比是大还是小。我们所说的偶然与抽样误差有关。除了假定随机性之外,这些检验还假定我们没有测量误差。本章将讨论这些问题。

在过去,所有这些检验都必须手工计算。幸运的是,可以用许多应用广泛的统计包、Excel 和其他程序来计算这些检验。不幸的是,这些看不见的计算使得数据缺乏实感,也不重视对模型开发至关重要的想法或思想。了解最常用的检验是如何计算的,有助于理解和解释我们得到的结果。

我们发现,客户有时过于依赖统计显著性,有时又过于轻视。到目前为止,更多的人过于依赖统计显著性。[1]正如你将在接下来的讨论中看到的,一些差异可能在统计上是显著的,但过小以至于没有管理意义。当我们处理大样本时尤其会出现这种情况,因为相对较小的差异就可能是显著的。统计显著性是一种工具和指南,但不是数据分析的全部和结束。

13.1 评估差异和变化

对于营销管理者来说,某些测量是否彼此不同的问题是许多关键问题的核心。下面是一些经理提问的具体例子。

- 我们的后测第一提及率（top-of-mind awareness）（在没有帮助的情况下提到的第一个品牌）略高于前测记录的水平。第一提及率真的增加了吗？还是有其他解释？我们应该解雇还是表扬我们的代理？
- 总体客户满意度评分从 3 个月前的 92% 上升到今天的 93.5%。客户满意度真的提高了吗？我们应该庆祝吗？
- 在 10 分制量表中，达拉斯有线电视系统提供的客户服务满意度平均比辛辛那提有线电视系统提供的客户服务满意度高 1.2 分。达拉斯的顾客真的更满意吗？辛辛那提的客服经理是否应该更换？达拉斯经理应该得到奖励吗？
- 在最近的一项产品概念测试中，19.8% 的受访者表示，他们很可能会购买自己评估的新产品。这好吗？这比我们去年同类产品的结果好吗？就是否引入新产品而言，这些结果表明了什么？
- 一项细分研究显示，年收入超过 3 万美元的人平均每月光顾快餐店 6.2 次，而年收入在 3 万美元及以下的人平均每月光顾快餐店 6.7 次。这种差异是真实存在的吗？有意义吗？
- 在认知度测试中，28.3% 的受访者在没有帮助的情况下听说过我们的产品。这是一个好结果吗？

这些是市场营销和市场调研中常见的问题。尽管有些人认为统计假设检验晦涩难懂，但它很重要，因为它有助于调研人员更接近这些问题的答案。我们之所以说"更接近"，是因为在市场调研中，回答这些问题永远无法达到确定性。

13.2　统计显著性

进行统计推断的基本动机是从样本分析结果推断出总体特征。统计推断的一个基本原则是，数据可能在数学意义上不同，但在统计意义上没有显著差异。例如，假设喝可乐的人被要求在盲品测试中尝试两种可乐饮料，并指出他们更喜欢哪一种；结果显示，51% 的人更喜欢第一次测试中的产品，49% 的人更喜欢后者。结果存在数学上的差异，但这种差异似乎很小，也不重要。这种差异很可能在调研人员测试味觉偏好的准确性范围内，因此在统计学意义上可能并不显著。当我们谈论样本的结果时，有以下三个不同的概念适用于差异的概念。

- **数学差异**。如果数字不完全相同，它们就是不同的。然而，这并不意味着这种差异是重要的或具有统计学意义的。
- **统计显著性**。如果一个差异大到不太可能因为偶然或抽样错误而发生，那么这个差异具有**统计显著性**（statistically significant）。
- **管理意义上的重要差异**。只有当结果或数据有足够的差异时，人们才可以认为，从管理的角度来看，差异是重要的。例如，在一个测试市场中，消费者对两种不同包装的反应的差异可能在统计上是显著的，但很小，以至于没有什么实际或管理意义。[2]

本章涵盖了检验结果是否具有统计学意义的不同方法。当你回顾这一章的材料时，记住三点。

（1）**假定样本是随机的**。本章讨论的所有检验都假设我们处理的是样本，且其数据来自随机抽样。有些检验还有另外的假设，但其都假设是随机抽样样本。如果我们正在处理的数据不是来自随机样本，那么进行显著性检验是不合适的。

（2）**大数据并不意味着"好"数据**。大数据带来了一些特殊的挑战。首先，不要完全被我们拥有的数据量所左右，无论有多少数据，它都必须来自随机样本。如果真的有大数据（成千上万、数十万或数百万的观测结果）且观察值来自随机抽样，那么非常小的差异也将具有统计学意义，因为在计算显著性时，样本大小总是要考虑在内，而且在这种样本大小中，抽样误差非常小。

（3）**不要过度依赖显著性检验**。完全依赖显著性检验并不是一个好主意。一方面，如果我们正在进行不同时间点的特定研究的许多测试，以获取已经发生的变化，那么一些百分比将给出假阳性（错误地表示差异是显著的）。另一方面，习惯性地忽略那些不显著的差异会导致我们错过重要的发现。

13.3 假设检验

假设（hypothesis）是调研人员或管理者对被调查总体的某些特征所做的假定或猜想。市场调研人员经常面临这样一个问题：调研结果是否与常规有足够的不同，以至于公司营销战略或战略中的某些元素应该改变。请考虑以下情况：

- 一项跟踪调查的结果显示，人们对某一产品的认知度低于6个月前进行的类似调查。该结果是否明显太低，以至于需要改变广告策略？
- 产品经理认为其产品的购买者平均年龄为35岁。为了检验这一假设，我们进行了一项调查。调查显示，该产品的购买者的平均年龄为38.5岁。调查结果是否与产品经理的预想有较大的差异，足以使他意识到自己的预想是错误的，或者应该采取应对措施？
- 一家快餐连锁店的营销总监认为，她的顾客中有60%是女性，40%是男性。为了验证这一假设，她做了一项调查，发现她的顾客中55%是女性，45%是男性。这个结果是否与她原来预想的有很大的不同，足以使她得出结论——原来的理论是错误的？

所有这些问题都可以用不同的统计检验来评估。在假设检验中，调研人员根据数据证据确定一个关于总体特征的假设是否有可能是正确的。如果所陈述的假设实际上是正确的，统计假设检验可以帮助我们计算观察到一个特定结果的概率。[4]

假设值与特定研究结果之间的观测差异基本有两种解释：要么假设为真，观察到的差异可能是抽样误差；要么假设为假，真实值是其他值。

13.3.1 假设检验的步骤

检验一个假设需要五个步骤。第一，陈述假设。第二，选择一种适当的统计方法来检验假设。第三，制定一个判定标准来作为决定是否拒绝或没能拒绝原假设 H_0 的基础。请注意我们并没有说"拒绝 H_0 或接受 H_0"，尽管看起来这是一个很小的区别，但实际上这是一个非常重要的区别。稍后将更详细地讨论这种区别。第四，计算检验统计量的值并进行检验。第五，从原调研问题或调研问题思路的角度阐述结论。因为我们很少能满足统计检验的所有假设，所以它应该被视为一种指导，而不是完全确定的结论。[5]

第一步：陈述假设。

假设有两种基本形式：原假设 H_0 以及备择假设 H_a。**原假设**（null hypothesis）H_0（有时称为现状假设）是用它的补充即备择假设 H_a（有时称为感兴趣研究假设）来检验的假设。假设汉堡城的经理相信他的操作程序能保证顾客在免下车窗口排队等候两分钟。他在随机选择的时间对随机选择的商店里的 1 000 名顾客进行了观察和研究。被观测的顾客每人平均花 2.4 分钟在免下车窗口排队。原假设和备择假设可以表述如下。

- 原假设 H_0：平均等待时间 =2 分钟。
- 备择假设 H_a：平均等待时间 $\neq$ 2 分钟。

值得注意的是，原假设和备择假设必须以这样一种方式陈述：两者都不可能是真的。这个想法实际上是利用现有的证据来确定哪个假设更有可能是正确的。

第二步：选择适当的统计检验方法。

正如你将在本章的以下部分中看到的，分析师必须根据所调查情况的特征选择适当的统计检验方法。本章将讨论许多不同的统计检验方法，以及它们适用的情况。**表 13-1** 提供了在各种情况下选择适当检验方法的指南。本章稍后将详细介绍该表中的所有检验方法。下面的实践营销研究专题将进一步解决这个问题。

表 13-1 统计检验的方法及其应用

应用领域	子组或样本	量表水平	检验方法	特别要求	示例
关于频率分布假设	一个	名义	卡方检验（χ^2）	随机样本	对三种不同的促销做出反应的人数上的差异是否有可能是偶然的
	两个或两个以上	名义	卡方检验（χ^2）	随机样本、独立样本	对于促销做出反应的男性与女性间的人数差异是否存在偶然性
关于均值的假设	一个（大样本）	测量（等距或等比）	对一个均值的 Z 检验	随机样本，样本容量大于等于 30	样本均值估计值与某个设定的标准值或均值期望值之间的差异是否有可能是偶然的
	一个（小样本），两个（大样本）	测量（等距或等比）	一个均值为 t 检验，一个均值为 Z 检验	随机样本，样本容量小于 30；随机样本，样本容量大于等于 30	与上面的小样本一样，两个子组（男性和女性的平均收入）的均值之间观察到的差异是否有可能存在偶然性

（续）

应用领域	子组或样本	量表水平	检验方法	特别要求	示例
关于均值的假设	三个或三个以上	测量（等距或等比）	单因素方差分析	随机样本	在三个或三个以上的子组（高、中、低收入人群的平均娱乐支出）之间观察到的平均值变化是否有可能是偶然的
关于比例的假设	一个（大样本）	测量（等距或等比）	对比例的 Z 检验	随机样本，样本容量大于等于 30	抽样估计的比例（说他们会买的百分比）和某些设定的标准或期望值之间的差异有可能是偶然的吗
	两个（大样本）	测量（等距或等比）	对两个比例进行 Z 检验	随机样本，样本容量大于等于 30	在两个子组（拥有大学历的男女比例）估计百分比之间观测到的差异是否有可能是偶然的

第三步：制定判定标准。

根据我们之前对样本均值分布的讨论，你可能会意识到研究者不太可能得到与总体参数值完全相等的样本结果。现在的问题是如果统计假设是正确的，则需要确定样本均值的实际值和基于假设的样本均值的期望值之间的差异或偏差是否有可能是偶然发生的（例如，100 次中有 5 次）。需要一个**判定标准**（decision rule）或规则来决定是否拒绝或未能拒绝原假设。统计学家以显著性水平来说明这些判定标准。

在原假设和备择假设之间进行选择的过程中，显著性水平（α）是关键。例如，显著性水平 0.10、0.05 或 0.01 是被认为太低而不能接受原假设的概率。

考虑这样一种情况，即调研人员决定在 0.05 的显著性水平上检验一个假设。这意味着，如果检验表明，概率或抽样误差所导致的观测结果（例如，样本均值与其期望值的差值）的发生概率小于 5%，则将拒绝原假设。拒绝原假设等于支持备择假设，但统计上，我们只能声明原假设不正确。

第四步：计算检验统计量的值。

在这一步，调研人员做以下工作。

- 使用恰当的公式来计算所选检验的统计值。
- 根据选择的判定标准，将刚刚计算的值与（来自适当表的）统计值的临界值进行比较。
- 基于比较，决定是否拒绝原假设 H_0。

第五步：结论陈述。

该结论总结了该检验的结果。应该从原始研究问题的角度进行陈述。

13.3.2 假设检验中的错误类型

假设检验一般有两种类型的错误，通常称为第一类错误和第二类错误。**第一类错误**（type I error）包括拒绝了实际为真的原假设。研究者可能得出这个错误的结论，因为观察到的样本值和总体值之间的差异是由抽样误差造成的。调研人员必须决定他能在多大程度上接受自己犯第一类错误。犯第一类错误的概率被称为 alpha（α）水平。相应地，$1-\alpha$ 是原假设实际为真且未拒绝原假设时做出正确决策的概率。

第二类错误（type II error）是当原假设实际上是错误的时候，未能拒绝原假设。第二类错误被称为 beta（β）错误。值 $1-\beta$ 反映了原假设实际为假且拒绝原假设时做出正确决策的概率。**表 13-2** 总结了这四种可能性。

表 13-2 第一类错误和第二类错误

原假设的实际状态	未能拒绝 H_0	拒绝 H_0
H_0 为真	正确（$1-\alpha$）	第一类错误（α）
H_0 为假	第二类错误（β）	正确（$1-\beta$）

在我们考虑各种类型的假设检验时，请记住，无论调研人员拒绝还是未能拒绝原假设，这个决定从来都不是在百分之百确定的情况下做出的。当然，有可能这个决定是正确的，也有可能这个决定是错误的。α 的水平是由调研人员在与其客户协商后确定的，考虑到项目可用的资源以及犯第一类错误和第二类错误的影响。而 β 的估计则更加复杂，且超出了我们的讨论范围。请注意，第一类错误和第二类错误不是互补的，即 $\alpha+\beta \neq 1$。

对于任何假设检验来说，理想的方法是控制 n（样本容量）、α（第一类错误的概率）和 β（第二类错误的概率）。不幸的是，这三者中只有两者是可以控制的。对于一个给定的具有固定样本容量的问题，n 是固定的或可控的。因此，α 和 β 中只有一个可以被控制。

假设对于一个给定的问题，你已经决定设置 $\alpha=0.05$。因此，在 5% 的情况下，用于检验 H_0 和 H_a 的程序将在 H_0 为真时，拒绝 H_0（第一类错误）。当然，你可以让 $\alpha=0$，这样就不会出现第一类错误。永远不拒绝正确的 H_0 听起来不错。然而在这种情况下，其缺点是 β（第二类错误的概率）等于 1。因此，当 H_0 为假时，你总是无法拒绝 H_0。例如，在快餐服务时间的例子中，如果 $\alpha=0$，其中平均等待时间 $H_0=2$（分钟），那么无论估计的等待时间是除 2 分钟以外的任何时间，H_0 与 H_a 的结果检验都将自动无法拒绝 H_0（平均等待时间 =2 分钟）。例如，如果我们做了一个调查，并确定被调查者的平均等待时间是 8.5 分钟，我们仍然无法拒绝（fail to reject，FTR）H_0。正如你所看到的，这不是一个好的折中办法。我们需要一个 α 值，在两种错误的概率之间提供一个更合理的折中。请注意，在 $\alpha=0$ 和 $\beta=1$ 的情况下，$\alpha+\beta=1$。然而，这不是一个普遍的规则。

所选定的 α 值应该是两类错误的相对重要性的函数。假设你刚刚进行了一项诊断性测试。测试的目的是确定你是否患有某种疾病，且该疾病在大多数情况下是致命的。如果你患有这种疾病，而一种无痛、便宜且完全没有风险的治疗方法可以 100% 治愈这种疾病。以下是需要验证的假设：

H_0：测试表明你没有患病。

H_a：测试表明你确实患有这种疾病。

因此，

$\alpha = P$（当 H_0 为真时，拒绝 H_0）

　　$= P$（当你没有疾病时，测试显示你患有疾病）

$\beta = P$（当 H_0 实际为假时，无法拒绝 H_0）

　　$= P$（当你确实患有疾病时，测试显示你没有患病）

显然，第一类错误（用 α 测量）远没有犯第二类错误（用 β 测量）严重。第一类错误并不严重，因为如果你身体健康，测试也不会对你造成伤害。然而，第二类错误意味着即使你生病了，你也不会得到你需要的治疗。

β 值从来不会预先设置。在给定样本量下，当 α 变小时，β 变大。如果你想最小化第二类错误，那么你可以为 α 选择一个更大的值，以使 β 更小。在大多数情况下，α 的可接受值的范围是 0.01 到 0.1。在给定的 α 水平上，你也可以增加样本量以减少 β。

在诊断测试的情况下，由于第二类错误的严重性，你可以选择 α 值为 0.1 或接近 0.1。反之，在给定的情况下，如果你更注重第一类错误，那么一个小的 α 值是合适的。例如，假设你正在测试制作成本非常高的广告，并且你担心可能会拒绝一个真正有效的广告。如果第一类错误和第二类错误的影响之间没有明显的差别，那么在这种情况下，通常使用 0.05 的 α 值。

13.3.3　接受 H_0 与无法拒绝 H_0

调研人员经常无法区分接受 H_0 与无法拒绝 H_0。然而，如前所述，这两个决定之间有一个重要的区别。当检验一个假设时，H_0 在其被证明可能是错误的之前，都被认为是正确的。在任何假设检验情况下，唯一能被接受的其他假设是备择假设 H_a。要么有足够的证据支持 H_a（拒绝 H_0），要么没有（不拒绝）。真正的问题是，是否能在数据中找到足够的证据证明 H_a 是正确的。如果我们无法拒绝 H_0，我们的意思是说这些数据不能提供充分的证据来支持 H_a 提出的内容，而不是因为我们接受 H_0 中的陈述。

13.3.4　单尾检验和双尾检验

检验要么是单侧的要么是双侧的。一方面，决定使用哪种方法取决于具体情况的性质和调研人员试图证明的内容。例如，当一家快餐公司的质量控制部门收到来自其供应商的一批鸡胸肉，且需要确定该产品是否符合脂肪含量方面的规定时，单尾检验是合适的。如果货物不符合最低规格，将被拒收。另一方面，供应该产品的肉类公司的经理们应该进行双尾检验来确定两方面因素。首先，他们必须确保产品在发货前满足客户的最低规格要求。其次，他们想要确定产品是否超出规格，因为这对他们来说成本可能是高昂的。如果他们始终提供超出合同规定的质量水平的产品，可能会导致不必要的高成本。

需要双尾检验的典型例子是测试电保险丝。一方面，当达到预设温度时，保险丝必须跳闸或断开触点，否则可能导致火灾。另一方面，你不希望熔断器在达到规定的温度前断开触点，否则它会不必要地切断电源。因此，在检测保险丝的质量控制过程中使用的检验必须是双尾的。

13.3.5 执行统计检验的示例

收入是豪华车销售中的一个重要决定因素。雷克萨斯北美公司（LNA）正在为其主要市场之一的南加州市场进行销售预测。根据美国人口普查局（U. S. Census）的数据，该市场上的家庭平均年收入为 55 347 美元。LNA 刚刚完成了对市场上随机选择的 250 个家庭的调查，以获得其销售预测模型所需的其他数据。最近完成的调查显示，该市场上的家庭平均年收入为 54 323 美元。总体均值（μ）的实际值是未知的。这给了我们关于 μ 的两种估计：普查结果和调查结果。这两种估计之间的差异通过 LNA 的预测模型，可能对雷克萨斯销售的预测产生巨大影响。在计算中，美国人口普查局的预测被视为对 μ 的最佳估计。

LNA 决定对人口普查和调查估计数进行统计比较。样本的统计数据如下：

$$\overline{X} = 54\ 323$$
$$S = 4\ 323$$
$$n = 250$$

由此产生以下假设：

$$H_0: \mu = 55\ 347$$
$$H_a: \mu \ne 55\ 347$$

LNA 的决策者选择去使用一个在有 5% 的情况正确时（$\alpha=0.05$）将会拒绝 H_0 值的检验，这也是检验的显著性水平。如果样本均值和普查估计值之间的差异大于 $\alpha=0.05$ 的抽样误差可以解释的差值，LNA 将拒绝 H_0。

对数据进行标准化，使其结果与附录 A 中表 2 的 Z 值直接相关，我们有以下标准：如果它比 $\alpha=0.05$ 的抽样误差能解释的值大，则拒绝 H_0。这个表达式可以写成：

$$\left| \frac{\overline{X} - 55\ 347}{S/\sqrt{n}} \right| > k$$

k 的值为多少？如果 H_0 为真，且样本容量大（$\geqslant 30$），则（根据中心极限定理）X 近似为一个均值为 0、标准差为 1 的正态随机变量。

也就是说，如果 H_0 为真，对于样本容量是 30 及 30 以上的样本，$\left((\overline{X} - 55\ 347)/(S\sqrt{n})\right)$ 近似于标准正态变量 Z，其均值为 0，标准差为 1。

$$均值 = \mu = 55\ 347$$
$$标准差 = \frac{S}{\sqrt{n}}$$

当 $|Z|>k$ 时（$Z>k$ 或 $Z<-k$），如**图 13-1** 所示，我们将拒绝 H_0。鉴于以下内容：

$$P(|Z|>k) = 0.05$$

因此，总阴影面积为 0.05，每条尾的面积为 0.025（双尾检验）。0 和 k 之间的面积是 0.475。参考附录 A 中的 A.2，我们发现 $k=1.96$。因此，该检验是：

$$如果 \left| \frac{\overline{X} - 55\ 347}{S/\sqrt{n}} \right| > 1.96，拒绝 H_0$$

否则，就无法拒绝 H_0。换句话说，

如果 $\left|\dfrac{\overline{X}-55\,347}{S/\sqrt{n}}\right|>1.96$，拒绝 H_0

或者

如果 $\left|\dfrac{\overline{X}-55\,347}{S/\sqrt{n}}\right|<1.96$，无法拒绝 H_0

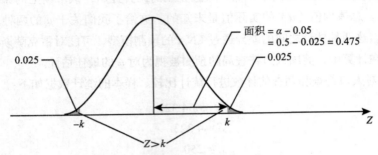

图 13-1　阴影部分面积为显著性水平 α

该问题是 54 323 美元与 55 347 美元之间的差距是否足以让 LNA 拒绝 H_0？结果如下：

$$Z=\dfrac{\overline{X}-55\,347}{S/\sqrt{n}}$$
$$=\dfrac{54\,323-55\,347}{4\,323/\sqrt{250}}=-3.75$$

因为 $-3.75<-1.96$，所以我们拒绝 H_0。根据样本结果和 $\alpha=0.05$，得出该市场上家庭平均收入不等于 55 347 美元的结论。如果 H_0 为真（$\mu=55\,347$ 美元），那么从样本中得到的 $\overline{X}$ 值（54 323 美元）在 $\overline{X}$ 的正态曲线上位于均值左边的 3.75 个标准差处。$\overline{X}$ 的值离均值如此之远是不可能的（概率小于 0.05）。因此，我们得出 H_0 不太可能是真的这一结论，我们拒绝接受它。

即使说了这么多，我们还是再次强调不要过度依赖统计检验和显著性或不显著性。[6]

13.4　常用的统计假设检验

以下几节将介绍一些常用的差异统计假设检验。目前还开发了许多其他统计检验方法，但对所有这些方法的全面讨论超出了本书的范围。

以下部分用于比较统计量计算值和列表值的分布是 Z 分布、t 分布、F 分布和卡方（χ^2）分布。这些分布的列表值出现在附录 A 的 A.2～A.5 中。

13.4.1　独立样本与相关样本

在某些情况下，我们需要检验一个变量在一个总体中的值是否等于该变量在另一个总体中的值。选择合适的检验统计量需要调研人员考虑样本是独立的还是相关的。**独立样本**（independent samples）是指对一个样本中目标变量的测量，对该变量在另一个样本中的测量没有影响的样本。不需要有两个不同的调查，只需要一个总体中的测量变量对另一个总体中的该变量的测量没有影响。而在**相关样本**（related samples）中，对一个样本中目标变量的测量可能会影响该变量在另一个样本中的测量。

例如，如果在一项特定调查中，男性和女性被采访关于其外出就餐频率，那么男性的回答不可能影响或改变女性对调查问题的回答。因此，这是一个独立样本的例子。相比之下，考虑这样一种情况：调研人员需要确定一个新的广告活动对消费者的特定品牌认知度的影响。为了做到这一点，调研人员可能会在推出新活动之前随机调查一组消费者，在推出新活动90天后再调查同一组消费者。这些样本不是独立的。在活动的90天后对意识的测量可能会受到第一次测量的影响。

13.4.2　自由度

本章讨论的许多统计检验要求调研人员指定自由度，以便从表中找到检验统计量的临界值。**自由度**（degrees of freedom）的数值是指在一个统计问题中不受限制或可以自由变化的观测值的数量。

自由度的数值（d.f.）等于观测数减去计算统计量所必需的假设或限制的数目。例如，在已知五个数的均值为20的情况下，解决五个数相加问题。在这种情况下，5个数字中只有4个可以自由变化。一旦已知4个数字，最后的值也已知（可以计算），因为平均值必须是20。如果5个数中的4个分别是14、23、24和18，那么第5个数必须是21才能得到平均值20。我们会说样本有 $n-1$ 个或4个自由度。这就好像样本少了一个观测值——计算中包含的自由度调整了这一事实。

13.5　拟合优度：卡方检验

如本书前面所述，调查中收集的数据通常采用单维频次表和交叉表进行分析。[7] 交叉表的目的是研究变量之间的关系。问题是，不同类别的回答数量是否与人们的预期不同？例如，一项调研可能涉及将用户按性别（男性、女性）、年龄（18岁以下、18～35岁、35岁以上）或收入水平（低、中、高）划分为不同群体，并根据对偏好品牌或使用水平的问题的回答进行交叉制表。**卡方（χ^2）检验**（Chi-square test）使研究分析员能够确定所观察到的频率模式是否与"预期"的模式相符。[8] 它检验观察分布与期望分布的"拟合优度"。

1. 单个样本：卡方检验

假设某电子零售连锁店的营销经理想要测试三种促销方案（促销方案1、促销方案2和促销方案3）的有效性。每种促销方案的期限为1个月。经理想要测量在促销方案进行期间，每种促销方案对访问该测试商店的顾客数量的影响。每种促销方案的进店客流量如下：促销方案1（4月）的每月客流量为11 700；促销方案2（5月）的为12 100；促销方案3（6月）的为11 780。总计每月客流量为35 580。

市场经理需要知道在这三种促销方案所涵盖的时间段内，访问商店的顾客数量是否存在显著差异。用单样本卡方（χ^2）检验来回答这个问题是合适的。该检验的应用方法如下：

（1）指定原假设和备择假设。

- 原假设 H_0：在不同的促销方案下，到这家商店的顾客人数是相等的。
- 备择假设 H_a：在不同的促销方案下，到这家商店的顾客人数有显著差异。

（2）如果原假设是正确的，则确定每个类别中预期的访客数量（E_i）。在这个例子中，原假设是，被不同的促销方案吸引的顾客数量没有差异。因此，每个促销期间的期望顾客数量应该是相等的。当然，这种情况假设没有其他因素影响到店的访问量。在原假设（无差异）的前提下，每个交易期间预期到店的顾客数量计算如下：

$$E_i = \frac{TV}{N}$$

式中　TV——总访问量
　　　N——月份数[⊖]

因此，

$$E_i^{[⊖]} = \frac{35\,580}{3} = 11\,860$$

调研人员应该始终检查发生小期望频次的情况，因为它们可能会扭曲 χ^2 的结果。不超过20%的类别的预期频次应该小于5，且任何类别的预期频次应都不小于1。在本例中，这不是问题。

（3）用以下公式计算 χ^2 值：

$$\chi^2 = \sum_{i=1}^{k} \frac{(Q_i - E_i)^2}{E_i}$$

在本例中，
　　Q_i——第 i 类的观察值；
　　E_i——第 i 类的期望值；
　　k——类别数。

在本例中，

$$\chi^2 = \frac{(11\,700 - 11\,860)^2}{11\,860} + \frac{(12\,100 - 11\,860)^2}{11\,860} + \frac{(11\,780 - 11\,860)^2}{11\,860}$$
$$= 7.6$$

（4）选择显著性水平 α。如果选择0.05作为显著性水平（α），那么 χ^2 在2个自由度（$k-1$）时的临界值为5.99。（见附录 A 的 A.4，自由度为 $k-1=2$，$\alpha=0.05$ 时。）

（5）陈述结果。因为计算得出的 χ^2 值（7.6）高于列表值（5.99），我们拒绝原假设。因此，我们有95%的信心得出结论——客户对促销的反应是显著不同的。遗憾的是，这个检验只告诉我们，单位频数之间的总体变化比随机预期的要大，但它并没有告诉我们是否有某个

[⊖] 原文解释为总访问量，疑有误。——译者注
[⊖] 原文将 E_i 误写为 χ^2。——译者注

单位频数与其他单位频数有显著差异。

2. 两个独立样本的卡方检验

营销研究者经常需要确定两个或两个以上变量之间是否存在关联。在其制定营销策略之前，可能需要回答以下问题：男性和女性是否被同等地分为重度用户、中度用户和轻度用户？购买者和非购买者是否被同等地划分为低、中、高收入人群？在这些情况下，一般适用于两个独立样本的卡方（χ^2）检验。

我们将使用**表 13-3** 中的数据来说明该方法。一家连锁便利店想要确定顾客性别和光顾连锁店的频次之间的本质联系。光顾频次分为三类：每月 1~5 次（轻度用户），每月 6~14 次（中度用户），每月 15 次及以上（重度用户）。以下是执行此次检验的步骤。

表 13-3　两个独立样本的试验数据

到访便利店的男性				到访便利店的女性			
到访频次 X_m	人数 f_m/人	占调查人数的百分比/%	累计百分比/%	到访频次 X_f	人数 f_f/人	占调查人数的百分比/%	累计百分比/%
2	2	4.4	4.4	2	5	7.0	7.0
3	5	11.1	15.5	3	4	5.6	12.7
5	7	15.6	31.1	4	7	9.9	22.5
6	2	4.4	35.6	5	10	14.1	36.6
7	1	2.2	37.8	6	6	8.5	45.1
8	2	4.4	42.2	7	3	4.2	49.3
9	1	2.2	44.4	8	6	8.5	57.7
10	7	15.6	60.0	9	2	2.8	60.6
12	3	6.7	66.7	10	13	18.3	78.9
15	5	11.1	77.8	12	4	5.6	84.5
20	6	13.3	91.1	15	3	4.2	88.7
23	1	2.2	93.3	16	2	2.8	91.5
25	1	2.2	95.6	20	4	5.6	97.2
30	1	2.2	97.8	21	1	1.4	98.6
40	1	2.2	100	25	1	1.4	100
	$n_m = 45$				$n_f = 71$		
男性平均到访频次：$\overline{X}_m = \dfrac{\sum X_m f_m}{45} = 11.5$				女性平均到访频次：$\overline{X}_f = \dfrac{\sum X_f f_f}{71} = 8.5$			

（1）陈述原假设和备择假设。

- 原假设 H_0：性别与光顾频次之间没有关系。
- 备择假设 H_a：性别与光顾频次之间有显著的关系。

（2）将观察到的样本频次放入一个 $k \times r$ 的表格中（交叉表或列联表），如表 13-4 所示，用 k 列表示样本组，r 行表示情况或处理手段。计算每一行和每一列的和。将这些总数记录在表格的边缘（它们被称为边际总数）。另外，计算整个表的总数（N）。㊀

㊀　原书疑缺少步骤内容。——译者注

表 13-4 样本频次 $k \times r$ 表格

光顾频次	男性人数/人	女性人数/人	合计/人
1~5	14	26	40
6~14	16	34	50
15 及以上	15	11	26
合计	45	71	116

13.6 关于一个平均值的假设

13.6.1 t 检验

如前所述,对于小样本($n < 30$),自由度为 $n-1$ 的 t 检验(t test)是进行统计推断的合理检验方法。理论上,对于大样本($n \geq 30$),t 分布也是正确的。然而,对于 30 个或更多的观察样本,它将接近正态分布并与正态分布难以区分。虽然 Z 检验通常用于大样本,但几乎所有的统计软件包对所有样本大小均使用 t 检验。在过去,Z 检验可以用于 30 个以上的样本,因为它计算起来更简单。但因为我们有计算机来做繁重的工作,t 检验适用于 30 个以上的样本,且在很大程度上取代了 Z 检验。

为了解 t 检验的应用,假设一家饮料制造商在丹佛测试销售一种新的软饮料。在这座城市随机挑选 12 家超市,新的饮料将在这些商店限时出售。该公司估计,每个门店每周的销量必须超过 1 000 箱,该品牌才有足够的盈利,以保证大规模推出产品。每家门店每周平均销量如表 13-5 所示。

表 13-5 每家门店每周平均销量

门店	每周平均销量(X_i)	门店	每周平均销量(X_i)
1	870	7	1 305
2	910	8	890
3	1 050	9	1 250
4	1 200	10	1 100
5	860	11	950
6	1 400	12	1 260

$$\text{每周平均销量} \quad \overline{X} = \frac{\sum_{i=1}^{n} X_i}{n} = 1\,087.1$$

以下是检验每店每周销量是否超过 1 000 箱的步骤:

(1)指定原假设和备择假设。

- 原假设 H_0: $\overline{X} \leq 1\,000$ 箱(每店每周)。
- $\overline{X}$ 为每家门店每周的平均销量。
- 备择假设 H_a: $\overline{X} \geq 1\,000$ 箱(每店每周)。

(2)指定允许的抽样误差水平(α)。对于 $\alpha=0.05$,t 在表中的临界值为 1.796(参见附录A A.3，对自由度为 12-1=11 且 α=0.05 的单尾检验。单尾 t 检验是合适的，因为只有在每周销量超过 1 000 箱的情况下，这种新型软饮料才会大规模推出）。

（3）测定样品标准差（S）如下：

$$S = \sqrt{\frac{\sum_{i=1}^{n}(X_i - \overline{X})^2}{n-1}}$$

式中　X_i——第 i 家门店每周的观测值；
　　　$\overline{X}$——每周平均销量；
　　　n——门店数量。

对于这个样本数据，

$$S = \sqrt{\frac{403\,822.9}{(12-1)}} = 191.6$$

（4）用下式计算均值的标准误差的估计值（$S_{\overline{X}}$）：

$$S_{\overline{X}} = \frac{S}{\sqrt{n}}$$

$$= \frac{191.6}{\sqrt{12}} = 55.3$$

（5）计算 t 检验统计量：

$$t = \frac{\text{样本均值} - \text{原假设中的总体均值}}{\text{均值标准误差的估计值}} = \frac{1\,087.1 - 1\,000}{55.3} = 1.6$$

（6）陈述结果。因为 t 的计算值小于 t 的临界值，所以无法拒绝原假设。虽然每家门店的平均销量（$\overline{X}$=1 087.1）高于 1 000 箱，但根据 12 家门店的抽样，这种差异在统计上并不显著。基于这一检验与指定的判定标准，新饮料的大规模推广是不合理的。

13.6.2　关于两个均值的假设

营销人员经常对检验群体之间的差异感兴趣。在以下检验两个均值之间的差异的示例中，样本是独立样本。

一家连锁便利店的管理人员关注的是男性和女性的光顾率差异。管理层认为，与女性相比，男性更常光顾便利店，因此从随机挑选的 1 000 名消费者中收集了关于光临便利店的数据。检验该假设包括以下步骤：

（1）指定原假设和备择假设。

- 原假设 H_0：$M_m - M_f \leqslant 0$；男性平均光顾率（M_m）等于或低于女性平均光顾率（M_f）。
- 备择假设 H_a：$M_m - M_f > 0$；男性平均光顾率（M_m）高于女性平均光顾率（M_f）。

这两种均值（**表 13-3**）的差异观测值为 11.49−8.51=2.98。

（2）设置抽样误差水平（α）。管理人员决定该检验可接受的抽样误差水平为 $\alpha = 0.05$。对于 $\alpha= 0.05$，Z（临界）的表值 =1.64。（参见附录 A 表 3，自由度为 ∞，显著性水平 0.05，

单尾。使用 t 检验的表格是因为对于大于 30 的样本，$t=Z$）

（3）计算两个均值之间的差异的标准误差的估计值，公式如下：

$$S_{X_{m-f}} = \sqrt{\frac{S_m^2}{n_m} + \frac{S_f^2}{n_f}}$$

式中 S_m——总体 m（男性）估计的标准差；

S_f——总体 f（女性）估计的标准差；

n_m——样本 m 的样本容量；

n_f——样本 f 的样本容量。

因此，

$$S_{X_{m-f}} = \sqrt{\frac{8.16^2}{45} + \frac{5.23^2}{71}} = 1.37$$

请注意，这个公式适用于两个样本方差不相等的情况。当两个样本的方差相等时，使用另一个单独的公式。当在 SAS 和许多其他统计软件包中运行此检验时，会提供两个 t 值——每个方差假设一个 t 值。

（4）计算检验统计量 Z，公式如下：

$$Z = \frac{\text{第一个样本和第二个样本均值的差} - \text{原假设中均值的差}}{\text{两个均值的标准误差}} = \frac{(11.49-8.51)-0}{1.37} = 2.18$$

（5）陈述结果。Z 的计算值（2.18）大于临界值（1.64），因此拒绝原假设。管理人员可以有 95% 的信心（$1-\alpha=0.95$）得出结论：平均而言，男性比女性更经常光顾便利店。

还有一个例子是，在推出针对年收入超过 5 万美元家庭的新服务之前，银行需要确定达到或超过这一收入门槛的客户比例。

13.7 关于比例的假设

在许多情况下，调研人员都关注用百分比表达的现象。[9] 例如，营销人员可能会对测试偏爱品牌 A 的受访者与偏爱品牌 B 的受访者的比例或品牌忠诚者与非品牌忠诚者的比例感兴趣。

13.7.1 一个样本的比例

一家大银行对 500 名客户进行的调查显示，超过 74% 的客户的家庭年收入超过 7 万美元。如果结果属实，银行将为这一群体制定一套特殊的服务。在开发和引入新服务之前，管理层希望确定真实的百分比是否大于 60%。调查结果显示，74.3% 的受访客户称其家庭年收入在 7 万美元及以上。该**比例假设检验**（hypothesis test of proportions）的步骤如下：

（1）指定原假设和备择假设。

- 原假设 H_0：$p \leq 0.60$。
- 备择假设 H_a：$P > 0.60$（P 为家庭年收入 70 000 美元及以上的客户比例）。

（2）指定允许的抽样误差水平（α）。对于 $\alpha = 0.05$，Z（临界）的表值 = 1.64。（参见附录 A 表 3，自由度 d.f.= ∞，显著性为 0.05，单尾。使用 t 表是因为对于大于 30 的样本，$t = Z$）

（3）使用原假设中指定的 P 值，计算标准误差的估计值：

$$S_p = \sqrt{\frac{P(1-P)}{n-1}}$$

式中　P——原假设中指定的比例；
　　　n——样本容量。

因此，

$$S_p = \sqrt{\frac{0.6(1-0.6)}{35-1}} = 0.022$$

（4）计算检验统计量，公式如下：

（5）$Z = \dfrac{\text{比例观测值} - \text{原假设中的比例}}{\text{标准误差的估计值}(S_p)} = \dfrac{0.743 - 0.6}{0.022} = 6.5$

由于计算出的 Z 值大于临界 Z 值，因此拒绝原假设。银行可以有 95% 的信心（$1-\alpha = 0.95$）得出结论：60% 以上的客户家庭收入在 7 万美元及以上。管理层可以针对这一群体引入一套新的服务。

13.7.2　两个独立样本中的比例

在许多情况下，管理者感兴趣的是两个不同群体中从事某种活动或具有某种特征的人所占比例的差异。例如，根据一项研究，一家连锁便利店的管理人员有理由相信，在每月光顾便利店 9 次及以上（重度用户）的人中，男性比例要高于女性比例。检验该假设所需遵守的规范和步骤如下。

（1）指定原假设和替代假设。

- 原假设 H_0：$P_m - P_f \leqslant 0$；男性报告其每月光顾便利店 9 次及以上的人数比例（P_m）小于或等于女性报告其每月光顾便利店 9 次及以上的人数比例（P_f）。
- 备择假设 H_a：$P_m - P_f > 0$；男性报告其每月光顾便利店 9 次及以上的人数比例（P_m）大于女性报告其每月光顾便利店 9 次及以上的人数比例（P_f）。

由**表 13-3** 可以计算出样本比例及差值如下：

$$P_m = \frac{26}{45} = 0.58$$

$$P_f = \frac{30}{71} = 0.42$$

$$P_m - P_f = 0.58 - 0.42 = 0.16$$

（2）设置抽样误差水平 α 为 0.10（管理层决策）。对于 $\alpha = 0.10$，Z（临界）的表值 = 1.28。（参见附录 A A.3，自由度为 ∞，显著性为 0.10，单尾。使用 t 表是因为对于大于 30 个的样本，$t = Z$）

（3）计算两个比例差异的标准误差估计值，公式如下：

$$S_{P_{m-f}} = \sqrt{P(1-P)\left(\frac{1}{n_m} + \frac{1}{n_f}\right)}$$

式中 $P = \dfrac{n_m P_m + n_f P_f}{n_m + n_f}$；

P_m——样本 m（男性）的比例；

P_f——样本 f（女性）的比例；

n_m——样本 m 的样本容量；

n_f——样本 f 的样本容量。

因此，

$$P = \frac{45 \times 0.58 + 71 \times 0.41}{45 + 71} = 0.42$$

且 $S_{P_{m-f}} = \sqrt{0.48(1-0.48)\left(\dfrac{1}{45} + \dfrac{1}{71}\right)} = 0.1$

（4）计算检验统计量：

$$Z = \frac{观测比例的差值 - 原假设中比例的差值}{两个均值的差值的标准误差的估计值} = \frac{(0.58-0.42)-0}{0.10} = 1.60$$

（5）陈述结果。由于计算的 Z 值（1.60）大于临界 Z 值（当 $\alpha = 0.10$ 时，$Z = 1.28$），拒绝原假设。管理人员可以有 90% 的信心（$1-\alpha = 0.90$）得出结论，每月光顾便利店 9 次及以上的男性比例要高于女性比例。

值得注意的是，如果将抽样误差水平 α 设为 0.05，则临界 Z 值为 1.64。在这种情况下，由于 Z 值（计算值）将小于 Z 值（临界值），我们将未能拒绝（FTR）原假设。

13.8 方差分析

当目标是检验两个或多个独立样本的均值之间的差异时，**方差分析**（analysis of variance，ANOVA）是一个合适的统计工具。尽管方差分析可以检验两个平均值之间的差值，但它更常用于对几个（C）独立组（其中 $C > 3$）中的平均值的差异进行假设试验。方差分析是一种统计方法，使得研究者可以确定样本中或跨样本间的差异是否由于抽样误差而大于预期。

前文描述的 t 检验通常是在只涉及两个样本均值的情况下检验原假设。然而，在有 3 个及以上样本的情况下，一次检验两个平均值之间的差异是低效的。如果有 5 个样本和相对应的平均值，那么需要 10 个 t 检验来检测每对平均值。由于必须对所有可能的平均值对进行检验，因此数对越多，必须执行的检验就越多。进行的检验越多，一个或多个检验就越有可能显示出显著的差异，而这些差异实际上是抽样误差造成的。在 α 为 0.05 时，预计平均 20 次检验中就有 1 次会出现这种情况。

单因素方差分析常被用于分析实验结果。假设一个制动连锁店的市场经理正在考虑三种不同的服务来进行店内促销：车轮校正、换机油和调整发动机。她很想知道这三种服务的潜在销售额是否存在显著差异。

该公司从三个城市的连锁店中随机挑选了 60 家类似的商店（每个城市 20 家），并在这三个城市中分别推出了一项服务。该公司直接控制了其他变量，如价格和广告，使其在实验过程中保持在相同的水平。该实验为期 30 天，该期间新服务的销售额均被一一记录。

每个商店的平均销售额如表 13-6 所示。问题是，平均值之间的差异是否大于预期，以及造成这种结果是否由于偶然？

表 13-6　三个城市 60 家商店的平均销售额

芝加哥（校正车轮）		克利夫兰（换机油）		底特律（调整发动机）	
310	318	314	321	337	310
315	322	315	340	325	312
305	333	350	318	330	340
310	315	305	315	345	318
315	385	299	322	320	322
345	310	309	295	325	335
340	312	299	302	328	341
330	308	312	316	330	340
320	312	331	294	342	320
315	340	335	308	330	310
$\overline{X}=323$		$\overline{X}=315$		$\overline{X}=328$	

（1）指定原假设和备择假设。

● 原假设 H_0：$M_1=M_2=M_3$；这个项目的平均销售额是相等的。
● 备择假设 H_a：该组平均值的差异大于抽样误差导致的预期差异。

（2）将各个子样本的平均值与总体样本平均值的差的平方用样本容量（n_j）进行加权，并将加权后的数值进行相加。这被称为组间平方和或组间变差（squares among groups or among group variation，SSA）。SSA 的计算公式如下：

$$\text{SSA} = \sum_{j=1}^{C} n_j \left(\overline{X}_j - \overline{X}_t \right)^2$$

在本例中，总体样本均值为

$$\overline{X}_t = \frac{20 \times 323 + 20 \times 315 + 20 \times 328}{60} = 322$$

因此，

$$\text{SSA} = 20(323-322)^2 + 20(315-322)^2 + 20(328-322)^2$$
$$= 1\,720$$

样本平均值之间的差异越大，SSA 就越大。

（3）以组间平方和的平均值（mean sum of squares among groups，MSA）计算组间均值的变化。MSA 的计算方法如下：

$$\text{MSA} = \frac{\text{组间平方和 (SSA)}}{\text{自由度 (d.f.)}}$$

式中　自由度 = 组数（C）-1。
在本例中，

$$\text{d.f.} = 3 - 1 = 2$$

因此，

$$\text{MSA} = \frac{1\,720}{2} = 860$$

（4）将所有组的每个观测值（X_{ij}）与其在所有 C 层级（组）上累积的相对应的样本均值 $\overline{X}_j$ 的差值的平方进行加总。这也称为组内平方和或组内变差（sum of squares within groups or within group variation），其通常被称为误差平方和（sum of squared error，SSE）。对于本例，SSE 的计算方法如下：

$$\text{SSE} = \sum_{j=1}^{C}\sum_{i=1}^{n_j}\left(X_{ij} - \overline{X}_j\right)^2$$
$$= 6\,644 + 4\,318 + 2\,270 = 13\,232$$

（5）用组内平方和的平均值来计算样本组内的变化。该值称为均方误差（mean square error，MSE），表示对数据中随机误差的估计。MSE 的计算方法如下：

$$\text{MSE} = \frac{\text{组内平方和 (SSE)}}{\text{自由度 (d.f.)}}$$

自由度等于各组的样本容量的总和减去组数（C）：

$$\text{d.f.} = \left(\sum_{j=1}^{k} n_j\right) - C$$
$$= (20 + 20 + 20) - 3 = 57$$

因此，

$$\text{MSE} = \frac{13\,232}{57} = 232.14$$

与 Z 分布和 t 分布一样，F 分布的抽样分布允许调研人员确定某一特定的 F 值可能是偶然发生而不是处理效应的结果的概率。F 分布和 t 分布一样，实际上是一组分布，其形状会根据所涉及的样本数量和样本容量的变化而略有变化。因此，要使用 **F 检验**（F test），必须计算分子和分母的自由度。

（6）计算统计量 F 值，公式如下：

$$F = \frac{\text{MSA}}{\text{MSE}}$$
$$= \frac{860}{232.14} = 3.70$$

分子是 MSA，与之相关的自由度是 2（步骤 3）。分母是 MSE，与之相关的自由度是 57（步骤 5）。

（7）陈述结果。在 α 为 0.05，且自由度是 2（分子）和 57（分母）的情况下，F（临界）的表值约为 3.15。（参见附录 A 表 5，分母自由度 = 57，分子自由度 = 2，显著性水平 0.05）计算所得的 F 值（3.70）大于表值（3.15），因此原假设被拒绝。通过拒绝原假设，我们得出结论，在三种平均值中观察到的差异大于偶然因素导致的预期差异。

方差分析的结果一般如表 13-7 所示：

表 13-7　方差分析的结果

差异来源	平方和	自由度	均方	F 统计值
处理	1 720（SSA）	2（$C-1$）	860（MSA）	3.70（计算所得值）
误差	13 232（SSE）	57（$n-C$）	232.14（MSE）	
总计	14 592（SST）	59（$n-1$）		

13.9　p 值和显著性检验

对于本章讨论的各种检验，我们应先建立一个标准，即显著性水平和相应统计量的临界值，然后计算统计量的值，看它是否能超过这个标准。如果统计量的计算所得值超过临界值，则可以称被检验的结果在该水平上具有统计学显著性。

然而，这种方法并没有给出确切的概率，即计算所得的统计量很大程度是偶然因素导致的概率。这个概率通常被称为 p 值，手工计算该概率是很烦琐的。幸运的是，该运算在计算机上运行很容易。p 值（p value）是根据计算所得的统计量所能满足的最苛刻的统计（而不是管理的）显著性水平。计算机统计软件包通常使用下列标签中一项，以确定假设的总体参数与观测到的检验统计量之间的距离可能是因偶然而发生的概率：

- p 值
- ≤ PROP（概率）
- PROP（概率）=

p 值越小，观测的结果是偶然（抽样误差）发生的概率就越小。

表 13-8 是一项显示 p 值计算的电脑输出示例。该分析显示了两个独立样本的均值差异的 t 检验结果。这里的原假设 H_0 是男性和女性对一项新的通信服务的支付意愿没有区别。（变量名是 GENDER，数字代码 0 表示男性，1 表示女性。研究对象被问及他们愿意每月支付多少钱来购买一项新的无线通信服务，该服务将通过录像带向他们进行描述。变量 ADDED PAY 是他们对这个问题的回答。）结果显示，平均每位女性愿意为这项新服务支付 16.82 美元，而男性则愿意支付 20.04 美元。请问，这是一个显著的差异吗？

表 13-8　t 检验输出结果

Stat.	Grouping: GENDER（pcs. sta）
Basic	Group 1: G_1：1
Stats	Group 2: G_2：0

（续）

Variable	Mean G_1:1	Mean G_2:0	t value	d.f.	p	Valid N G_1:1	Valid N G_2:0
ADDED PAY	16.82 292	20.04 717	−1.32 878	200	0.185 434	96	106

t 的计算值为 −1.328，其对应的 p 值 0.185，这说明该差异有 18.5% 的概率是抽样误差造成的。例如，如果检验的标准设置为 0.10（愿意接受 10% 错误拒绝 H_0 的概率），那么在这种情况下，分析师就无法拒绝 H_0。

本章小结

进行统计推断的目的是将样本结果推广到总体特征。用于差异的三个重要概念是数学上的差异、管理上的重要差异和统计显著性。

假设是调研人员或管理者对被调查总体的某些特征所做的结果假定或猜想。通过检验，调研人员确定某些关于总体特征的假设是否有效。统计假设检验可以帮助调研人员计算出观察到特定结果的概率，即陈述的假设是否正确。在假设检验中，第一步是陈述假设。第二步是选择一种合适的统计方法来检验假设。第三步必须确定一个判定标准作为决定是否拒绝或未能拒绝假设的基础。假设检验受到两种错误类型的影响：第一类错误（α 错误）和第二类错误（β 错误）。第一类错误包括拒绝实际上为真的原假设。第二类错误是当备择假设为真时，未能拒绝原假设。第四步计算检验统计量的值。第五步得出总结检验结果的结论。营销调研人员经常开发交叉表，其目的是揭示变量之间的相互关系。调研人员需要确定被调研人员、事物或分属不同类别的回答的数量是否与随机预期的数量不同。因此，应对观测值分布与期望分布的拟合优度进行检验。一种常用的拟合优度检验方法是卡方检验。

营销调研人员经常需要对总体均值进行推断。通常，调研人员在进行这些推断时使用 $n-1$ 个自由度的 t 检验（n 是样本容量）。

当调研人员对检验同一变量（如广告）的不同反应感兴趣时，他们会检验反应的两个平均值间的差异。为得到检验结果，t 值被计算出来并与 t 的临界值进行比较。根据比较结果，他们要么拒绝要么无法拒绝原假设。t 检验也可以用来检验关于一个样本或多个独立样本的比例假设。

当调研人员需要检验三个或三个以上独立样本的平均值之间的差异时，方差分析是合适的统计工具，其常被用于对几个独立组的平均值差异进行假设检验。它允许调研人员检验原假设，即与总体组均值之间没有显著差异。

关键词

方差分析（ANOVA）	假设	相关样本
卡方检验	比例假设检验	统计显著性
判定标准	独立样本	t 检验
自由度	原假设	第一类错误（α 错误）
F 检验	p 值	第二类错误（β 错误）

复习思考题

1. 解释数学上的差异、管理上的重要差异和统计显著性这三个概念。是否有可能结果具有统计学意义，但缺乏管理重要性？请解释你的答案。

2. 描述检验假设的步骤。讨论原假设和备择假设之间的区别。

3. 请指出第一类错误和第二类错误的区别和联系。

4. 独立样本和相关样本是什么意思？为什么调研人员确定一个样本是否独立很重要？

5. 你所在的大学图书馆对学生在周日上午（9:00～12:00）对图书馆开放时间的需求很关心。它随机抽样调查了1 600名本科生（男性和女性各占一半），分为4个身份层级（即大一400人，大二400人，大三400人，大四400人）。如果偏好周日上午开放的学生比例如下所示，图书馆能得出什么结论？

	大四	大三	大二	大一
女生	70	53	39	26
男生	30	48	31	27

6. 一位当地的汽车经销商试图确定哪种奖品将吸引最多的消费者到其展厅进行参观。参观展厅并试驾的顾客可以免费获得奖品。经销商选择了四种奖品，每种奖品发放时长为期一周，结果如下。使用卡方检验，你能得出关于奖品的什么结论？

周	奖品	已发放奖品总数
1	四英尺金属折梯	425
2	50美元储蓄券	610
3	本地牛排餐厅晚餐（4人量）	510
4	六只火烈鸟，外加一个户外温度计	705

7. 一名市场调研人员已经完成了一项关于止痛药的研究。下表列出了消费者最常购买的品牌，按男性和女性进行了细分。请对数据进行卡方检验，并得出你关于该交叉表的结论。

止痛药品牌	男生	女生	止痛药品牌	男生	女生
安乃近	40	55	安匹林	82	107
拜耳	60	28	伊克赛锭	72	84
百服宁	70	97	伊克赛锭PM	15	11
科普	14	21	温可宁	20	26

8. 一位儿童心理学家在单向镜子后面观察8岁儿童，以确定他们会玩一个玩具医疗包的时间。设计这款玩具的公司试图确定应该给此玩具套装赋予男性化还是女性化的导向。孩子们玩这套装玩具的时间长度（以分钟为单位）如下所示。请计算 t 值，并向管理人员建议该套装应具有男性取向还是女性取向。

男孩	女孩	男孩	女孩
31	26	67	9
12	38	67	9
41	20	25	16
34	32	73	26
63	16	36	81
7	45	41	20
		15	5

9. 美国航空公司正试图确定在其波多黎各圣胡安的新枢纽航站楼采用哪种行李处理系统。其中一个系统由 Jano 系统制造，另一个则由 Dynamic 公司制造。该公司已经在两个低容量航站楼分别安装了小型 Jano 系统和 Dynamic Enterprises 系统。两个航站楼每月处理的行李数量大致相同。美航决定选用一个系统，能最大程度降低乘客下飞机须等待 20 分钟以上才能拿到行李的频率。分析以下数据，并确定在 0.95 的置信水平时，两个系统是否存在显著差异。如果有差异，航空公司应该选择哪种处理系统？

等候时间/分钟	Jano 系统（频次）	Dynamic Enterprises 系统（频次）	等候时间/分钟	Jano 系统（频次）	Dynamic Enterprises 系统（频次）
10~11	4	10	24~25	14	4
12~13	10	8	26~27	6	13
14~15	14	14	28~29	10	8
16~17	4	20	30~31	12	6
18~19	2	12	32~33	2	8
20~21	4	6	34~35	2	8
22~23	2	12	36 及以上	2	2

10. 快餐店的菜单空间总是有限的。然而，麦当劳决定在菜单上增加一种沙拉酱，用于田园沙拉和主厨沙拉。该公司决定试售四种口味：恺撒口味、牧场口味、绿色女神口味和俄罗斯口味。每一种新调味品都在中北部地区选择五十间餐厅进行试验销售，因此，该调研项目总共使用了 200 家门店。这项调研为期两周，每种调料的单位销量如下表所示。作为一名调研人员，你想知道这些调料的平均日销售量之间的差异是否显著到不能用偶然性来解释。如果是的话，你建议在全美各地库存中增加哪一种调料？

日期	恺撒口味	牧场口味	绿色女神口味	俄罗斯口味
1	155	143	149	135
2	157	146	152	136
3	151	141	146	131
4	146	136	141	126
5	181	180	173	115
6	160	152	170	150
7	168	157	174	147
8	157	167	141	130

(续)

日期	恺撒口味	牧场口味	绿色女神口味	俄罗斯口味
9	139	159	129	119
10	144	154	167	134
11	158	169	145	144
12	172	183	190	161
13	184	195	178	177
14	161	177	201	151

网络作业

1. 当我们使用计算机来进行工作时,计算 p 值和执行 Z 检验或 t 检验就容易得多。关于一个可以免费计算 p 值的计算器,可访问 www.graphpad.com/quickcalcs/ PValue1.cfm。

关于一个可以免费进行 Z 检验计算器,可访问 www.changbiosci-ence.com/stat/ztest.html。

关于一个 t 检验免费在线计算器,可访问 www.graphpad.com/quickcalcs/ttest1.cfm。

2. 塔夫茨大学(Tufts University)的教育工作者提供了一个有用的教程,介绍如何阅读单因素方差分析(ANOVA)的结果。请参见 http://www.JerryDallal.com/LHSP/aov1out.htm。

调研实例 13.1

分析 William D. Scott 的细分结果

珍妮·雷诺是 William D.Scott(WDS)广告公司的一名广告主管。她负责 WDS 账户且刚刚完成了最近一项在线客户调研结果的审查。WDS 的买家被要求在网购后完成一项调查。该调查于 2019 年第四季度进行。随附表格显示从 WDS 先前进行的研究和分析中选取的确定的细分市场(列)的调查结果。前两行是基于实际的销售数据;表的其余部分显示了最近调查的差异统计检验的结果。前六行显示了 WDS 用来指导其营销策略的关键指标。一些关键指标来自实际的销售数据,而另一些指标则来自最近的调查。除前两行的结果外,所有结果都是针对细分或基于细分列总数。

	市场细分				
	单身	单身	已婚	已婚	已婚
变量	18~25 岁	26~40 岁	18~25 岁	26~40 岁	40 岁以上
占当前顾客百分比 [1]	15%	20%	27%	29%	9%
销售百分比 [1]	10%	13%	29%	34%	14%
WDS 的第一提及知名度 [1]	34%*	29%*	45%	51%**	53%**
形象指数(100 分量表)[2]	69%*	70%*	85%	92%**	93%**
未来 30 天光临 WDS 意愿	21%*	19%*	33%	39%**	42%**
未来 30 天光临竞争商店意愿	38%**	40%**	28%*	23%*	25%*
小于 23 岁的人数 平均人数	2.38	2.10	0	0	0.29
收入 收入中位数(美元)	28 000*	39 500	44 430	56 580**	69 170**

（续）

	市场细分				
	单身	单身	已婚	已婚	已婚
收入高于 75 000 美元的比率	29%	28%	15.3%*	28%	36%
教育					
大学学历或以上比例	9%*	29%**	26%**	21%	21%
种族构成					
白种人比率	94%	92%	91%	95%	95%
黑种人比率	3%	4%	6%	2%	4%
西班牙人比率	2%	2%	2%	2%	1%
其他	4%	4%	3%	4%	2%

① 基于客户的实际数据。不适合显著性检验。

② 形象指数是 Global Bazaar 基于调查的多项指标开发的，该指数越高越好。

* 明显低于所有受访客户的平均水平。

** 明显高于所有受访客户的平均水平。

问题：

1. 哪个细分市场的销售额占比最大？
2. WDS 在哪个细分市场拥有最高第一提及知名度？
3. 哪两个细分市场占销售额的 60% 以上？
4. WDS 在哪个细分市场表现最糟糕？解释其在该细分市场表现不佳的所有方面。
5. 基于这些结果，你会在营销策略方面给 WDS 什么建议？

第 14 章

更强大的统计方法

□ 学习目标

1. 学习相关二元分析。
2. 理解二元回归分析。
3. 定义多变量数据分析。
4. 深入了解多变量软件。
5. 描述多元判别分析。
6. 理解聚类分析。
7. 理解因子分析。

14.1 数据科学家：新兴热门职业

对于那些对数据分析领域有兴趣和天赋的人来说，数据科学家是最热门的新职业道路之一。[1] 尽管本教材前面讨论的有关正确收集数据的方法的所有工具仍然是有意义的，但事态已然发生变化——我们现在正被各个渠道（如社交媒体）涌来的各种数据淹没，这在前几年甚至还无法想象。企业几乎淹没在数据中，它们需要组织与挖掘数据的方法，以获取发展战略和战术所需的见解以及评估其采取的行动。现在许多学院和大学已经开始提供数据科学、商业分析、数据科学和分析或这些术语的不同组合的学位。它们解决的都是与学习使用各种工具来组织与分析商业数据相关的问题。显然，这不仅包括与市场营销相关的数据，也包括大量市场营销领域之外的数据。在互联网上快速搜索"数据科学学位"等术语，就能找到这些课程的当前列表，并获得它们的相关信息。具备这些技能的人才绝对短缺，而薪水能快速涨到六位数也是常态。[2] 本章涉及的工具是数据科学家工具箱中的基本工具。

14.2 二元统计分析

本书已经涵盖了市场研究人员和分析师使用的基本分析和统计方法。现在我们将深入研究更强大的统计方法，这些方法可以为数据提供更深入的见解，并提供一些真正的分析工具，为开发动态建模能力和发展真正的见解提供基础方法。与第 13 章中的内容一样，本章中讨论的内容已经存在很长时间了。它们经受住了时间的考验，如今被广泛用作分析工具，甚至被用于大数据。

14.3 二元关系分析

在许多市场调研研究中，调研人员和管理者的兴趣都超出了运用第13章介绍的差异统计检验所能解决的问题范畴。例如，他们可能对两个变量之间的相关程度感兴趣。适合该类分析的统计方法称为**二元变量法**（bivariate techniques）。当涉及两个以上的变量时，所采用的统计方法称为多元变量法，本章后面部分将对它进行讨论。

当理解两个变量之间关系的性质是该研究的目标时，变量分为**自变量**（independent variable）（预测变量）和**因变量**（dependent variable）（校标变量）。自变量是指那些可以影响因变量结果的变量。例如，价格、广告支出或零售店数量等自变量可能被用来预测和解释某一品牌的销量或市场份额——因变量。二元分析可以帮助回答以下问题：商品的价格对销量有什么影响？家庭收入和流媒体支出之间存在什么关系？

注意，本章中介绍的任何技术都不能用来证明一个变量实际上导致了另一个观测变量变化。它们只能用来描述变量之间统计关系的性质。

分析员有多种二元变量法可供选择。本章讨论适合计量（定比或定距）数据的两种方法——二元回归以及皮尔逊积矩相关。其他可以被用来分析二元变量之间统计关系的统计方法包括两组 t 检验、交叉表卡方分析以及两组方差分析（ANOVA），均在第13章介绍与讨论。

14.4 二元回归

二元回归分析（bivariate regression analysis）用于分析因变量与自变量之间的关系。例如，一位调研人员可能想要了解销量（因变量）和广告（自变量）之间的关系。如果广告支出与销量之间的关系可以用回归分析准确捕获，那么调研人员就可以用生成的模型来预测不同广告支出水平下的产品销量。当一个问题涉及使用两个或多个自变量（如价格和广告）来预测目标因变量时，适合用多元回归分析法。

14.4.1 二元回归关系的性质

研究自变量和因变量之间关系性质的一种方法是将数据绘制成**散点图**（scatter diagram）。因变量 Y 绘制在纵轴上，自变量 X 绘制在横轴上。通过检查散点图，可以得出两个变量之间的关系是线性的、曲线性的还是不存在的。若两个变量的关系呈现为线性或接近线性，那么就可以用线性回归方程分析这种关系。若散点图中呈现的是非线性关系，那么曲线拟合非线性回归技术就是合适的，此方法已经超出了本章论述范围，故不多做叙述。

图 14-1 描绘了变量 X（自变量）与 Y（因变量）之间的几种基本关系。散点图（a）和（b）表示 X 与 Y 是一种正相关线性关系，但散点图（b）中的关系不如散点图（a）中的明显，图（b）中显示的数据更分散。散点图（c）显示变量 X 与 Y 是完全的负相关关系。例如价格与销量之间的关系：当价格上升时，销量下降；当价格下降时，销量上升。散点图（d）和（e）

表明变量之间呈非线性关系，应使用适当的曲线拟合技术，从数学上描述它们之间的关系。散点图（f）表明 X 与 Y 之间没有任何关系。

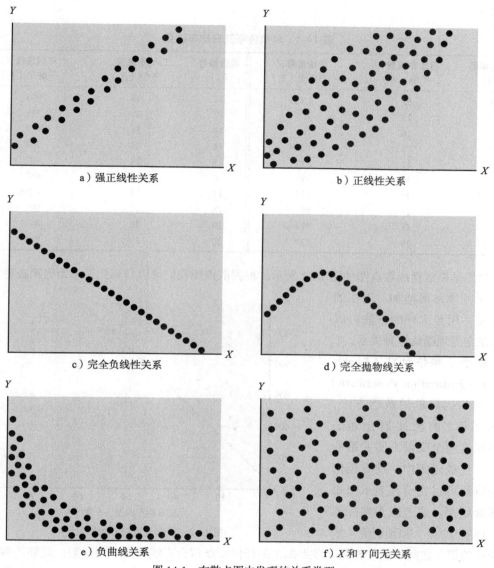

图 14-1　在散点图中发现的关系类型

14.4.2　二元回归实例

　　Stop'N Go 公司进行了一项研究工作，旨在测算车辆经过特定商店地点对坐落于该地的商店年销量的影响。为了控制其他变量，调研人员选定了 20 家商店。在能显著影响商店销量的其他变量（如商店面积、停车量、周围居民人口统计特征等）上，这些商店几乎完全相同。这项特定分析是 Stop'N Go 公司致力于识别和量化影响商店销量因素的整体项目中的一部分。公司的最终目的是开发出一个模型来筛选潜在的店址，考虑实际购买情况与店铺建设，从中选择能够带来最高销售额的店址。

在确定了 20 个商店以后，Stop'N Go 公司在长达 30 天的时间内，每天到每个观测地点记录车流量。除此之外，公司通过内部记录获得了这 20 家店前 12 个月的全部销售数据（见表 14-1）。

表 14-1 年销售额及日均车流量

商店编号（i）	日均车流量/千辆（X_i）	年销售额/千美元（Y_i）	商店编号（i）	日均车流量/千辆（X_i）	年销售额/千美元（Y_i）
1	62	1 121	11	35	893
2	35	766	12	27	588
3	36	701	13	55	957
4	72	1 304	14	38	703
5	41	832	15	24	497
6	39	782	16	28	657
7	49	977	17	53	1 209
8	25	503	18	55	997
9	41	773	19	33	844
10	39	839	20	29	883

最终结果数据的散点图如**图 14-2** 所示。根据散点图我们可以目测到，总销售额随着日均车流量的增加而增加。现在的问题是，用什么样的方法可以更清楚定量地描绘这种关系。

最小二乘估计法（Least-Squares Estimation Procedure） 是一种相当简单的数学方法，可将 X 和 Y 的数据拟合到最能体现这两个变量之间关系的线上。在散点图中，没有任何一条直线可以完美地表示出每个观察结果。这表现为实际值（散点图上的点）和预测值（线所表示的值）之间不完全相符。散点图上的任何一条拟合直线都会存在误差。能够基本拟合观察值的直线可以画出许多条，如**图 14-2** 所示。

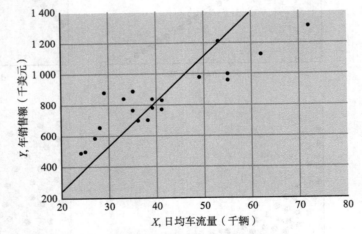

图 14-2 按车流量划分的年销量

最小二乘法生成的直线比其他的观测值拟合直线更能拟合实际观测值（点）。换句话说，这条直线上的离差平方和（点与直线的差的平方）比其他任何一条可以拟合观测值的直线的离差平方和都小。这条直线的一般方程为 $Y=a+bX$。回归分析的估计方程是：

$$Y = \hat{a} + \hat{b}X + e$$

式中　Y——因变量，即年销售额（千美元）；
　　　$\hat{a}$——Y 在回归直线上估计的截距；
　　　$\hat{b}$——回归直线估计的斜率（回归系数）；

X——自变量,即日均车流量(千辆);

e——误差,即实际值和回归线预测值之间的差值。

$\hat{a}$ 和 $\hat{b}$ 的值可以通过计算下列公式得出:

$$\hat{b} = \frac{\sum X_i Y_i - n\overline{X}\,\overline{Y}}{\sum X_i^2 - n(\overline{X})^2}$$

$$\hat{a} = \overline{Y} - \hat{b}\overline{X}$$

式中 $\overline{X}$ ——X 的均值;

$\overline{Y}$ ——Y 的均值;

n——样本容量(样本单位数量)。

根据表 14-2 的数据,$\hat{b}$ 的计算如下:

$$\hat{b} = \frac{734\,083 - 20 \times 40.8 \times 841.3}{36\,526 - 20 \times 40.8^2} = 14.7$$

$\hat{a}$ 的计算如下:

$$\hat{a} = \overline{Y} - \hat{b}\overline{X} = 841.3 - 14.72 \times 40.8 = 240.9$$

因此,估计的回归函数为:

$$\hat{Y} = \hat{a} + \hat{b}\overline{X} = 240.9 + 14.7(X)$$

式中 $\hat{Y}$(Y-hat)——在给定 X 值时回归函数估计的值。

表 14-2 最小二乘估计参数的计算表

商店	X	Y	X²	Y²	XY
1	62	1 121	3 844	1 256 641	69 502
2	35	766	1 225	586 756	26 810
3	36	701	1 296	491 401	25 236
4	72	1 304	5 184	1 700 416	93 888
5	41	832	1 681	692 224	34 112
6	39	782	1 521	611 524	30 498
7	49	977	2 401	954 529	47 873
8	25	503	625	253 009	12 575
9	41	773	1 681	597 529	31 693
10	39	839	1 521	703 921	32 721
11	35	893	1 225	797 449	31 255
12	27	588	729	345 744	15 876
13	55	957	3 025	915 849	52 635
14	38	703	1 444	494 209	26 714
15	24	497	576	247 009	11 928
16	28	657	784	431 649	18 396
17	53	1 209	2 809	1 461 681	64 077
18	55	997	3 025	994 009	54 835
19	33	844	1 089	712 336	27 852
20	29	883	841	779 689	25 607
合计	816	16 826	36 526	15 027 574	734 083
平均值	40.8	841.3			

根据估计的回归函数，车流量（X）每增加1 000辆，年销售总额将增加14.720千美元（b的估计值）。$\hat{a}$的值是240.9。从严格意义上讲，$\hat{a}$是当自变量（X或日均车流量）为0时因变量（Y或年销售额）的估计值。

回归线（Regression Line）。基于$\hat{a}$和$\hat{b}$的计算值，Y的预测值如**表14-3**所示。此外，每个观测值的误差（$Y-\hat{Y}$）也被显示。由这些值产生的回归线详见**图14-3**。

相关强度 R^2 估计的回归函数描述了X和Y之间的关系性质。而另一个很重要的因素是变量之间关系的强度。Y的实际值究竟与由模型得出的预测值相差多远呢？

可决系数（coefficient of determination）用R^2表示，是测量X和Y之间线性关系强度的指标。可决系数测量由X变差"解释"的变差占Y总变差的百分比。R^2的统计量范围为0到1，如果X和Y之间存在完美线性关系（即Y所有的变差均可由X的变差解释），那么R^2为1。另一极端情况是，如果X和Y之间没有任何关系，则Y的任何变差均不能用X变差解释，则R^2为0。

$$R^2 = \frac{已解释变差}{总变差}$$

式中　已解释变差＝总变差－未解释变差。

Stop'N Go公司案例数据的可决系数的计算如下。[$(Y-\hat{Y})^2$和$(Y-\bar{Y})^2$的计算如**表14-3**所示]

$$R^2 = \frac{总变差-未解释变差}{总变差}$$
$$= 1 - \frac{未解释变差}{总变差}$$
$$= 1 - \frac{\sum_{i=1}^{n}(Y_i - \hat{Y}_i)^2}{\sum_{i=1}^{n}(Y_i - \bar{Y}_i)^2}$$
$$= 1 - \frac{171\ 605}{871\ 860} = 0.803$$

Y（年销售额）变差中有80%能被X（日均车流量）变差解释，所以X和Y之间存在较强的线性关系。

表14-3　预测值和每个观测值的误差

商店	X	Y	$\hat{Y}$	$Y-\hat{Y}$	$(Y-\hat{Y})^2$	$(Y-\bar{Y})^2$ ⊖
1	62	1 121	1 153.3	−32.295 1	1 043	78 232
2	35	766	755.9	10.057 16	101	5 670
3	36	701	770.7	−69.659 6	4 852	19 684
4	72	1 304	1 300.5	3.537 362	13	214 091
5	41	832	844.2	−12.243 4	150	86
6	39	782	814.8	−32.809 8	1 076	3 516
7	49	977	962.0	15.022 64	226	18 414

⊖　原文为$((Y-\hat{Y})^2)$。——译者注

（续）

商店	X	Y	$\hat{Y}$	$Y-\hat{Y}$	$(Y-\hat{Y})^2$	$(Y-\bar{Y})^2$
8	25	503	608.8	-105.775	11 188	114 447
9	41	773	844.2	-71.2 434	5 076	4 665
10	39	839	814.8	24.19 015	585	5
11	35	893	755.9	137.0 572	18 785	2 673
12	27	588	638.2	-50.2 088	2 521	64 161
13	55	957	1 050.3	-93.2 779	8 701	13 386
14	38	703	800.1	-97.0 931	9 427	19 127
15	24	497	594.1	-97.0 586	9 420	118 542
16	28	657	652.9	4.074 415	17	33 966
17	53	1 209	1 020.8	188.1 556	35 403	135 203
18	55	997	1 050.3	-53.2 779	2 839	24 242
19	33	844	726.5	117.4 907	13 804	7
20	29	883	667.6	215.3 577	46 379	1 739
合计	816	16 826		168 26	171 605	871 860
平均值	40.8	841				

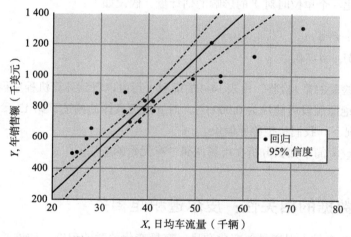

图 14-3 拟合样本数据的最小二乘回归线

回归结果的统计显著性。在 R^2 的计算中，Y 的总变差被分为两个分量平方和：

总变差 = 已解释变差 + 未解释变差

总变差是对观测值 Y 围绕其均值 $\bar{Y}$ 变化的测量，它测定的是 Y 值的变化而不考虑任何 X 值。总变差或称为总平方和（SST）可以表示为：

$$\text{SST} = \sum_{i=1}^{n}\left(Y_i - \bar{Y}_i\right)^2 = \sum_{i=1}^{n}Y_i^2 - \left(\frac{\sum_{i=1}^{n}Y_i^2}{n}\right)$$

已解释的变差或称回归平方和（sum of squares due to regression，SSR）可以表示为：

$$\text{SSR} = \sum_{i=1}^{n}\left(\hat{Y}_i - \bar{Y}_i\right)^2 = a\sum_{i=1}^{n}Y_i + b\sum_{i=1}^{n}X_iY_i - \left(\frac{\sum_{i=1}^{n}Y_i}{n}\right)^2$$

关于总体回归的假设。 我们感兴趣的是关于所提问题计算出的 R^2 值的假设。相对于期望的随机变差，结果中已解释（由我们模型得出的结果）的变差量是否更显著？方差分析（一种 F 检验）可用来检验该回归结果的显著性。

我们所列举例子的计算机输出结果如**表 14-4** 所示。结果表明，与总体回归相关的 P 值为 0.0 000，表明回归结果基本上不可能是偶然发生的。用前面使用过的术语来说，这是错误拒绝原假设（Y 与 X 之间没有关系）的概率。

表 14-4　回归分析结果

STAT. MULTIPLE REGRESS.			Regression Summary for Dependent Variable: R=0.89 619 973　R^2=0.80 317 395　Adjusted R^2=0.79 223 917 F（1,18）=73.451 p, 0.00000 Std. Error of estimate: 97.640			
N=20	Beta	St. Err. of Beta	B	St. Err. of B	t（18）	p-level
Intercpt X	0.896 200	0.104 570	240.856 6 14.716 8	73.383 47 1.717 17	3.282 164 8.570 374	0.004 141 0.000 000

关于回归系数 β 的假设。 最后，我们对感兴趣的回归系数 β 进行假设。或许你可以回想起来，β 是 X 变化一个单位时对 Y 的影响的估计量，假设如下：

- 原假设 H_0：β=0。
- 备择假设 H_a：$\beta \neq 0$。

合适该假设检验的是 t 检验，由表 14-4 的最后一行可以看到计算机程序得出的 t 值（8.57）和 p 值（错误拒绝原假设可能性为 0.000 0），对 p 值更具体的阐述见第 13 章。由于 α 标准为 0.05，在这种情况下，我们将拒绝原假设。

可以说二元或者简单回归分析在市场调研中有无数的应用。[3]

14.5　计量数据的相关性：皮尔逊积矩相关

相关性是一个变量（因变量）变化和另一变量变化关联的程度。如该关系存在于两个变量之间时，这种分析称为简单相关分析，或二元**相关分析**（correlation analysis）。**皮尔逊积矩相关**（Pearson's product-moment correlation）主要用于计量数据。[4] 还有一些工具可以用于非计量数据，如斯皮尔曼等级相关（Spearman's Rank Order Correlation），但此处不包括这些工具。

在二元回归分析中，我们使用可决系数 R^2 作为 X 和 Y 之间线性关系强度的测量。另一个量度称为相关系数 R，表示 X 和 Y 之间的关联程度，它是可决系数的平方根，带有适当的符号（+ 或 −）：

$$R = \pm\sqrt{R^2}$$

R 的取值范围从 −1（完全负相关）到 +1（完全正相关），越接近于 1，X 与 Y 关联程度越强，如果等于 0，则 X 和 Y 之间没有关系。

如果对估计回归函数不感兴趣，我们可以直接从商店例子的数据中计算 R，使用如下公式：

$$R = \frac{n\sum XY - (\sum X)(\sum Y)}{\sqrt{\left[n\sum X^2 - (\sum X)^2\right]\left[n\sum Y^2 - (\sum Y)^2\right]}}$$

$$= \frac{20 \times 734\,083 - 816 \times 16\,826}{\sqrt{(20 \times 36\,526 - 816^2)(20 \times 15\,027\,574 - 16\,826^2)}}$$

$$= 0.896$$

此时，R 值表示日均车流量与年销售额呈正相关关系。换句话说，连续增长的销售水平与连续增长的车流量水平相关。相关分析使我们能够迅速解决问题，例如，有嵌入式图像的电子邮件会被更多还是更少打开（正相关表示"更多"，负相关表示"更少"）？做更多的 URL 推荐会使得其在谷歌搜索排名更高吗？文章越长，在 Facebook 上获得的分享就越多吗？[5]

Dipaula 提出了另一种总结和呈现相关性结果的方法，即使用小、中、大类别。[6] 有些人认为市场调研人员和分析人员需要更频繁地使用相关性。还有一些人主张将相关分析和回归分析结合起来，以更好地了解我们试图理解的关系的本质。[7]

14.6 多变量分析程序

多变量分析（multivariate analysis）是指同时对所研究的每个个体或对象的多个测量值进行分析。[8] 某些专家认为，任何两个以上变量的同时统计分析都是多变量分析。

许多技术都属于多变量分析程序的范畴。在本章中，我们将讨论其中的六种技术：

- 多元回归分析；
- 多元判别分析；
- 聚类分析；
- 因子分析；
- 联合分析；
- 神经网络。

你可能在统计入门课程中接触过多元回归分析，但对其余程序研究较少。这些技术概述如**表 14-5** 所示。

表 14-5 多变量分析方法的概述

多元回归分析	能使调研人员根据一个以上的自变量水平来预测因变量的大小
多元判别分析	能使调研人员根据两个或两个以上的自变量来预测组别隶属关系
聚类分析	是用来识别个体或项目的子群的过程，该子群群内同质，群间异质
因子分析	通过识别数据中的潜在维度，允许分析人员将一组变量缩减为一组更小的因子或复合变量
联合分析	为估计消费者与不同产品特性或属性关联的效用提供了基础
神经网络	通过模仿大脑运作方式，试图识别数据潜在关系的一系列算法

尽管人们对多变量技术的认识仍未普及，但其已经存在了几十年，并被广泛用于各种商业目的。例如，Fair Isaac & Co 围绕多变量技术的商业应用建立了近 10 亿美元的业务，其中

包括 Fair Isaac 公司（FICO）分数的开发。[9] 该公司及其客户发现，这些技术能惊人地准确预测谁将按时付账、谁将延迟付账以及谁将赖账。美国联邦政府基于该公司分析，使用机密方式来识别逃税者。Fair Issac 公司还表明，其多变量分析有助于识别最佳销售前景。

14.7 多变量软件

本章介绍的各类多变量技术要求的计算量很大。作为一个实际问题，运行所提出的分析对计算机能力和合适的软件有要求。个人电脑能够处理市场调研人员可能遇到的大多数问题。当然，大数据问题是个例外，需要使用像 Hadoop 这样的网络工具。Hadoop 是一个开源软件工具的集合，它可以让分析师将许多计算机连接到网络，以解决涉及大量数据和计算的问题。大多数市场调研问题可以在几秒钟内解决，并且有很多优秀的软件可以用于多变量分析，其中 SPSS 和 SAS 是专业市场调研人员最广泛使用的两种软件。

SPSS 包括全套软件模块，用于集成数据库创建与管理、数据变换与处理、图形化处理、描述性统计和多变量程序，而且它还拥有简单易用的图形界面。关于 SPSS 产品线的其他信息详见 http://www.spss.com/software/statistics 和 http://www.spss.com/software/modeler。此外，这个网址还提供了许多其他有用的资料：

- 技术支持、产品信息、常见问答（FAQs）、各类下载以及产品评论；
- 运用多变量分析解决企业实际问题的成功范例；
- 数据挖掘与数据仓库应用的讨论。

当我们开始讨论分析方法时，不要忘记必须先获取为模型提供的数据。这是一项重大挑战。在前面的章节中，我们已经讨论了目标建立或主要的数据获取方法——询问调查、观察和实验。对高度专业化和针对性的数据一直有持续增长的需求，且我们将在此讨论一些技术（尤其是联合分析），其需要为手头的特定目的收集高度专业的数据。还有一个问题是如何将公司的所有内部数据转换成一种可以分析和建模的格式。[10] 当然，这里存在来自正常运营、社交媒体和其他来源的数据的大数据挑战，这些数据产生大量数据集，可能需要额外的组织才能用于分析和建模。

我们使用了本章中讨论的许多分析技术，但首先，我们必须捕捉数据，并以我们可以使用的形式获得信息。关于这个问题的更多内容详见本章章尾。

14.8 多元回归分析

当研究目标是调查两个及两个以上公制性预测变量（自变量）与一个公制性校标变量（因变量）之间的关系时，调研人员使用多元回归分析来进行分析。[11] 在某些情形下（本节稍后介绍），如果类别预测变量被记为二元变量，也可以使用该预测变量。

多元回归分析（multiple regression analysis）是二元回归的延伸，二元回归在本章前部分已探讨过。相比二元回归，多元回归分析不是将直线拟合到二维空间的观测中，而是将平面拟合到多维空间的观测维度。其所得结果以及解释基本与二元回归相同。多元回归的一般方程如下：

$$Y = a + b_1X_1 + b_2X_2 + b_3X_3 + \cdots + b_nX_n$$

式中　Y——因变量（校标变量）；
　　　a——常数估计值；
　　　$b_1 \sim b_n$——与预测变量相关的系数，其表示X_i每改变一个单位将引起Y的b_i单位的变化[一]，该系数取值通过回归分析来估计；
　　　$X_1 \sim X_n$——对因变量产生影响[二]的预测变量。

例如，下面的回归方程（其中a、b_1和b_2的值已通过回归分析估计）：

$$\hat{Y} = 200 + 17X_1 + 22X_2$$

式中　$\hat{Y}$——预计单位销售额；
　　　X_1——广告支出；
　　　X_2——销售人员的数量。

此方程表明：每增加1单位广告费，销售额相应增加17单位；每增加1单位销售人员，销售额相应增加22单位。

14.8.1　多元回归分析的应用

在市场调研中，有许多可能使用多元回归分析的运用。

- 预测各种营销组合变量对销售额或市场份额的影响。
- 预测各种人口统计因素或心理因素与光顾某些服务企业的频率之间的关系。
- 确定个人满意度要素对整体满意度的相对影响。该种类模型通常被称为关键因素驱动分析或KDA。如果分析得当，它们可以告诉我们应该在哪些方面努力才能对客户满意度或客户体验产生最大的影响。
- 量化各种分类变量之间的关系，如年龄、收入和对产品或服务的整体态度。
- 确定哪些变量可以预测特定产品或服务的销售。

多元回归可满足两类基本目标中的任何一类目标，也可同时满足这两类基本目标。两类基本目标分别为：①在给出自变量水平的基础上预测因变量水平；②了解自变量与因变量之间的关系。

14.8.2　多元回归分析的测量

在本章前部分对二元回归问题的讨论中，**可决系数**（coefficient of determination）（或R^2）被视为回归分析的一个输出结果，该统计量假定值为0～1。它提供了一种测量因变量变差中

[一] 英文原文为X每改变一个单位将引起Y的b_i单位的变化。——译者注
[二] 英文原文为influence influence。——译者注

由自变量的变化所解释的比例的方法。例如，若在某个给定的回归分析中 R^2 的值为 0.75，这说明因变量变差的 75% 可由自变量的变化解释。分析人员总是希望算出的 R^2 接近于 1。通常，变量被添加到一个回归模型中，以查看其对 R^2 值有何影响。

当模型变得更大（有更多因变量或预测变量）时，明智的做法是查看被称为调整后的 R^2 的统计量变化，并将其作为回归模型拟合度的度量。标准 R^2 值随着每一个预测变量加入模型而趋于增加，无论该变量是否真的增加了模型的解释能力。调整后的 R^2 根据预测变量的数量和总体样本量之间的关系对可决系数进行了修正，产生了当包含某几个自变量时更有意义的模型拟合估计。调整后的 R^2 总是小于或等于 R^2。当每个自变量的样本量均较大时，调整后的 R^2 与标准度量值相似，当样本量很小且模型中包含许多预测量时，其产生负结果。

b 值，即**回归系数**（regression coefficients），是单个自变量对因变量的影响。确定单个 b 值是偶然结果的概率也是恰当的。几乎所有统计软件包的输出结果都包含该概率的计算。通常，软件包计算错误地拒绝原假设（b=0）的概率。

多元回归分析可以用来估计各种人口统计学或心理因素与光顾某些服务企业的频率之间的关系。

14.8.3 虚拟变量

在某些情况下，分析人员在多元回归分析中需要使用类别尺度自变量，如性别、婚姻状况、职业和种族。

虚拟变量（dummy variables）就是因此而创建的。通过将一个值（如女性）编码为 0，将另一个值（如男性）编码为 1，二分类别尺度自变量就可转换为虚拟变量。对于拥有两个以上值的名义尺度自变量，则需要一种稍微不同的方法。如果有 K 个类别，则需要 K-1 虚拟变量来唯一识别每个类别。（包含 K 个类别将会过度识别模型，因为最后一个类别是由前 K-1 变量的 "0" 表示的）。考虑一个关于种族的问题，其答案有三种可能，即非裔美国人、西班牙裔人或白种人。用二分变量或虚拟变量对应答编码需要两个虚拟变量 X_1 和 X_2，其编码可能如表 14-6 所示。

表 14-6 关于种族问题的编码

	X_1	X_2
如果这个人是非裔美国人	1	0
如果这个人是西班牙裔人	0	1
如果这个人是白种人	0	0

14.8.4 潜在使用与解释问题

分析人员在应用和解释多元回归分析结果时可能会遇到一些问题，他们必须对这些问题有足够的敏感度。下面对这些问题进行了概括。

共线性 多元回归分析的一个关键假设是，自变量之间不相关（共线）。[13] 如果自变量彼此相关，那么预测的 Y 值将是无偏的，但 b（回归系数）的估计值将会出现膨胀标准误差，并且其将是不准确的和不稳定的。如果预测变量以相似的方式一起变化,算法就无法对它们的单个影响进行分类。对于某些 b 值,大于预期系数的部分将被其他小于预期系数的部分补偿,以至于我们可能会得到符号反转结果(一个预期对因变量有正向影响的项有一个负号)。

检测**共线性**(collinearity)最简便的方法是检查该分析中显示每个变量间相关性的矩阵。一个经验性法则是找出自变量间相关系数为 0.30 或更大的自变量。如果存在如此高的相关性,那么分析人员应对各 b 值的失真进行查验。其中一个查验办法是对两个或多个共线变量进行回归分析,然后再对单个变量进行回归。在方程所有变量回归的 b 值应该与单独运行的变量计算得到的 b 值相似。

解决共线性问题有多种方法,最常用的两种方法是:①如果两个变量之间存在很强的相关性,那么将其中一个变量从分析中删除;②用某种方式将相关变量合并(例如,创建一个指数或使用因子分析合并相关变量),以形成一个新的复合自变量,该变量可用于后续的回归分析。

因果关系 虽然回归分析能表现出变量间彼此是相互关联的或相互联系的,但不能证明其**因果关系**(causation),因果关系仅能以其他方法确定(见第 11 章)。因此,必须建立一个强大的逻辑或理论基础,才能支持自变量和因变量之间存在因果关系的观点。但是,即便有强大的逻辑基础和支持的统计结果表明相关性,它也只是因果关系的指标。

标准化回归系数 只有在**缩放系数**(scaling of coefficients)为同一单位或数据经过标准化后,与各自变量相关的回归系数大小才能直接进行比较。考虑以下例子:

$$\hat{Y} = 50 + 20X_1 + 20X_2$$

式中 $\hat{Y}$——预计的销售额;
X_1——广告费用(千美元);
X_2——销售人员数量。

乍一看,增加 1 千美元的广告费和增加 1 位销售人员对销售额的影响是相同的。然而,这并不正确,因为 X_1 和 X_2 是以不同的单位来测量的。若要对回归系数进行直接比较,则要求其所有自变量都用相同的单位计量(例如美元或千美元)或数据经过标准化。标准化通过取数列中的各个数,减去该数列的平均值,然后将结果除以该数列标准差实现。此过程将任一一组数字转化为一组平均值为 0、标准差为 1 的新集合。标准化过程公式如下所示:

$$\frac{X_i - \overline{X}}{\sigma}$$

式中 X_i——数列中的单个数值;
$\overline{X}$——数列的平均值;
σ——数列的标准差。

样本容量 R^2 值的大小受与样本容量相关的预测变量数量的影响。[14] 几种被提出的不同经验性法则建议,观察值的数量应至少等于预测变量数量的 10~15 倍。如在前例中,销售额是广告费用和推销人员数的函数,有两个自变量,因此至少需要 20~30 个观察值。值得注意的是,对于大数据,这就不算问题,因为观测值的数量非常大。

14.9 多元判别分析及其应用

尽管**多元判别分析**（multiple discrimination analysis）与多元回归分析类似，[15] 但它们之间也存在重要的不同之处。在多元回归分析中，因变量必须是**可测量的**（metric）。在多元判别分析中，因变量是**名义的或类别的**（nominal or categorical）。例如：因变量是一种产品或服务的使用状态，使用过该产品或服务的应答者在此变量中可以编码为 1，而没使用的应答者可以编码为 2；而自变量可能包括各种可测量的指标，如年龄、收入、受教育年限等。多元判别分析的目的如下：

- 确定两个（或多个）组（如上例中的使用者和非使用者）在平均判别评分方面是否存在统计学上的显著差异。
- 根据自变量的取值，建立一个可对若干个体或客体进行分组的模型。得到的矩阵称为**分类矩阵**（classification matrix）。
- 确定各组平均得分的差异有多少可以由自变量解释。

判别分析的一般方程如下：

$$Z = b_1 X_1 + b_2 X_2 + \cdots + b_n X_n$$

式中 Z——判别得分；

$b_1 \sim b_n$——判别权重；

$X_1 \sim X_n$——自变量。

判别得分（discriminant score）通常表示为 Z 分，它是根据公式为各个个体或客体计算来的得分，该分值是预测特定客体或个体属于哪个组的基础。判别权重，也常称为**判别系数**（discriminant coefficient），是通过判别分析程序计算出来的。与特定自变量相关的判别权重（或系数）的大小由公式中变量的方差结构决定。区分能力大的自变量（在各组之间差异大），判别权重就大；反之，区分能力小的自变量，判别权重就小。

如前所述，判别分析的目的是预测类别变量。分析人员必须决定哪些变量将有望与某一个人或客体落在两个或多个组（类）之一的可能性相关。在统计意义上，分析组间差异性质的问题涉及要找出一个自变量的线性组合（判别函数），以显示各组均值间的巨大差异。在某些应用中，多元判别分析优于多元回归分析。

判别分析可以用来回答市场调研中的许多问题。例如：

- 购买各品牌的消费者与不购买这些品牌的消费者之间有何不同？
- 为了进行最有效的上市前营销活动，我们如何从现有客户数据库中找到新产品的潜在买家？
- 在人口统计学和生活方式特征上，经常光顾一家快餐店的消费者与经常光顾另一家快餐店的消费者有何不同？
- 我们能否根据顾客的特征和行为来预测哪些顾客满意，哪些顾客不满意？
- 已经选择赔偿保险、HMO 保险或 PPO 保险的消费者对医疗保健的使用、感知和态度有什么不同？

值得注意的是，判别分析和本章讨论的其他传统统计技术一样，在机器学习、数据挖掘和神经网络等新领域具有重要地位。

14.10 聚类分析

聚类分析（cluster analysis）是一种统计方法，用于识别在某些变量或测量方法方面相似的客体或人的子群。其目的是把客体或人分成相互排斥的穷尽组，以使组内成员尽可能彼此相似（一般情况下如此，但是诸如模糊聚类等技术则是计算成员入组概率，而不是将其唯一分配给单个组）。[17] 换句话说，集群内部应该是同质的（集群内部），外部应该是异质的（集群之间）。

14.10.1 聚类过程

许多不同的程序（基于不同的数学和计算机例行程序）可用于对人或事物进行聚类。聚类方法的例子包括 K-均值聚类法、两阶段聚类法、最近邻聚类法、决策树、集成分析法、随机森林聚类法、BIRCH 和自组织神经网络。然而，所有程序基本方法均涉及测量人或物间的相似程度，该相似程度与聚类所使用的变量的值有关。[18] 通常情况下，人或物体之间的相似程度由某种类型的距离度量决定。该方法最好用图形阐述。假定分析人员希望根据两个变量——每月外出就餐频率和每月在快餐店吃饭频率，对消费者进行分组或聚类。对这两个变量的观测结果绘制成二维图表，详见**图 14-4**。图中每个点表示，根据这两个变量归类标准，某消费者应处的位置。在同时考虑两个变量的情况下，任何一对点之间的距离与对应个体的相似程度呈正相关（两点越近，两个体越相似）。在**图 14-4** 中，相比于消费者 Z 或 W。消费者 X 与消费者 Y 更相似。

图 14-4 结果显示，在同时考虑"外出就餐频率"和"在快餐店就餐频率"的基础上，出现了以下三个不同的集群。

组 1：既不经常出去吃饭，也不经常去快餐店的消费者。
组 2：经常出去吃饭但不经常吃快餐的消费者。
组 3：不但经常在外吃饭而且经常光顾快餐店的消费者。

快餐企业可以从中看出，它的最佳目标是那些经常外出就餐，特别是在快餐店就餐的人。为了给客户提供更多的洞见，研究人员应该再对组 3 消费者的人口统计特征、心理特征及行为特征做进一步研究。

如**图 14-4** 所示，集群可以由散点图形成。然而，随着用于开发集群的变量的数量或被聚集的对象或人的数量的增加，这种耗时、试错的过程将变得更加烦琐，最终几乎不可能实现。你可以想象一下，在**图 14-4** 中，分类的标准只有两个，而分类对象也只有 100 人。两个变量和少于 100 个对象的问题能较容易地可视化。一旦变量增加到 3 个，观察的数量增加到 500 个或更多，可视化就不可能了。幸运的是，计算机算法可以执行更复杂的聚类分析。这些算法的机制很复杂，超出了本文讨论的范围，但它们背后的基本思想是，从一些任意的聚类边界开始，并不断修改边界，直到到达一个点，在这个点上，聚类内部的平均间隔距离相对于聚类之间的平均距离尽可能小。

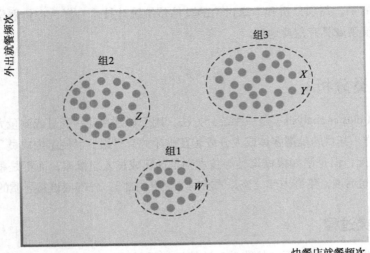

图 14-4　基于两变量的聚类分析

14.10.2　聚类分析应用

聚类分析在市场调研和分析中的主要应用是对细分市场进行识别。市场细分应由数据驱动，如果我们有适当的信息涵盖人们的人口特征、行为、态度和偏好，那么我们就可以使用聚类分析来进行真正的数据驱动的市场细分。聚类分析不是一种优化技术，分析人员必须评估不同的解决方案（聚类的数量），并应用其对市场的判断和知识来决定最合理的解决方案。还有一些实际问题需要考虑，例如，营销计划中有多少细分市场？显然，我们可能无法处理100个或更多的集群。客户端通常以 5 到 10 个集群范围结束。当我们减少集群的数量时，必然会将消费者推向同质性较低的集群。因此，我们在减少集群数量时必须慎重。当然，除了市场细分，聚类分析还有其他的应用，但它们都有一些市场细分的意味。例如，对于一个关键驱动模型，我们可能希望将具有相似经验或相似特征的客户分在一组，并为每个组开发单独的模型。

根据人们外出就餐的频率和地点来对他们进行聚类，是确定特定消费者群体的一种方式。一家高档餐厅的顾客可能在**图 14-4** 中属于组 2，也可能是组 3。

14.11　因子分析

因子分析（factor analysis）的目的是使数据简单化。[19] 其目标是从大量的公制性测量（如评比性量表）的信息中总结出较少的汇总性指标，即因子。因子分析与聚类分析一样，也没有因变量。

市场调研人员感兴趣的许多现象实质上是一些指标的复合或者组合概念，这些概念通常通过评比性问题来测量。例如，在评估消费者对一种新型汽车的反应时，如"豪华"这一概念，一般意义上可以从受访者角度对不同汽车的属性进行评分来衡量，比如"驾驶安静""驾驶平稳"或"地毯豪华"等。产品设计师想要生产一种"豪华型"汽车，他只知道多种设计以使汽车符合"豪华"这一概念。每个属性评分都只是针对"豪华"的某一方面。一组评估比单一整体的"豪华"评分更能反映这一概念。

如果一个概念包含多方面的指标，那么它们可以综合在一起形成一个综合概念或计算出这个概念的平均得分。表 14-7 显示了 6 个消费者在 4 个特征方面对汽车的评价数据。从中可以看出，注重汽车驾驶平稳性的消费者也倾向于关注驾驶安静性。类似的情况也存在于加速性能与操作性能中。通过对得分进行平均计算，可以将这四个指标组合为两个汇总指标。由此产生的汇总指标可称为"豪华"和"性能"（见表 14-7）。

表 14-7　豪华汽车特征的重要性评级

受访者	驾驶平稳性	驾驶安静性	加速性能	操作性能
鲍勃	5	4	2	1
罗伊	4	3	2	1
汉克	4	3	3	2
珍妮特	5	5	2	2
珍妮	4	3	2	1
安	5	5	3	2
平均值	4.5	3.83	2.33	1.5

14.11.1　因子得分

当应用于多个变量时，因子分析结果可产生一个或几个因子或复合变量。**因子**（factor）的技术性定义是一组相关变量的加权汇总得分，类似于通过测量值平均得出的综合分数。然而，在因子分析中，每个指标首先应根据其对该因子变化的贡献程度进行加权。

在因子分析中，要为数据集中每个人的每个因子计算一个因子得分。例如，在一个只有两因子的因子分析中，可使用以下方程式来确定因子得分：

$$F_1 = 0.40A_1 + 0.30A_2 + 0.02A_3 + 0.05A_4$$
$$F_2 = 0.01A_1 + 0.04A_2 + 0.45A_3 + 0.37A_4$$

式中　$F_1 \sim F_n$——因子得分；

$A_1 \sim A_n$——属性评分。

通过这些公式，将变量 A_1 到 A_4 的评分代入每个方程，可以计算出每个受访者的两个因子得分。等式中的系数是被应用到各个受访者评分的因子得分系数。例如，鲍勃的因子得分（见表 14-8）计算如下：

$$F_1 = 0.40 \times 5 + 0.30 \times 4 + 0.02 \times 2 + 0.05 \times 1 = 3.29$$
$$F_2 = 0.01 \times 5 + 0.04 \times 4 + 0.45 \times 2 + 0.37 \times 1 = 1.48$$

在第一个等式中，A_1 和 A_2 因子得分的系数（或权重）较大（0.4 和 0.3），而 A_3 与 A_4 的却较小。A_3 与 A_4 的权重较小是因为这两个变量对于因子 1（F_1）的变化影响不大。无论受访者 A_3 和 A_4 的等级评分是多少，它们对 F_1 的影响都不大。然而，在计算第二个因子得分（F_2）时，变量 A_3 与 A_4 起很大的作用，A_1 和 A_2 相反。这两个方程表明，变量 A_1 和 A_2 相对独立于 A_3 与 A_4，因为每对变量只在一个评分方程中具有较大的权重。

评分系数的相对大小也是有用的。变量 A_1（0.4 的权重）较之 A_2（0.3 的权重）对因子 1 的变化有更大的作用。在估计不同设计变化的意义时，这个发现对于产品设计者来说是非常重要的。例如，产品经理可能通过产品的重新设计或广告来提高汽车的奢华感。根据其他相关的研究，他认为花一定费用重新设计可把"驾驶平稳性"的平均得分从 4.3 提高到 4.8；同时，同样的费用也能使"驾驶安静性"的平均得分提高 0.5 个点。因子分析表明，要想使车辆的豪华感得以提高，在同样的费用下，提高"驾驶平稳性"的评分比提高"驾驶安静性"的评分更有效。

表 14-8 两个综合指标的平均得分

受访者	豪华	性能
鲍勃	4.5	1.5
罗伊	3.5	1.5
汉克	3.5	2.5
珍妮特	5	2
珍妮	3.5	1.5
安	5	2.5
平均值	4.17	1.92

14.11.2 因子载荷

通过检测**因子载荷**（factor loadings），我们可以确定导出因子的性质。用前面提过的评分方程为每个受访者分别计算两个因子得分（F_1 和 F_2）。因子载荷值是通过计算每个因子得分（F_1 和 F_2）与每个初始评分变量的相关系数（从 -1 到 $+1$）得到的。每个相关系数代表相关变量在特定因子上的载荷值。如果 A_1 与 F_1 因子关系密切，那么其载荷值或相关系数就较大，如**表 14-9** 样本问题所示。因为因子载荷值是相关系数，所以当其数值分别接近 $+1$ 和 -1 时，分别表明高度正相关或高度负相关。变量 A_1 和 A_2 与因子 1 得分紧密相关（高度相关），而变量 A_3 和 A_4 与因子 2 得分紧密相关。

换句话说，变量 A_1 和 A_2 在因子 1 中有"高载荷"，并且"定义"该因子；变量 A_3 和 A_4 在因子 2 中有"高载荷"，并且"定义"该因子。

表 14-9 两因子的因子载荷

变量	与因子1相关的系数	与因子2相关的系数	变量	与因子1相关的系数	与因子2相关的系数
A_1	0.85	0.10	A_3	0.06	0.89
A_2	0.76	0.06	A_4	0.04	0.79

14.11.3 因子命名

一旦确定了每个因子的定义变量，下一步就是给该因子命名。这是一个偏主观的步骤。在为因子命名时，既要有对"高载荷"变量的观察和了解，又要凭直觉来判断。通常，对某个特定因子来说，负载荷的变量之间往往存在某种一致性。例如，将"驾驶平稳性"与"驾驶安静性"的评分载荷在同一因子上就不奇怪。此外，虽然本书选择用"豪华"来命名这个因子，但当另一个研究人员看到同一个结果时，他也可能决定把该因子命名为"显赫"。

14.11.4 保留的因子数量

在分析中，分析人员还要解决一个问题，即决定保留多少个因子。最后的结果中可以只有一个因子，也可以有和初始变量一样多的因子。该决定通常是通过观察原始数据中由每一因子所解释的变差的百分比做出的。

在选择要保留的因子数目方面有多个规则，其中或许最适当的规则是：当附加一个因子而不再有意义时就不再予以保留了。最初被识别出来的因子往往能表现出逻辑上的一致性，但最后被识别出来的那些则经常会解释不通，因为其更可能包含大量的随机变差。

14.12 联合分析

联合分析（conjoint analysis）是一种流行的多变量程序，它被营销人员用来决定新产品或服务应该包括哪些功能以及它如何定价。人们普遍认为，联合分析之所以流行起来，是因为其在解决重要问题时，比传统的概念测试方法更有力、更灵活且花费更小。[20]

联合分析并不是一个完全标准化的程序。[21] 典型的联合分析涉及在精心控制的操作中展现各种产品或服务组合，然后根据人们对呈现组合的不同反应来评估每个测试特性的相对价值。"反应"可以由排序、评分、购买可能性或一些其他方法来捕获，这主要视使用方法而定。联合方法的类型（例如，基于评比、离散选择、分级配对、双重选择、全部轮廓、部分轮廓、自适应选择等）将影响操作的呈现方式和最适合分析结果的统计程序。

14.12.1 模拟买家选择

提供一种工具来模拟消费者对不同潜在产品的反应，并将这种技术从简单的分析工具转变为一种可以为营销策略制定提供强有力的洞见的工具是联合分析的一个很酷的功能。举个例子，假设我们已经确定买家在做汽车购买决定时只考虑三个重要特征：价格、每加仑⊖汽油行驶里程和颜色。显然，在现实世界中，许多消费者还关注汽车的其他属性，但我们简化示例，以说明买家购买决策过程。在此基础上我们进一步假设，用三个级别来处理这些属性。换句话来说，我们有三种等级的价格、三种等级的每加仑英里数、三种颜色。设定三个级别并无特别之处，在现实生活中每个属性可能有任何数量的级别。当为连续属性（如价格或每加仑汽油行驶里程）生成各个属性级别时，我们可能想要考虑汽车市场的某个细分市场，如小型汽车。有了三个属性，每个属性都有三个层次，我们可以制造 27 辆不同的汽车。 此外，要确保这些连续变量在最高端有高于当前最高价格的东西，在最低端有一些低于当前最低价格的东西，以及有介于两者之间的东西。如前所述，我们并没有将这些属性限制在三个级别，但是显著增加级别的数量将极大地增加操作的复杂性。

接下来，我们需要让小型汽车目标客户进行某种类型的操作，让其对我们在本例中可以制造的 27 辆不同版本的汽车进行评级或排名。在此之后，我们需要使用一些工具（从简单的工具如回归分析到比本章所讨论的复杂得多的工具）来估计潜在买家在不同属性的不同层次上预期的价值或效用。在任一情况下，我们最终都会得到与每个应答者的每个属性的每个级别相关联的价值或效用的数据集。

⊖ 1 USgal=3.785 41dm³。——编辑注

要模拟消费者对于我们考虑生产的四种不同版本汽车的反应，最简单的方法是将每个受访者对各个版本汽车相关的总价值简单相加，并假定其会购买总价值最高的汽车。这是一个赢家通吃的方法，并不完全现实。另一种方法是将四种汽车的总价值相加，并将其作为除数，用每种车的总价值除以该数，再将结果假定为此人购买每辆车的概率的百分比。例如，如果对某人来说第一辆车价值占四辆车总价值的42%，那么我们假设他有42%的概率会买那辆车，其他三辆车以此类推。

如前所述，联合分析（有时以某种形式称为离散选择分析）的内容要比本节所讨论的内容多得多。但是，本文的讨论应该使你能够理解联合分析的基本概念。

14.12.2 联合分析的局限性

首先，与其他许多调研技术一样，联合分析在一定程度上受到人为因素的影响。受访者在调查过程中可能比其在真实情况下更深思熟虑，他们也可能在调查中获取比在实际市场环境中更多的产品信息。其次，如果关键属性或关键属性中的热门选项被排除在研究之外，需求估计值可能会受到严重影响。而测试太多的属性或特征会减少每个人对最想要的特征的关注度，从而降低测量准确度。再次，信息的呈现方式（例如，属性陈列顺序，图片是否与属性准确匹配，价格呈现方式，等等）会极大地影响受访者对属性的关注，并最终影响他们做出决定的方式。总之，重要的是，要么在联合分析操作的展示中尽可能保持中立，要么尝试复制产品或服务在市场上是如何被评估和比较的，以避免结果产生偏差。

最后，还要着重记住一点：任何新产品或服务的广告和促销都能够使该消费者的认知与那些通过调查中使用的事实描述产生的认知有很大的不同。另外请牢记，消费者不能购买他们不知道的东西，所以联合分析在充分察觉、不限制访问和完全了解所有产品功能的假设下运行。

14.13 神经网络

本书第10章详细讨论了神经网络。你可能还记得，神经网络，或更准确地说人工神经网络（ANNs）是从试图开发一种模拟人类大脑功能的建模方法演变而来的。虽然媒体喜欢大肆宣传计算机可以像人一样思考的观点，但事实并非如此。神经网络只能用数字、算法和方程来运作。它们可能模仿人类的思维，但与人类思维绝不相同。

神经网络可以被认为是一种多变量分析。神经网络方法适用于处理大数据、大量变量和观测值以及当我们不知如何对正在研究的问题建模时。

14.13.1 神经网络描述

神经网络由被称为神经元的计算单元层组成，各层之间有连接。人工神经元被设想为在生物神经网络中的生物神经元模型的数学函数。人工神经元是人工神经网络的基本单元。人工神经元接收一个或多个输入，并将输入相加以产生一个输出。神经网络有以下三个层级[22]。

- 输入层：该层包含输入数据。

- 隐藏层：隐藏图层至少有一层（通常不止一层），该层是进行计算的地方。
- 输出层：这里是我们得到神经网络产生的结果的地方。

一个简单的神经网络可能如图 14-5 所示，我们试图开发一个预测销售额的模型。这个网络的输入相对简单，且只有一个隐藏层。用于神经网络分析的各种软件包使我们能控制隐藏层的数量和该网络的其他方面。

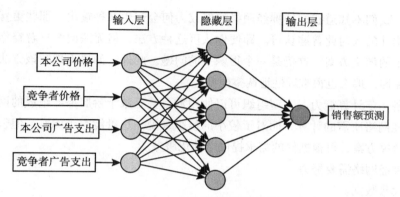

图 14-5　一个简单的神经网络图

这些网络将对数据进行转换，直到它们能将该数据分类为输出。每个神经元将一个初始值乘以一个用不同统计或数学工具计算的权重，将结果与进入同一神经元的其他值相加，根据神经元的偏差调整结果数，并使用激活函数对输出值进行规范化处理。

人工神经网络可以快速学习，这是其在大数据分析中强大且有用的原因之一。在学习/训练中或训练后处于生产模式中工作时，数据通过输入神经元的方式被输入网络中，随后触发隐藏的神经元层，从而将转化的结果送到输出神经元处。这是一个前馈网络。

并不是所有的神经元都一直"驱动"。每个神经元接收来自其左侧神经元的输入，这些输入将乘以它们所经过的连接点的权重（见图 14-5）。每个神经元都以这种方式将接收到的所有输入相加，如果总和超过阈值，神经元就会"驱动"并触发与它相连的右侧神经元。

14.13.2　神经网络如何"学习"

人工神经网络要学习，就必须学习它做错了什么，做对了什么。前馈网络不向网络提供这种反馈。反馈是我们总结生活中经验和教训的方式，也是人工神经网络需要学习的东西。

神经网络通过一种被称为反向传播的反馈过程来学习事物。在反向传播中，网络的输出与它本要产生的输出进行比较（见第 10 章的讨论）。[23] 基于该差异，对网络中神经元之间的连接权重进行修改，不断从输出单元通过隐藏的神经元到反向的输入神经元进行运作。通过这种反向传播，网络不断学习并使输出和预期输出之间的差异变小。

14.13.3　神经网络适用情况

我们在本章中介绍的技术适用于我们有针对性地对特定问题收集了少量数据的情况。这里我们讨论的通常是通过传统方法（询问调查、观察、实验）收集的几百到几千个观测值，而不是从某个系统中收集的几十万或数百万个没有特定目的的观测结果。[24]

14.13.4 神经网络的局限

尽管媒体对神经网络大肆宣传，但它有很大的局限性[25]：

- 黑箱。我们不知道我们的神经网络如何或为何会产生某种输出。那些更喜欢神秘性而非透明性的人对此普遍认可。即便你认可这种方法，但无法向客户解释你如何想出一个特定的解决方案，这仍是一个很棘手的问题。此外，如果不理解该方法所产生的输出的原因，那么也很难理性地调整模型。
- 需具备一定计算能力。大型组织可以使用数百甚至数千台服务器组成的网络来提供运行神经网络所需的计算，而对于较小的组织来说，这可能是个问题。但云计算提供了一种解决方案，可根据你的需求提供个性化服务。
- 构建神经网络需要努力。
- 需要大量数据。⊖

神经网络支持机器学习、深度学习和人工智能。其在市场营销中的主要应用如下。

- 预测性分析。
- 市场细分和分类。
- 销售额预测。

14.14 预测分析

预测分析[26]描述了一系列从数据集中提取和分析信息的方法技术。其工具包括本章中所讨论的所有工具（统计学、机器学习、数据库管理和计算机编程），且其均在识别模式和将数据信息转化为洞见中起作用。随着数据指数级增长，公司都要在数据中寻找有效信息以提高效率，因此这些工具组合在商业上的重要性与日俱增。预测分析可以应用于大数据或传统数据库、观察值数据（如会员卡使用情况）、互联网资源（如社交媒体文本）、网络跟踪数据或初步调查研究结果。欺诈检测、趋势分析、目标导向性营销、重度用户预测和潜在购买者识别等，是预测分析的一些运用。

14.14.1 预测分析法的使用流程

获取数据集。进行预测分析之前，必须收集一个与研究问题相关的目标数据集。预测分析只能揭示可用数据间存在的模式或关系。因此，数据集通常要足够大，以包含现实中可能存在的所有模式和关系。数据集至少要有数千条记录。

⊖ 原文直译为"喂我，我渴望数据"。——译者注

以往，收集一个如此庞大的数据集需要很高的成本和很多的时间；现在，从客户中收集几 TB 的信息对大部分公司来说只是日常项目，并且许多社交媒体公司也提供了大量可以利用的实时数据。此外，许多第三方供应商也提供了各种各样的数据信息，几乎所有美国的住户和公司都可以购买这些数据。

预处理。数据集一旦收集好后，必须通过某个过程进行清洗，对其中包含过多噪声的观察数据、错误数据以及缺失数据进行编辑和删减。可以用数据转换处理不规则数据和最小化极端值。从类似的记录中引入缺失值以及建立预测模型填补缺失信息是常用的方法。连接多个数据集也是对可用数据预处理的内容。

建模。在建模过程中可以采用以下多种手段。

- **聚类**。这项工作的目的是发掘小组、结构以及市场细分。例如，在数据中发掘在某些选定的变量集上相似的组。这些分组并非一目了然，也并非单个变量组或很少项目量就能决定的。进行聚类时，通常需要评估大量的解决方案才能找到最好的方法。聚类分析是本章前面讨论的技术之一，通常用来揭示隐藏分组或识别意料之外的关联。
- **分类**。一些现成的信息，比如人口统计信息和地理位置信息，也可以用来分辨个体的关键行为（购买频率或产品偏好）。一些专有资料，比如浏览的线上广告或之前购买的产品，只要这些信息是可获得的，都能够非常有效地预测未来的行为。通过聚类识别的客户细分也可以建模，以预测新客户和潜在客户属于哪个细分市场。成功的模型可以应用于新客户和那些因数据缺失而无法直接处理的记录。
- **估计和预测**。可以为个体或群体计算诸如风险指数、欺诈识别、留存率、终身价值和可能购买比率等。这些计算可以根据当下拥有的有限数据预测未来结果。它们也能够用来监视个体或群体以发现客户行为的变化，并尽早做出反应，以防止客户流失和利润减少。

验证结果。从目标数据和建模中发掘知识的最后一步是将预测模型算法运用到更广泛的数据集中，以验证预测建模算法产生的数据模式。并非在前面步骤中得到的每一个模式和关系都能够用到现实生活中。在验证过程中，从更广泛的数据集中识别的模式或模型将被应用于测试数据集，用到的测试数据集是那些未曾用来建立预测模型算法的数据。然后再将输出的结果和预想的结果相比较。

例如，如果要开发算法以预测最可能回复邮件邀请的人，那么开发和调试过程都要依靠过去的邮件发送邀请数据。一旦开发并测试了算法，该算法将运用到那些没有用于建立算法的邮件或最近真实发送的邮件中。如果预测模型没有达到预期的精确标准，那就有必要再次进行前面的步骤，以开发一个达到期望精度标准的算法或模型。

应用结果。一旦模型和计算建立完毕并经过验证，它就能够运用到现有的或未来的客户记录中，以提高营销效率。例如，从新的销售调查中收集而来的具体信息，可以用来将个体划分到所属的细分市场中。根据他们的市场细分，就能够为其提供最适合产品，将营销信息调整到最引人共鸣的程度。在每个记录中附加特定信息的潜在采购清单，使组织避免将营销资金浪费在不太可能购买商品的买家（基于预测模型应用）上，并将资源集中在最有可能购买和具有最大潜在终身价值的买家上。

例如，塔吉特（Target）根据一名少女购买的产品，能够比其父亲更早地确定她怀孕了。塔吉特给少女寄来各种各样与怀孕有关的产品，这让她父亲很恼火，直到少女向其父亲承认她真的怀孕了。[27]

14.14.2 隐私和伦理问题

大多数人认为预测模型是道德中立的，然而建立预测模型时数据的收集方法、获得的数据种类，可能会导致一些有关隐私、合法性和伦理方面的问题。例如，出于国家安全或执法目的而进行的电话监听和网络使用监测，以及出于营销目的使用脸谱（Facebook）和其他社交媒体活动都引发了人们对隐私的担忧。

14.14.3 商业预测建模软件及运用

像甲骨文和微软这样的数据库提供商为他们的平台提供了优化的工具。流行的大数据平台——Hadoop 拥有各种开源的商业工具。用来预测建模的高度集成安装包也越来越多，包括：

- Advanced Analytics；
- RapidMiner；
- BM SPSS Modeler；
- IBM Watson Studio；
- Alteryx
- Information Builders WebFOCUS；
- SAP Predictive Analytics；
- FICO Analytics；
- KNIME Analytics Platformo。

本章小结

同时取两个变量，用于分析其之间的关系的技术叫作二元分析。二元回归分析容许通过单个自变量的知识预测单个因变量。研究自变量与因变量之间潜在关系的方法之一就是绘制散点图。如果两者之间的关系近似一条直线，那么就可以用线性回归进行分析；如果其呈曲线分布，那么就要采用曲线拟合技术。拟合两个变量的直线的一般方程为：

$$Y = a + bX$$

式中　Y——因变量；

　　　X——自变量；

　　　a——Y 轴截距；

　　　b——每单位 X 的增量引起的 Y 的增量。

a 和 b 都是需要估计的未知参数。这种方法被称为简单线性回归分析。二元最小二乘回归分析是通过拟合一条直线来测定变量 X 与 Y 的数学方法。对这条线进行拟合，以使实际观测值的偏差的代数和为零，偏差的平方和小于其他任何可能拟合数据的直线。

估计的回归函数反映了 X 和 Y 之间的关系的性质。而调研人员还想知道两个变量之间的关系强度，这由可决系数来测量，用 R^2 表示。可决系数是由 X 变差解释的 Y 总变差的百分比，R^2 统计量的取值范围为 0~1。方差分析（ANOVA）也可用于回归分析。总变差称为总平方和（SST）。已解释变差，或称为回归平方和（SSR），表示被回归方程解释的变异性。未解释变差被称为误差平方和（SSE）。

相关分析则是计算一个变量变化引起另一个变量变化的程度。相关分析能反映两个变量之间是正相关、负相关还是不相关。

多变量分析是指用来对所研究的个体或对象的多个测量值同时进行分析的一种统计过程。一些流行的多变量技术包括多元回归分析、多元判别分析、聚类分析、因子分析和联合分析。

多元回归分析使调研人员可以根据一个以上自变量的水平来预测因变量。多元回归分析将平面的观测值拟合到多维空间。由多元回归分析得到的一个统计量被称为可决系数或 R^2，其取值范围在 0~1，代表了因变量变化中由自变量变化解释的百分比。b 值，或称为回归系数，表示单个自变量对因变量的影响。

多元回归要求因变量是可测量的，而在多元判别分析中使用的因变量在性质上是名义的或类别的。多元判别分析可以用来确定在两个或两个以上组的平均判别分是否存在统计学上的显著性差异。这种技术可以用于建立模型，根据个人或对象在自变量上的得分将其进行分组。最后，多元判别分析也可以用来确定各组的平均分数概况的差异有多少是自变量引起的。判别得分被称为 Z 分，根据判别方程为每个个体或对象推导得到。

聚类分析使研究人员可以识别各组群，这些组群内的个人或客体同质而与其他组群异质。聚类分析要求所有自变量是可测量的，但对因变量则没有特殊规定。聚类分析是实现市场细分概念的有效工具。

因子分析的目的是使大量的数据简单化。其目标是使用少量的概括性指标（即因子）来概括包含在大量可测量的数据（如等级评分）中的信息。与聚类分析一样，在因子分析中，没有因变量。因子分析生成因子，每个因子都是一组相关变量的加权组合。每个度量都根据其对每个因子变化的贡献来加权。因子载荷是通过计算因子得分与初始输入变量间的相关系数来决定的。通过检查哪些变量对给定因子的载荷值大，研究人员可以主观地为因子命名。

联合分析是可以用于衡量潜在消费者根据每种产品或服务的特性对不同产品或服务进行权衡的技术。这种技术允许调研人员确定各种特性在各种水平上的相对值。联合分析的估计值被称为效用，它们可作为模拟消费者选择的基础。

神经网络试图模仿人类大脑过程，以从数据中寻找模型。神经网络应用需要大数据，但"黑箱"影响使其结果难以解释。

预测建模利用统计学、机器学习、人工智能以及计算机编程技术，以识别市场数据集中的数据模式。随着现有数据呈指数级增长，该方法变得越来越重要。

关键词

二元回归分析	因变量	多元判别分析
二元技术	判别系数	多元回归分析
因果关系	判别得分	多变量分析
分类矩阵	虚拟变量	名义的或类别的
聚类分析	因子	皮尔逊积矩相关
可决系数	因子分析	回归系数
共线性	因子载荷	缩放系数
联合分析	自变量	散点图
相关分析	公制尺度	回归平方和

复习思考题

1. 举出适合使用回归分析的三个营销问题的例子。
2. 散点图有什么用途？
3. 解释可决系数的意义。这个系数揭示了关于因变量和自变量之间关系的什么本质？
4. 区分多元判别分析和聚类分析，并分别列举几个运用两类分析的实例。
5. 多元回归有什么用途？举一个在市场调研中应用多元回归的例子。如何判断多元回归的关联强度？
6. 什么是虚拟变量？举一个使用虚拟变量的例子。
7. 一名销售经理评估了公司120人组成的销售队伍其年龄、教育程度、反映内向或外向的性格水平以及销售水平。采用多元回归分析技术分析数据后，销售经理说："很明显，一位推销员教育水平越高，外向程度越大，其个人销售水平就越高。换句话说，良好的教育和外向的性格能够使一个人销售量增加。"你是否同意销售经理的结论？为什么？
8. 因子分析产生的因子和因子负荷的结果是数学结构。调研人员的任务是弄清这些因素的意义。下表列出了对有线电视观众的调研得出的四个因子。你会给这四个因子分别贴上什么标签？为什么？

		因子载荷
因子1	我不喜欢有线电视的电影频道一次又一次地重复播放电影	0.79
	有线电视电影频道应延长电影重播之间的时间	0.75
	我觉得有线电影频道总在重复播放东西	0.73
	过不了多长时间，你就会看到所有付费电影，那么为什么还要有线服务	0.53
因子2	我爱看爱情故事	0.76
	我喜欢感动人的电视节目	0.73
	看电视时我有时会哭	0.65
	我喜欢看"为电视制作"的电影	0.54
因子3	我喜欢电视的宗教节目（负相关）	−0.76
	我不认为电视福音传教主义是好的	0.75
	我不喜欢宗教节目	0.61

（续）

		因子载荷
因子 4	我宁愿在家看电视也不愿去电影院	0.63
	我喜欢有线电视，因为这样就不必去电影院了	0.55
	我更喜欢有线电视电影，因为去电影院太贵了	0.46

9. 下面是一个判别分析表，它记录了有线电视用户、以前的有线电视用户、从未使用过有线电视的人对各种态度问题的回答。观察不同的判别权重，对于三组数据，你有什么看法？

		判别权重		
		使用者	以前使用者	从未使用者
使用者				
A19	在维修上很随和	−0.40		
A18	无修理服务	−0.34		
A7	故障抱怨者	+0.30		
A5	选择过多	−0.27		
A13	反对运动	−0.24		
A10	反对宗教	+0.17		
以前使用者				
A4	对重复性节目厌倦		+0.22	
A18	无修理服务		+0.19	
H12	玩扑克和下棋的人		+0.18	
H1	自命不凡的人		−0.18	
H3	喜欢聚会的人		+0.15	
A9	更喜欢看录像的人		+0.16	
从未使用者				
A7	故障抱怨者			−0.29
A19	在维修上很随和			+0.26
A5	选择过多			+0.23
A13	反对运动			+0.21
A10	反对宗教			−0.19

10. 下表显示了两个因变量的回归系数：第一个因变量是消费者花钱看有线电视的意愿，自变量是对态度陈述的反应；第二个因变量是不希望家中有有线电视的人。通过考察回归系数，你对愿意为有线电视花钱的人和那些不希望家里有有线电视的人有什么看法？

	回归系数
愿意为有线电视花钱	
在维修上很随和	3.04
有线电影的观众	−2.81
喜剧观众	2.73
早睡	−2.62
故障抱怨者	2.25
失恋的	2.18
对重复节目厌倦	−2.06

	（续）
回归系数	
不希望家中有有线电视	
反对运动	0.37
反对性内容	0.47
选择过多	0.88

11. 解释预测分析包括什么。提供一些你可能应用预测分析营销问题的例子。
12. 描述预测分析过程中的步骤。

网络作业

1. 查看agilesportsanalytics.com。回顾为什么分析学在体育界中是重要且有用的讨论。查看他们讨论的一些应用程序。下载敏捷运动分析指南，并对其进行回顾，看看能做些什么。

2. 访问camo.com/resources/multivariate-types-methods.html，获取一些关于多元分析及其应用的易领会综合的信息。

调研实例 14.1

比萨快客的满意度调研

问题：比萨快客（Pizza Pronto）是一家区域性比萨连锁店，其在美国中西部的7个州都有分店。比萨快客引入了全面质量管理制度（TQM）。[28] 公司致力于将市场驱动的质量理念作为其宗旨的一部分。因此，比萨快客打算进行一项市场调研项目，以解决顾客是如何定义质量的问题以及从顾客那里直接了解其对质量的需求。

调研目标：

- 识别影响消费者满意度的关键因素；
- 根据满意度关键因素来测量当前的消费者满意度；
- 确定影响消费者整体满意度的不同关键因素的相对重要性；
- 提供管理上的建议，指明公司的努力方向。

方法：第一个调研目标通过定性分析的方法来实现。我们与顾客进行了一系列的焦点小组讨论，以确定比萨快客的产品和服务的哪些属性对他们来说是最重要的。基于此分析，确定了以下属性：

- 食物的整体质量；
- 菜单项的多样性；
- 比萨快客的员工亲和性；
- 提供物有所值的商品；
- 服务速度。

在调研的第二个阶段，调研人员随机选取了1 200名顾客进行中心位置电话访谈，这些人在过去30天内曾在比萨快客购买比萨或就餐（在餐厅就餐或外卖）。调研中得到的关键信息包括：

- 对比萨快客整体满意度的评分（满分为 10 分，"1" = 差，"10" = 优秀）；
- 对比萨快客在定性研究中识别的 5 个满意度关键因素的评分，使用与整体满意度相同的 10 分量表；
- 人口统计特征。

结果和分析：这次调研采用外延交叉分组法（extensive cross tabulations）和其他传统的统计分析方法。分析的关键步骤是以整体满意度为因变量，以受访者对产品与服务关键属性的满意程度为预测变量，建立一个回归模型。分析结果如下：

$$S = 0.48X_1 + 0.13X_2 + 0.27X_3 + 0.42X_4 + 0.57X_5$$

式中　S——整体满意度评分；
　　　X_1——食品质量评分；
　　　X_2——菜单项多样性评分；
　　　X_3——员工亲和性评分；
　　　X_4——性价比评分；
　　　X_5——服务速度评分。

整体满意度和 5 个关键属性的平均评分（10 分量表）如下：

$$S = 7.3 \text{分}$$
$$X_1 = 6.8 \text{分}$$
$$X_2 = 7.7 \text{分}$$
$$X_3 = 8.4 \text{分}$$
$$X_4 = 6.9 \text{分}$$
$$X_5 = 8.2 \text{分}$$

回归系数显示了决定整体满意度的不同属性相对重要程度的估计值。结果显示，X_5（服务速度评分）是驱动整体满意度的最重要的因素。结果还表明，服务速度的平均评分每提升 1 个单位，平均满意度就会提高 0.57 分。例如，现在服务速度的平均评分是 8.2 分，如果通过提高服务速度，将这项评分提高到 9.2 分，那么平均满意度的评分会提高到 7.87 分。根据回归估计，X_1（食品质量评分）和 X_4（性价比评分）对整体满意度的影响与对服务速度的影响相差不大。在另一极端，X_2（菜单项多样性评分）在决定整体满意度方面最不重要，而 X_3（员工亲和性评分）的重要性介于两者之间。

经营表现评分提供了一种不同的格局。根据平均评分的结果，顾客认为比萨快客在 X_3（员工亲和性评分）方面做得最好，而在 X_1（食品质量评分）方面做得最差。

问题：

1. 在矩阵中标注重要性和经营表现的评分。一个坐标轴代表重要性（从低到高），另一个坐标轴代表经营表现（从低到高）。
2. 你认为应对哪个象限予以最多的关注？为什么？
3. 你认为哪个象限无须过多关注？为什么？
4. 根据你的分析，你会建议这家公司在哪个方面更加努力？该建议的根据是什么？

第 15 章
Chapter 15

沟通分析和市场调研洞察

□ 学习目标

1. 了解调研报告的主要目的。
2. 学习如何组织和准备一份调研报告。
3. 深入了解如何展示市场调研结果。
4. 学习关于如何设计与演示你的分析的最佳实践。

在本章中，我们将介绍分析和调研结果的最终产品。我们如何有效地、高效地向客户传达最有用和最有洞察力的信息？调研报告和调研演示被认为是这一传达过程的两个主要途径。本章将延续前几章中提到的"少即是多"的思想。今天的管理人员不喜欢阅读没完没了的大量报告或开会听冗长乏味的报告[1]。他们想要的是答案和方向。

15.1 调研报告

调研目标、基于调研做出的决策、分析的愿景以及将要撰写的报告都可以用于指导调研人员进行调研的设计和执行。对于以询问调研为基础的项目，其问卷的开发应是在不断参考调研目标的基础上进行。对于大数据，类似的考虑既适用于我们正在评估的现存大数据，也适用于我们可以决定要获取哪些大数据元素的情况。此时，我们获得了数据，选择了合适的分析程序和工具并应用，分析师与其团队花时间筛选了所有的数据汇总和结果，并将它们与初始目标以及和该目标相关的决策联系起来。请记住，这个过程不能一直持续下去，因为计划安排的截止日期会把这个过程推向结束，且通常比我们希望的要快。

调研人员掌握了大量的信息：成堆的交叉表、大量的统计分析和笔记，以及各种各样的其他信息。他们面临的挑战是，如何将这些内容打包成一份连贯的报告，能够有效地、高效地传达关键洞察以及这些洞察的决策含义。我们应该把这个过程看作一个试图弄清楚如何最好地讲述一个故事的过程[2]。在讲故事之前，我们必须对故事的结局有一个好的构思。所有的分析都指向这个结论或结局，可能是一个好的结局，也可能不是。一旦我们知道或者确定了想要写的关键点，制定计划使客户得出同样的结论就要容易得多。记住，在写作前要三思，避免一种倾向，即没有计划就想要开始写作，并且要讲一个有趣的、引人入胜的故事[3]。

调研公司有统一的报告风格很重要。保持所有分析师的风格一致，这样即使只看一眼报告，客户也能知道是哪家特定的调研公司做的。说了这么多，我们必须承认，当客户有不同的内部报告标准时，有时有必要采用不同于上述建议的方法。在某些情况下，客户可能甚至要求调研供应商根据客户的样式规则在客户的 PPT 模板中制作报告。

15.2 组织调研报告

调研报告的提纲如下。

标题页。标题页应以项目名称为主，其他应包括的元素有客户组织的名称、调研公司的名称和报告日期。

目录。目录应不超过一页，并且需要列出报告的主要部分以及每一部分开始的页码。这对读者和调研人员来说都是方便的，因为这使他们可以快速在报告中找到特定的信息。

执行摘要（executive summary）。这可能是报告中最难撰写的一部分，因为它必须简明扼要地涵盖关键发现以及根据这些发现给出的建议。不是所有的报告都包含建议。报告是否包含建议取决于报告的性质、对调研公司的期望是什么和调研发现了什么。然而，所有的调研报告都应该包含关键发现。执行摘要之所以难以完成，是因为它应该是很简短的（目标是两页或两页以下），而许多调研人员发现，只用两页纸来概括他们可用的大量信息是非常困难的。写长篇大论很容易，但要写简短的总结很困难。执行摘要不需要总结每个发现，而应该集中于那些重要的、与调研目标相关的以及有助于构建故事的发现。

背景。背景设定调研的来龙去脉并且阐述调研的总体目标、需要做出的决策、企业在所研究问题上的优势和劣势以及其他类似信息。这部分不能多于两页。同样，将大量信息精简成要点存在一定难度。

方法论。这部分讨论调研是如何进行的以及为什么以这种方式进行。这部分需要涉及的问题包括数据来自哪里以及如何获得数据（数据采集和抽样细节）。这部分应该简短，1页最合适。假如有必要更广泛地阐述该调研方法的一些技术元素，那么，更详细的信息，例如所使用的统计程序，则应在附录中提供。

结果。这部分通常是报告中最长的部分，应该总结我们发现的重要内容，为执行摘要中的建议提供依据。这部分我们需要大胆一点，避免包含许多对决策没有任何作用的"很高兴知道"的发现，而要专注于那些与调研目标和相关决策直接相关的事情[4]。

附录。报告的最后一部分会提供许多支持性材料，可能包括一份询问调研项目的问卷副本、询问调研中各个问题的交叉表集（客户可以查阅某些未被列在发现中的具体问题），以及其他支持性材料，比如一些特殊调研程序和技术的详细技术性信息。

15.2.1 报告格式

市场调研报告的格式和筹备在过去的 15 年发生了巨大的变化。寻找更有效和更高效的方法传达调研结果的压力促使调研人员更倾向于简洁，并且过度依赖演示软件来讲述他们的故事。今天，微软的 PowerPoint（PPT）仍在演示软件市场占据主导地位。

一份市场调研报告应该用图片、视频和图形来讲述故事[5]。这是客户所期望的，也是调研人员应该传达的。客户有时明确地表明希望在他们的征求建议书（RFPs）中出现以图形为基础的报告，这并不少见。在过去，调研报告可能包括 50 页或以上的文字和少量图表，但是现在的调研报告以有限的文字呈现，如果把文字全部放在一起，可能只有几页，以及 20~30 页的图形和表格，或者甚至更少。这个方法使时间紧迫的高管们能够快速领会故事和关键发现，并能直接跳到结论和建议部分。今天，大多数客户只是想要一份 PPT 文件的拷贝，而不是冗长的、详细的传统报告。

图形、文本框、项目符号列表等被用来解释各种图形的含义。**图 15-1** ~ **图 15-9** 提供了使用演示软件准备报告的页面示例。

15.2.2　提出建议

建议（recommendation）形成于推论过程。市场调研人员将**结论**（conclusion）应用于调研目标进而为市场营销策略或战术提供方向。建议通常聚焦于客户如何获得差异化优势。差异化优势是潜在营销组合提供的真正优势，且目标市场不能从别处获得这种优势，例如，美国航空公司拥有美国飞机在外国机场的独家降落权。

在一些情况下，市场调研人员可能无法提出具体的建议，而只能给出一些笼统的建议。例如：市场调研人员可能没有掌握足够的关于公司资源和经验基础的信息，或关于接收报告的决策制定者的信息；或者调研人员可能已经被告知，建议将由决策制定者来决定。在这些情况下，调研人员仅提供结论。

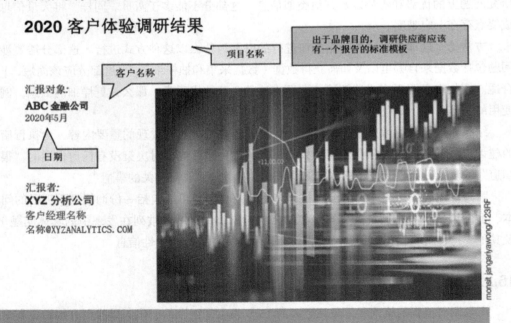

图 15-1　标题页示例

目录

背景和目标	2
执行摘要	3
方法论	5
结果	6
总体满意度	7
计划忠诚度	8
网络、政策以及其他计划事项	10
质量和补充问题	14
ABC 员工	21
ABC 进程	26
沟通	32
人口统计	34
附录	
附录 A: 关键驱动因素统计模型	38
附录 B: 问卷	48
附录 C: 交叉表	49

> 不超过一页，帮助用户查阅感兴趣的特定领域，列出主要部分

图 15-2　目录页示例

背景与目标

> 保持简洁，将主要目标列在项目列表中

背景：ABC，像其他扩张组织一样，希望设计一个项目来评估消费者对组织服务的满意度。这些信息将被用于ABC的质量改进工作，目的是为这些工作提供理性指导

目标：设计这类调研是为达到以下目的：

- 测量ABC与竞争对手相比的总体满意度
- 测量客户对ABC新网站的满意度，所有与ABC的交易都能在该网站上进行
- 测量客户对ABC提供的所有其他项目和服务中的特定要素的满意度
- 识别满意/不满意的主要原因
- 基于项目和服务要素对客户的重要性以及ABC的感知表现，对项目和服务要素进行评估和分类（例如，识别优势方面和有待提高的地方）

图 15-3　背景与目标示例

执行摘要　　　　　　　　　　　　　　专注于关键发现，而不要只重复细节结果

大多数客户是忠诚的，但满意度下降了

- 4/5的客户认为他们与ABC的关系将长期延续。超过一半客户被分类为"忠实"客户
- 2019年，2/3的客户称其对ABC满意。然而，相较于2018年的80.1%，满意度下滑显著
- ABC的整体满意度和忠诚度比全国平均水平低很多

重度使用者满意度高；轻度使用者满意程度较低

- 重度使用者比轻度使用者满意度高，且更倾向于认为其与ABC的关系将长期持续
- 尽管只有很小比例的客户被归类为疏远型，但轻度使用者在客户群体中的占比较大

ABC的使用过程是主要优势

- 根据关键驱动因素分析，客服和流程被认为是ABC的优势
- 对付款操作的满意度呈上升趋势。评分看齐全国同类商业平均水平，较2018年有大幅增长

员工评分依然强势，知识是关键资产

- 大多数客户对ABC员工各方面均很满意。大约有4/5的客户对员工的知识满意，这是各级员工满意度最高的地方
- 尽管整体员工满意度高，较低的员工评分与便利性相关。关键驱动因素分析认为，与员工沟通的便利性是一个可以改进的方面

a）执行摘要示例第一页

执行摘要　　　　　　　　　　　　　　　　　　　　　　　　　　　　　提供指导

赔偿、政策和程序方面是ABC的主要机会

- 2019年，对报销水平感到满意且认可ABC赔偿公平的客户明显减少，这都是通过关键驱动因素分析确定的改进机会

- 其他与ABC政策和程序相关的改进机会：
    - 致力于改善病人看护质量
    - 有临床适用的使用指南
    - 有鼓励看护质量的行政政策和流程
    - 在不牺牲护理质量的前提下控制成本
- 此外，被认为是疏离型或有流失风险的顾客对他们在影响护理的政策和程序上提供意见的能力表示强烈的不满，并且强烈反对"ABC在不牺牲医疗质量的情况下控制成本"的说法

- 继续集中努力改进这些措施来最大程度提高医生满意度

b）执行摘要示例第二页

图15-4　执行摘要示例

方法论

用一种简单、直接的方法解释做了什么

调查问卷：由XYZ设计，数据输入来自ABC，三年来一直如此
采用方法：由ABC提供的客户名单。样本设计如下：

	2019			2018			2017		
	重度使用者	轻度使用者	总计	重度使用者	轻度使用者	总计	重度使用者	轻度使用者	总计
完成问卷	52	60	112	101	71	172	87	71	158
邮寄问卷	200	200	400	200	200	400	200	200	400
无效问卷	NA	NA	NA	NA	8	NA	NA	NA	14
回收率	26.0%	30.0%	28.0%	50.5%	35.5%	43.0%	43.5%	35.5%	39.5%
调整后回收率**	NA	NA	28.3%	NA	NA	43.9%	NA	NA	40.9%
抽样误差*	NA	NA	±7.9%	NA	NA	±5.6%	NA	NA	±6.1%

数据收集：所有数据由XYZ调研公司收集
数据加工和分析：XYZ处理所有完成的调查并分析结果，完整的调查表格附于本报告的附录C

* 95%置信水平，方差采取最保守假设（$p=0.05$）
** 排除无效问卷

图 15-5 方法论示例①

忠诚度

按细分市场分析忠诚度

超过半数客户被归类为安全的或者偏爱的，因此可以被视为ABC的忠诚客户，但安全的比例远低于全国平均水平；1/4的客户有流失风险，尽管不是因为不满意；疏远型客户仅占很小比例

页面要点总结

通过对调查数据进行聚类分析来确定细分市场

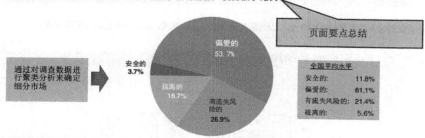

偏爱的 53.7%
安全的 3.7%
疏离的 15.7%
有流失风险的 26.9%

全国平均水平
安全的：11.8%
偏爱的：61.1%
有流失风险的：21.4%
疏离的：5.6%

用于判定"忠诚"的问题：
- 总的来说，你对ABC的满意度如何？
  非常满意；满意；不满意；非常不满意
- 如果你的病人向你咨询加入哪一种管理式护理计划，你会向他们推荐ABC吗？
  当然会；也许会；也许不会；当然不会
- 如果你的医生有兴趣签订管理式医疗计划，你会向他们推荐ABC吗？
  当然会；也许会；也许不会；当然不会
- 我认为我与ABC的关系将长期持续下去。
  非常同意；同意；不同意；非常不同意

定义各组：
- **安全的**——四个问题都选择了第一项：对ABC非常满意和忠诚
- **偏爱的**——四个问题都选择了前两项（但不是全选第一项）：对ABC满意且非常忠诚
- **有流失风险的**——四个问题中有一、二或三题（但不是所有）选择了后两项：不一定很满意，对ABC的忠诚有问题
- **疏离的**——四个问题都选择了后面两项：对ABC不忠诚且很有可能离开ABC

图 15-6 图表使沟通更有效率

---

① 英文原文图片中有误，写为（$p=0.5$），应该是（$p=0.05$）——译者注

质量和赔偿问题——ABC

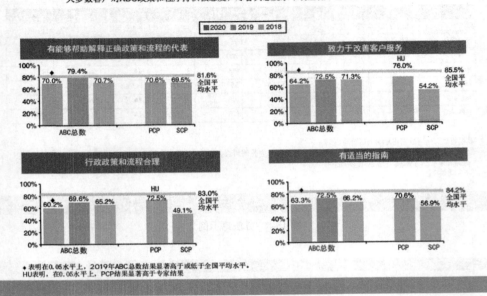

图 15-7　使用多个图形总结同一个主题

沟通——视频会议的访问和使用

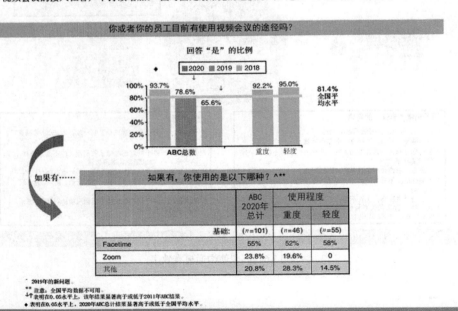

图 15-8　图形和表格的结合

关键驱动因素统计模型——关键驱动因素矩阵

分类矩阵： 模型中每个项目的重要性和表现被绘制成一个矩阵，如右下侧所示。这个矩阵提供了对客户最重要的内容以及ABC如何处理这些内容的快速总结。矩阵被分为四个象限，象限由重要性和表现指标的中值的交点定义。对这四个象限解释如下：

- **权利：** 这些项目对客户非常重要，ABC在这些项目上的表现水平很高。在这个象限应提升和利用其优势
- **机会：** 这个象限的项目对客户非常重要，但ABC的表现水平低于该项目的平均值。应将资源集中在改善这些项目的基础流程上，并寻找可显著提高满意度分数的措施
- **等待：** 尽管这些项目对客户仍然很重要，但重要程度低于图表中右侧的项目。相对而言，ABC在这些项目上的表现较差。可以等到更重要的项目处理完毕再处理这些项目
- **保留：** 这个象限的项目对客户来说不那么重要，但ABC的表现高于平均水平。应简单地保持在这些项目上的表现

图 15-9　使用图形和文字解释统计结果

最后的报告是这项调研工作的成果。报告的质量和提出的建议通常决定了客户是否会再次选择这家调研供应商。在公司内部，由调研部门编写的内部报告可能影响较小，但是编写优秀报告的经历可能会使调研人员绩效工资增长，并最终获得晋升。

15.2.3　结果呈现

客户通常期望调研结果能够演示汇报。汇报有多个目的，它要求相关各方齐聚一堂，重新熟悉调研目标和方法，也为所有感兴趣的各方提供一个机会，听取任何意想不到的发现及其背后的理由，并展示调研结果和建议。实际上，对公司的某些决策者来说，听汇报是他们接触调研结果的唯一方式，因为他们从不阅读调研报告。还有一些管理人员可能只浏览调研报告，将其作为记忆触发器，以回忆汇报中的重点。总之，在汇报中进行高效的传达是至关重要的。优秀汇报的一些指导原则如下[6]。

- 转变观念。你不想让人觉得你是一个传统的数字计算者，而是重要洞察的提供者。避免混乱，关注企业的需求。
- 遵守以下五条规则。
    - 保持紧凑。
    - 最简法则。
    - 关注观众的需求，而非你自己的需求
    - 全身心投入并吸引观众认真聆听。不要只读幻灯片，它应该只是一个背景，用你自己的话解释幻灯片的内容。

- 冒一些风险。你知道有些发现和建议可能不受某些观众的欢迎。但如果你相信自己的工作，就把它们展示出来，并准备好为其辩护。这就是上面提到的如何转变观念。
- 注意他们可能不会告诉你的事情。
  - 你很无聊！
  - 放弃所有的数字，25% 的人说这个，32% 的人说那个，等等。
  - 我可没有那么多时间。
  - 我真的不想知道这些优雅方法的所有细节。
  - 给一个立场！

一场有效的演讲必须针对听众量身定做。它应该考虑到参会者的参照系、态度、与被调查问题相关的偏见、背景和时间限制。演讲者应该选择词语、概念和说明性的图片，让观众能够联系起来。通常情况下，汇报有一个特定的时间安排，一般是一个小时。演讲者需要考虑到这一点，并为提问和讨论留出时间，要么在演讲结束时，最好是在演讲过程中。在某些情况下，客户可能会要求演示更多地在会话的基础上进行，而演讲者在准备汇报的时候必须牢记这一点。当然，一些幻灯片可以作为细节参考，但演示应该变得更具互动性，而不仅仅是一系列一页接一页的幻灯片。如果演讲者真的精通自己的业务，这种类型的演讲是非常有效的。

演讲者必须明白，汇报的目的是说服，是推销其团队通过数据分析得出的观点，并使用调研结果来强化该结论和建议。

在准备演示时，调研人员应围绕以下几个要旨展开。

- 数据到底告诉了我们什么与调研目标相关的信息？这个故事是什么？
- 我们从数据中了解到什么？
- 根据调研结果，我们的客户需要做些什么？
- 这些结果如何为未来的分析提供信息？

值得注意的是，高级分析如今被越来越多地使用，这给演讲者带来了一些特别的挑战。演讲者或参与演示的团队成员必须对所使用的技术有绝对的了解，并有信心向观众提供这些技术的简单解释。要解释复杂的分析工具，为什么要使用它，以及它产生的结果意味着什么，这是很棘手的。这里的任何一个小差池都会毁掉整个演讲。演讲者必须完全掌握这些技术，并以观众能理解的方式来解释它。

15.3 汇报

15.3.1 信息图

信息图（infographic）是数据或其他知识的图形可视化表示，旨在快速、清晰地呈现复杂信息。可以通过使用信息图来提高我们在数据中看到模式和趋势的能力，从而提高认知能力[7]。

接着在最近几章中讨论的主题，我们继续介绍信息图的概念。事实上，信息图并没有完全准确的定义，但它与数据可视化有关。数据可视化不过是数据的可视化表达，它是指有效且高效地呈现分析的重要结果、理解数字并以一种非常有效且有趣的方式讲述我们的故事。

鉴于在大数据甚至小数据时代，特别是今天对于分析的关注，有必要传达数字的真正含义。可以在较长的 PPT 报告中加入一张信息图，以总结你的发现，并以一种引人注目的方式向客户展示结果，以指导他们如何采取行动。这个信息图实际上可以概括整个调研，或者至少是其中的关键部分，它比幻灯片中满是要点或图表的页面更有趣，更吸引人。它将大量的信息整合到一张图片和一张幻灯片中。一些互联网站点可以帮助你创建自己的信息图，包括 venngage.com、piktochart.com 和其他许多通过互联网搜索能够容易找到的网站。图 15-10 所示的信息图示例是使用 venngage.com 在短时间内创建的。

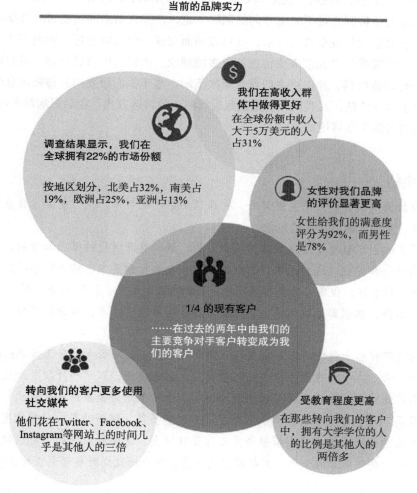

图 15-10　信息图示例

15.3.2　互联网演示

有了 PowerPoint，将演示文稿发布到网上比任何时候都容易。将演示文稿发布到网上使个人能够访问，不管他们在哪里或者什么时候需要。此外，只要能上网，调研人员就可以向遍布各地的观众展示结果[8]。步骤非常简单。

（1）用 PowerPoint 打开演示文稿。从"文件"菜单选择"网页预览"，查看幻灯片发布在网上的效果。在进行编辑修改之后，从"文件"菜单选择"另存为网页"。

（2）"另存为"对话框可以修改演示文稿的标题，改成你想要在访问者的浏览器中显示的标题。

（3）点击"发布"按钮，进入"发布为网页"对话框，在这里你可以自定义演示文稿。

（4）"Web 选项"对话框让你指定发布文件的方式，并将文件存储在网络服务器上，也可以指定是否自动更新跳转到这些文件的内部链接。

许多其他工具也可以使用，包括 Google Slides、Keynote、Prezi Basic 和 linkedin SlideShare。

常见的方案（特别是对于战略导向的调研）是，在报告结果的传播过程开始时，先向相对较少的、较高层次的观众进行展示，这可以当面完成，也可以通过互联网完成。这个小组将决定演示中的哪些信息元素需要传达给更多的观众。他们可以自己处理，或要求其调研分析伙伴适当地修改材料，并向更多的观众再次演示。鉴于他们想要向其传播信息的管理人员可能在地理上分布广泛，互联网无疑是这些后续演示的首选方式。在新冠病毒大肆流行期间，通过互联网进行演示变得更加重要。

本章小结

当代市场调研报告的六个主要部分，按照顺序依次是目录、执行摘要、背景和目标、方法论、结果、附带支持性信息的附录。

调研报告的主要目标是陈述具体的调研目的，解释展开调研的原因和方法，展示调研发现，并提出结论和建议。这些元素中的大部分包含在执行摘要中。结论中不一定要包含从调研中提取的统计数字，但需要总结与所陈述的目标相关的结果。结论部分也不指出行动目标，这留在建议部分，建议部分运用结论指导具体的营销策略或战术，帮助客户在市场中建立有利地位。

当今的调研报告大量使用图形来呈现关键发现。大多数调研人员会选择 PowerPoint 软件来创建调研报告。在机制方面，报告应尽量减少文字的使用，以"小片段"形式向客户传递信息，并且广泛使用带有项目符号的图表和图形。信息图是讲故事的有效方式。除了书面报告（通常只是 PPT 演示文稿的副本）之外，通常还需要展示调研结果。通常情况下，客户或者应客户要求的调研人员会将调研报告发布在互联网上。这样做的好处是可以将结果提供给客户组织中处于全球各地的个人。互联网也能支持在多个地点同时展示调研结果。

关键词

结论

执行摘要

信息图

建议

复习思考题

1. 调研报告有哪些作用？试举例说明。
2. 近年来，调研报告发生了哪些变化？为什么会发生变化？
3. 区分调研报告中的发现、结论和建议部分。
4. 为什么调研报告中应该包含执行摘要？执行摘要应该包含哪些内容？
5. 演示文稿与调研报告有何不同？请解释。
6. 分析人员在准备演示时应牢记哪些事项？
7. 通过互联网进行演示有哪些优点？你能想到一些缺点吗？请解释。
8. 什么是信息图？信息图如何促进调研结果的传达？

网络作业

1. 登陆 https://insights.gfk.com/ces2020 并查看演示文稿。评价其有效性。你从该演示中得到了哪些重要信息？

2. 登陆 https://www.infosurv.com/tips-for-marketing-research-reports-that-get-read/。你如何看待他们的建议？在你看来，这 10 个建议中哪一个是最基本的或最重要的？

调研实例 15.1

TouchWell 店铺概念和命名调研

TouchWell 是一家大型的医疗保险规划公司，主要经营区域为得克萨斯州，包括达拉斯／沃思堡（DFW）、休斯敦、奥斯汀和圣安东尼奥。TouchWell 正尝试适应不断变化的医疗保险环境，从以下情况进行转变。

- 60% 的消费者通过其雇主或其配偶的雇主获得保险。
- 8% 的人直接从运营商处自行购买医疗保险。
- 16% 的人通过某种类型的政府项目获得医疗保险和医疗补助。
- 16% 的人未投保。

2010 年通过的《平价医疗法案》很有可能改变 TouchWell 和其他医疗保险公司的形势：

- 将会有越来越少的消费者通过雇主获得保险，因为雇主（尤其是小雇主）开始减少雇员的保险。
- 越来越多以前由雇主资助保险的人将通过 2013 年秋季开始的由联邦或州资助的医疗保险市场，直接从运营商处购买自己的保险。
- 未参保的人可以通过上面提到的医疗保险市场购买，政府将给予一定的补贴，最高可达 100%。

TouchWell 希望在调研项目中解决的主要问题是，越来越多的消费者将直接从运营商处购买保险。这意味着，与其他消费品一样，品牌将越来越重要，并且 TouchWell 需要与消费者有更密切的联系。为应对这些变化，TouchWell 的管理层决定在它所服务的整片市场中选取地点开设"店铺"。他们认为，消费者需要方便的渠道，通过这些渠道，他们可以与医疗保险机构进行沟通和互动。他们注意到，美国其他地区的一些医疗保险公司也开设了零售店，并认为他们也需要这样做以保持竞争力。他们对了解其店铺位置概念在不同市场和不同人口群体中的整体吸引力感兴趣，想要测试他们提出的各种店名选项，并需要量化不同店铺特征的相对重要性。

TouchWell 近期调研项目所用的方法论和截取的调研结果见下文。

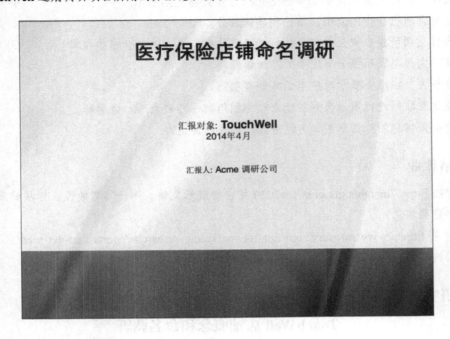

1. 方法论

调查问卷：Acme 和 TouchWell 合作开发了针对互联网管理的调查工具。

数据收集：所有数据均由 Acme 通过线上调查收集。

样本设计：

- **合格应答者**：年龄在 18～80 岁、居住在 TouchWell 市场的会员和非会员客户。
- **样本来源**：样本由一家线上样本公司提供，TouchWell 提供了补充样本。
- **抽样类型**：分层概率抽样。
- **样本容量**：共完成了 800 份调查（400 份会员，400 份非会员）。
- **抽样误差**：95% 的置信水平，采用方差的最保守估计（$p=0.05$）[⊖]，800 名消费者的样本抽样误差为 ±3.5%。

数据处理与制表：Acme 处理了所有已完成的调查并对结果进行了分析。所有数据按照种族、性别、收入、教育和年龄加权，以准确反映真实的人口比例。

页面不足时，低于 5.0% 的比例未在图表或图形上标出。

除非特别注明，所有图表均代表在 10 分制中得分最高的前三项。

[⊖] 英文原文有误，写为 $p=0.5$，应该为 $p=0.05$。——译者注

2. 概念描述

我们想征求您对新想法的意见，该想法是创建一个致力于提升您和您的家人健康和幸福的地方。

一家医疗保险公司计划在得克萨斯州开设店铺，以方便您和您的邻居以及社区内的其他人可以面对面地与健康顾问交流。

这些店铺的独特之处在于：

- 您将可以在一站式服务地点，获得医疗保险问题的定制化答案，并在处理医疗保健系统的复杂问题时获得帮助。
- 友善、有爱心的员工可以给您提供如何保持身体健康、如何使身体更加健康或在健康状况下有效生活的建议。
- 您可以了解可用于管理自己健康的资源和工具，包括医疗保险的好处以及来自政府项目和社区组织的帮助。
- 在使用医疗保险时，帮助您做出安排，比如选择医生、必要时获得转诊以及办理预约等。
- 解决客户服务问题，比如与身份证有关的问题或保险索赔和账单等问题。

店铺将对社区中的每个人开放，而且对于该医疗保险公司的会员而言，它将是一个特别方便的地方——一个满足其医疗保健需求和提供综合福利的地方。

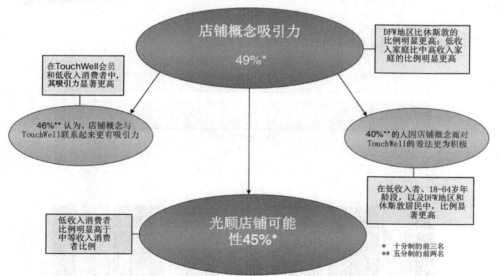

命名比较

无论是否展示视觉效果，所有组中最明显的两个选择是TouchWell护理中心和TouchWell客户护理中心

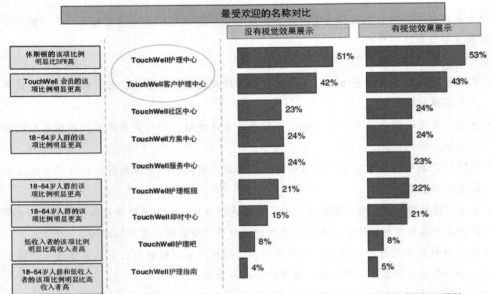

命名比较

TouchWell护理中心是首选

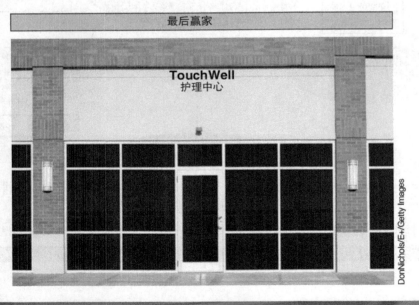

各项服务的吸引力和使用服务可能性

在被测的29项服务中,最有吸引力的是临床答疑/协调护理、销售、教育和健康筛查。使用可能性并不一定与吸引力一致。例如,健身锻炼课程在吸引力排行第11,却是使用可能性最高的。

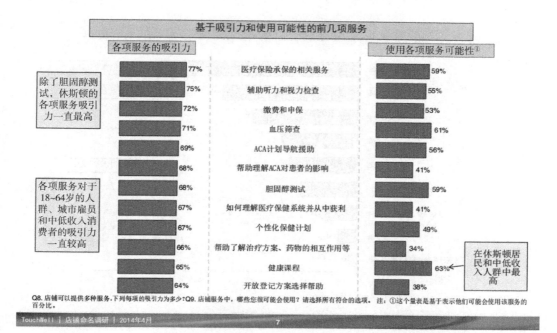

店铺特征重要性

知识丰富和友善的员工、定制化的服务和便利的位置是促使顾客驾车光临的最重要的店铺特征。

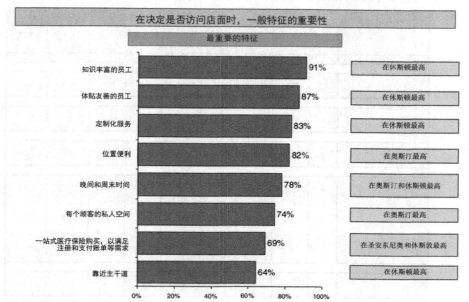

信息来源

近四分之三的人依赖医生或药剂师提供健康信息。家人和朋友以前排在第二位,但现在已经被互联网取代。

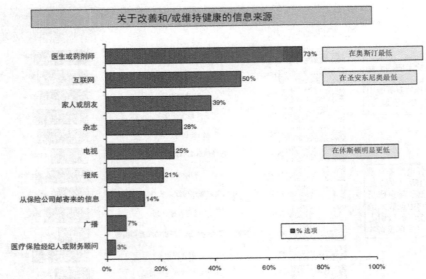

Q2. 如果有的话,下列哪一项是您维持或者改善健康的信息来源?

应答者资料

大多数应答者表示自己健康状况处于非常好、良好的状态,半数是大学毕业生或有研究生文凭,圣安东尼奥的调查对象中已婚人口明显更多,休斯顿的调查对象收入最低,且男性更少。

	总计	地区				年龄		会员/非会员	
		DFW (B)	奥斯汀 (C)	圣安东尼奥 (D)	休斯顿 (E)	18-64 (F)	65-80 (G)	会员 (H)	非会员 (I)
健康状态									
非常好、良好	87%	86%	85%	83%	90%	89% G	78%	84%	87%
教育水平									
大学毕业及以上	50%	53%	52%	44%	51%	55% G	37%	49%	52%
婚姻状态									
已婚	44%	46% E	38%	50% CE	31%	41%	52% F	46%	42%
收入									
低收入(每年不到5万美元)	49%	48%	39%	45%	67% BCD	39%	57% F	48%	49%
中等收入(每年5万~10万美元)	29%	31%	35%	33%	25%	32%	28%	32%	30%
高收入(每年10万美元或以上)	22%	21% E	26% E	22% E	8%	29% G	15%	20%	21%
性别									
男性	48%	51% E	55% E	42%	38%	46%	54% F	47%	49%

大写字母(ABC)表示明显高于相应列的数字。

问题：

1. 请评价这个演示的总体有效性。幻灯片是否简明易懂？是否能高效传达关键信息？你有什么建议可以改进演示吗？

2. 请评价"总体概念吸引力"的结果。该页面传达了什么信息？它是否提供了清晰的视图？你会对这条信息的演示做出怎样的修改（如果需要修改的话）？

3. 请评价"命名比较"结果页面。很多管理人员喜欢"Touchwell 护理吧"这个名称，你会对他们说什么？基于这个调研结果，在所有被测试的名称中，你的第一选择是什么？第二选择和第三选择呢？

4. 基于服务的吸引力，你会如何推荐不同的服务？那如果基于使用可能性呢？你认为基于哪一方面最重要？

5. 有关店铺的关键特征，你有怎样的建议？

附录

附录 A 统计表

A.1 随机数字
A.2 标准正态分布：Z 值
A.3 t 分布
A.4 卡方分布
A.5 F 分布

A.1 随机数字

63271	71744	51102	15141	80714	58683	93108	13554	79945
88547	95436	79115	08303	01041	20030	63754	08459	28364
55957	83865	09911	19761	66535	40102	26646	60147	15702
46276	44790	64122	45573	84358	21625	16999	13385	22782
55363	34835	15290	76616	67191	12777	21861	68689	03263
69393	49902	58447	42048	30378	87618	26933	40640	16281
13186	88190	04588	38733	81290	89541	70290	40113	08243
17726	56836	78351	47327	18518	92222	55201	27340	10493
36520	05550	30157	82242	29520	69753	72602	23756	54935
81628	39254	56835	37636	02421	98063	89641	64953	99337
84649	75215	75498	49539	74240	03466	49292	36401	45525
63291	12613	75055	43915	26488	41116	64531	56827	30825
70502	03655	05915	37140	57051	48393	91322	25653	06543
06426	59935	49801	11082	66762	94477	02494	88215	27191
20711	29430	70165	45406	78484	31639	52009	18873	96927
41990	77191	25860	55204	73417	83920	69468	74972	38712
72452	76298	26678	89334	33938	95567	29380	75906	91807
37042	57099	10528	09925	89773	41335	96244	29002	46453
53766	15987	46962	67342	77592	57651	95508	80033	69828
90585	53122	16025	84299	53310	67380	84249	25348	04332
32001	37203	64516	51530	37069	40261	61374	05815	06714
62606	46354	72157	67248	20135	49804	09226	64419	29457
10078	85389	50324	14500	15562	64165	06125	71353	77669
91561	24177	15294	10061	98124	75732	00815	83452	97355
13091	53959	79607	52244	63303	10413	63839	74762	50289
73864	72457	22682	03033	61714	88173	90835	00634	85169
66668	48894	51043	02365	91726	09365	63167	95264	45643
84745	29493	01836	09044	51926	43630	63470	76508	14194
48068	94595	47907	13357	38412	33318	26098	82782	42851
54310	97594	88616	42035	38093	36745	56702	40644	83514
14877	10924	58013	61439	21882	42059	24177	58739	60170
78295	02771	43464	59061	71411	05697	67194	30495	21157
67524	39593	54278	04237	92441	26602	63835	38032	94770
58268	68124	73455	83236	08710	04284	55005	84171	42596
97158	50685	01181	24262	19427	52106	34308	73685	74246
04230	69085	30802	65559	09205	71829	06489	85650	38707
94879	30401	02602	57658	70091	54986	41394	60437	03195
71446	66715	26385	91518	70566	02888	79941	39684	54315
32886	79316	09819	00813	88407	17461	73925	53037	91904
62048	25290	21526	02223	75947	66466	06332	10913	75336
84534	21628	53669	81352	95152	08107	98814	72743	12849
84707	84710	35866	06446	86311	32648	88141	73902	69981
19409	64220	80861	13860	68493	52908	26374	63297	45052

57978	25973	66777	45924	56144	24742	96702	88200	66162
57295	11199	96510	75228	41600	47192	43267	35973	23152
94044	93388	07833	38216	31413	70555	03023	54147	06647
30014	71763	96679	90603	99396	74557	74224	18211	91637
07265	64268	88802	72264	66540	01782	08396	19251	83613
84404	30263	80310	11522	57810	27627	78376	36240	48952
21778	27762	46097	43324	34354	09369	14966	10158	76089

转载自兰德公司出版的《一百万个随机数字与十万个正常偏差》的第44页。1955年和1983年版权由兰德公司所有,经许可使用。

A.2 标准正态分布:Z值

表中的条目给出了在平均值和高于平均值的Z个标准差之间的曲线下的面积。例如,如果$Z=1.25$,均值与Z之间的曲线下的面积为0.3944。

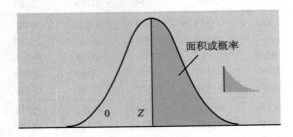

Z	0.00	0.01	0.02	0.03	0.04	0.05	0.06	0.07	0.08	0.09
0.0	0.0000	0.0040	0.0080	0.0120	0.0160	0.0199	0.0239	0.0279	0.0319	0.0359
0.1	0.0398	0.0438	0.0478	0.0517	0.0557	0.0596	0.0636	0.0675	0.0714	0.0753
0.2	0.0793	0.0832	0.0871	0.0910	0.0948	0.0987	0.1026	0.1064	0.1103	0.1141
0.3	0.1179	0.1217	0.1255	0.1293	0.1331	0.1368	0.1406	0.1443	0.1480	0.1517
0.4	0.1554	0.1591	0.1628	0.1664	0.1700	0.1736	0.1772	0.1808	0.1844	0.1879
0.5	0.1915	0.1950	0.1985	0.2019	0.2054	0.2088	0.2123	0.2157	0.2190	0.2224
0.6	0.2257	0.2291	0.2324	0.2357	0.2389	0.2422	0.2454	0.2486	0.2518	0.2549
0.7	0.2580	0.2612	0.2642	0.2673	0.2704	0.2734	0.2764	0.2794	0.2823	0.2852
0.8	0.2881	0.2910	0.2939	0.2967	0.2995	0.3023	0.3051	0.3078	0.3106	0.3133
0.9	0.3159	0.3186	0.3212	0.3238	0.3264	0.3289	0.3315	0.3340	0.3365	0.3389
1.0	0.3413	0.3438	0.3461	0.3485	0.3508	0.3531	0.3554	0.3577	0.3599	0.3621
1.1	0.3643	0.3665	0.3686	0.3708	0.3729	0.3749	0.3770	0.3790	0.3810	0.3830
1.2	0.3849	0.3869	0.3888	0.3907	0.3925	0.3944	0.3962	0.3980	0.3997	0.4015
1.3	0.4032	0.4049	0.4066	0.4082	0.4099	0.4115	0.4131	0.4147	0.4162	0.4177
1.4	0.4192	0.4207	0.4222	0.4236	0.4251	0.4265	0.4279	0.4292	0.4306	0.4319
1.5	0.4332	0.4345	0.4357	0.4370	0.4382	0.4394	0.4406	0.4418	0.4429	0.4441
1.6	0.4452	0.4463	0.4474	0.4484	0.4495	0.4505	0.4515	0.4525	0.4535	0.4545
1.7	0.4554	0.4564	0.4573	0.4582	0.4591	0.4599	0.4608	0.4616	0.4625	0.4633
1.8	0.4641	0.4649	0.4656	0.4664	0.4671	0.4678	0.4686	0.4693	0.4699	0.4706
1.9	0.4713	0.4719	0.4726	0.4732	0.4738	0.4744	0.4750	0.4756	0.4761	0.4767

（续）

Z	0.00	0.01	0.02	0.03	0.04	0.05	0.06	0.07	0.08	0.09
2.0	0.4772	0.4778	0.4783	0.4788	0.4793	0.4798	0.4803	0.4808	0.4812	0.4817
2.1	0.4821	0.4826	0.4830	0.4834	0.4838	0.4842	0.4846	0.4850	0.4854	0.4857
2.2	0.4861	0.4864	0.4868	0.4871	0.4875	0.4878	0.4881	0.4884	0.4887	0.4890
2.3	0.4893	0.4896	0.4898	0.4901	0.4904	0.4906	0.4909	0.4911	0.4913	0.4916
2.4	0.4918	0.4920	0.4922	0.4925	0.4927	0.4929	0.4931	0.4932	0.4934	0.4936
2.5	0.4938	0.4940	0.4941	0.4943	0.4945	0.4946	0.4948	0.4949	0.4951	0.4952
2.6	0.4953	0.4955	0.4956	0.4957	0.4959	0.4960	0.4961	0.4962	0.4963	0.4964
2.7	0.4965	0.4966	0.4967	0.4968	0.4969	0.4970	0.4971	0.4972	0.4973	0.4974
2.8	0.4974	0.4975	0.4976	0.4977	0.4977	0.4978	0.4979	0.4979	0.4980	0.4981
2.9	0.4981	0.4982	0.4982	0.4983	0.4984	0.4984	0.4985	0.4985	0.4986	0.4986
3.0	0.4986	0.4987	0.4987	0.4988	0.4988	0.4989	0.4989	0.4989	0.4990	0.4990

A.3 t 分布

表中的条目给出了 t 分布上尾部的面积或概率的 t 值。例如，当自由度为 10 时，尾部面积为 0.05 时 $t_{.05}=1.812$。

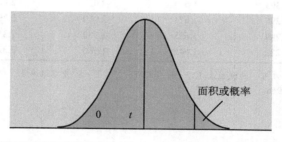

自由度	上尾面积				
	0.10	0.05	0.025	0.01	0.005
1	3.078	6.314	12.706	31.821	63.657
2	1.886	2.920	4.303	6.965	9.925
3	1.638	2.353	3.182	4.541	5.841
4	1.533	2.132	2.776	3.747	4.604
5	1.476	2.015	2.571	3.365	4.032
6	1.440	1.943	2.447	3.143	3.707
7	1.415	1.895	2.365	2.998	3.499
8	1.397	1.860	2.306	2.896	3.355
9	1.383	1.833	2.262	2.821	3.250
10	1.372	1.812	2.228	2.764	3.169
11	1.363	1.796	2.201	2.718	3.106
12	1.356	1.782	2.179	2.681	3.055
13	1.350	1.771	2.160	2.650	3.012
14	1.345	1.761	2.145	2.624	2.977
15	1.341	1.753	2.131	2.602	2.947

（续）

自由度	上尾面积				
	0.10	0.05	0.025	0.01	0.005
16	1.337	1.746	2.120	2.583	2.921
17	1.333	1.740	2.110	2.567	2.898
18	1.330	1.734	2.101	2.552	2.878
19	1.328	1.729	2.093	2.539	2.861
20	1.325	1.725	2.086	2.528	2.845
21	1.323	1.721	2.080	2.518	2.831
22	1.321	1.717	2.074	2.508	2.819
23	1.319	1.714	2.069	2.500	2.807
24	1.318	1.711	2.064	2.492	2.797
25	1.316	1.708	2.060	2.485	2.787
26	1.315	1.706	2.056	2.479	2.779
27	1.314	1.703	2.052	2.473	2.771
28	1.313	1.701	2.048	2.467	2.763
29	1.311	1.699	2.045	2.462	2.756
30	1.310	1.697	2.042	2.457	2.750
40	1.303	1.684	2.021	2.423	2.704
60	1.296	1.671	2.000	2.390	2.660
120	1.289	1.658	1.980	2.358	2.617
∞	1.282	1.645	1.960	2.326	2.576

经由生物统计学受托人许可，转载自表12，t分布的百分点，E·S. 皮尔森和H·O. 哈特利，《统计学家生物统计表》，第1卷，第3版，1966。

A.4 卡方分布

表中的条目给出了两个值，其中χ_α^2是卡方分布的上尾部面积或概率，例如当自由度为10时，面积为0.01时，χ_α^2=23.2093。

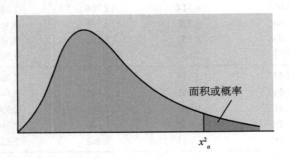

自由度	上尾面积									
	0.995	0.99	0.975	0.95	0.90	0.10	0.05	0.025	0.01	0.005
1	0.0000393	0.000157	0.000982	0.000393	0.015709	2.70554	3.84146	5.02389	6.63490	7.87944
2	0.0100251	0.0201007	0.0506356	0.102587	0.210720	4.60517	5.99147	7.37776	9.21034	10.5966
3	0.0717212	0.114832	2.15795	0.351846	0.584375	6.25139	7.81473	9.34840	11.3449	12.8381

（续）

自由度	上尾面积									
	0.995	0.99	0.975	0.95	0.90	0.10	0.05	0.025	0.01	0.005
4	0.206990	0.297110	0.484419	0.710721	1.063623	7.77944	9.48773	11.1433	13.2767	14.8602
5	0.411740	0.554300	0.831211	1.145476	1.61031	9.23635	11.0705	12.8325	15.0863	16.7496
6	0.675727	0.872085	1.237347	1.63539	2.20413	10.6446	12.5916	14.4494	16.8119	18.5476
7	0.989265	1.239043	1.68987	2.16735	2.83311	12.0170	14.0671	16.0128	18.4753	20.2777
8	1.344419	1.646482	2.17973	2.73264	3.48954	13.3616	15.5073	17.5346	20.0902	21.9550
9	1.734926	2.087912	2.70039	3.32511	4.16816	14.6837	16.9190	19.0228	21.6660	23.5893
10	2.15585	2.55821	3.24697	3.94030	4.86518	15.9871	18.3070	20.4831	23.2093	25.1882
11	2.60321	3.05347	3.81575	4.57481	5.57779	17.2750	19.6751	21.9200	24.7250	26.7569
12	3.07382	3.57056	4.40379	5.22603	6.30380	18.5494	21.0261	23.3367	26.2170	28.2995
13	3.56503	4.10691	5.00874	5.89186	7.04150	19.8119	22.3621	24.7356	27.6883	29.8194
14	4.07468	4.66043	5.62872	6.57063	7.78953	21.0642	23.6848	26.1190	29.1413	31.3193
15	4.60094	5.22935	6.26214	7.26094	8.54675	22.3072	24.9958	27.4884	30.5779	32.8013
16	5.14224	5.81221	6.90766	7.96164	9.31223	23.5418	26.2962	28.8454	31.9999	34.2672
17	5.69724	6.40776	7.56418	8.67176	10.0852	24.7690	27.5871	30.1910	33.4087	35.7185
18	6.26481	7.01491	8.23075	9.39046	10.8649	25.9894	28.8693	31.5264	34.8053	37.1564
19	6.84398	7.63273	8.90655	10.1170	11.6509	27.2036	30.1435	32.8523	36.1908	38.5822
20	7.43386	8.26040	9.59083	10.8508	12.4426	28.4120	31.4104	34.1696	37.5662	39.9968
21	8.03366	8.89720	10.28293	11.5913	13.2396	29.6151	32.6705	35.4789	38.9321	41.4010
22	8.64272	9.54249	10.9823	12.3380	14.0415	30.8133	33.9244	36.7807	40.2894	42.7958
23	9.26042	10.19567	11.6885	13.0905	14.8479	32.0069	35.1725	38.0757	41.6384	44.1813
24	9.88623	10.8564	12.4011	13.8484	15.6587	33.1963	36.4151	39.3641	42.9798	45.5585
25	10.5197	11.5240	13.1197	14.6114	16.4734	34.3816	37.6525	40.6465	44.3141	46.9278
26	11.1603	12.1981	13.8439	15.3791	17.2919	35.5631	38.8852	41.9232	45.6417	48.2899
27	11.8076	12.8786	14.5733	16.1513	18.1138	36.7412	40.1133	43.1944	46.9630	49.6449
28	12.4613	13.5648	15.3079	16.9279	18.9392	37.9159	41.3372	44.4607	48.2782	50.9933
29	13.1211	14.2565	16.0471	17.7083	19.7677	39.0875	42.5569	45.7222	49.5879	52.3356
30	13.7867	14.9535	16.7908	18.4926	20.5992	40.2560	43.7729	46.9792	50.8922	53.6720
40	20.765	22.1643	24.4331	26.5093	29.0505	51.8050	55.7585	59.3417	63.6907	66.7659
50	27.9907	29.7067	32.3574	34.7642	37.6886	63.1671	67.5048	71.4202	76.1539	79.4900
60	35.5346	37.4848	40.4817	43.1879	46.4589	74.3970	79.0819	83.2976	88.3794	91.9517
70	43.2752	45.4418	48.7576	51.7393	55.3290	85.5271	90.5312	95.0231	100.425	104.215
80	51.1720	53.5400	57.1532	60.3915	64.2778	96.5782	101.879	106.629	112.329	116.321
90	59.1963	61.7541	65.6466	69.1260	73.2912	107.565	113.145	118.136	124.116	128.299
100	67.3276	70.0648	74.2219	77.9295	82.3581	118.498	124.342	129.561	135.807	140.169

经由生物统计学受托人许可，转载自表8，X^2分布的百分点，E·S.皮尔森和H·O.哈特利，《统计学家生物统计表》，第1卷，第三版1966。

A.5　F分布

表中的条目给出了F_α值，F_α是F分布的上尾部面积或概率。例如，当分子自由度为12，分母自由度为15，上尾面积为0.05时，$F_{.05}=2.48$。

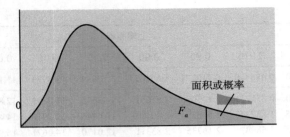

$F_{.05}$ 值统计表

	分子自由度																	
	1	2	3	4	5	6	7	8	9	10	12	15	20	24	30	40	60	120	∞
1	161.4	199.5	215.7	224.6	230.2	234.0	236.8	238.9	240.5	241.9	243.9	245.9	248.0	249.1	250.1	251.1	252.2	253.3	254.30
2	18.51	19.00	19.16	19.25	19.30	19.33	19.35	19.37	19.38	19.40	19.41	19.43	19.45	19.45	19.46	19.47	19.48	19.49	19.50
3	10.13	9.55	9.28	9.12	9.01	8.94	8.89	8.85	8.81	8.79	8.74	8.70	8.66	8.64	8.62	8.59	8.57	8.55	8.53
4	7.71	6.94	6.59	6.39	6.26	6.16	6.09	6.04	6.00	5.96	5.91	5.86	5.80	5.77	5.75	5.72	5.69	5.66	5.63
5	6.61	5.79	5.41	5.19	5.05	4.95	4.88	4.82	4.77	4.74	4.68	4.62	4.56	4.53	4.50	4.46	4.43	4.40	4.36
6	5.99	5.14	4.76	4.53	4.39	4.28	4.21	4.15	4.10	4.06	4.00	3.94	3.87	3.84	3.81	3.77	3.74	3.70	3.67
7	5.59	4.74	4.35	4.12	3.97	3.87	3.79	3.73	3.68	3.64	3.57	3.51	3.44	3.41	3.38	3.34	3.30	3.27	3.23
8	5.32	4.46	4.07	3.84	3.69	3.58	3.50	3.44	3.39	3.35	3.28	3.22	3.15	3.12	3.08	3.04	3.01	2.97	2.93
9	5.12	4.26	3.86	3.63	3.48	3.37	3.29	3.23	3.18	3.14	3.07	3.01	2.94	2.90	2.86	2.83	2.79	2.75	2.71
10	4.96	4.10	3.71	3.48	3.33	3.22	3.14	3.07	3.02	2.98	2.91	2.85	2.77	2.74	2.70	2.66	2.62	2.58	2.54
11	4.84	3.98	3.59	3.36	3.20	3.09	3.01	2.95	2.90	2.85	2.79	2.72	2.65	2.61	2.57	2.53	2.49	2.45	2.40
12	4.75	3.89	3.49	3.26	3.11	3.00	2.91	2.85	2.80	2.75	2.69	2.62	2.54	2.51	2.47	2.43	2.38	2.34	2.30
13	4.67	3.81	3.41	3.18	3.03	2.92	2.83	2.77	2.71	2.67	2.60	2.53	2.46	2.42	2.38	2.34	2.30	2.25	2.21
14	4.60	3.74	3.34	3.11	2.96	2.85	2.76	2.70	2.65	2.60	2.53	2.46	2.39	2.35	2.31	2.27	2.22	2.18	2.13
15	4.54	3.68	3.29	3.06	2.90	2.79	2.71	2.64	2.59	2.54	2.48	2.40	2.33	2.29	2.25	2.20	2.16	2.11	2.07
16	4.49	3.63	3.24	3.01	2.85	2.74	2.66	2.59	2.54	2.49	2.42	2.35	2.28	2.24	2.19	2.15	2.11	2.06	2.01
17	4.45	3.59	3.20	2.96	2.81	2.70	2.61	2.55	2.49	2.45	2.38	2.31	2.23	2.19	2.15	2.10	2.06	2.01	1.96
18	4.41	3.55	3.16	2.93	2.77	2.66	2.58	2.51	2.46	2.41	2.34	2.27	2.19	2.15	2.11	2.06	2.02	1.97	1.92
19	4.38	3.52	3.13	2.90	2.74	2.63	2.54	2.48	2.42	2.38	2.31	2.23	2.16	2.11	2.07	2.03	1.98	1.93	1.88
20	4.35	3.49	3.10	2.87	2.71	2.60	2.51	2.45	2.39	2.35	2.28	2.20	2.12	2.08	2.04	1.99	1.95	1.90	1.84
21	4.32	3.47	3.07	2.84	2.68	2.57	2.49	2.42	2.37	2.32	2.25	2.18	2.10	2.05	2.01	1.96	1.92	1.87	1.81
22	4.30	3.44	3.05	2.82	2.66	2.55	2.46	2.40	2.34	2.30	2.23	2.15	2.07	2.03	1.98	1.94	1.89	1.84	1.78
23	4.28	3.42	3.03	2.80	2.64	2.53	2.44	2.37	2.32	2.27	2.20	2.13	2.05	2.01	1.96	1.91	1.86	1.81	1.76
24	4.26	3.40	3.01	2.78	2.62	2.51	2.42	2.36	2.30	2.25	2.18	2.11	2.03	1.98	1.94	1.89	1.84	1.79	1.73
25	4.24	3.39	2.99	2.76	2.60	2.49	2.40	2.34	2.28	2.24	2.16	2.09	2.01	1.96	1.92	1.87	1.82	1.77	1.71
26	4.23	3.37	2.98	2.74	2.59	2.47	2.39	2.32	2.27	2.22	2.15	2.07	1.99	1.95	1.90	1.85	1.80	1.75	1.69
27	4.21	3.35	2.96	2.73	2.57	2.46	2.37	2.31	2.25	2.20	2.13	2.06	1.97	1.93	1.88	1.84	1.79	1.73	1.67
28	4.20	3.34	2.95	2.71	2.56	2.45	2.36	2.29	2.24	2.19	2.12	2.04	1.96	1.91	1.87	1.82	1.77	1.71	1.65
29	4.18	3.33	2.93	2.70	2.55	2.43	2.35	2.28	2.22	2.18	2.10	2.03	1.94	1.90	1.85	1.81	1.75	1.70	1.64
30	4.17	3.32	2.92	2.69	2.53	2.42	2.33	2.27	2.21	2.16	2.09	2.01	1.93	1.89	1.84	1.79	1.74	1.68	1.62
40	4.08	3.23	2.84	2.61	2.45	2.34	2.25	2.18	2.12	2.08	2.00	1.92	1.84	1.79	1.74	1.69	1.64	1.58	1.51
60	4.00	3.15	2.76	2.53	2.37	2.25	2.17	2.10	2.04	1.99	1.92	1.84	1.75	1.70	1.65	1.59	1.53	1.47	1.39
120	3.92	3.07	2.68	2.45	2.29	2.17	2.09	2.02	1.96	1.91	1.83	1.75	1.66	1.61	1.55	1.50	1.43	1.35	1.25
∞	3.84	3.00	2.60	2.37	2.21	2.10	2.01	1.94	1.88	1.83	1.75	1.67	1.57	1.52	1.46	1.39	1.32	1.22	1.00

(续)

	分子自由度																		
	1	2	3	4	5	6	7	8	9	10	12	15	20	24	30	40	60	120	∞
1	4052	4999.5	5403	5625	5764	5859	5928	5982	6022	6056	6106	6157	6209	6235	6261	6287	6313	6339	6366
2	98.50	99.00	99.17	99.25	99.30	99.33	99.36	99.37	99.39	99.40	99.42	99.43	99.45	99.46	99.47	99.47	99.48	99.49	99.50
3	34.12	30.82	29.46	28.71	28.24	27.91	27.67	27.49	27.35	27.23	27.05	26.87	26.69	26.60	26.50	26.41	26.32	26.22	26.13
4	21.20	18.00	16.69	15.98	15.52	51.21	14.98	14.80	14.66	14.55	14.37	14.20	14.02	13.93	13.84	13.75	13.65	13.56	13.46
5	16.26	13.27	12.06	11.39	10.97	10.67	10.46	10.29	10.16	10.05	9.89	9.72	9.55	9.47	9.38	9.29	9.20	9.11	9.06
6	13.75	10.92	9.78	9.15	8.75	8.47	8.26	8.10	7.98	7.87	7.72	7.56	7.40	7.31	7.23	7.14	7.06	6.97	6.88
7	12.25	9.55	8.45	7.85	7.46	7.19	6.99	6.84	6.72	6.62	6.47	6.31	6.16	6.07	5.99	5.91	5.82	5.74	5.65
8	11.26	8.65	7.59	7.01	6.63	6.37	6.18	6.03	5.91	5.81	5.67	5.52	5.36	5.28	5.20	5.12	5.03	4.95	4.86
9	10.56	8.02	6.99	6.42	6.06	5.80	5.61	5.47	5.35	5.26	5.11	4.96	4.81	4.73	4.65	4.57	4.48	4.40	4.31
10	10.04	7.56	6.55	5.99	5.64	5.39	5.20	5.06	4.94	4.85	4.71	4.56	4.41	4.33	4.25	4.17	4.08	4.00	3.91
11	9.65	7.21	6.22	5.67	5.32	5.07	4.89	4.74	4.63	4.54	4.40	4.25	4.10	4.02	3.94	3.86	3.78	3.69	3.60
12	9.33	6.93	5.95	5.41	5.06	4.82	4.64	4.50	4.39	4.30	4.16	4.01	3.86	3.78	3.70	3.62	3.54	3.45	3.36
13	9.07	6.70	5.74	5.21	4.86	4.62	4.44	4.30	4.19	4.10	3.96	3.82	3.66	3.59	3.51	3.43	3.34	3.25	3.17
14	8.86	6.51	5.56	5.04	4.69	4.46	4.28	4.14	4.03	3.94	3.80	3.66	3.51	3.43	3.35	3.27	3.18	3.09	3.00
15	8.68	6.36	5.42	4.89	4.56	4.32	4.14	4.00	3.89	3.80	3.67	3.52	3.37	3.29	3.21	3.13	3.05	2.96	2.87
16	8.53	6.23	5.29	4.77	4.44	4.20	4.03	3.89	3.78	3.69	3.55	3.41	3.26	3.18	3.10	3.02	2.93	2.84	2.75
17	8.40	6.11	5.18	4.67	4.34	4.10	3.93	3.79	3.68	3.59	3.46	3.31	3.16	3.08	3.00	2.92	2.83	2.75	2.65
18	8.29	6.01	5.09	4.58	4.25	4.01	3.84	3.71	3.60	3.51	3.37	3.23	3.08	3.00	2.92	2.84	2.75	2.66	2.57
19	8.18	5.93	5.01	4.50	4.17	3.94	3.77	3.63	3.52	3.43	3.30	3.15	3.00	2.92	2.84	2.76	2.67	2.58	2.49
20	8.10	5.85	4.94	4.43	4.10	3.87	3.70	3.56	3.46	3.37	3.23	3.09	2.94	2.86	2.78	2.69	2.61	2.52	2.42
21	8.02	5.78	4.87	4.37	4.04	3.81	3.64	3.51	3.40	3.31	3.17	3.03	2.88	2.80	2.72	2.64	2.55	2.46	2.36
22	7.95	5.72	4.82	4.31	3.99	3.76	3.59	3.45	3.35	3.26	3.12	2.98	2.83	2.75	2.67	2.58	2.50	2.40	2.31
23	7.88	5.66	4.76	4.26	3.94	3.71	3.54	3.41	3.30	3.21	3.07	2.93	2.78	2.70	2.62	2.54	2.45	2.35	2.26
24	7.82	5.61	4.72	4.22	3.90	3.67	3.50	3.36	3.26	3.17	3.03	2.89	2.74	2.66	2.58	2.49	2.40	2.31	2.21
25	7.77	5.57	4.68	4.18	3.85	3.63	3.46	3.32	3.22	3.13	2.99	2.85	2.70	2.62	2.54	2.45	2.36	2.27	2.17
26	7.72	5.53	4.64	4.14	3.82	3.59	3.42	3.29	3.18	3.09	2.96	2.81	2.66	2.58	2.50	2.42	2.33	2.23	2.13
27	7.68	5.49	4.60	4.11	3.78	3.56	3.39	3.26	3.15	3.06	2.93	2.78	2.63	2.55	2.47	2.38	2.29	2.20	2.10
28	7.64	5.45	4.57	4.07	3.75	3.53	3.36	3.23	3.12	3.03	2.90	2.75	2.60	2.52	2.44	2.35	2.26	2.17	2.06
29	7.60	5.42	4.54	4.04	3.73	3.50	3.33	3.20	3.09	3.00	2.87	2.73	2.57	2.49	2.41	2.33	2.23	2.14	2.03
30	7.56	5.39	4.51	4.02	3.70	3.47	3.30	3.17	3.07	2.98	2.84	2.70	2.55	2.47	2.39	2.30	2.21	2.11	2.01
40	7.31	5.18	4.31	3.83	3.51	3.29	3.12	2.99	2.89	2.80	2.66	2.52	2.37	2.29	2.20	2.11	2.02	1.92	1.80
60	7.08	4.98	4.13	3.65	3.34	3.12	2.95	2.82	2.72	2.63	2.50	2.35	2.20	2.12	2.03	1.94	1.84	1.73	1.60
120	6.85	4.79	3.95	3.48	3.17	2.96	2.79	2.66	2.56	2.47	2.34	2.19	2.03	1.95	1.86	1.76	1.66	1.53	1.38
∞	6.63	4.61	3.78	3.32	3.02	2.80	2.64	2.51	2.41	2.32	2.18	2.04	1.88	1.79	1.70	1.59	1.47	1.32	1.00

经由生物统计学受托人许可，转载自表18，F 分布的百分点，E·S. 皮尔森和 H·O. 哈特利，《统计学家生物统计表》，第1卷，第3版，1966。

附录 B 名词解释汇总

英文名词	中文名词	定义
after-only with control group design	仅后测对照组设计	将受试者或测试单元随机分配到实验组和对照组的真实实验设计，但不对因变量进行前期测量
ad hoc mail surveys	专项邮寄调研	未经事先联系，调研人员向选定的姓名和地址发送调查问卷；有时称为一次性邮件调查
algorithm	算法	在计算中，特别是在计算机中，要遵循的一个过程或一组规则
allowable sampling error	容许抽样误差	调研人员愿意接受的抽样误差大小
analogy	类比法	根据相似性对两个项目进行比较
analysis of variance (ANOVA)	方差分析	检验两个或多个独立样本的均值之间的差异
applied research	应用调研	旨在解决特定的、务实的问题——更好地理解市场，确定战略或策略失败的原因，或减少管理决策中的不确定性
artificial intelligence or AI	人工智能或 AI	感知其环境并采取行动将成功实现其目标的机会最大化的机器
augmented intelligence	增强智力	人工智能的另一种概念，侧重于人工智能的辅助作用，旨在增强人类智能，而不是取代它
augmented reality (AR)	增强现实（AR）	它是一种将计算机生成的增强功能叠加在现有现实之上的技术，目的是通过与现实互动使其更有意义
backpropagation	反向传播	AI 系统从错误中学习的过程
balanced scales	平衡量表	具有相同数量的正面和负面的层级的测量量表
basic, or pure, research	基础或纯粹的调研	旨在扩大知识边界，而不是解决一个具体的、务实的问题的调研
before and after with control group design	前后测对照组设计	将受试者或测试单元随机分配到实验组和对照组的真实实验设计，两组都进行前后测量
behavioral targeting	行为定向	使用线上和线下数据来了解消费者的习惯、人口统计数据和社交网络，以提高在线广告的效果
big data	大数据	海量信息的积累和分析
bivariate regression analysis	双变量回归分析	当一个变量被认为是自变量而另一个变量被认为是因变量时，对两个变量之间的线性关系强度的分析
bivariate techniques	双变量法	分析两个变量之间关系的统计方法
call center telephone interviews	呼叫中心电话访谈	在位于中心的营销调研机构致电受访者进行访谈
captive outsourcing	自主外包	一家调研公司创建一家全资的外国机构进行外包
cartoon test	漫画测试法	一种投射测试，应答者被要求填写漫画中两人之一的对话
case analysis	个案分析	回顾与当前相似的情况下的信息
casual research	因果性调研	旨在确定一个变量的变化能否引起另一个变量产生预见性变化的调研
causal studies	因果关系研究	研究一个变量的值是否能导致或决定另一个变量值的调研
causation	因果关系	对一个变量的变化导致（引起）另一个变量发生可观察到的变化的推断
census	普查	数据完全或几乎是从目标总体的每个个体处收集到的
central limit theorem	中心极限定理	认为大量样本均值或比例的分布趋近于正态分布，而与从中抽取样本的总体分布无关
chance variation	随机变异	样本值与总体均值的真实值之间的差异
Chi-square test	卡方检验	对观察分布与期望分布的"拟合优度"的检验
clarity	清晰度	避免含糊的术语，使用适合目标群体的合理用语和俗语，并且一次只问一个问题
classification matrix	分类矩阵	通过判别模型显示人或事物正确或错误分类的百分比的矩阵或表

（续）

英文名词	中文名词	定义
closed-ended questions	封闭式问题	要求应答者从一系列答案中做选择的问题
closed online panel recruitment	封闭式在线样本库招募	只邀请提前验证过的人或具有共同已知特征的人登记进入调研样本库
cluster analysis	聚类分析	基于两个或两个以上的分类变量，将实体或人分成几个互斥并穷尽组的统计程序通用术语
cluster sample	整群抽样	从多个小的地理区域中选择抽样单位，以降低数据收集成本的概率抽样
code readers	代码阅读器	一种计量仪，它安置在样本库成员家中靠近电视的地方，能接收电视发出的听不到的信号
coding	编码	对问题的各种回答进行分组并分配数字代码
coefficient of determination	可决系数	因变量变化中由自变量变化解释的百分比的度量
coefficient of determination	可决系数	由自变量的变化所解释的因变量的变化所占的百分比
collinearity	共线性	自变量之间的相关性，可能会对回归系数的估计产生偏差
commercial online panel	商业在线样本库	同意接受特定样本库公司（如 eRewards 或 SSI）在线调研邀请的个体组。该样本库公司向进行调查的组织收取访问该样本库的费用。每次调研的费用通常很高，这取决于调研的长度和调研对象的类型。样本库公司控制所有访问其样本库成员的权限
comparative scales	比较性量表	在一个量表上，将一个物体、概念或人与另一个物体、概念或人进行比较的测量量表
computer-assisted telephone interviews（CATI）	计算机辅助电话访谈	在呼叫中心电话访谈中，采访者将受访者的答案直接输入计算机
conclusions	结论	回答调研目标提出的问题或以其他方式满足调研目标的概括
concomitant variation	共生变化	假定的原因和假定的结果一起发生或变化的程度
concurrent validity	同时效度	在与目标变量相同的时间点测量的另一个变量可以由测量工具预测的程度
confidence interval	置信区间	在指定的置信水平下包含真实总体值的区间
confidence level	置信水平	特定区间包含真实总体值的概率，也称为置信系数
conjoint analysis	联合分析	用于量化消费者所联想的不同级别产品或服务属性与特征值的多变量程序
constant sum scales	固定总数量表	要求应答者根据各个特性的重要程度将一个给定分数（通常是 100 分）在两个或多个特性间进行分配的测量量表
constitutive definition	组成性定义	是对正在研究的中心思想或概念的意义的陈述，以建立其边界，也被称为理论定义或概念定义
constructs	构念	存在于更高抽象级别上的特定的概念类型
construct validity	构念效度	测量工具通过基础理论将观察到的现象与构念进行表达和逻辑连接的程度
consumer drawings	消费者绘图法	投射技术，受访者画出他们的感受或他们对物体的感知
consumer orientation	消费者导向	确定并关注最有可能购买产品的人或公司，以及生产能最有效地满足他们需求的商品或服务
contamination	污染	将一组通常不在测试区域的受访者纳入测试，例如，来自测试市场之外的购买者看到只针对测试区域内的广告，进入该区域购买被测试的产品
content validity	内容效度	测量工具内容的代表性或抽样充分性
controlled test market	受控测试市场	有时被称为扫描仪或电子测试市场，是在研究公司拥有消费者样本库的市场中进行的，它们可以跟踪消费者购买各种产品的情况
convenience samples	便利抽样	使用易于访问人员的非概率抽样

（续）

英文名词	中文名词	定义
convergent validity	收敛效度	用来测量同一构念的不同测量工具之间的相关程度
correlation analysis	相关分析	一个变量变化与另一个变量变化关联程度的分析
criterion-related validity	相关准则效度	测量工具能够预测已确定的准则变量的程度
CRISP-DM framework (cross-industry standard process for data mining)	CRISP-DM 框架（数据挖掘的跨行业标准流程）	一种进行数据挖掘项目的标准化方法，基于 5 个步骤进行：业务理解、数据准备、数据建模、结果评估和计划部署
cross tabulation	交叉表	对一个问题的回答与其他一个或多个问题的回答的关系的检查
data entry	数据录入	将信息转换成电子格式的过程
data mining	数据挖掘	使用统计学和其他高级软件来发现隐藏在数据库中的非明显模式
data visualization	数据可视化	使用图片可视化技术来说明数据中的关系
decision rule	判定标准	决定是否拒绝或未能拒绝原假设规则或标准
decision support system (DSS)	决策支持系统	一个交互式、个性化的信息管理系统，旨在由个人决策者启动和控制
deep learning	深度学习	机器学习的子集，人工神经网络从添加的大量反向传播数据中学习
degrees of freedom	自由度	在一个统计问题中不受限制或可以自由变化的观测值的数量
Delphi method	德尔菲法	从知识渊博的人那里收集一轮又一轮的个人数据，将结果汇总并返回给参与者以进一步完善
dependent variable	因变量	由自变量解释或引起变化的符号或概念
dependent variable	因变量	预期由自变量解释或引起的变量
descriptive analytics	描述性分析	以基本形式汇总的数据以识别模式
descriptive function	描述功能	对事实说明的收集和展示
descriptive studies	描述性研究	回答谁、是什么、何时、何地以及如何的问题的研究
design control	设计控制	使用实验设计来控制无关的原因性因素
diagnostic function	诊断功能	对数据或行为的解释
dichotomous questions	二项式问题	要求应答者在两个答案中做出选择的封闭式问题
digital fingerprinting	数字指纹	数字指纹出现于当网站强制你的浏览器放弃你的计算机的技术信息时。数字指纹可以用于追踪你的线上行为
discriminant coefficient	判别系数	对特定自变量判别力的估计；也称为判别权重
discriminant score	判别得分	预测特定对象或个人属于哪一组的基础；也称为 Z 分数
discriminant validity	区别效度	对本应不同的构念之间缺乏关联程度的测量
discussion guide	讨论指南	焦点小组访谈期间所要涉及话题的书面提纲
disguised observation	掩饰性观察	监察那些不知道自己被监察的人的过程
disproportional, or optimal, allocation	不均衡的或最优的分配	从给定的层中提取的元素数量与层的相对大小和所考虑特征的标准偏差成比例的抽样
do-it-together (DIT) research	一起做调研	调研供应商在项目的不同阶段与客户合作的调研
do-it-yourself (DIT) research	自己动手调研	某人自创调研，抽取样本并获得定量结果的调研
door-to-door interviews	入户访谈	在消费者家中与他们面对面进行的访问
dummy variables	虚拟变量	在回归分析中，一种表示两组或二分的、类别量表自变量的方法，将一组编码成 0，另一组编码成 1
editing	编辑	浏览每份问卷，以确保跳跃模式得到遵循以及所要求填写的问题都被填写
editing	编辑	确定调查问卷填写是否正确、完整的过程
electroencephalograph (EEG)	脑电图 (EEG)	测量头皮上的电脉冲并生成大脑电活动记录的机器
equivalent form reliability	等价形式信度	两种非常相似的工具产生密切相关结果的能力

（续）

英文名词	中文名词	定义
error-checking routines	错误检查程序	通过接受用户指令来检查数据中的逻辑错误的计算机程序
error sum of squares	误差平方和	回归未能解释的变化
ethnographic research	民族志调研	研究自然背景下的人类行为，包括对行为和物理环境的观察
evaluative research	评估性调研	为评估项目绩效而进行的调研
executive interviews	经理访谈	工业上对应的入户访问
executive summary	执行摘要	调研报告的一部分，解释了为什么进行调研，调研发现了什么，这些发现意味着什么，以及如果需要的话，管理层应该采取什么行动
experience surveys	经验调查	与组织内部和外部有知识的个人进行讨论，他们也许能提供相关问题的见解
experiment	实验法	操纵一个变量并观察其对另一个变量的影响的研究方法
experimental design	实验设计	调研人员控制和操纵一个或多个自变量的测试
experimental effect	实验影响	处理变量对因变量产生的影响
experiments	实验法	测量因果关系的研究，研究人员改变一个或多个自变量，并观察这些变化对因变量的影响
exploratory research	探索性调研	为增进对概念的理解、明晰待解决问题的确切性质或确定待研究的重要变量而进行的初步研究
external validity	外部效度	实验中测量的因果关系可以推广到外部人员、环境和时间的程度
face validity	表面效度	测量工具能够测量其应测量的东西的程度
factor	因子	相互关联的变量的线性组合
factor analysis	因子分析	简化数据的过程，通过识别数据中隐含的维度，将一组变量减少为少数几个因子或复合变量
factor loading	因子载荷	因子得分与原始变量之间的相关系数
field experiments	现场实验	在实验室外的实际环境（如市场）中进行测试
field management companies	现场管理公司	提供问卷格式、过滤性问题撰写以及数据收集和协调等支持性服务的公司
finite population correction factor（FPC）	有限总体修正系数	当样本预计等于总体的5%或以上时，对所需样本量进行的调整
first party data	第一方数据	公司的内部数据库
focus group	焦点小组	由8~12名参与者组成，在一名主持人的引导下对某一特定主题或观念进行深入讨论
focus group facility	焦点小组设施	包括一个会议室或起居室的调研设施，以及一个单独的观察室，该观察室配有单向镜或现场视听装置
focus group moderator	焦点小组主持人	客户雇用的领导焦点小组的人员；这个人应该有心理学或社会学的背景，或者至少有市场营销的背景
frame error	框架误差	使用不完整或不正确的抽样框而产生的误差
F test	F 检验	某一特定计算值可能是偶然产生的概率检验
galvanic skin response（GSR）	皮肤电反应（GSR）	与活化反应联系的皮肤电阻变化，也称为皮电反应
garbologists	垃圾分析员	通过对人们的垃圾进行分类来分析家庭消费模式的人
geographic information system（GIS）	地理信息系统	基于计算机的系统，使用二手数据和/或原始数据生成地图，在地理上直观地显示各种类型的数据
graphic rating scales	图示评比量表	提供给应答者一个有两个固定端点的图示连续体的测量量表
group dynamics	群体动力学	群体中人们的互动
hermeneutic research	解释性调研	专注于通过对话进行解释的研究
history	历史因素	在实验的开始和结束之间，可能改变因变量的外部变量或事件的干预

(续)

英文名词	中文名词	定义
hypothesis	假设	调研人员或管理者对被调查总体的某些特征所做出的一种假设或理论（猜想）
hypothesis test of proportions	比例假设检验	该检验确定比例之间的差异是否比预期的抽样误差大
implicit measures	隐式测量	测量生物反应，然后研究人员推断出导致行为的心理因素
independence assumption	独立假设	假设样本元素是独立抽取的
independent samples	独立样本	在独立样本中，对一个总体变量的测量对于在另一个总体中对该变量的测量没有影响
independent variable	自变量	研究者可以控制的一种符号或概念，并假设它会导致因变量变化或影响因变量
individual depth interviews	个人深度访谈	一对一访谈，探索并引出问题的详细答案，通常使用非指示性技术来揭示隐藏的动机
infographic	信息图	一组图像、图表和最少化的文本，提供易于理解的主题概述
input error	输入误差	错误地将信息输入计算机文件或数据库中而导致的误差
insight	洞察	有可能产生重大营销影响的新知识
instant analysis	即时分析	主持人汇报，为主持人和客户观察员提供一个头脑风暴的讨论会
instrument variation	计量变化	可能会影响测量的测量工具（如访问员或观察者）的变化
intelligent data entry	智能数据录入	数据输入的一种形式。在这种形式中，对输入于数据输入设备中的信息进行内部逻辑检查
internal consistency reliability	内在一致性信度	测量工具在同一时间段内使用不同样本测量一种现象时产生类似结果的能力
internal database	内部数据库	从组织内的数据中开发出来的相关信息的集合
internal validity	内部效度	对观察到的实验结果可以排除竞争性解释的程度
interrupted time-series design	间断时间序列设计	"中断"先前数据模式，重复测量某一效应的研究
interval estimate	区间估计	估计真实总体值落在的区间或数值范围
interval scales	等距量表	除包含顺序量表的所有特征之外，加上了点与点之间的相等间隔来表示相对数量；它们可能还包含一个任意的零点
interviewer error or interviewer bias	访谈者误差或访谈者偏差	误差来自访谈者有意识地或无意识地影响了受访者的回答
itemized rating scales	列举评比量表	应答者在有限的顺序类别中做出选择的测量量表
judgment samples	判断抽样	抽选标准是基于调研人员对研究总体的代表性的判断的非概率抽样
laboratory experiments	实验室实验	在受控环境中进行的实验
Likert scales	李克特量表	在李克特量表中，被调查者指定同意或不同意的水平来表达对所研究的概念赞成或不赞成的程度
local people meter	当地人员测量仪	测量观看行为和观众的人口统计特征
logical or machine cleaning of data	数据逻辑或机器清洗	对数据最后的计算机化的错误检查
longitudinal study	纵向研究	随着时间的推移，对相同的调查对象进行重新抽样的研究
machine learning	机器学习	神经网络通过处理大量数据来学习
mail panels	邮寄样本库	预接触和预筛选的参与者，定期向他们发送问卷
mall-intercept interviews	购物中心拦截访谈	拦截购物中心的购物者（或其他高人流量地区的购物者）进行面对面访谈
management decision problem	管理决策问题	说明解决问题所需的管理行动类型的陈述
marketing analytics	市场营销分析	发现、解释和沟通数据中有意义的模式
marketing dashboard	营销仪表板	提供基于绩效的分析、关键绩效指标（KPI）和其他指标的全面快照的报告工具

(续)

英文名词	中文名词	定义
marketing research	市场调研	计划、收集和分析与营销决策制定相关的数据,并向管理层沟通洞察结果
marketing research objective	市场调研目标	对解决市场调研问题所需的具体信息需要下定义
marketing research online community(MROC)	在线调研社区	精心挑选的消费者群体,他们同意参与和公司的持续对话
marketing research problem	市场调研问题	一种陈述,说明决策者为帮助解决管理决策问题而需要的信息类型,以及如何高效和有效地获得这些信息
maturation	成熟因素	在实验过程中受试者发生的变化,与实验无关但可能影响受试者对处理变量的反应
mean	均值	一个变量的所有观测值之和除以观测的数量
measurement	测量	指按照特定的规则将代表其特性的数量或质量的数字或符号分配给每一个人、目标或事件的过程
measurement error	测量误差	所寻求的信息与测量过程实际获得的信息之间的差异而导致的系统误差
measurement instrument bias	测量工具偏差	有时又称为问卷偏差,是问卷设计或者测量工具引起的误差
median	中位数	50%的观测值低于该值
metric scale	公制尺度	一种提供最精确的测量方法的定量方法
mode	众数	最频繁出现的值
mortality	失员	在实验过程中测试单元或受试者的丢失,可能会导致失去代表性
multidimensional scales	多维量表	测量概念、应答者或对象多个维度的量表
multiple-choice questions	多项选择题	要求被调查者在几个答案中进行选择的封闭式问题
multiple discriminant analysis	多元判别分析	基于两个或多个自变量预测(名义或分类)因变量的组成员关系的程序
multiple regression analysis	多元回归分析	基于多个自变量的水平预测(公制)因变量的水平或大小的程序
multiple time-series design	多重时间序列设计	有对照组的间断时间序列设计
multistage area sampling	多阶段区域抽样	为国家或区域调查选择地理区域,这种地理区域是逐步缩小的人口单位,例如先是县城,最后是居民住宅区,最后是家庭
multivariate analysis	多变量分析	一种统计方法的总称,它能同时对每个被研究的个体或对象的多项测量结果进行分析
mystery shoppers	神秘购物者	假扮成消费者,在公司自己或竞争对手的门店购物,收集顾客与员工互动的数据,归集观察数据;他们还可以比较价格、陈设等
net promoter score	净推荐值法	满意度指标;在回答"你会把这个推荐给朋友吗?"这个问题时,推荐者的百分比减去诋毁者的百分比
neural network	神经网络	一种模拟人脑过程的计算机程序,能够从经验中学习以发现数据中的模式
neuromarketing	神经营销学	研究消费者对营销刺激的大脑模式和某些生理指标的过程
nominal or categorical	名义的或类别的	一种非公制的定性数据量表,只使用数字来表示在一个组中的成员(例如,1=男性,2=女性)。大多数数学和统计程序不能应用于名义数据
nominal scales	名义量表	将数据分成互相排斥且全面无遗的类别的量表
nonbalanced scales	非平衡量表	偏重一端或另一端的测量量表
noncomparative scales	非比较性量表	在不参考其他客体、概念或人的情况下进行判断的测量量表
nonprobability sample	非概率样本	一个总体的子集。在这个总体中各种元素被选择的机会是未知的

（续）

英文名词	中文名词	定义
nonprobability samples	非概率抽样	以非随机方式从总体中选择特定元素
nonresponse bias	无回应偏差	对测量工具有反应的人和没有反应的人之间的系统差异引起的误差
nonsampling error	非抽样误差	除抽样误差以外的所有误差，也称为测量误差
normal distribution	正态分布	平均值呈钟形且对称的连续分布，平均值、中位值和众数相等
null hypothesis	原假设	对状况的假设，没有差异，没有影响
observation research	观察调研法	典型的描述性研究，在没有直接互动的情况下监测受访者的行为
observation research	观察调研法	不与相关人员进行正常沟通而只记录事件或行为模式的系统过程
one-group pretest-posttest design	单组前后测设计	有前测和后测的预实验设计，但没有对照组
one-shot case study design	单次个案研究设计	没有测试前观察，没有对照组，只有后测的预实验设计
one-way frequency table	单维频次表	表格显示了调查问题中选择各个答案的受访者数量
one-way mirror observation	单向镜观察法	从单向镜后面观察行为或活动的实践
open-ended questions	开放式问题	应答者用自己的话回答的问题
open observation	公开观察	观察那些知道自己被观察的人的过程
open online panel recruitment	开放式在线样本库招募	任何能够上网的人都可以自行选择加入市场调研样本库
operational definition	操作性定义	精确说明将测量哪些可观察特性，以及为概念赋值的过程
opportunity identification	机会识别	利用市场调研来寻找和评估新的机会
ordinal scales	顺序量表	保持了名义量表的标记性特征并具有对数据进行排序能力的量表
paired comparison scales	配对比较量表	测量量表，要求受访者根据一些既定标准从一组的两个对象中选择一个
passive data collection	被动式数据收集	它使用的方法是在没有"参与者"意识的情况下进行的，也不需要他们对调研做任何事情
Pearson's product–moment correlation	皮尔逊积矩相关	用于公制性数据的相关性分析技术
physical control	物理控制	在整个实验过程中保持外生变量的数值或水平不变
pilot studies	前导性研究	调查使用了有限数量的受访者，而且往往采用不像大型定量研究那么严格的抽样技术
point estimate	点估计	对总体价值的特定估计
population	总体	需要从中获取相关信息的全部人群，也称为域合作或者目标总体
population distribution	总体分布	总体中所有元素的频次分布
population parameter	总体参数	准确描述或代表完整总体的一个因素的值，如平均年龄或收入
population specification error	总体设定误差	错误地定义了从中选择样本的总体或域而导致的错误
pulation standard deviation	总体标准差	整个总体某变量的标准偏差
portable people meter（PPM）	便携式人员测量仪	一种可穿戴设备，可以跟踪消费者接触媒体和娱乐的情况，包括广播、有线电视和卫星电视、在线广播、电影院广告和许多数字媒体
predictive analytics	预测分析	一种更高级的分析形式，可预测顾客或潜在顾客对各种营销计划的反应，或将其分类到细分市场或其他子群中

（续）

英文名词	中文名词	定义
predictive function	预测功能	说明如何使用描述性和诊断性研究来预测计划的营销决策的结果
predictive validity	预测效度	一个准则变量的未来值可以通过量表当前的测量来预测的程度
preexperimental designs	预实验设计	很少或不控制外生因素的设计
prescriptive analytics	规范性分析	告诉我们在特定情况下的最佳行动方案
pretest	预先测试	问卷的试运行
primary data	原始资料	为帮助解决正在调查的问题而收集的新数据
probability sample	概率抽样	总体的一个子集，其中总体中的每个元素都有已知的非零机会被选中
probability samples	概率抽样	在总体中的每个元素都具有已知的、非零被选中的机会
profession	职业	由客观标准（如考试）决定成员资格的组织
professionalism	专业素养	具有高水平专业知识、自由判断和独立工作能力的工作人员所具备的素质
programmatic research	计划性调研	通过市场细分、市场机会分析或消费者态度和产品使用研究来进行营销选择的调研
projective test	投射测试	通过让受访者将自己的感受投射到一个无组织的情境中，来探究他们最深层感受的技术
proportional allocation	按比例分配	在抽样中，从一个层级中选出的样本数量与层级相对于总体规模的大小成正比
proportional property of the normal distribution	正态分布的比例性	对于所有的正态分布，落在平均值和给定数量的标准偏差之间的观测值的数量具有相同的特性
purchase-intent scales	购买意向量表	用于测量受访者购买或不购买产品意愿的量表
p value	p 值	计算出的由于偶然性的检验统计量的确切概率。p 值越小，观测结果偶然发生的概率越小
qualitative research	定性调研	调研结果不经过量化或者定量分析的调研
quantitative research	定量调研	使用数学分析的调研
quasi-experiments	准实验	调研人员缺乏对实验处理安排的完全控制，或必须以非随机的方式将受试者分配到实验处理中的研究
questionnaire or data acquisition form	问卷或数据采集表	为生成完成调研项目目标所需的数据而设计的一组问题；也称为访谈表或调查工具
quota samples	配额抽样	根据调研人员选择的人口统计学特征或分类因素为总体的子群进行配额的非概率抽样
random-digit dialing	随机数字拨号	随机生成电话号码列表的方法
random error or random sampling error	随机误差或随机抽样误差	偶然变化导致的误差
randomization	随机化	将受试者随机分配到处理条件下，以确保受试者的特征具有同等的代表性
rank-order scales	等级顺序量表	应答者比较两个或多个项目并对其进行排序的测量量表
ratio scales	等比量表	具有等距量表特征，加上一个有意义的零点，以便可以从算术上比较重要性的量表
recommendations	建议	适用于营销策略或策略的结论，侧重于客户实现差异优势
refusal rate	拒访率	被联系但拒绝参加调查的人的百分比
regression coefficients	回归系数	单个自变量对因变量的影响的估计
regression to the mean	回归均值	在实验过程中，具有极端行为的受试者向该行为的平均值改变的趋势

（续）

英文名词	中文名词	定义
related samples	相关样本	对一个总体中变量的测量可能会影响在另一个总体中对该变量测量的样本
reliability	信度	在测量中可以避免随机误差,从而提供前后一致的数据的程度
request for proposal（RFP）	征求建议书	向市场调研供应商发出的邀请书,邀请他们提交一份正式的建议书,包括标书
research design	调研设计	为满足市场调研的目标而应遵循的计划
research proposal	调研提案	通常是根据RFP开发的一个文档。它显示了一个项目的调研目标、调研设计、时间表和成本
research request	调研申请	大型组织使用的内部文件,描述一个潜在的调研项目对组织的好处和估计的成本;调研项目开始前必须得到正式批准
respondent fatigue	受访者疲劳	在调研中,当受访者感到无聊、疲惫或对调查不感兴趣时,就会出现这种情况
response bias	回答偏差	人们倾向于通过故意伪造或无意识的歪曲来错误地回答问题而导致的错误
rule	规则	一种指南、方法或指令,它告诉调研人员应该做什么
sample	样本	目标总体中所有成员的子集
sample design error	样本设计误差	由抽样设计或抽样程序错误引起的系统误差
sample distribution	样本分布	单个样本中所有元素的频次分布
sample size	样本容量	已确定和选定的调查总体子集,因为它代表了整个群体
sampling	抽样	从一个较大的群子集中获得信息的过程
sampling distribution of the mean	均值的抽样分布	从一个特定的总体中抽取的所有可能的给定大小样本平均值的理论上的频次分布;它是正态分布
sampling distribution of the proportion	比例抽样分布	从特定总体中抽取的给定大小的许多随机样本的比例的相对频次分布;它是正态分布的
sampling error	抽样误差	所选样本的结果不能完全代表总体而导致的误差
sampling frame	抽样框	一份总体元素或成员的名单,样本单位可从这份名单中抽取
sampling frame	抽样框	可以从中选择要抽样的单元的总体元素的名单或者用于生成这样的名单的具体过程
scale	量表	一系列结构化的符号和数字,其结构使这些符号和数字可以按照一定的规则分配给适用于量表的个人（或他们的行动、态度）
scaled-response questions	量表应答式问题	封闭式问题,在这些问题中,答案选择的设计是为了捕捉受访者的情感强度
scaling	量表化	将数字（或其他符号）分配给对象属性的过程,以便赋予所讨论的属性一些数字特征
scaling of coefficients	缩放系数	一种直接比较独立变量的回归系数大小的方法,将它们按相同的单位进行缩放或将数据标准化
scanning technology	扫描技术	数据输入的一种形式,对问卷的回答由数据输入设备自动读取
scatter diagram	散点图	因变量在Y轴（垂直）上,自变量在X轴（水平）上的数据的图形。它显示了两个变量之间线性或非线性关系的性质
screeners	过滤性问题	用来确定合适的应答者的问题
second party data	第二方数据	这是两家或两家以上公司决定在"私人基础上"共享的第一方数据
secondary data	二手资料	之前已经收集的数据
selection bias	选择偏差	有偏差的选择过程造成的测试组和对照组之间的系统差异
selection error	选择误差	样本选择程序不完整或不正确或未遵循适当程序而导致的误差

(续)

英文名词	中文名词	定义
self-administered questionnaires	自我管理式问卷	受访者填写问卷的过程中没有访谈员在场
semantic differential scales	语义差别量表	测量量表，通过让受访者将一个概念排列在可用于描述它的成对双向单词或短语之间来检查它的优势和劣势，然后将回答的平均值绘制为轮廓或图像
sentence and story completion test	句子和故事完型测试法	一种投射测试，应答者被要求用自己的话完成一段不完整的故事或句子
sentiment extraction	情感提取	对主观信息的识别
set meters	设备测量仪	这些测量仪与家里所有的电视相连
simple random sample	简单随机抽样	给总体中的每个元素分配一个数字，然后使用随机数字的表格来选择包含在样本中的特定元素来选择概率样本
simulated test markets（or STMs）	模拟测试市场	传统测试市场的模拟测试市场
situation analysis	情况分析	研究将进行市场调研的决策环境
skip pattern	跳问模式	根据受访者对问题的回答来确定问题的提问顺序
skip pattern	跳问模式	根据受访者对先前问题的回答，提出后续问题的顺序
snowball samples	滚雪球抽样	非概率抽样，根据最初受访者的推荐选择额外的受访者
software as a service（SaaS）	软件即服务	通过订阅的方式在线访问，而不是购买并安装在个人计算机上
split-half technique	折半技术	通过将全部测量项目分成两半并根据结果的相关性来评估量表信度的方法
spurious association	虚假联系	由一个或一组未经检验的变量产生的假定的原因和假定的结果之间的关系
stability	稳定性	每次测试的结果都没有变化
standard deviation	标准差	离散度的测量，计算方法是从一个序列中的每个值中减去序列的平均值，对每个结果进行平方，将结果相加，将总和除以项目数减 1，然后取该值的平方根
standard error of the mean	均值标准误差	样本均值分布的标准差
standard normal distribution	标准正态分布	均值为 0、标准差为 1 的正态分布
Stapel scale	斯塔普量表	测量量表要求受访者在 +5～-5 的范围内对描述形容词与给定概念的匹配程度和方向进行评分
statistical control	统计控制	通过统计调整每个处理条件下的因变量数值来调整混淆变量的影响
statistical power	统计功效	不犯第二类错误的概率
statistical significance	统计显著性	差异大到不可能因为偶然性或抽样错误而发生
storytelling	故事叙述法	一种投射测试，让消费者讲述他们的经历，例如与公司或产品有关的经历；也称为隐喻技术
stratified sample	分层抽样	通过互斥和穷举子集的简单随机抽样，使概率抽样更具代表性
structured data	结构化数据	在数字字段中找到的被明确定义的数据类型
sum of squares due to regression	回归平方和	由回归解释的变差
supervised learning	监督学习	调研人员遵循定义问题、指定调研方法等过程
surge pricing	高峰期定价	根据需求水平不断调整定价
surrogate information error	替代信息误差	来自解决某一问题实际所需的信息与调研人员所收集的信息之间存在差异时产生的误差
survey objectives	询问调研目标	通过问卷所寻求的决策信息的概要
survey research	询问调研	访问员与受访者互动（邮件和网络调研除外）以获得事实、意见和态度的调研

(续)

英文名词	中文名词	定义
systematic error or bias	系统误差或偏差	调研设计实施过程中出现的问题或瑕疵导致的错误；有时称为非抽样误差
systematic sampling	等距抽样	对整个总体进行编号，并使用跳跃间隔选择元素的概率抽样
temporal sequence	时间序列	事件的适当因果顺序
testing effect	测试效应	调研过程本身的副产品
test market	测试市场	使用实验或准实验设计对新产品或营销组合的某些要素在真实世界中进行测试
test-retest reliability	测试－再测试信度	同一工具在与原始条件尽可能相似的条件下第二次使用时产生一致结果的能力
third party data	第三方数据	收集的关于组织不认识的人的信息
third-person technique	第三人称法	一种投射技术，采访者通过让受访者代表第三方回答，如"你的邻居"或"大多数人"，来了解受访者的感受
traditional test market	传统测试市场	对销售结果进行跟踪，如果使用多个市场，则对各个市场进行较长时间的比较——几个月、一年或更长时间
treatment variable	处理变量	在实验中被操纵的自变量
true experimental design	真实实验设计	使用一个实验组和一个对照组的研究，测试单元被随机分配到这两个组中
t test	t 检验	在样本太小，无法使用 Z 检验时，对单个平均值进行的检验
type I error（α error）	第一类错误	当零假设实际上是正确的时候，拒绝零假设
type II error（β error）	第二类错误	当原假设实际上是错误的时候，未能拒绝原假设
unidimensional scales	单维量表	仅用于测量概念、应答者或客体的单一特性的量表
unrestricted internet sample	无限制网络样本	由希望完成互联网调研的任何人组成的自选样本组
unstructured data	非结构化数据	没有预定义的数据模型或没有按照预定义的方式组织的数据
unsupervised learning	无监督学习	算法检查数据，并试图通过自己提取特征和模式来理解数据
utilities	效用	通过联合分析确定的属性等级的相对值
validation	核实	确定面谈确实按照规定进行的过程
validity	效度	研究人员试图测量的东西被实际测量到的程度
variable	变量	一种符号或概念，可以假定一组值中的任何一个
virtual reality（VR）	虚拟现实	一种让人沉浸在一个完全虚拟的环境中的技术。在这个环境中，用户感觉他们主要通过视觉和听觉来亲身体验模拟现实
virtual test markets（VTM）	虚拟测试市场	根据消费者的特征（人口统计、产品使用情况和其他适合测试的特征）将他们招募到网上，进入一个虚拟的购物世界，在那里他们通过点击完成一个虚拟的购物过程
word association test	词语联想测试法	一种投射测试，采访者说一个词语，应答者被要求说出想到的第一件事
Z test	Z 检验	用于单个均值的假设检验，适用于样本足够大并且是随机抽取的情况

注释

Chapter 1

1 "Illy CEO, Andrea Illy, Tells All," *Business Week*, October 24, 2016, p.72.
2 "65 Social Media Statistics to Bookmark," sproutspcial.com (accessed August 14, 2019).
3 "ESPN Upfront Showcases New Digital Platforms and Programming Slate," May 17, 2016. Available at https:// thewaltdisneycompany.com/espn-upfront-showcases-new-digital-platformsand-programming-slate/, accessed October 30, 2016.
4 techworld.com/picture-gallery/data/-companies-working-on-driverless-cars-364-537/June 27, 2019 (accessed August 16, 2019).
5 The hummus story is adapted from "Hummus: The Great American Dip," *Bloomberg Businessweek*, July 22–July 28, 2013, pp.16–18.
6 Joseph Rydholm, "What Do Clients Want from a Research Firm?," *Marketing Research Review*, October 1995, p. 82.
7 Michelle Turner, "Channeling Billy Bean," *Marketing Insights*, September/October 2015, p. 26.
8 Rohit Deshpande and Scott Jeffries, "Attitude Affecting the Use of Marketing Research in Decision Making: An Empirical Investigation," in Kenneth L. Bernhardt, et al. eds., *Educators' Conference Proceedings*, Series 47 (Chicago: American Marketing Association, 1981), pp.1–4.
9 Rohit Deshpande and Gerald Zaltman, "Factors Affecting the Use of Market Information: A Path Analysis," *Journal of Marketing Research* 19, February 1982, pp. 14–31; Rohit Desh-pande, "A Comparison of Factors Affecting Researcher and Manager Perceptions of Market Research Use," *Journal of Marketing Research* 21, February 1989, pp.32–38; Hanjoon Lee, Frank Acito, and Ralph Day, "Evaluation and Use of Marketing Research by Decision Makers: A Behavioral Simulation," *Journal of Marketing Research* 24, May 1987, pp.187–196; and Michael Hu, "An Experimental Study of Managers' and Researchers' Use of Consumer Market Research," *Journal of the Academy of Marketing Science* 14, Fall 1986, pp. 44–51; Rohit Deshpande and Gerald Zaltman, "A Comparison of Factors Affecting Use of Marketing Information in Consumer and Industrial Firms," *Journal of Marketing Research* 24, February 1987, pp.114–118.

Chapter 2

1 Acxiom.com/what-we-are-thinking/the-new-data-economy/, accessed August 26, 2019.
2 This section is adapted from: What is 2nd Party Data, Acxiom, accessed August 26, 2019.
3 Ibid.
4 Ibid.
5 ppchero.com/what-is-a-good-through-rate-ctrl/, accessed August 27, 2019.
6 "Connect the Thoughts," *Adweek Media*, June 29, 2099, pp. 10–11; 33across.com/attention – advertisers/, accessed August 28, 2019.
7 "Fuel of the Future," *The Economist*, May 6, 2017, pp. 19–22.
8 "Every Swipe You Take, They'll be Watching You," *Bloomberg Businessweek*, August 20, 2018, pp. 24–25.
9 Ibid.
10 Ibid.
11 "Binging on Success," *Time*, October 15, 2018, 39.
12 "Fuel of the Future," p. 20.
13 Ibid.
14 Steven Rosenbush and Clint Boulton, "How the NSA Could Get So Smart So Fast," *Wall Street Journal*, June 13, 2013, p. A4.
15 Ibid.
16 Ibid.

17 Christine Moorman and Lauren Kirby, "The CMO Survey: Top Marketing Trends of the Decade," *Marketing News*, June/July 2019, p. 38.

18 David W. Wilson, "The Problem with Solutions," *Marketing Insights*, November–December 2015, pp.28–31.

19 "Data Privacy Concerns On the Rise," chiefmarketer.com/, accessed September 5, 2019.

20 "The CMO Survey," p. 40.

21 "YouTube Fined Over Children's Privacy," *Wall Street Journal*, August 31, 2019/September 1, 2019, B3.

22 "So Far, the Techlash Has Only Made Facebook Stronger," *Bloomberg Businessweek*, August 19, 2019, pp. 19–20.

23 www.gdpr.eu/what-is-gdpr/, accessed September 7, 2019.

24 Ibid.

25 https://www.complianceweek.com/gdpr/what-we-can-learn-from-the-biggest-gdpr-fines-so-far/27431.article, accessed September 7, 2019.

26 Ibid.

27 https://www.forbes/com/sites/theyec/2019/03/04/gdpr-what-small-busineeses-need-to-know/#707057023197, accessed September 10 2019; https://bigdata-madesimple.com/new-security-and-privacy-issues-big-data-users-will-face-in-2019/, accessed September 10, 2019; https://biztechmagazine.com/article/2019/01/qa-what-it-takes-tackle-data-privacy-big-data-era, accessed September 12, 2019; <u>Why Data and Data Governance Matter More Than Ever: Leading The Charge For Regulatory Compliance</u>, Acxiom, LLC, 2019, downloaded from wee.acxiom.com on September 10, 2019.

Chapter 3

1 F. N. Kerlinger, *Foundations of Behavioral Research*, 3rd ed. (New York: Rinehart and Winston, 1986), p.403; see also Mel Crask and R.J.Fox, "An Exploration of the Internal Properties of Three Commonly Used Research Scales," *Journal of Marketing Research Society*, October 1987, pp. 317–319.

2 Adapted from Claire Selltiz, Laurence Wrightsman, and Stuart Cook, *Research Methods in Social Relations*, 3rd ed. (New York: Holt Rinehart and Winston, 1976), pp.164–168.

3 Linda Naiditch, "A More Informed Process," *Quirk's Marketing Research Review*, July 2013, pp. 60–63.

4 Gerald Albaum, Catherine Roster, Julie H. Yu, and Robert D. Rogers, "Simple Rating Scale Formats: Exploring Extreme Response," *International Journal of Market Research* 49, 5, 2007, pp.633–649.

5 For an excellent discussion of the semantic differential, see Charles E. Osgood, George Suci, and Percy Tannenbaum, *The Measurement of Meaning* (Urbana: University of Illinois Press, 1957). Also see Karin Braunsberger and Roger Gates, "Developing Inventories for Satisfaction and Likert Scales in a Service Environment," *Journal of Services Marketing* 23, 2009, 4, pp. 219–225.

6 Ibid., pp. 140–153, 192, 193; see also William D. Barclay, "The Semantic Differential as an Index of Brand Attitude," *Journal of Advertising Research* 4, March 1964, pp. 30–33.

7 Theodore Clevenger Jr., and Gilbert A. Lazier, "Measurement of Corporate Images by the Semantic Differential," *Journal of Marketing Research* 2, February 1965, pp.80–82.

8 Michael J.Etzel, Terrell G.Williams, John C.Rogers, and Douglas J. Lincoln, "The Comparability of Three Stapel Forms in a Marketing Setting," in Ronald F. Bush and Shelby D. Hunt, eds., *Marketing Theory: Philosophy of Science Perspectives* (Chicago: American Marketing Association, 1982), pp.303–306.

9 An excellent article on purchase intent is: Pierre Chandon, Vicki Morwitz, and Werner Reinartz, "Do Intentions Really Predict Behavior? Self-Generated Validity Effects in Survey Research," *Journal of Marketing*, April 2005, pp.1–14.

10 Albert Bemmaor, "Predicting Behavior from Intention-to-Buy Measures: The Parametric Case," *Journal of Marketing Research*, May 1995, pp. 176–191.

11 We use a more conservative set of weights than those recommended by Linda Jamieson and Frank Bass, "Adjusting Stated Intention Measures to

Predict Trial Purchase of New Products: A Comparison of Models and Methods," *Journal of Marketing Research*, August 1989, pp.336–345.

12. This section on scale conversions is from Rajan Sambandam, "Scale Conversions," *Quirk's Marketing Research Review*, December 2006, pp.22–28.
13. Fred Reichheld, "The One Number You Need to Grow," *Harvard Business Review*, December 2013, pp.46–54.
14. "Pardon Our Mistake," *Quirk's Marketing Research Review*, August 2013, pp. 15–16.
15. "An NPS Check," *Marketing News*, September 2015, pp. 12–14.
16. "The Passives Are Not Passive," *Quirk's Marketing Research Review*, October 2011, pp. 72–78.
17. Ibid.
18. https://www.forbes.com/sites/ronshevlin/2019/05/21/its-time-to-rtire-the-net-promotor-score/#4a30010d6bbb (accessed September 16, 2019).
19. William O. and Richard G. Netemeyer, *Handbook of Marketing Scales*, 2nd ed. (Newbury Park, CA: Sage Publications, 1999), pp. 1–9.
20. Brian Engelland, Bruce Alford, and Ron Taylor, "Cautions and Precautions on the Use of Borrowed Scales in Marketing Research," *Proceedings: Society for Marketing Advances*, November 2001.
21. J. A. Krosnick and L. R. Fabrigar, "Designing Rating Scales for Effective Measurement in Surveys," in L. Lybert, M. Collins, L. Decker, E. Deleeuw, C. Dippo, N. Schwarz, and D. Trewing, eds., *Survey Measurement and Process Quality* (New York: Wiley-Interscience, 1997). Also see Madhubalan Viswanathan, Seymore Sudman, and Michael Johnson, "Maximum Versus Meaningful Discrimination in Scale Response: Implications for Validity Measurement of Consumer Perceptions about Products," *Journal of Business Review*, February 2004, pp. 108–124; also see Adam Cook, "An Analysis of the Impact of Survey Scales," *Quirk's Marketing Research Review*, November 2013, pp.22–27.
22. This case is adapted from: Michael Shuker and Courtney Stopansky "In Search of Consistent Returns," *Quirk's Marketing Research* Review, July 2018, pp. 28–31.

Chapter 4

1. infodocket.com/2019/06/13/per-research-center-releases-new-survey-findings-on-mobile-technology-and-home-broadband-usage/, accessed September 20, 2019.
2. "What's a Good Survey Response Rate?" www.surveygizmo.com, accessed September 22, 2019.
3. Adapted from: Matthew Walmsley, "Strategies for Avoiding Respondent Fatigue," *Quirk's Marketing Research Review*, October 2018, pp. 42–49.
4. Alexandra Samuel, "Nine Survey Questions for People Who Create Survey Questions," *Wall Street Journal*, May, 17, 2017, R2.
5. Serge Luyens, "Words to Live By," *Quirk's Marketing Research Review*, August 2013, pp. 56–61.
6. https://caplena.com (accessed September 23, 2019). Also see: https://www.linkedin.com/pulse/why-when-automate-verbatim-coding-open-ended-survey-responses-kelkar.
7. Adapted from: http://www.surveysampling.com/en/learning-center/mobile-research/10-tips-mobile, accessed September 23, 2019.
8. Adapted from Eric Whipkey, "No Longer a Joke," *Quirk's Marketing Research Review*, April/May 2019, pp.44–46.
9. Morgan Molnar, "The New Hunter-Gatherers of Data," *Quirk's Marketing Research Review*, April/May 2019, pp.40–42.

Chapter 5

1. Giovanni Russonello, "Four Problems with 2016 Trump Polling That Could Play Out Again in 2020," *The New York Times*, November 24, 2019, p. 24.
2. Andrew Hawkins, "As a Pollster, This Will Be the Hardest Election to Predict I Can Ever Remember," *The Telegraph*, October 31, 2019; https://www.telegraph.co.uk/politics/2019/10/31/pollster-will-hardest-election-predict-ever-can-remember, accessed December 9, 2019.
3. For excellent discussions of sampling, see Seymour Sudman, *Applied Sampling* (New York: Academic Press, 1976); and L. J. Kish, *Survey Sampling* (New York: John Wiley & Sons, 1965).

4. Jack Baker, Adelamar Alcantara, et al., "A Comparative Evolution of Error and Bias in Census Tract-Level Age/Sex-Specific Population Estimates: Component I (Net-Migration) vs. Component III (Hamilton-Perry)," *Population Research and Policy Review* 32, 6, December 2013, pp. 919–942.

5. Jackie Lorch, "New Data on the Rise in Cell Phone Use: What It Means for Your Research," *Survey Sampling International*, February 8, 2017; https://www.surveysampling.com/blog/newdata-rise-cell-phone-use-means-research, accessed February 19, 2017.

6. Matthijs Visser, "A Choice in the Matter-What Happens When You Let Respondents Choose Their Feedback Method," *Quirk's Marketing Research Review*, February 2014, p. 24.

7. James McClove and P. George Benson, *Statistics for Business and Economics* (San Francisco, CA: Dellen Publishing, 1998), pp.184–185;and "Probability Sampling in the Real World," *CATI NEWS*, Summer 1993, pp. 1, 4–6; Susie Sangren, "Survey and Sampling in an Imperfect World," *Quirk's Marketing Research Review*, April 2000, pp.16, 66–69.

8. Michael A. Fallig and Derek Allen, "An Examination of Strategies for Panel-Blending," *Quirk's Marketing Research Review*, July 2009, p. 50.

9. "Questions You Should Ask When Selecting a Panel Provider," *Quirk's Marketing Research Review*, November 2015, p. 78.

10. R. J. Jaeger, *Sampling in Education and the Social Sciences* (New York: Longman, 1984), pp. 28–35.

11. Lewis C. Winters, "What's New in Telephone Sampling Technology?" *Marketing Research*, March 1990, pp. 80–82; and *A Survey Researcher's Handbook of Industry Terminology and Definitions*(Fairfield, CT:Survey Sampling, 1992), pp.3–20.

12. For an excellent discussion of stratified sampling, see William G. Cochran, *Sampling Techniques*, 2nd ed.(New York: John Wiley& Sons, 1963); and Sangren, *Survey and Sampling in an Imperfect World*, pp. 16, 66–69.

13. Earl R. Babbie, *The Practice of Social Research*, 2nd ed. (Belmont, CA: Wadsworth Publishing, 1979), p. 167.

14. *Convenience Sampling Outpacing Probability Sampling* (Fairfield, CT: Survey Sampling, March 1994), p. 4.

15. Leo A. Goodman, "Snowball Sampling," *Annals of Mathematical Statistics* 32, 1961, pp. 148–170.

16. Douglas Rivers, "Fulfilling the Promise of the Web," *Quirk's Marketing Research Review*, February 2000, pp. 34–41.

17. Karin Braunsberger, Hans Wybenga, and Roger Gates, "A Comparison of Reliability between Telephone and Web Based Surveys," *Journal of Business Research* 60, 7, 2007, pp.758–764.

18. "New Research from Survey Sampling International Suggests Sample Blending Results in Better Data Quality," *Market Research Bulletin*, April 26, 2010.http://marketresearchbulletin.com/?p5537, accessed March 9, 2011.

19. Tom McGoldrick, David Hyatt, and Lori Laffin, "How Big Is Big Enough?" *Marketing Tools*, May 1998, pp. 54–58.

20. McGoldrick, et al., "How Big Is Big Enough?" pp. 54–58.

21. Lafayette Jones, "A Case for Ethnic Sampling," *Promo*, October 1, 2000, p. 12.

22. Andrew Mercer, "Why2016ElectionPollsMissed TheirMark," Pew Research Center, November 9, 2016. http://pewresearch.org/fact-tank/2016/11/09/why-2016-election-polls-missedtheir-mark, accessed February 24, 2017.

23. Hawkins, "As a Pollster, This Will Be the Hardest Election."

24. Gang Xu, "Estimating Sample Size for a Descriptive Study in Quantitative Research," *Quirk's Marketing Research Review*, June 1999, pp. 14, 52–53.

25. Susie Sangren, "A Simple Solution to Nagging Questions," *Quirk's Marketing Research Review*, January 1999, pp. 18, 53.

26. Gang Xu, "Estimating Sample Size for a Descriptive Study in Quantitative Research."

27. For discussions of these techniques, see Bill Williams, *A Sampler on Sampling* (New York: John Wiley & Sons, 1978); and Richard Jaeger, *Sampling in Education and the Social Sciences* (New York: Longman, 1984).

Chapter 6

1. "Unknown Numbers," *The Economist*, September 28, 2019, pp. 26–28.
2. Ibid.
3. "When Surveys Get Lost in Translation," *Marketing News*, October 2017, pp. 12–13.
4. Ibid.
5. CNBC.com/2019/04/15/malls-see-tsunami-of-store-closures-as-foot-traffic-declines-further.html. Accessed October 9, 2019.
6. Newvoicemedia.com/en-us/news/new-research-reveals-75-percent-of-customers-still-favor-live-agent-support-for-customer-service-vs-25-percent-self-service-and-chatbots, accessed October 20, 2019;and "For Sensitive Info, Live Agents Preferred over Chatbots," *Quirk's Marketing Research Review*, February 2019, 8.

Chapter 7

1. statista.com/statistics/267225/global-revenue-distribution-of-market-research-by-survey-method/, accessed October 17, 2019.
2. consultancy.org/news/59/global-market-research-industry-worth-76-billion-top-10-companies, accessed October 17, 2019.
3. ana.esomar.org/documents/global-market-research-2019, accessed October 17, 2019.
4. "Motives Are as Important as Words When Group Describes a Product," *Marketing News*, August 28, 1987, p.49.
5. Michelle Lenzen, "Yes, and . . .: *Quirk's Marketing Research Review*, May 2018, pp. 28–31.
6. Mark Wheeler, "Small Changes Can Make a Big Difference," *Quirk's Marketing Research Review*, December 2018, pp. 26–30.
7. Ibid.
8. "Qualitative Research Panels: A New Spin on Traditional Focus Groups," *Quirk's Marketing Research Review*, May 2010, pp. 18–20.
9. "Dealing with the Digresser," *Quirk's Marketing Research Review*, December 2008, pp. 32–35.
10. The material on analogies is from: Andrew Cutler, "What's the Real Story?" *Quirk's Marketing Research Review*, December 2006, pp. 38–45.
11. Gerald Berstell, "Listen and Learn—and Sell," *Quirk's Marketing Research Review*, December 2011, pp.48–52. Reproduced with permission from Quirk Enterprises, Inc.
12. Bruce Brown, Jennifer Leach, Dave Ward, and Emily Sanford, "A Sound Approach for the Sound," *Quirk's Marketing Research Review*, July 2015, pp. 34–39.

Chapter 8

1. statista.com/statistics/267225/global-revenue-distribution-of-market-research-by-survey-, ethod/ (edited September 20, 2019). Accessed October 23, 2019.
2. Ibid.
3. Michael Carlon, "Promising But Not Perfect," *Quirk's Marketing Research Review*, January 2012, pp. 54–57.
4. Arron Jue, "5 Steps to Effective Online Surveys," *SurveyMagazine.org*, April/May 2019, p. 21.
5. Gabe Gelb, "Online Options Change Biz a Little – And a Lot," *Marketing News*, November 1, 2006, pp. 23–24; "10 Minutes With Bo Mattsson," *Marketing News*, November 20, 2012, pp. 24–30; and smartsurvey.co.uk/articles/10-advantages-of-online-surveys, accessed October 24, 2019.
6. Discussion with Rober Gates, former owner of DSS Research, October 23, 2019.
7. pcmag.com/roundup/339397/the-best-online-survey-tools, accessed October 24, 2019.
8. Jamin Brazil, Arron Jue, Chandra Mulkins, and Jayme Plunkett, "Capture Their Interest," *Quirk's Marketing Research Review*, July/August 2006, pp. 46–54.
9. "A Rewarding Experience," *Quirk's Marketing Research Review*, May 2018, pp. 38–41.
10. See, "Right Place, Right Time," *Quirk's Marketing Research Review*, July 2013, pp. 56–59.
11. :Why Respondents Suffer If You' re Not Mobile Ready," October 2013. wwwquirks.com/articles/2013/2013.026-2aspx.
12. Birgi Martin, "Research-To-Go," *Quirk's Marketing Research Review*, November 2007, pp. 68–72.
13. "5 Steps to Effective Online Surveys," *Survey*

Magazine, April/ May 2019, 21–23.

14 "Shoppers Spending More In-Store Than Online," *Quirk's Marketing Research Review*, June/July 2019, 19. Reproduced with permission from Quirk Enterprises, Inc.

Chapter 9

1 "Lessons From the Bathroom," *Fast Company*, March 2014, 32.

2 "The Chocolate War," *Marketing Research*, Winter 2015, p. 4.

3 "Paying More to Get More," *Quirk's Marketing Research Review*, December 2008, p. 44; "The Irreplaceable on-Site ethnog-rapher," *Quirk's Marketing Research Review*, February 2012, pp. 20–22; also see: "When and How to User Ethnographic Research," www.spotless.co.uk/insights/ethnography-when-and-how/, accessed November4, 2019.

4 "C'est La Vie," *Marketing News*, June 2014, p. 26.

5 "The Science of Desire," *Business Week*, June 5, 2005, p. 104.

6 Ibid.

7 Lili Rodriquez, "Mobile, Yes; Ethnography, Not so Much," *Quirk's Marketing Research Review*, February 2014, pp. 20–22.

8 "10 Mystery Shopping Benefits for retail," aq-services.com/ 10-mystery-shopping-benefits-for-retail, accessed November 4, 2019.

9 "Find and Complete Assignments On the Go," http://www.marketforce.com/market-force-takes-mystery-shopping-mobile-new-eyeson-app, accessed November 10, 2016.

10 Jason Martuscello, "Going Beyond Self-Report," *Quirk's Marketing Research Review*, July 2018, pp. 40–45.

11 "Can Brain Waves Predict Box Office," *Quirk's Marketing Research Review*, May 2015, 8. Also see: "How We're Thinking About Thinking," *Quirk's Marketing Research Review*, January 2015, pp. 46–50.

12 Adam Penenberg, "They Have Hacked Your Brain," *Fast Company*, September 2011, pp. 84–89, 123–125.

13 Ibid.

14 Ibid.

15 Cathleen Zapata, "What Caught Their Eye?" *Quirk's Marketing Research Review*, May 2012, pp. 32–37.

16 Ibid; also see "Looking Better," *Quirk's Marketing Research Review*, July 2015, pp.46–50.

17 Mike Bartels, "Looking Better," *Quirk's Marketing Research Review*, July 2015, pp.46–51.

18 Dan Hill and Aron Levin, "On the Face of It," *Quirk's Marketing Research Review*, March 2013, pp. 46–52.

19 Meagan Peters and Curt Fedder, "Seeing the Complete Truth," *Quirk's Marketing Research Review*, May 2016, pp. 38–41.

20 forbes.com/sites/timbajarin/2019/07/29/Americas-views-on-face-recognition-and-survellance-cameras/#32C5e4736127, accessed November 4, 2019.

21 pewresearch.org/internet-2019/09/05/more-than-half-of-u-s-adults-trust-law-enforcement-to-use-facial-recognition-responsibly/, accessed November 4, 2019.

22 http://sightcorp.com/knowledge-base/in-store-customer-tracking/, accessed November 4, 2019.

23 https://www.nielsen.com/bhlen/solutions/measurement/ television/, accessed November 5, 2019.

24 Ibid; also see: https://www.nielsens.com/us/en/press-release/2019/Nielsen-completes-overhaul-of-local-tv-business-archives-milestone-in-multiyear-effort-to-transform-measurement-in-208-markets-across-the-us/, accessed November 5, 2019.

25 blog.katzmedia.com/on-measurement/nielsen-measurement-simplified, accessed November 5, 2019.

26 lifewire.com/what-is-the-portable-people-meter 2843405, accessed November 6, 2019.

27 The section on streaming TV platform advertising targeting is from" "TV Advertising Directed At You," *Wall Street Journal*, June 18, 2019, pp.R1–R2.

28 iriworldwide.com/en-US/Solutions/ Media-en/Media-Solutions/Consumer, accessed November 6, 2019.

29 washingtonpost.com/technology/2019/10/31/think-youre-anonymous-online-third-popular-websites-are-fingerprinting-you, accessed November 6, 2019.

30 adweek.com/digital/hearst-magazines-will-target-you-in-print-based-upon-what-you-read-online/, accessed November 11, 2019.
31 Ibid.
32 pubhtml5.com/product-feature/tracking-with-google-analytics.php, accessed November 11, 2019.
33 visoncritical.com/blog/augmented-reality-and-future-research, accessed November 12, 2019.
34 Kieron Mathews and Siva Raj, "Fine-Tuning the Details," *Quirk's Marketing Research Review*, August 2014, pp. 40–45.

Chapter 10

1 Lauro Rizzatti, "Digital Data Storage: A Mind-Boggling Growth," *EE Times*, September 14, 2016. Accessed online at https://www.rizzatti.com/.
2 William D. Nordhaus, *The Progress of Computing*, Yale University and the NBER, August 30, 2001, p.1.
3 Bernard Marr, "Amazon: Using Big Data to Understand Customers," www.bernardmarr.com, accessed March 19, 2020.
4 Bob Kerr, "Four Reasons to Consider Big Data and Hadoop for Your BI Strategy," *Blue Granite*, July2, 2013.https://www.blue-granite.com/blog/four-reasons-to-consider-big-data-and-hadoop-for-your-bi-strategy.
5 Michael Minelli, Michele Chambers, and Ambiga Dhiraj, *Big Data, Big Analytics* (Hoboken, NJ: John Wiley & Sons, 2013), p.13.
6 Joao Mendes Moreira, Andre C.P.L.F. de Carvalho, and Tomas Horvath, *A General Introduction to Data Analytics, 1/e* (Hoboken, NJ: John Wiley&Sons, 2019), p.4.
7 Bernard Marr, "What is Hadoop?" www.bernardmarr.com, accessed online.
8 James J. Cochran, ed., *INFORMS Analytics Body of Knowledge*(Hoboken, NJ: John Wiley & Sons, 2019), p. 15.
9 Troy Segal, "Prescriptive Analytics," July 5, 2019, www.investopedia. com, accessed online.
10 Meta S. Brown, *Data Mining for Dummies* (Hoboken, NJ: John Wiley & Sons, 2014), p. 334.
11 Jiawei Ham, Micheline Kamber, and Jian Pei, *Data Mining: Concepts and Techniques* (Waltham, MA: Morgan Kaufmann Publishers, July 2011), p. 5.
12 Remco Bouckaert, Eibe Frank, Mark A. Hall, Geoffrey Holmes, Bernhard Pfahringer, Peter Reutemann, and Ian H. Witten, "WEKA—Experiences with a Java Open-Source Project," *Journal of Machine Learning Research*, September 2010.
13 www.ibm.com/SPSS Modeler 15.0, accessed online.
14 "Sears' Big Data Strategy? Just a Service Call Away," *Fortune*, July 2, 2015, p. 40.
15 "What's a Good Clickthrough Rate? New Benchmark Data for Google AdWords," availableat http://blog.hubspot.com/agency/google-adwords-benchmark-data#SM.000165, accessed March 19, 2020.
16 Barry Levine, "Nielsen Launches Marketing Cloud With eXelate Infrastructure," *Martech Today*, April 12, 2016, accessed online.
17 "Instead of Big Data, Try Value Data," *Quirk's Marketing Research Review*, April 2014, p.25.
18 Dean Patrick, "Did You Realize That You Paid Twice When You Bought an Alexa?" Hackernoon, March 5, 2020, https:// hackernoon.com/did-you-realize-that-you-paid-twice-when-you-bought-an-alexa-26hx324t.
19 Ibid.
20 Brian Morrissey, "Connect the Thoughts," *Adweek Media*, June 28, 2009, pp. 10–11.
21 Shelley Ellis, "The Future of Retargeting, Remarketing, and Remessaging," www.marketingland.com, March 12, 2012, accessed online.
22 John Mueller and Luca Massaron, *Machine Learning* (Hoboken, NJ: John Wiley & Sons, 2016), p. 13.
23 Eric Morath, "AI Is the Next Workplace Disrupter – and It's Coming for High-Skilled Jobs," *The Wall Street Journal*, February 23, 2020, https://www.wsj.com/articles/ai-is-the-next-workplace-disrupterand-its-coming-for-high-skilled-jobs-11582470000.
24 Bernard Marr, "What Is Deep Learning AI? A Simple Guide With 8 Practical Examples," *Forbes*, October 1, 2018, https://www.forbes.com/sites/bernardmarr/2018/10/01/what-is-deep-learning-ai-a-simple-guide-with-8-practical-

examples/ #2f0175788d4b.

25 James Maguire, "12 Examples of Artificial Intelligence: AI Powers Business," *Datamation*, September 13, 2019, https:// www.datamation.com/artificial-intelligence/examples-of-artificial-intelligence.html.

26 Adapted from Dan Gartman, "Marketing Data Research Based on a Deep Neural Network Regression," *Ubex AI*, August 3, 2018, https://medium.com/ubex/marketing-data-research-based-on-a-deep-neural-network-regression-bfb0a2b645d0.

27 Steven Rosenbush, "Surge-Pricing Finds a Parking Spot; Satis-faction at the Top," *WSJ Pro Artificial Intelligence*, e-newsletter, January 29, 2020.

28 Uber, https://www.uber.com/us/en/drive/driver-app/how-surge-pricing-works/, accessed March 5, 2020.

29 Brian M. Rosenthal, "New York Is Urged to Consider Surge Pricing for Taxis," *New York Times*, January 30, 2020, available online at https://www.nytimes.com/2020/01/30/nyregion/surge-pricing-taxis.html?searchResultPosition=2.

30 Angus Loten, "SparkBeyond Says Its AI Can Autonomously Tackle Business Problems," *Wall Street Journal*, January 14. 2020, https://www.wsj.com/articles/sparkbeyond-says-its-ai-can-autonomously-tackle-business-problems-11579043950.

31 John McCormick, "Are Consumers Ready for a Toilet Equipped With Alexa?" *Wall Street Journal*, January 16, 2020, https://www.wsj.com/articles/are-consumers-ready-for-a-toilet-equipped-with-alexa-11579170603.

32 Kashmir Hill, "The Secretive Company That Might End Privacy as We Know It," *New York Times*, January 18, 2020, https://www.nytimes.com/2020/01/18/technology/clearview-privacy-facial-recognition.html.

33 Adam Heitzman, "Data Visualization: What It Is, Why It's Important, and How to Use it for SEO," *Search Engine Journal*, January 29, 2019. Accessed online at www.searchenginejournal.com.

34 www.bidashboard.org.

35 Julia Angwin and Tom McGinty, "Sites Feed Personal Details to New Tracking Industry," http://online.wsj.com, accessed July 31, 2010.

36 Greg Heist, "Trust and the Privacy-for-Personalization Exchange," *Quirk's Marketing Research Review*, E-Newsletter," March 9, 2020, https://www.quirks.com/articles/trust-and-the-privacy-for-personalization-exchange.

37 Colin Lecher, "Google Will Apply the 'right to be forgotten' to all EU Searches Next Week," *The Verge*, available at http://www.theverge.com/2016/3/4/11161472, accessed March 19, 2020.

38 EMC Education Services, ed., *Data Science and Big Data Analytics: Discovering, Analyzing, Visualizing and Presenting Data* (Indianapolis, IN., John Wiley & Sons, 2015). pp. 201–305.

Chapter 11

1 Thomas D. Cook and Donald T. Campbell, *Experimentation: Design Analysis Issues for Field Settings* (Chicago, IL: Rand McNally, 1979).

2 See Claire Selltiz et al., *Research in Social Relations*, rev. ed. (New York: Holt, Rinehart & Winston, 1959), pp. 80–82.

3 A good example of a laboratory experiment is described in Caroll Mohn, "Stimulated-Purchase 'Chip' Testing vs Trade-Off Conjoint Analysis—Coca Cola's Experience," *Marketing Research*, March 1990, pp.49–54.

4 A. G. Sawyer, "Demand Artifacts in Laboratory: Experiments in Consumer Research," *Journal of Consumer Research*, March 1975, 2, pp. 181–201; and N. Giges, "No Miracle in Small Miracle: Story Behind Failure," *Advertising Age*, August 1989, p. 76.

5 Project Know, "Bad Science: Drug Experiments Gone Horribly Wrong." http://www.projectknnow.com/bad-science-drug-experiments-gone-horribly-wrong, accessed May 22, 2017.

6 John G. Lynch, "On the External Validity of Experiments in Consumer Research," *Journal of Consumer Research* 9, December 1982, pp.225–239.

7 For a more detailed discussion of this and other experimental issues, see Thomas D. Cook and Donald T. Campbell, "The Design and Conduct of Quasi-Experiments and True Experiments in Field Settings," in M. Dunnette, ed., *Handbook of Industrial and Organizational Psychology*

(Skokie, IL: Rand McNally, 1978).
8 Ibid.
9 Stefan Althoff, "Does the Survey Sender's Gender Matter?" *Quirk's Marketing Research Review* 31, February 2007, 2, pp. 24–26.
10 Ibid.
11 "Extraneous and Confounding Variables and Systematic vs Non-Systematic Error," *Psychology World*. https://web.mst.edu/~psyworld/extraneous.htm, accessed May 23, 2017.
12 For further discussion of the characteristics of various types of experimental designs, see Donald T. Campbelland Julian C. Stanley, *Experimental and Quasi-Experimental Design for Research* (Chicago, IL: Rand McNally, 1966); see also Richard Bagozzi and Youjar Ti, "On the Use of Structural Equation Models in Experimental Design," *Journal of Marketing Research* 26, August 1989, pp.225–270.
13 Thomas D. Cook and Donald T. Campbell, *Quasi-Experimentation: Design and Analysis Issues for Field Settings* (Boston: Houghton Mifflin, 1979), p. 56.
14 T. Karger, "Test Marketing as Dress Rehearsals," *Journal of Consumer Marketing* 2, Fall 1985, pp. 49–55; Tim Harris, "Marketing Research Passes Toy Marketer Test," *Advertising Age*, August 24, 1987, pp. 1, 8; John L. Carefoot, "Marketing and Experimental Designs in Marketing Research: Uses and Misuses," *Marketing News*, June 7, 1993, p. 21; and Jim Miller and Sheila Lundy, "Test Marketing Plugs into the Internet," *Consumer Insights*, Spring 2002, p.23.
15 Heather Haddon, "At Popeyes, Chicken is on a Roll," *The Wall Street Journal*, February 11, 2020, p. 82.
16 http://money.howstuffworks.com/5-failed-mcdonalds-menuitems.htm.
17 Michael R. Hyman and Jeremy J. Sierra, *Marketing Research For Dummies*(Hoboken, NJ: John Wiley&Sons, 2010), Chapter 16.
18 https://smallbusiness.com/product-development/best-uscities-to-test-market-a-national-product.
19 Melvin Prince, "Choosing Simulated Test Marketing Systems," *Marketing Research*, vol. 4, no. 3, September 1992, pp. 14–16.
20 Ibid.
21 "Simulated Test Marketing Gets Your New Products/Services Off On the Right Foot," posted by Copernicus Marketing Consulting and Research, August 13, 2010. http://www.greenbook.org/marketing-research/simulated-test-marketing-newproduct-services, accessed May 23, 2017.
22 Gilbert A. Churchill, *Basic Marketing Research*, 4thed. (Fort Worth, TX: Dryden Press, 2001), pp. 144–145.
23 Prince, pp. 14–16.
24 Joseph Rydholm, "To Test or Not to Test," *Quirk's Marketing Research Review*, February 1992, pp. 61–62.
25 "Test Marketing Is Valuable, but It's Often Abused," *Marketing News*, January2, 1987, p.40.
26 http://cbsnews.com/new/conducting-effective-test-marketing, accessed November 8, 2017.
27 Deborah L. Vence, "Proper Message, Design in Global Markets Require Tests," *Marketing News*, September 1, 2006, pp. 18–25.

Chapter 12

1 DSS Research.
2 John Paul Mueller and Luca Massaron, *Artificial Intelligence for Dummies* (Hoboken, NJ: John Wiley and Sons, 2018), p. 123.
3 Joseph Rydholm, "Dealing with Those Pesky Open-Ended Responses," *Quirk's Marketing Research Review*, February 1994, pp. 70–79.
4 Raymond Raud and Michael A. Fallig, "Automating the Coding Process with Neural Networks," *Quirk's Marketing Research Review*, May 1993, pp.14–16, 40–47.
5 http://goascribe.com/text-analytics/case-studies, accessed February 28, 2017.
6 For information on semiotics, see Paul Cobley, Litza Jansz, and Richard Appignanesi, *Introducing Semiotics* (Melbourne, Australia: Totem Books, 1997); Marcel Danesi, *Of Cigarettes, High Heels and Other Interesting Things: An Introduction to Semiotics*(New York: St. Martin's Press, 1998); and Umberto Eco, *Semiotics and the Philosophy of Languages* (Bloomington, IN: Indiana University

Press, 1986).

7 Joseph Rydholm, "Scanning the Seas: Scannable Questionnaires Give Princess Cruises Accuracy and Quick Turnaround," *Quirk's Marketing Research Review*, May 1993, pp. 38–42.

8 Tim Macer, "Software Review: Q Data Analysis Software," *Quirk's Marketing Research Review*, August 2010, p. 20.

Chapter 13

1 Jeffrey Kirk, "Thoughts on Our Overreliance on Statistical Testing in Deriving Consumer Insights," *Quirk's Marketing Research Review*, March 2006, pp. 22–24.

2 Terry H.Grapentine, "Statistical Significance Revisited," *Quirk's Marketing Research Review*, April 2011, pp.18–23.

3 George W. Snedecor and William G. Cochran, *Statistical Methods* (Ames, IA: The Iowa State University Press, 1967).

4 Dr. Ali Khounsary, "What Is Statistically Significant?" *Ask a Scientist*, Mathematics Archives, 1999, Argonne National Laboratory, Department of Energy. www.newton.dep.anl.gov/askasci/math99/math99052.htm.

5 Grapentine, "Statistical Significance Revisited," pp. 18–23.

6 Ibid.

7 Thomas Exter, "What's Behind the Numbers," *Quirk's Marketing Research Review*, March 1997, pp. 53–59.

8 Tony Babinec, "How to Think about Your Tables," *Quirk's Marketing Research Review*, January 1991, pp. 10–12. For a discussion of these issues, see Gopal K. Kanji, *100 Statistical Tests* (London: Sage Publications, 1993), p. 75.

9 Gary M. Mullet, "Correctly Estimating the Variances of Proportions," *Marketing Research*, June 1991, pp. 47–51.

Chapter 14

1 Thomas H. Davenport and D.J. Patil, "Data Scientist: The Sexiest Job of the 21st Century," *Harvard Business Review*, October 2012.

2 Louis Columbus, "How to Get Your Data Scientist Career Started," *Forbes*, August 14, 2019. https://www.forbes.com/sites/louiscolumbus/2019/04/14/how-to-get-your-data-scientist-career-started/#1f435cbd7e5c.

3 Andrew Dalglish, "Using Regression in Market Research," August 22, 2016. https://www.circle-research.com/2016/ usingregression-analysis-market-research/.

4 Rand Fishkin, "Why the Marketing World Needs More Correlation Research," May 22, 2012. https://moz.com/blog/whythe-marketing-world-needs-more-correlation-research, accessed March 3, 2017.

5 Ibid.

6 Adam DiPaula, "Do Your 'BESD' When Explaining Correlation Results," *Quirk's Marketing Research Review*, November 2000, pp. 18, 68–69.

7 Fishkin, "Why the Marketing World Needs More Correlation Research."

8 For an excellent and highly understandable presentation of all the multivariate techniques presented in this chapter, see Joseph Hair, Rolph Anderson, Ron Tatham, and William Black, *Multivariate Data Analysis*, 5th ed. (New York: Prentice Hall, 1998); see also Charles J. Schwartz, "A Marketing Research's Guide to Multivariate Analysis," *Quirk's Marketing Research Review*, November 1994, pp. 12-14.

9 Joseph R. Garber, "Deadbeat Repellant," *Forbes*, February 14, 1994, p. 164.

10 Jonathan Camhi, "Banks Set Stage for Customer Acquisition with Data Analytics," *Bank Systems & Technology*, February 10, 2014, http://banktech.com/business-intelligence/banks-setstage-for-customer-acquisition/240166009.

11 For a thorough discussion of regression analysis, see Larry D. Schroeder, *Understanding Regression Analysis: An Introductory Guide (Quantitative Applications in the Social Sciences)* (SAGE Publications, 1986).

12 Michael Garver, "Best Practices for Implementing Key Driver Analysis, *Quirk's Marketing Research Review*, December 2019, pp. 32–36.

13 Charlotte H. Mason and William D. Perreault Jr., "Collinear Power and Interpretation of Multiple Regression Analysis," *Journal of Marketing

Research, August 1991, pp. 268–280; Doug Grisaffe, "Appropriate Use of Regression in Customer Satisfaction Analyses: A Response to William McLauchlan," *Quirk's Marketing Research Review*, February 1993, pp.10–17; and Terry Clark, "Managing Outliers: Qualitative Issues in the Handling of Extreme Observations in Market Research," *Marketing Research*, June 1989, pp.31–45.

14 See Hair et al., *Multivariate Data Analysis*, p. 46.

15 William D. Neal, "Using Discriminant Analysis in Marketing Research:Part 1," *Marketing Research*, September 1989, pp.79– 81; William D. Neal, "Using Discriminant Analysis in Marketing Research: Part 2," *Marketing Research*, December 1989, pp. 55–60; and Steve Struhl, "Multivariate and Perceptual Mapping with Discriminant Analysis," *Quirk's Marketing Research Review*, March 1993, pp.10–15, 43.

16 Kevin Gray, "Behind the Buzz: What Researchers Should Know About Machine Learning," *Quirk's Marketing Research Review e-Newsletter*, January 2016.

17 See Girish Punj and David Stewart, "Cluster Analysis in Marketing Research: Review and Suggestions for Application," *Journal of Market Research* 20, May 1983, pp. 134–138; and G. Ray Funkhouser, Anindya Chatterjee, and Richard Parker, "Segmenting Samples," *Marketing Research*, Winter 1994, pp.40–46.

18 Susie Sangren, "A Survey of Multivariate Methods Useful for Market Research," *Quirk's Marketing Research Review*, May 1999, pp. 16, 63–69.

19 This section is based on material prepared by Glen Jarboe; see also Paul Green, Donald Tull, and Gerald Albaum, *Research for Marketing Decision*, 5th ed. (Englewood Cliffs, NJ: Prentice Hall, 1998), pp.123–133.

20 Dick Wittink and Phillipe Cattin, "Commercial Use of Conjoint Analysis: An Update," *Journal of Marketing*, July 1989, pp. 91–96; see also Rajeev Kohli, "Assessing Attribute Significance in Conjoint Analysis: Nonparametric Tests and Empirical Validation," *Journal of Marketing Research*, May 1988, pp. 123–133.

21 Examples of current issues and applications are provided in Richard Smallwood, "Using Conjoint Analysis for Price Optimization," *Quirk's Marketing Research Review*, October 1991, pp. 10–13; Paul E. Green, Abba M. Krieger, and Manoj K.Agarwal, "Adaptive Conjoint Analysis: Some Caveats and Suggestions," *Journal of Marketing Research*, May 1991, pp. 215–222; Paul E. Green and V. Srinivasan, "Conjoint Analysis in Marketing: New Developments with Implications for Research and Practice," *Journal of Marketing Research Review*, October 1990, pp. 3–19; Joseph Curry, "Determining Product Feature Price Sensitivities," *Quirk's Marketing Research Review*, November 1990, pp. 14–17; Gordon A. Wyner, "Customer-Based Pricing Research," *Marketing Research*, Spring 1993, pp. 50–52; Steven Struhl, "Discrete Choice Modeling Comes to the PC," *Quirk's Marketing Research Review*, May 1993, pp.12–15, 36–41:Steven Struhl, "Discrete Choice: Understanding a Better Conjoint...," *Quirk's Marketing Research Review*, June/July 1994, pp. 12–15, 36–39; Bashir A. Datoo, "Measuring Price Elasticity," *Marketing Research*, Spring1994, pp.30–34;GordonA.Wyner, "Uses and Limitations of Conjoint Analysis— Part 1," *Marketing Research*, June 1992, pp. 12–44; and Gordon A. Wyner, "Uses and Limitations of Conjoint Analysis—Part II," *Marketing Research*, September 1992, pp. 46–47; Yilian Yuan and Gang Xu, "Conjoint Analysis in Pharmaceutical Marketing Research," *Quirk's Marketing Research Review*, June 2001, pp.18, 54–61; and Bryan Orme, "Assessing the Monetary Value of Attribute Levels with Conjoint Analysis:Warnings and Suggestions," *Quirk's Marketing Research Review*, May 2001, pp.16, 44–47.

22 John Mueller and Luca Massaron, *Machine Learning* (Hoboken, NJ: John Wiley and Sons, 2016), pp. 281–281.

23 John Mueller and Luca Massaron, *Artificial Intelligence* (Hoboken, NJ: John Wiley and Sons, 2018), p. 137.

24 Niklas Donges, "Neural Networks Aren't The Answer to Everything," July 24, 2019, updated November 6, 2019, https://builtin.com/data-

science/disadvantages-neural-networks.
25. Donges, "Neural Networks," https://builtin.com/data-science/ disadvanges-neural-networks/ 2019/11/01.
26. Mehmed Kantardzic, *Data Mining: Concepts, Models, Methods, and Algorithms* (John Wiley & Sons), IBSN 0471228524.OCLC 50055336, *http://www.worldcat.org/oclc/50055336*); Y. Peng, G. Kou, Y.Shi, and Z.Chen, "A Descriptive Framework for the Field of Data Mining and Knowledge Discovery," *International Journal of Information Technology and Decision Making*, 7, 47, (2008), pp. 639–682. Doi: 10.1142/S0219622008003204 (https://doi. org/10.1142%2FS0219622008003204).
27. Kashmir Hill, "How Target Figured Out a Teen Girl was Pregnant Before Her Father Did," *Forbes Online*, February 2, 2012. http://www.forbes.com/sites/kashmirhill/2012/02/16/howtargetfigured-out-a-teen-girl-was-pregnant-before-herfather-did/.
28. See Robert Eng, "Is the Market Research Industry Failing Its TQM Clients? *Quirk's Marketing Research Review*, October 1996, pp. 24, 36–38.

Chapter 15

1. Chelsea Gibbons, "Break Through the Clutter," *Quirk's Marketing Research Review*, December 2018, pp. 32–35.
2. Scott Fiaschetti, "More Insights, Less Data—Why Your Research Should Tell A Story," *Quirk's Marketing Research Review e-Newsletter*, September 24, 2012.
3. Piet Levy, "How to Write a Research Report," *Marketing News* 44, 7, May 30, 2010, p. 6.
4. Adam Gross, "Don't Let Fear Keep You From Writing a Good Report," *Quirk's Marketing Research Review e-Newsletter*, January 25, 2017.
5. Eric Whipkey, "What Can Journalists Teach Us About Crafting More Compelling Research Reports?" *Quirk's Marketing Research Review*, May 2014, pp. 58–61; and Scott Fiaschetti, "More Insights, Less Data—Why Your Research Should Tell A Story," *Quirk's Marketing Research Review e-Newsletter*, September 24, 2012.
6. Gary A. Schmidt, "Take A Risk, Keep It Simple," *Quirk's Marketing Research Review*, April 2007, pp. 52–54.
7. Joe Hopper, "Bite-sized Information: How to Make Great Infographics," *Quirk's Marketing Research Review e-Newsletter*, October 2014.
8. Tim Macer and Sheila Wilson, "Do Something about PowerPoint!" *Quirk's Marketing Research Review*, March 2008, p. 61.